beck'sche reihe

bsr

Wir alle gebrauchen Formeln wie *Wo kein Kläger, da kein Richter* oder *Kauf bricht Miete*. Wir wissen, daß es sich dabei um Rechtsregeln oder Rechtssprichwörter handelt und verstehen, was sie meinen. Aber wann kamen sie auf? Auf welche rechtlichen Sachverhalte wurden sie zuerst bezogen? Anders verhält es sich mit Aussagen wie *Aller guten Dinge sind drei* oder *Die Gedanken sind frei*. Weder erkennen wir in ihnen den alten Rechtssatz, noch könnten wir angeben, was er denn ursprünglich bedeutete. Dann wiederum gibt es viele Sätze, in denen wir sofort das Sprichwort erkennen, die wir aber nicht verstehen, so *Haus und Hof sind gefreit* oder *Der Baum folgt den Enden*. Schließlich gibt es eine Fülle von Aussagen, die wir nicht verstehen und nicht als Rechtsregel oder -sprichwort zu identifizieren vermögen, so etwa *Der Wirt antwortet für den Gast*. Aber wer spürte nicht die Faszination, die von solchen Sprichwörtern ausgeht? – Dieses Lexikon erschließt die Bedeutung von rund 1800 Rechtssprichwörtern, verzeichnet Varianten und gibt Fundstellen an. Ein Nachschlagewerk für Juristen und Volkskundler, für Sprachwissenschaftler und Historiker, für jeden Leser, der Freude hat an bildhaften Wendungen und einprägsamen Formulierungen.

Ruth Schmidt-Wiegand ist Professorin i. R. der Westfälischen Wilhelms-Universität Münster. Sie hat zahlreiche Bücher und Aufsätze zur Deutschen Philologie, Rechtsgeschichte und Rechtlichen Volkskunde veröffentlicht. 1985 erhielt sie in Marburg den juristischen Ehrendoktor. 1989 wurde sie mit dem Brüder-Grimm-Preis des Landes Hessen, 2000 mit dem Eike-von-Repgow-Preis der Stadt und der Universität Magdeburg ausgezeichnet.

Deutsche Rechtsregeln und Rechtssprichwörter

Ein Lexikon

Herausgegeben von Ruth Schmidt-Wiegand
unter Mitarbeit von Ulrike Schowe

Verlag C. H. Beck

Die erste Auflage dieses Buches erschien im Jahr 1996 in gebundener Form im Verlag C.H.Beck. Sie wurde für die Neuausgabe in der Beck'schen Reihe durchgesehen und aktualisiert.

Die Deutsche Bibliothek – CIP-Einheitsaufnahme

Ein Titeldatensatz für diese Publikation ist bei
Der Deutschen Bibliothek erhältlich

1. Auflage in der Beck'schen Reihe. 2002

Satz: Fotosatz Janß, Pfungstadt
Druck und Bindung: Druckerei C.H.Beck, Nördlingen
Umschlagabbildung: Ein Pfandleiher übernimmt einen Kelch als Faustpfand für einen Kredit und führt zugleich Buch über seine Geschäfte. – Buchmalerei aus dem *Decretum Gratiani*, Causa XII, Mainz: P. Schöffer 1472, Bayerische Staatsbibliothek München.
Umschlagentwurf: + malsy, Bremen
Printed in Germany
ISBN 3 406 47610 4

www.beck.de

Inhalt

Vorwort zur Neuausgabe

Für die neue Ausgabe des Lexikons wurde vor allem aus der neueren Literatur das nachgetragen und eingearbeitet, was die gegenwärtige Forschungslage und -diskussion widerzuspiegeln vermag: Arbeiten über das Sprichwort im allgemeinen[1] wie das Rechtssprichwort im besonderen,[2] seine Eigenständigkeit und Geschichte, seine Abhängigkeit von Vorbildern wie den gelehrten Rechtsregeln des römischen Rechts.[3] In diesem Zusammenhang waren das Übersetzungsproblem[4] wie die Verbreitung von Paar- und Zwillingsformeln[5] und der kontextuelle Bezug[6] in die Interpretation mit einzubeziehen. Das alphabetische Verzeichnis der Kernwörter und -begriffe konnte im wesentlichen unverändert

[1] JAN ASSMANN, Das kulturelle Gedächtnis. Schrift, Erinnerung und politische Identität in frühen Hochkulturen, München ²1997, S. 147f.; MANFRED EIKELMANN, Sprichwörtersammlungen (deutsche), (Verfasserlexikon Bd. 9, Sp. 162–179); WOLFGANG MIEDER, Proverbs (Encyclopedia of Climate and Weather, New York 1996, Vol 2, pp. 617–621).

[2] THEODOR BÜHLER, Rechtsquellenlehre, Bd. 1: Gewohnheitsrecht, Enquête, Kodifikationen, Zürich 1971; Bd. 2: Rechtsquellentypen, ebd. 1979, S. 106 u. 119f.

[3] ANDREAS WACKE, Europäische Spruchweisheiten über das Schenken und ihr Wert als rechtshistorisches Argument (Rechtsgeschichte und Privatrechtsdogmatik, hg. von Reinhard Zimmermann u. a., Heidelberg 1999, S. 325–369.

[4] GABRIELE von OLBERG, Der Umgang mit Wissen. Ausgewählte Beispiele zum Übersetzungsproblem lateinischer und deutscher Sprichwörter (Das Mittelalter 2, 1997, 2, S. 69–80).

[5] JOHN M. JEEP, Alliterating Word-Pairs and Early Middle High German (Interdisciplinary Journal of Germanic Linguistics and Semiotic Analysis 4,2, 1999, S. 285–305); FRIEDRICH SCHEELE, Strafvollzug und Illustration. Das Beispiel der Strafe zu Haut und Haar in den illuminierten Rechtsbücherhandschriften des Sachsenspiegels (Hildesheimer Jb. für Stadt und Stift Hildesheim 69, 1997, S. 89–115).

[6] MANFRED EIKELMANN, Das Sprichwort im Sammelkontext. Beobachtungen zur Überlieferungsweise und kontextuellen Einbindung des deutschen Sprichworts im Mittelalter (Kleinstformen der Literatur, hg. von Walter Haug und Burghart Wachinger, Tübingen 1994, S. 91–116).

beibehalten werden, von einigen Berichtigungen und Ergänzungen abgesehen. Das Literaturverzeichnis ist neu bearbeitet worden. Ein Buch wie das vorliegende soll auch Impulse zu eigenem Sammeln vermitteln. Aus diesem Grund sei hier auf Rechtssprichwörter an Rathäusern und anderen Versammlungsorten aufmerksam gemacht,[7] an denen man die zeitbedingten Bedeutungsveränderungen von Rechtssätzen besonders beobachten kann. Den modernen Rechtshistoriker beschäftigt die Frage, was Rechtsregeln und Rechtssprichwörter für die Rechtsangleichung in einem gesamteuropäischen Rahmen leisten können.[8] Denn durch ihre Bildhaftigkeit wirken sie der «Entstofflichung» neuzeitlicher Kodifikationen positiv entgegen. Gleichzeitig führen sie durch ihre Kürze und Prägnanz zur Befestigung von Rechtsprinzipien, die durch ihre überzeitliche Geltung für ein europäisches Recht der Zukunft unverzichtbar sind.

Für Rat und Hilfe bei der Überarbeitung habe ich Frau Dr. Ulrike Schowe und Herrn Reinhard Pohl zu danken. Für wertvolle Hinweise zur Ergänzung des Lexikons danke ich Herrn Kollegen Andreas Wacke (Köln). Ich wünsche dem Buch auch in seiner neuen Form freundliche Aufnahme bei seinen Lesern und Benutzern.

Im Sommer 2002
Die Herausgeberin

[7] STEPAHN ALTENSLEBEN, Eine unbekannte Rathausinschrift in Marienberg/Erzg. (Sächsische Heimatblätter Heft 2, 2001, S. 114–120); CLAUSDIETER SCHOTT, «Unrecht soll umkehren» – Gedanken zu einem Rechtssprichwort (Wirtschaft und Strafrecht, Fs. für Niklaus Schmidt, hg. von Jürg-Beat Ackermann u. a., Zürich 2001, S. 15–25).

[8] ANDREAS WACKE, Sprichwörtliche Rechtsprinzipien und europäische Rechtsvergleichung (Orbis Iuris Romani 1999, S. 174–213).

Einleitung

In diesem Lexikon sind deutschsprachige Rechtsregeln und Rechtssprichwörter zusammengefaßt. Damit ist noch nichts über ihren Ursprung oder ihre Herkunft gesagt. Denn viele Rechtssprichwörter in deutscher Sprache gehen auf lateinische Rechtsregeln zurück. Das Sprichwort war bereits vor der Rezeption des römischen Rechts ein beliebtes Mittel der Wissensvermittlung, das zur Popularisierung gelehrter Sätze des deutschen wie des römischen und kanonischen Rechts genutzt worden ist und von hier aus zur Integration dieser Sätze in die deutsche Sprache und das allgemeine Rechtsdenken beigetragen hat. Die Grenzen zwischen den Rechtsregeln, die zunächst für den Fachmann oder Juristen bestimmt gewesen sind, und den Rechtssprichwörtern, die auch von dem Laien, der sich im Rechtsleben zu behaupten hatte, gebraucht wurden, sind fließend. Eine Unterscheidung wurde deshalb in diesem Lexikon nicht versucht. Doch wird man sagen können, daß in diesem Band die Sätze mit Sprichwortcharakter überwiegen, selbst wenn viele von ihnen nicht mehr gebräuchlich sind und durch die Veränderungen von Recht und Gesellschaft keine Aktualität mehr besitzen. Ihr kulturhistorischer Wert, ihre Aussagekraft für Strukturen der Vergangenheit rechtfertigen es, daß sie mit aufgeführt werden. Doch bedarf der Begriff des Rechtssprichwortes der Erläuterung.

Das Rechtssprichwort ist eine Sonderform des Sprichworts. Bei der Bestimmung des Begriffs ist deshalb vom Sprichwort auszugehen. Unter einem Sprichwort versteht man heute einen allgemein bekannten, festgeprägten Satz, der eine partiell gültige Lebensregel oder -weisheit in kurzer Form treffend zum Ausdruck bringt. Meist handelt es sich um einen Erfahrungssatz, der eine Einsicht vermittelt oder die Aufforderung zu einem bestimmten Verhalten enthält.[1] Die Tendenz zur Lehrhaftigkeit wird man deshalb dem Sprichwort nicht absprechen können. Doch ist dies nur eine von mehreren Funktionen, die das Sprichwort

[1] LUTZ RÖHRICH und WOLFGANG MIEDER, Sprichwort (Sammlung Metzler, Bd. 154) Stuttgart 1977, S. 1–3.

hat. Dies zeigt nicht zuletzt der Gebrauch von Sprichwörtern in der Gegenwartssprache. Sprichwörter können etwas erklären, entschuldigen, kommentieren oder charakterisieren. Sie dienen deshalb oft dazu, Gegebenheiten in einer bestimmten Situation zu erläutern, einzuordnen und zu beurteilen. Merkmale des Sprichwortes sind in der Regel die geschlossene Form: der Satz; Kürze und Prägnanz des Ausdrucks (Einreiher, Zweireiher); der Umlaufcharakter, d. h. die allgemeine und weite Verbreitung oder sogenannte ‹Volksläufigkeit›; die Bildhaftigkeit (Metaphorik); Schmuckformen (Reim und Rhythmus); Kontrastbildungen (Oppositionen); schließlich die Fähigkeit, durch die Abwandlung des Inhalts oder der Struktur Varianten zu bilden. Während die formale Abgeschlossenheit, Prägnanz und Kürze und der Umlaufcharakter zu den Merkmalen gehören, die vorhanden sein müssen, um eine sprachliche Äußerung als Sprichwort zu bezeichnen, gehören die metaphorische Sprechweise, Schmuckformen wie der Reim, Kontrastbildungen u. a. m. zu den Merkmalen der Form oder des Inhalts, die häufig zu beobachten sind, aber nicht vorhanden sein müssen.

Der Begriff des Rechtssprichwortes knüpft an den des Sprichwortes an, muß aber in einigen wesentlichen Punkten ergänzt oder modifiziert werden. Dies gilt für die formale wie die inhaltliche Seite der sogenannten Rechtssprichwörter, vor allem aber für die funktionale Bedeutung, die sie haben oder hatten. Rechtssprichwörter sind Sprichwörter, denen ein bestimmter Rechtssatz zugrunde liegt.[2] Dieser Rechtssatz, der mündlich tradiertem Gewohnheitsrecht oder bestimmten Rechtstexten entstammen kann, gerade auch solchen gelehrten Rechts, soll befolgt werden. Es sind knapp gefaßte Rechtsregeln, deutsche *regulae iuris* oder «im Volk umlaufende» Rechtssätze, die Anspruch auf Ver-

[2] Ebd. S. 72; EKKEHARD KAUFMANN, Artikel ‹Rechtssprichwort› (Handwörterbuch zur deutschen Rechtsgeschichte [HRG], hg. von ADALBERT ERLER und EKKEHARD KAUFMANN, mitbegründet von WOLFGANG STAMMLER, Berlin 1971 ff., Bd. IIff. unter philologischer Mitarbeit von RUTH SCHMIDT-WIEGAND, hier Bd. IV, 1990, Sp. 364–367; RUTH SCHMIDT-WIEGAND, Sprichwörter und Redensarten aus dem Bereich des Rechts (Überlieferung, Bewahrung und Gestaltung in der rechtsgeschichtlichen Forschung, hg. von STEPHAN BUCHHOLZ, PAUL MIKAT und DIETER WERKMÜLLER, Paderborn-München-Wien-Zürich 1993, S. 277–296).

bindlichkeit haben oder hatten.[3] Nicht immer ist dieser Zusammenhang für uns heute noch deutlich, da sich die Rechtsgewohnheiten geändert haben oder einzelne Rechtssätze längst außer Kraft sind und durch andere Normen ersetzt wurden. Die Rechtsregel in Sprichwortform kann über den Zeitraum ihrer aktuellen Anwendung hinaus erhalten bleiben, ändert dann aber meist ihre Bedeutung. Bei dem Rechtssprichwort *Aller guten Dinge sind drei*[4] ist für den modernen Sprachteilnehmer der Bezug auf das Recht oder gar ein bestimmtes Rechtsprinzip nicht mehr ohne weiteres zu erkennen. Er gebraucht diesen Satz als eine allgemein gültige Lebensregel, bei der die Zahl *drei* mit ihrer symbolischen Bedeutung den Ausschlag zu geben scheint. Die hier vorgelegte Sammlung soll nicht zuletzt bei Sprichwörtern wie diesem den verlorengegangenen Bezug auf das Recht verdeutlichen.

Auch der Begriff des Umlaufcharakters bedarf für das Rechtssprichwort einer gewissen Modifikation.[5] Denn die Häufigkeit der Belege und die relativ weite Verbreitung reichen hier zur Erklärung des Phänomens allein noch nicht aus. Es ist in jedem Fall der Charakter der Quellen mitzuberücksichtigen, in denen ein Rechtssprichwort belegt ist, und damit die Frage nach seiner

[3] EKKEHARD KAUFMANN, Deutsches Recht (Grundlagen der Germanistik, Bd. 27) Berlin 1984, S. 151–157; FERDINAND ELSENER, Keine Regel ohne Ausnahme. Gedanken zur Geschichte der deutschen Rechtssprichwörter (Fs. für den 45. deutschen Juristentag, Karlsruhe 1964, S. 23–40); ders., Regula iuris, Brocardum, Rechtssprichwort nach der Lehre von P. FRANZ SCHMIER OSB und im Blick auf die heutige Forschung (Ottobeuren 764–1964. Beiträge zur Geschichte der Abtei [Sonderband der Studien und Mitteilungen zur Geschichte des Benediktinerordens und seiner Zweige, Bd. 73] Augsburg 1964, S. 177–218); HERMANN BAUSINGER, «Formen der Volkspoesie» (Grundlagen der Germanistik, Bd. 6), 2. Aufl., Berlin 1980, S. 105 ff.

[4] Deutsches Sprichwörter-Lexikon. Ein Hausschatz für das deutsche Volk, hg. von KARL FRIEDRICH WILHELM WANDER, V Bde., Leipzig 1867–1880, Nachdr. Augsburg 1987, hier Bd. I, Sp. 605 Nr. 45; Deutsches Wörterbuch (DWB), hg. von JACOB und WILHELM GRIMM, Bd. II, Leipzig 1860, Nachdr. (dtv) München 1984, Sp. 1168; Wörterbuch der deutschen Gegenwartssprache, hg. von RUTH KLAPPENBACH und WOLFGANG STEINITZ, 10. Aufl., Berlin 1980, Bd. 2, Berlin 1977, S. 821, 852.

[5] KAUFMANN (wie Anm. 3) S. 151 ff.

Herkunft zu stellen. Dabei ist fraglich, ob ein Satz in einem Gesetz oder Rechtsbuch, in einer Urkunde oder Polizeiordnung, der nur einmal belegt ist, schon als Rechtssprichwort gelten kann, wenn allein die inhaltlichen und formalen Bedingungen erfüllt sind. Zum Beweis des Umlaufcharakters oder der sogenannten Volksläufigkeit müssen Belege in nicht-juristischen Quellen wie Predigt, Sprichwörtersammlungen, Dichtung und Literatur anderer Art hinzukommen. Der Satz *Zur rechten Gewere gehört guter Glaube*[6] z. B. stammt aus der Glosse zum Sachsenspiegel, ist mithin das Ergebnis literarischen oder gelehrten Bemühens, ohne je volksläufig geworden zu sein. Es handelt sich also nicht um ein Rechtssprichwort im eben entwickelten Sinne. Der Satz *Unrecht Gut gedeihet nicht*[7] hingegen, der eine rechtlich-moralische Feststellung enthält, ist durchaus volkstümlich und hat als Rechtssprichwort eine weite Verbreitung erfahren. Der Umlaufcharakter gehört also zur Gattung oder Textsorte des Rechtssprichworts hinzu.

Dabei ist zu fragen, ob für diesen Umlaufcharakter der Begriff der Volksläufigkeit überhaupt verwendet werden kann oder soll. Auf keinen Fall, wenn damit die romantische Idee vom Ursprung der Sprichwörter im Volke verbunden wird. Denn ein großer Teil der Rechtssprichwörter mit Umlaufcharakter stammt von einzelnen, wenn auch anonym gebliebenen Personen, von Magistern, Notaren und Schreibern, die einen bestimmten Zweck verfolgten wie etwa denjenigen, im Zuge der Rezeption die *regulae iuris* des gelehrten und römischen Rechts in die deutsche Sprache und damit in das deutsche Recht zu überführen.[8] Das Rechtssprichwort *Die Gedanken sind zollfrei*, das heute zu dem allgemeinen Sprichwort *Die Gedanken sind frei*[9] umgebildet ist, entsprach so ursprünglich einem Rechtssatz des römischen

6 KAUFMANN (wie Anm. 2) Sp. 366.

7 Ebd. Sp. 365.

8 RÖHRICH/MIEDER (wie Anm. 1) S. 75; ALBRECHT FOTH, Gelehrtes römisch- kanonisches Recht in deutschen Rechtssprichwörtern (JuS, Bd. 24) Tübingen 1971; FERDINAND ELSENER, Deutsche Rechtssprichwörter und Rezeption. Nebenpfade der Rezeption des gelehrten römisch-kanonischen Rechts im Spätmittelalter (Tradition und Fortschritt im Recht. Fs. gewidmet der Tübinger Juristenfakultät zu ihrem 500- jährigen Bestehen 1977, Tübingen 1977, S. 47–72).

9 RÖHRICH/MIEDER (wie Anm. 1) S. 75.

Rechts, nach dem der Gedanke allein noch nicht strafbar ist, solange ihm nicht die Tat als objektivierter Wille folgt. Die Umsetzung von Rechtssätzen und -prinzipien aus dem römischen Recht im weitesten Sinne, d. h. auch aus dem sogenannten Vulgarrecht, läßt sich an den Parallelen festmachen, die es davon in deutscher und lateinischer Sprache gibt und die zum Teil weit in das Mittelalter zurückreichen: *Ein Zeuge – kein Zeuge / Unus testis nullus testis, Man muß auch die andere Seite hören / Audiatur et altera pars, Zuviel Recht ist Unrecht / Summum ius – summa iniuria* sind die immer wieder zitierten Beispiele.[10] Aber auch für ein Rechtssprichwort wie *Wer zuerst kommt, mahlt zuerst*[11], das die mittelalterliche Kundenmühle zur Voraussetzung hat und in deutscher Sprache zufrühest im ‹Sachsenspiegel› Eikes von Repgow (um 1230) überliefert ist[12], gibt es eine wahrscheinlich ältere Fassung aus dem Kloster Schäftlarn in Bayern: *Qui capit ante molam, merito molit ante farinam.* Veranschaulicht wird hier am Beispiel der Kundenmühle das römisch-rechtliche Prioritätsprinzip: *Prior tempore potior iure.*[13] – Für Rechtssprichwörter im Sinne der *regulae iuris* bestand im Bereich des römischen wie deutschen Rechts ein ausgesprochenes Bedürfnis, sowohl bei den Laienrichtern im Ge-

[10] Ebd. S. 74; Lateinische Rechtsregeln und Rechtssprichwörter, zusammengestellt, übersetzt und erl. von DETLEF LIEBS, unter Mitarbeit von HANNES LEHMANN, PRAXEDIS MÖHRING und GALLUS STROBEL, 5., verbesserte Aufl., München 1991, S. 215 Nr. 28.

[11] LUTZ RÖHRICH, Das große Lexikon der sprichwörtlichen Redensarten, 3 Bde., Freiburg-Basel-Wien 1991–1992, hier Bd. 2, S. 990–991; SVEN B. EK, Den som kommer till kvarns – ett ordsprak och dess bakgrund (Scripta Minora, 1) Lund 1964, S. 1–60.

[12] Sachsenspiegel Landrecht, hg. von KARL AUGUST ECKHARDT (MGH Font. iur. Germ. ant. N. S. I,1) 3. Aufl., Göttingen-Frankfurt 1973, Ldr. II 59 § 4: *Die ok irst to der molen kumt, die scal irst malen.* Dazu BRIGITTE JANZ, Rechtssprichwörter im Sachsenspiegel. Eine Untersuchung zur Text-Bild-Relation in den Codices picturati (GASK 13) Frankfurt a. M.-Bern-New York-Paris 1989, S. 89 ff.; RUTH SCHMIDT-WIEGAND, *Wissensvermittlung durch Rechtssprichwörter.* Das Beispiel des ‹Sachsenspiegels› (Wissensliteratur im Mittelalter und in der Frühen Neuzeit. Bedingungen, Typen, Publikum, Sprache, hg. von HORST BRUNNER und NORBERT RICHARD WOLF, Wiesbaden 1993, S. 258–272).

[13] ANDREAS WACKE, Wer zuerst kommt, mahlt zuerst – Prior tempore potior iure (JA 1981, S. 94–98); FOTH (wie Anm. 8) S. 186 ff.

richt wie bei den Studenten der Rechtswissenschaften auf den Hohen Schulen und Universitäten. Die *regulae iuris*, auf denen viele Rechtssprichwörter beruhen, waren Bestandteil sogenannter Popularjurisprudenz[14] und daher weniger auf das Volk wie bestimmte Laienkreise gerichtet. Da sie auch von diesen Zielgruppen – Magistern, Richter, Notaren und Studenten – benutzt und verbreitet wurden, sollte man den Begriff der ‹Volksläufigkeit› bei den Rechtssprichwörtern tunlichst vermeiden, oder dann, wenn man ihn benutzt, den Anteil, den das gelehrte und halbgelehrte Laienpublikum an der Verbreitung gehabt hat, jedenfalls mitbedenken.[15]

Formal gesehen haben Sprichwörter und Rechtssprichwörter viele Gemeinsamkeiten. Es handelt sich in beiden Fällen in der Regel um kurze, prägnante, abgeschlossene Sätze: *Zeit ist Geld, Gott ist Recht*. In Sprichwörtern wie Rechtssprichwörtern spielt der plastische, bildhafte Ausdruck, die Metapher, eine Rolle: *Die Katze läßt das Mausen nicht, Kirchengut hat eiserne Zähne*. Stabreim oder Alliteration und Endreim sind bei Sprichwörtern und Rechtssprichwörtern beliebte Stilmittel: *Gleich und Gleich gesellt sich gern, Gebietender Herren Bitten sind scharfe Befehl*e bzw. *Borgen macht Sorgen, Sterben macht Erben*. Parallelismen wie *Kommt Zeit, kommt Rat, Getreuer Herr, getreuer Knecht* und Oppositionen wie *Jung gewohnt, alt getan, Der Ältere soll teilen, der Jüngere wählen* sind hier wie dort häufig anzutreffen. Bis auf die an erster Stelle genannten Merkmale Kürze, Prägnanz und Abgeschlossenheit, die zum Sprichwort wie Rechtssprichwort unbedingt hinzugehören, handelt es sich um fakultative, nicht obligatorische Merkmale oder Eigenschaften von Sprichwort und Rechtssprichwort.

Aus dem ursprünglichen Bezug auf einen bestimmten Rechtssatz, eine Rechtsregel oder ein Rechtsprinzip ergeben sich Merkmale, die das Rechtssprichwort vom Sprichwort wesentlich

[14] WOLFGANG STAMMLER, Popularjurisprudenz und Sprachgeschichte im 15. Jahrhundert (1926), Wiederabdruck in: Ders., Kleine Schriften zur Sprachgeschichte, Berlin 1954, S. 13–18.

[15] Vgl. auch ADALBERT ERLER, Artikel ‹Populäre Rechtsliteratur› (HRG III, 1984, Sp. 1825–1828); RUTH SCHMIDT-WIEGAND, Fremdeinflüsse auf die deutsche Rechtssprache (Sprachliche Interferenz, Fs. für Werner Betz, hg. von HERBERT KOLB u. a., Tübingen 1977, S. 226–245, insb. 228, 234).

unterscheiden. Dazu gehören die Eindeutigkeit und die Vollständigkeit der Aussagen[16], wie sie bei Rechtssprichwörtern wie *Mitgegangen, mitgehangen* oder *Der Hehler ist nicht besser als der Stehler* gegeben sind. Es fehlt den Rechtssprichwörtern von daher im allgemeinen die Einseitigkeit der Aussage, die bei Sprichwörtern leicht zur Parodie oder Ironisierung führt wie im Fall von *Wer andern eine Grube gräbt, fällt selbst hinein.* Verhältnismäßig selten sind beim Rechtssprichwort die Fälle, die verschiedenen Rechtspositionen entsprechen wie bei *Kauf bricht Miete* und *Kauf bricht nicht Miete*[17] oder die nur einen Teil eines bestimmten komplexen Sachverhalts verbalisieren, während ein anderes Rechtssprichwort dies dann für den anderen Teil des Rechtsprinzips leistet, wie z. B. im Blick auf die sogenannte Erfolgshaftung: *Die Tat* (nicht die Gesinnung) *tötet den Mann* und *Die Schuld tötet den Mann*, was besagt, daß die Handlung allein, ohne das Willensmoment, noch nicht strafbar ist. Erst beide Rechtssprichwörter zusammengenommen ergeben hier das Rechtsprinzip: Tatbestandsmäßiges Handeln und Schuld sind Voraussetzungen der Strafbarkeit.[18]

Es wurde gesagt, daß Rechtssprichwörter wie *Aller guten Dinge sind drei* oder *Die Gedanken sind frei* ihres ursprünglichen Sinns so gut wie entleert sind und deshalb heute mit übertragener Bedeutung als Sprichwörter allgemeinen Charakters benutzt werden können. Diese Metaphorisierung ist Teil eines Idiomatisierungsprozesses, wie er sich z. B. auch in den Varianten eines Sprichworts oder Rechtssprichworts anzeigt.[19] Solche Varianten können die Inhalts- wie die Ausdrucksseite des Rechtssprich-

[16] Hierzu besonders KAUFMANN (wie Anm. 2) Sp. 366.

[17] Hierzu auch WANDER (wie Anm. 4) Bd. II, Sp. 1217 Nr. 30, Bd. III, Sp. 655 Nr. 1; Rechtssprichwörter, hg. von GÜNTER GRUNDMANN, MICHAEL STRICH und WERNER RICHEY, Leipzig 1980, S. 123; Deutsche Rechtssprichwörter, ges. und erl. von JULIUS H. HILLEBRAND, Zürich 1858, S. 104 Nr. 138.

[18] KAUFMANN (wie Anm. 2) Sp. 366.

[19] Zu diesem Problem jetzt auch RUTH SCHMIDT-WIEGAND, Sprachgebärden aus dem mittelalterlichen Rechtsleben. Versuch einer Begriffsbestimmung (Das andere Wahrnehmen, Beiträge zur europäischen Geschichte. Fs. August Nitzsche, Köln- Weimar-Wien 1991, S. 233–249, insb. 240 f.); KLAUS-DIETER PILZ, Phraseologie. Redensartenforschung (Sammlung Metzler, Bd. 198) Stuttgart 1981.

wortes betreffen. So hat der weitverbreitete Satz *Wo kein Kläger, da kein Richter* die syntaktische Variante *Kein Kläger, kein Richter* neben sich. Um semantische Varianten zu der Rechtsregel *Qui tacet consentire videtur/Wer schweigt, stimmt zu* handelt es sich bei den Sprichwörtern *Wer schweigt, sagt ja* und *Schweigst du still, so ist's dein Will.* Schließlich kann im Zuge der Idiomatisierung aus einem Rechtssprichwort auch ein Unrechtssprichwort entstehen, wie bei dem Satz *Recht geht vor Gewalt* und seiner Variante *Gewalt geht vor Recht* durch Umkehrung der beiden Kernwörter des ursprünglichen Satzes.

Von den Rechtssprichwörtern zu trennen sind die vielen sprichwörtlichen Redensarten aus dem Bereich des Rechts, Paarformeln wie *mit Haut und Haar, mit Kind und Kegel* und Redewendungen wie *jemanden an den Pranger stellen* oder *auf die Folter spannen, etwas auf die lange Bank schieben.*[20] Oft handelt es sich um Wendungen, die wie *jemandem die Daumenschrauben anlegen* oder *Spießrutenlaufen*[21] aus der Strafjustiz kommen und denen bestimmte Praktiken des Strafvollzugs zugrunde liegen. Eingepaßt in einen Satz, erhalten sie ihre Bedeutung erst durch den jeweiligen Kontext, in dem sie sich befinden: Ihre Funktion liegt dabei häufig in der Konnotation der Aussagen. Auch die Phrasen oder Sprachgebärden unterlagen einem Idiomatisierungsprozeß, bei dem sich unterschiedliche Grade der Idiomatisierung beobachten lassen: Während bei *jemanden auf die Folter spannen* oder *die Daumenschrauben anlegen* der Bezug auf das Recht dem Sprachteilnehmer noch immer gegenwärtig ist und diese Wendungen deshalb in entsprechenden Kontexten durchaus noch wörtlich verstanden werden können, ist bei Wendungen wie *etwas auf die lange*

[20] RUTH SCHMIDT-WIEGAND, Mittelalterliches Recht in der deutschen Sprache der Gegenwart (ArchStuSpr., begr. von LUDWIG HERRIG, hg. von RUDOLF SÜHNEL u. a., Bd. 209, 1. Hjbd., 124. Jg., 1971, S. 9–25); dies., Artikel ‹Paarformeln› (HRG III 1984, Sp. 1387–1393); RÖHRICH (wie Anm. 11) Bd. 1, S. 23; ULRIKE SCHOWE, Mit Haut und Haar. Idiomatisierungsprozesse bei sprichwörtlichen Redensarten aus dem mittelalterlichen Strafrecht (GASK 27) Frankfurt a. M.-Berlin-Bern-New York-Paris-Wien 1994.

[21] RUTH SCHMIDT-WIEGAND, Artikel ‹Spießrutenlaufen› (HRG IV, 1990, Sp. 1770 f.), vgl. auch dies., Mit Hand und Mund, Sprachgebärden aus dem mittelalterlichen Rechtsleben (FMSt 25, 1991, S. 283–299).

Bank schieben, mit Kind und Kegel, mit Haut und Haar dieser Bezug verlorengegangen, indem durch die tiefgreifende Veränderung der Rechtskultur hier der ursprüngliche Sinn so verdunkelt worden ist, daß die Übertragung auf andere semantische Felder, meist die des Alltagslebens, möglich gewesen ist. Mit den Rechtssprichwörtern haben diese Phrasen selten etwas zu tun. Gelegentlich ist ihnen das Kernwort oder der Kernbegriff gemeinsam. Fälle, in denen sich ein Rechtssprichwort aus einer Wendung rechtlichen Inhalts entwickelt hat oder umgekehrt ein Rechtssprichwort auf eine Redensart reduziert worden ist, sind verhältnismäßig selten. Deshalb sind in dieses Lexikon die Redewendungen aus dem Bereich des Rechts grundsätzlich nicht mit aufgenommen worden; beziehungsweise sie fanden nur dann Berücksichtigung, wenn sich ein direkter Bezug auf ein Rechtssprichwort nachweisen ließ.

Zusammenfassend ist festzuhalten:

1. Rechtssprichwörter sind kurze, prägnante, in sich abgeschlossene Sätze, die auf eine Rechtsregel, einen Rechtssatz oder ein Rechtsprinzip zurückgehen, schriftlich belegt sind (Rechtsquellen, literarische Quellen) oder mündlich überliefert werden (Gewohnheit, Brauch und Sitte).
2. Wichtigstes Merkmal der Rechtssprichwörter, das sie mit den Sprichwörtern verbindet, ist ihr Umlaufcharakter, der in der Belegdichte wie in der gemischten Quellenlage (rechtliche und außerrechtliche Quellen), in der Variation, in Metaphorisierung und Idiomatisierung zum Ausdruck kommt.
3. Merkmale wie die Bildhaftigkeit und die poetische Form teilt das Rechtssprichwort ebenfalls mit dem Sprichwort. Sie sind also für das Rechtssprichwort unspezifisch.
4. Für das Rechtssprichwort spezifische Merkmale sind die Eindeutigkeit und Vollständigkeit der Aussage. Sie beruhen auf der Herkunft der Rechtssprichwörter aus einem Rechtssatz oder Rechtsprinzip beziehungsweise auch aus einer einmal gültigen Rechtsregel.

Die unter 1 und 2 genannten Merkmale sind für das Rechtssprichwort als einer Sonderform des Sprichworts verbindlich; die unter 3 und 4 genannten Merkmale sind dies nicht. Dieser Merkmalkatalog wurde der Auswahl von Rechtssprichwörtern zugrunde gelegt, die in diesem Bande vereinigt sind. Nachdem etwa viertausend Rechtssprichwörter aus verschiedenen Sprichwörtersammlungen wie denen von Eduard Graf und Mathias Dietherr[22]», Karl Friedrich Wilhelm Wander[23] u. a. m. erhoben worden sind, wurden die Rechtssprichwörter herausgesucht, die sich auf eine bestimmte Rechtsregel oder einen entsprechenden Rechtssatz zurückführen lassen und sich dabei durch ihre Belegdichte, besondere Quellenlage und Variantenbildungen auszeichnen. Viele der verzeichneten Rechtssprichwörter gehören heute weder dem aktiven noch dem passiven Sprachschatz an. Das liegt in der Natur der Sache. Rechtsregeln, Rechtssätze verloren mit den Veränderungen in Recht und Justiz ihre Gültigkeit und Verbindlichkeit, ehe sie in einen Metaphorisierungs- oder Idiomatisierungsprozeß eintreten konnten. Wenn sie sich aber auf diese Weise bis in die Gegenwartssprache hinein, häufig mit abweichender Bedeutung, erhalten haben, so ist auch dies in diesem Lexikon verzeichnet. Denn es ist ein Beweis für den Umlaufcharakter der ursprünglichen Rechtsregel.

Die ausgewählten Rechtssprichwörter und Rechtsregeln sind nach dem Kernwort oder Kernbegriff des Satzes alphabetisch geordnet. Auf eine besondere Zählung oder Numerierung konnte daher verzichtet werden. Soweit es zum besseren Verständnis von Inhalt und semantischer Entwicklung des Satzes notwendig erschien, sind den Kernwörtern kurze Erklärungen sprachlicher und/oder sachkundlicher Art beigegeben worden. Sind historische Belege bekannt, so werden sie in Auswahl genannt; Vollständigkeit wurde aber hier nicht angestrebt. Nachgewiesen werden auch die Belege aus älteren Sprichwörtersammlungen, die mit dem 16. Jahrhundert einsetzen. Durch ihre Dichte wie zeitliche Anordnung vermitteln sie ein Bild von Kontinuität und Verbreitung durch die Jahrhunderte. Entsprechendes gilt für die Varianten. Für ihre Anordnung ist indessen nicht ihre Nähe zum Leitsatz entscheidend gewesen, sondern die alphabetische Reihenfolge, weil dies die Benutzung erleichtert. Wurde ein

[22] Deutsche Rechtssprichwörter, unter Mitwirkung von Johann Kaspar Bluntschli und Konrad von Maurer ges. und erkl. von EDUARD GRAF und MATHIAS DIETHERR (1864), Neudr. der 2. Ausgabe Nördlingen 1869, Aalen 1975. Dazu EDUARD OSENBRÜGGEN, Die deutschen Rechtssprichwörter, Basel 1876.

[23] Wander (wie Anm. 4, 17).

Rechtssprichwort oder eine Rechtsregel bereits in der Literatur behandelt, so ist die Fundstelle mit einem Kurztitel vermerkt, der mit Hilfe des Literaturverzeichnisses vervollständigt werden kann. In ihm sind auch die Verfasser, deren Artikel im ‹Handwörterbuch zur deutschen Rechtsgeschichte› den Erklärungen zugute gekommen sind, namentlich aufgeführt. Bei mehreren Kernwörtern wurden Querverweise angebracht, die das Auffinden semantisch verwandter Rechtssprichwörter erleichtern sollen. Dabei war der Wunsch bestimmend, die Zusammenschau sinnverwandter Sätze zu ermöglichen.

Das hier vorgelegte Lexikon der Rechtssprichwörter und Rechtsregeln richtet sich an Rechtshistoriker, Historiker, Philologen und Volkskundler, die durch ein allen gemeinsames Interesse an den «Sprachgebärden»[24] des Rechtslebens in Mittelalter und Neuzeit verbunden sind. Es richtet sich an Juristen und Lehrer, Schüler, Studenten und Laien, um ihnen einen Eindruck davon zu vermitteln, daß unsere Umgangssprache Rechtsvorstellungen der Vergangenheit widerspiegelt und Rechtsaltertümer längst vergangener Epochen bewahrt hat, ohne daß uns dies immer bewußt wäre. Betroffen sind verschiedene Gebiete der Wissenschaft wie Rechtsgeschichte und Ethnologie oder Volkskunde[25], Phraseologie und Idiomatik[26]», um nur einige wenige zu nennen.

Nicht unerwähnt bleiben soll, daß sich in Handschriften und Drucken des späten Mittelalters und der frühen Neuzeit auch

[24] Zu diesem Begriff LUTZ RÖHRICH, Gebärde – Metapher – Parodie. Studien zur Sprache und Volksdichtung, Düsseldorf 1967, S. 7–36. Als Sprachgebärden bezeichnet man stehende Redensarten oder feste Redewendungen, die eine längere Tradition haben und von hier aus wie viele Rechtssprichwörter der Erläuterung bedürfen.

[25] HERBERT SCHEMPF, Rechtliche Volkskunde (Grundriß der Volkskunde, Einführung in die Forschungsfelder der Europäischen Ethnologie, Berlin 1988, S. 291–310, insb. 297f.).

[26] HARALD BURGER, Idiomatik des Deutschen. Unter Mitarbeit von HARALD JASCHKE, Tübingen 1973; ders. und ANGELIKA LINKE, Historische Phraseologie (Sprachgeschichte. Ein Handbuch zur Geschichte der deutschen Sprache und ihrer Erforschung, hg. von WERNER BESCH, OSKAR REICHMANN und STEFAN SONDEREGGER, 2. Hbd. [Handbücher zur Sprach- und Kommunikationswissenschaft 2.2] Berlin-New York 1985, Sp. 2018–2026.

Illustrationen zu einzelnen Rechtssprichwörtern finden.[27] Hier sind vor allem die Bilderhandschriften des ‹Sachsenspiegels› zu erwähnen[28], die bei der Auslegung eines Rechtssprichworts hilfreich sein können. Sprichwörter wie *Der Ältere teilt, der Jüngere wählt*[29], die sich bereits im Sachsenspiegel finden oder die wie das Sprichwort *Wer sät, der mäht*[30] in dem Rechtsbuch ihre Wurzeln haben, werden hier durch ein Bild in ihren pragmatischen Zusammenhang gerückt, so daß die ursprüngliche Gebrauchssituation solcher Sätze in und außerhalb des Gerichtes auch für den modernen Betrachter deutlich wird.

Die Zeit des Sachsenspiegels war offenbar eine Hochzeit für die Verwendung von Sprichwörtern oder Merksätzen im Gericht. Dies sollte indessen sehr bald anders werden.[31] Bereits in den vom Sachsenspiegel abhängigen Rechtsquellen wie dem ‹Richtsteig Landrechts›[32] des Johann von Buch, vor allem aber

[27] GERHARD KÖBLER, Bilder aus der deutschen Rechtsgeschichte. Von den Anfängen bis zur Gegenwart, München 1988; WOLFGANG SCHILD, Alte Gerichtsbarkeit. Vom Gottesurteil bis zum Beginn der modernen Rechtsprechung, 2. Aufl., München 1985; GERNOT KOCHER, Zeichen und Symbole des Rechts. Eine historische Ikonographie, München 1992; WOLFGANG SELLERT, Recht und Gerechtigkeit in der Kunst, Göttingen 1993.

[28] Gott ist selber Recht. Die vier Bilderhandschriften des ‹Sachsenspiegels›. Oldenburg, Heidelberg, Wolfenbüttel, Dresden (Ausstellungskatalog der Herzog August Bibliothek Nr. 67), hg. von RUTH SCHMIDT-WIEGAND und WOLFGANG MILDE, 2. Aufl., Wolfenbüttel 1993, S. 9–30.

[29] Sachsenspiegel Ldr. (wie Anm. 12) III 29 § 2; JANZ (wie Anm. 12) S. 423 ff.; ANDREAS WACKE, Der Ältere teilt, der Jüngere wählt (JA 1981, S. 176); RUTH SCHMIDT-WIEGAND, Rechtssprichwörter und ihre Wiedergabe in den Bilderhandschriften des ‹Sachsenspiegels› (Text und Bild. Aspekte des Zusammenwirkens zweier Künste in Mittelalter und früher Neuzeit, hg. von CHRISTEL MEIER und UWE RUBERG, Wiesbaden 1980, S. 593–629) insb. 604.

[30] JANZ (wie Anm. 12) S. 198 f.; ANDREAS WACKE, Wer sät, der mäht (JA 1981, S. 286–288).

[31] Zur Entwicklung nach dem Sachsenspiegel vgl. BRIGITTE JANZ «Dan nach Sprichwortten pflegen die Bauren gerne zu sprechen». Überlegungen zur Rolle von Rechtssprichwörtern im spätmittelalterlichen Gerichtsverfahren (Proverbium 9, 1992, S. 81–105).

[32] Der Richtsteig Landrechts nebst Cautela und Premis, hg. von CARL GUSTAV HOMEYER, Berlin 1857.

in den Schöffensprüchen[33], später auch in den Weistümern[34] traten die Sprichwörter zurück. Sie wurden meist nur noch von den Parteien und nicht von den offiziellen Vertretern der Rechtssprechung, dem Richter oder den Schöffen, gebraucht. Als «Relikte aus der Zeit mündlicher Rechtspflege»[35] verschwanden sie mit der Verschriftlichung des Prozeßwesens mehr und mehr. Indessen haben durchaus nicht alle Rechtssprichwörter ihre Funktion verloren. Ein gewisser Bestand von Sprichwörtern hat den Bezug auf das geltende Recht bis auf den heutigen Tag bewahrt.[36] Dazu gehören *Wer kein Geld hat, muß Bürgen stellen*, *Einem geschenkten Gaul schaut man nicht ins Maul*, *Kauf bricht Miete* und *Kauf bricht nicht Miete*, *Gegenwehr ist erlaubt*, *Hehler sind Stehler*, *Gelegenheit macht Diebe*, *Unwissenheit schützt vor Strafe nicht*, u. a. m. Der hier vorgelegte Schatz von Rechtssprichwörtern umfaßt Sprichwortgut aus verschiedenen Stufen der Sprachentwicklung, aus der Rechtsbücherzeit, aus der Zeit von Stadtrecht und Weistum, ebenso aus dem Barockzeitalter und der Aufklärung, sowie auch heute noch geläufige Rechtssprichwörter mit ihrem Bezug zum geltenden Recht.

Die Vorarbeiten zu diesem Lexikon, die zunächst in einer intensiven Sammeltätigkeit von Quellen und Literatur bestanden, wurden von Ulrike Schowe geleistet, die in der Anlaufphase von Gabriele Töpfer-Karara unterstützt worden ist. In Absprache mit der Herausgeberin wurde dann die Auswahl der Kernwörter getroffen und mit Hilfe der EDV eine Datei der Rechtssprichwörter erstellt. Beiden Mitarbeiterinnen, vor allem aber Frau Dr. Schowe, sei an dieser Stelle für ihre aktive Mitarbeit und ihr

[33] Magdeburger Recht, hg. von FRIEDRICH EBEL, Bd. II: Die Rechtsmitteilungen und Rechtssprüche für Breslau, 1. Teil: Die Quellen von 1261–1452 (Mitteldeutsche Forschungen 89, II, 1), Köln-Wien 1989.

[34] GRIMM, Weisth., Nachdruck Hildesheim, Zürich, New York 2000.

[35] JANZ (wie Anm. 31) S. 97ff.

[36] GRUNDMANN/STRICH/RICHEY (wie Anm. 17) S. 121–135; KARL SPIRO, Alte Rechtssprichwörter und modernes Privatrecht (Zeitschrift für Schweizerisches Recht, N. F., 69, 1950, S. 121–147); JUSTUS WILHELM HEDEMANN, Aus der Welt der Rechtssprichwörter (Das deutsche Privatrecht in der Mitte des 20. Jahrhunderts, Fs. für Heinrich Lehmann zum 80. Geb., hg. von H. C. NIPPERDEY, Bd. I, Berlin 1956, S. 131–142).

Engagement für die Sache bis zur Beendigung der Arbeit gedankt. Gedankt sei Frau Marlies Peters für ihre unermüdliche Mithilfe bei der Betreuung des Manuskriptes und bei den Korrekturen. Zu danken habe ich aber auch meinen Studenten, Examenskandidaten und Doktoranden, die nicht allein durch ihr Interesse an einschlägigen Vorlesungen und Seminaren, sondern auch durch die Übernahme schriftlicher Hausarbeiten in den vergangenen Jahren zur Klärung von Einzelproblemen beigetragen haben.

Ich wünsche diesem Buch bei Benutzern und Lesern freundliche Aufnahme und hoffe, daß es das Interesse am Sprichwort im allgemeinen wie am Rechtssprichwort im besonderen wachzuhalten vermag.

Die Herausgeberin

A

A

Wer A sagt, muß auch B sagen. ‹Wer mit einer Sache anfängt, muß damit fortfahren›. Willigte ein Käufer in ein Rechtsgeschäft ein, so verpflichtete er sich ebenso wie der Verkäufer, die rechtlichen Bedingungen einzuhalten; d. h. hatte er in das eine eingewilligt, so mußte er auch das andere erfüllen. Pistorius II S. 133 Nr. 1; Conradi S. 19 Nr. 24; Eisenhart S. 380; Braun S. 1 Nr. 1; Eiselein S. 3; Simrock S. 25 Nr. 1; Lohrengel S. 31 Nr. 786; Eichwald S. 1 Nr. 1; Günther S. 94; GD S. 438 Nr. 320; W I Sp. 1 Nr. 8; Beyer S. 23; Röhrich 1 S. 51; Thesaurus proverbiorum S. 1 Nr. 2.

V.: Auf A folgt B in unserem ABC. Beyer S. 23. Wer A sagt, kommt zuletzt bis zum Z. Beyer S. 23, 689.

Abt

Wenn der Abt die Würfel auflegt, dann dürfen die Brüder spielen. Das Würfelspiel war den Angehörigen des geistlichen Standes verboten. Gab indessen der Abt eines Klosters die Würfel heraus, so konnten die Mönche ohne Bedenken spielen. Franck I Bl. 126r; Henisch Sp. 8; GD S. 286 Nr. 18; W I Sp. 17 Nr. 17; Grundmann/Strich/Richey S. 32; Beyer S. 25–26; Thesaurus proverbiorum S. 17 Nr. 20: Dum abbas apponit tesseras, ludunt monachi (mlat.).

V.: Wenn der Abt spielt, dann dürfen die Brüder zechen. Wenn der Abt Würfel bringt, dürfen die Mönche würfeln. Thesaurus proverbiorum S. 17 Nr. 23. Wenn der Abt würfelt, spielen die Mönche. Wo der Abt die Würfel dreht (gibt), da dobbeln die Mönche. Braun S. 1 Nr. 13; Beyer S. 26, 688. Wenn der Abt zum Glase greift, so greifen die Mönche zum Kruge. Beyer S. 25, 401.

Acht

Acht, mhd. *âhte, æhte* st. F. ‹Verfolgung, Friedlosigkeit› bzw. ‹vom König oder seinem Richter verhängte Acht im ganzen Reich› (so im Ssp. und verwandten Quellen); die Formel ‹Acht und Bann› bezieht sich auf die Reichsacht und den Kirchenbann, also auf den Ausschluß aus der weltlichen und kirchlichen Rechtsgemeinschaft → Bann, → Festung → verfesten.

Was die Laienfürsten bezwingen mit der Acht, zwingen die Bischöfe mit dem Banne. Ruprecht von Freising I cap. 100: Was dy layenn mit der acht betwingnn dat betzwingen sy mit dem pann. GD S. 549 Nr. 95; W II Sp. 1757.

Acker

Landwirtschaftlich genutztes Pflugland in seiner Gesamtheit wie auch als einzelnes Stück im Gegensatz zu Wiese und Wald.

Alle Acker geben Zehnt. GD S. 122 Nr. 315; W V Sp. 707 Nr. 69 → Morgen, Zehnt.

Der Mist folgt keinem Acker. Solange der zur Bewirtschaftung eines Hofes bestimmte Dünger noch am Haus gelagert wurde, gehörte er zur fahrenden Habe und war veräußerlich. War er aber schon auf dem Acker verteilt worden, so gehörte er zur Liegenschaft. DRWB I Sp. 419; GD S. 65 Nr. 19; W III Sp. 670 Nr. 9.

Die Leute schneiden und mähen mit Recht, die den Acker säen. Freidank S. 69 (3, 5): die liute snîdent unde mænt von rehte, als sie den acker sænt. Ssp. Ldr.II 58 § 2: Des mannes sat, de he mit sineme pluge werket, de is verdenet alse de egede dar over geit. Schwsp. 218a; Dsp. 171. Der Bewirtschafter eines Gutes hatte Anspruch auf die Erträge, unabhängig davon, ob er Eigentümer war oder nicht. GD S. 75 Nr. 61; W III Sp. 67 Nr. 452; Beyer S. 27.

V.: Die Saat ist dessen, dem der Acker ist. W III Sp. 1785 Nr. 4; Grundmann/Strich/Richey S. 123. Wer sät, der mäht. Conradi S. 15 Nr. 21; Sailer S. 124; Eisenhart S. 225; Körte S. 385 Nr. 6431; Hillebrand S. 52 Nr. 74; Simrock S. 440 Nr. 8613; Chaisemartin S. 207 Nr. 66; GD S. 75 Nr. 60; W III Sp. 1828 Nr. 63 → säen. Wacke, Rechtsvergleichung, S. 200 f.

Ein Acker muß den andern austragen. Das Spw. bezieht sich auf das Anwenderecht. Führte kein Weg zum Acker, über den der Bewirtschafter das Feld erreichen konnte, so durfte er mit seinem Gefährt das Nachbargrundstück betreten und auch beim Pflügen auf diesem wenden. Entstandener Schaden war zu ersetzen. Doch da meist gegenseitig angewendet wurde, mußte man sich vergleichen. GD S. 84 Nr. 97; W V Sp. 708 Nr. 82; Schmidt-Wiegand, Anwende 1985.

Was noch auf dem Acker steht, folgt dem Erbe. Eisenacher Rb. III 91: Abir daz noch uffe dem acker stet, daz volget dem erbe. GD S. 64 Nr. 10; W V Sp. 709 Nr. 110.

Wer einen Acker besitzt, zahlt auch einen Zins. ‹Kein Acker ist zinsfrei›. Thesaurus proverbiorum S. 22 Nr. 8: Qui possidet agrum et censum solvit (mlat.).

Wer fremden Acker baut, teilt sein Gut. Wer wissentlich das Feld eines anderen bestellte, verlor Saat und Arbeit. Er hatte keinen Anspruch auf die Erträge. Schwsp. Ldr. 211: Swer bawet eins andern mannes acker vnd wirt er dar vmb beshuldiget er hat sein arbeit verlorn vnd shol dem richter weten. GD S. 75 Nr. 67; W V Sp. 709 Nr. 119. S. a. Wer wissentlich eines andern → Land errt, verliert seine Arbeit.

Ackermaß

Wo sichtig Ackermaß vorhanden, da soll nicht für Neuland gehalten werden. Sichtig Adj. ‹so beschaffen, daß man gute Sicht hat›, ‹offensichtlich›, Lexer II Sp. 920. Um die Bauern für die Kultivierung von Böden zu gewinnen, wurde ihnen für eine bestimmte Zeit vom Landesherrn Zins- und Zehntfreiheit zugesichert. Diese Vergünstigungen galten indessen nur für Böden, auf denen noch keine Ackerfurchen vorhanden waren, d. h. die noch nicht unter den Pflug genommen worden waren. GD S. 123 Nr. 325; W V Sp. 710; Schmeller 1/1 Sp. 31.

Adel

Das Wort *Adel*, das sprachlich mit ahd. *uodil*, as. *ôdil* N. ‹Odal, Erbbesitz, Heimat› zusammengehört, hat zunächst die allgemeine Bedeutung ‹Abstammung, Herkunft, Geschlecht› gehabt, die dann auf ‹vornehme Abstammung, vornehmer Stand, edles Geschlecht› eingeengt worden ist. Die Bezeichnung wurde übertragen auf das Geistig-Sittliche, und erfuhr dadurch die Bedeutungserweiterung ‹Adligkeit, Vollkommenheit›. Im rechtlichen Bereich bezeichnet das Wort den Stand, der Herrschaft ausübt. Vom hohen Adel oder Herrenstand ist der niedere Adel (Lehnsleute, Dienstmannen und → Ritterschaft) zu unterscheiden. Beim neuzeitlichen Adel unterscheidet man Geburtsadel und Briefadel (verliehener Adel). DRWB I Sp. 427–431; Kluge/Seebold S. 10 → Wappenbrief.

Adel geht nicht für Ehrbarkeit. ‹Nicht immer sind Adlige auch ehrenhaft›. Henisch Sp. 21; GD S. 33 Nr. 69; W I Sp. 28 Nr. 3.

Adel ist von Bauern her. GD S. 32 Nr. 58; W I Sp. 28 Nr. 5.

Adel kommt von Natur und nicht vom Amt. ‹Amtsbesitz adelt nicht›. Sächsisches Weichbildrecht Sp. 330 Art. 33: adil komit von naturen, unde nicht von ammecht. GD S. 33 Nr. 62; W V Sp. 714 Nr. 47.

Adel sitzt im Gemüt und nicht im Geblüt. ‹Adlig ist nur, wer sich auch edelmütig verhält›. Braun S. 1 Nr. 21; Simrock S. 29 Nr. 83; GD S. 33 Nr. 70; W I Sp. 28 Nr. 11; Beyer S. 27; Fehr, Dichtung S. 175.

V.: Der Adel kommt nicht von der Geburt, sondern nur von der Tugend, die man übt. Thesaurus proverbiorum S. 33 Nr. 107. Tugend ist der beste Adel. Beyer S. 27. Edel macht das Gemüt, nicht das Geblüt. Franck I Bl. 56r; Eiselein S. 130; Thesaurus proverbiorum S. 34 Nr. 110: Generositas uirtus, non sanguis → Ritterschaft.

Wen der Kaiser adelt, der genießt des Kaisers Adel. Das Spw. richtet sich gegen die Kritik an der Verleihung des Adelsprädikats durch den Kaiser. Der auf diese Weise entstandene Adel war in rechtlicher Hinsicht dem Uradel gleich. Pistorius II S. 147 Nr. 10; Conradi S. 9 Nr. 2; Eisenhart S. 45; Simrock S. 277 Nr. 5360; Hillebrand S. 31 Nr. 39; W II Sp. 1096 Nr. 48.

Ahnen

Gemalte Ahnen zählen nicht. Jeder Landesherr konnte den niederen Adel erteilen, war aber in bezug auf die gewährten Vorrechte eingeschränkt: Sie mußten als von ihm abhängig erscheinen. Durch die Verleihungsurkunde, den sog. Gnadenbrief, konnte er vier, acht oder sechzehn adlige Vorfahren «schenken». Diese fingierten oder «gemalten» Ahnen sicherten aber nicht die Privilegien des alten Adels. Hillebrand S. 32 Nr. 42; GD S. 34 Nr. 97; W V Sp. 725 Nr. 2; Grundmann/Strich/Richey S. 85; Fehr, Dichtung S. 165.

Allmende

Zu mhd. *al(ge)meinde, almende* st. F. ‹was allen gemein ist›, nämlich Wald, Weide, Wiesen, Wasser und Wege der Gemarkung. Die

Allmende unterlag kollektiver Bewirtschaftung, Nutzung und Verwaltung → gemein.

Auf Allmende zu weiden ist niemand verboten. Simrock S. 32 Nr. 156; GD S. 68 Nr. 45; W I Sp. 48. Vgl. Hund und Katze, Huhn und Hahn ist des Ungenossen Vieh → Ungenosse.

Allmendgut

Allmendgut ist nicht Nachbargut. Gemeint ist das Grenz- und Zaunrecht gegenüber dem Nachbarn. Nur das Grundstück in Sondereigentum, nicht die Allmende, mußte begrenzt und eingezäunt werden. Aussichtsfenster durften nur auf die Allmende hinausgehen und nicht gegenüber der Grenze zum Nachbarn liegen. Hillebrand S. 52 Nr. 73; GD S. 68 Nr. 35; W V Sp. 732 → Nachbar, Zaun.

Allzuviel

Auf Allzuviel und Zwerge folgt weder Lehn noch Erbe. Bei dem ersten Kernwort des Satzes handelt es sich um eine volksetymologische Umdeutung von mnd. *altvile*, dessen Etymologie und ursprüngliche Bedeutung dunkel ist. Wahrscheinlich handelt es sich um eine Bezeichnung für den Zwitter, DRWB I Sp. 536. Nach älterem Recht, Land- wie Lehnrecht, waren mißgestaltete Personen wie Zwitter, Zwerge, Krüppel, Aussätzige erbunfähig. Ssp. Ldr.I 4: Uppe altvile unde uppe twerge ne irstirft weder len noch erve. Simrock S. 123 Nr. 2095; Hillebrand S. 148 Nr. 208; GD S. 210 Nr. 194; W I Sp. 49 Nr. 7; Grundmann/Strich/Richey S. 83 → Zwerg, Zwitter.

V.: Auf Zwitter und Zwerge erstirbt weder Lehn noch Erbe. Zu *ersterben* ‹im Erbweg an jemanden fallen›. Fehr, Dichtung S. 173; Janz, Rechtssprichwörter S. 68–75.

alt

Alt ist noch nicht Recht. Beyer S. 33 → Gewohnheit, Recht.

Der Ältere hat das Vorrecht. Schwsp.: der elter hat das vorrecht. Das Spw. bezieht sich auf das sog. Kürrecht bei der Erbteilung (zu mhd. *kiesen/küren* ‹wählen›). Erbten mehrere Personen, so hatte der ältere Erbe das Vorrecht des Teilens, der jüngere die Wahl. Der Ältere hatte die Pflicht, so gerecht zu teilen, daß niemand übervorteilt wurde. GD S. 104 Nr. 225 und S. 432 Nr. 254.

V.: Das Alter geht vor. Conradi S. 8 Nr. 3.

Der Ältere soll teilen, der Jüngere wählen. Ssp. Ldr.III 29 § 2: De eldere scal delen unde de jungere scal kesen. Schwsp. 26; Dsp. 28 § 2; Freisinger Rb. S. 194 Art. 171, S. 218 Art. 189: dâ sol der elter tailen, und der junger welen. Estor I S. 35; Hertius S. 285 Nr. 24; Pistorius X S. 66; Conradi S. 17 Nr. 16; Eisenhart S. 307; Hillebrand S. 141 Nr. 200; Singer II S. 155; GD S. 215 Nr. 207; W I Sp. 63; Grundmann/Strich/Richey S. 82; Liebs S. 115 Nr. 4: Major dividat, minor eligat. Röhrich 1 S. 77; Foth S. 184; Wacke, Der Jüngste stimmt zuerst S. 176; Janz, Rechtssprichwörter S. 423–433; Dies., «Dan nach Sprichwortten pflegen die Bauren gerne zu sprechen.» S. 84–86.

Der Älteste behält das Feld. Das Spw. bezieht sich auf besondere Regelungen des Erbrechts bei bäuerlichen Höfen, wonach der Grund und Boden an einen Erben geht: In einigen Gegenden ist der älteste, in anderen der jüngste Sohn Alleinerbe gewesen. Henisch Sp. 249; GD S. 129 Nr. 363; W V Sp. 748 Nr. 1. S. a. Der Bauer hat nur ein Kind → Bauer, Kind.

Der älteste Bruder ist des jüngsten Richter. Rigisches Recht S. 99 cap. 78: de ôldeste bröder ys der jüngesten richter. Starb der Vater, der die Vormundschaft über die ganze Familie hatte, so ging die Muntgewalt an den ältesten Sohn, der damit den jüngeren Brüdern übergeordnet war. GD S. 172 Nr. 166.

Die ältesten Briefe gehen vor. Mhd. *brief* zu lat. *brevis* ‹kurz› ist eine Bezeichnung für die Urkunde ‹mit Brief und Siegel›, DRWB II Sp. 493–501. Das Spw. kann sich auf folgende Situation beziehen: Liegen mehrere Hypotheken auf einem Grundstück, so müssen zunächst die älteren Pfandschreiben bezahlt werden, ehe die jüngeren abzulösen sind. Henisch Sp. 508; Hertius S. 320 Nr. 49; Pistorius III S. 277 Nr. 26; Conradi S. 17 Nr. 3; Eisenhart S. 323; Simrock S. 83 Nr. 1300; Hillebrand S. 89 Nr. 121; GD S. 115 Nr. 283; W I Sp. 464 Nr. 7; Grundmann/Strich/Richey S. 64 → Brief, Gebot.

Ich habe das Alte bezahlt und wette auf das Neue. Zu mhd. *wetten* sw. V. ‹verpfänden›, ‹Gewette geben, zahlen›. Grimm, Weisth. I S. 732: ich habe das alte bezalt und wette uf das nuwe, das uf dem felde stat. GD S. 76 Nr. 88; W V Sp. 738 Nr. 23 → Wette, Gewette.

Altar

Wer dem Altar dient, soll vom Altar leben. ‹Geistliche, die im Dienst der Kirche stehen, sollen auch von der Kirche ernährt werden›. Luk. 10,7; Henisch Sp. 699; Simrock S. 33 Nr. 175; GD S. 544 Nr. 65; W I Sp. 53 Nr. 8; Singer II S. 113; Grundmann/Strich/Richey S. 33; Krauss S. 15; Thesaurus proverbiorum S. 99 Nr. 7. Weiter Spw. s. Thesaurus proverbiorum S. 99 Nr. 1–17.

V.: Wer vom Altar lebt, soll dem Altar dienen. Braun S. 3 Nr. 50.

Amt

Kelt. *ambactos* ‹Höriger, Diener› wurde schon früh in die germanischen Sprachen entlehnt und der eigenen Laut-, Formen- und Bedeutungsentwicklung angepaßt wie u. a. germ. *ambahtja* ‹Diener, Gefolgsmann›, got. *andbahti*, ahd. *ambahti*, mhd. *ambahta* N. ‹Dienst, Amt, Stellung› beweisen. Amtsträger konnten ursprünglich Unfreie und Freie sein, vom Knecht bis zum Reiterführer. Die Entwicklung des Lehnswesens trug dazu bei, daß die Ämter, die zunächst dem König unterstanden, an den Adel verliehen und von diesem nach eigenem Recht verwaltet wurden. Die Rspw. beziehen sich nicht auf die frühe Entwicklung des Ämterwesens, sondern auf die spätere Zeit.

Amt adelt niemand. ‹Nicht der Amtsbesitz führt zum Adel, sondern der Adel besitzt die Ämter›. GD S. 33 Nr. 63; W V Sp. 752 Nr. 96.

V.: Adel kommt von Natur und nicht vom Amt. Sächsisches Weichbildrecht Sp. 330 Art. 33: adil komit von naturen, unde nicht von ammecht. GD S. 33 Nr. 62; W V Sp. 714 Nr. 47.

Ämter geben Würde und Bürde. D. h. ‹Rechte und Pflichten›. GD S. 517 Nr. 234; W I Sp. 69 Nr. 12; Fehr, Dichtung S. 174.

Der Mann stirbt, aber das Amt bleibt. Beyer S. 560.

In einer Sache kann man nicht zwei Ämter führen. In einem Rechtsstreit (Sache) sind drei Funktionen zu unterscheiden, die auch äußerlich deutlich voneinander getrennt gehalten werden müssen: die des Klägers, Verteidigers und Richters. Es konnte deshalb eine Person nicht zwei dieser Funktionen ausüben. GD S. 433 Nr. 274; W III Sp. 1793 Nr. 132; vgl. Liebs S. 130 Nr. 45; s. heute §§ 22 Abs. 2 BRRG → Klage.

Man muß die Ämter den Leuten und nicht die Leute den Ämtern geben. Simrock S. 39 Nr. 291; GD S. 518 Nr. 266; W I Sp. 71 Nr. 59; Grundmann/Strich/Richey S. 23.

V.: Man muß die Ämter mit Personen, nicht die Personen mit Ämtern versehen. Pistorius II S. 166 Nr. 27; GD S. 518 Nr. 265.

Zu Ämtern braucht man nicht Landeskinder, sondern Männer. Der Satz wird August dem Starken zugeschrieben. Entscheidend für die Vergabe von Ämtern sollte nicht die Herkunft der Bewerber, sondern ihre Kompetenz sein. Es geht nicht darum, die eigenen Landsleute mit Ämtern zu versehen, sondern auch über die Landesgrenzen hinaus möglichst fähige Amtsträger zu gewinnen. Simrock S. 39 Nr. 292; GD S. 518 Nr. 263; W I Sp. 72 Nr. 86. S. dag. → Landeskinder soll man vor andern fördern.

Ämtchen

Kein Ämtchen ist so klein, es ist hängenswert. Von einem Amtsinhaber wurde verlangt, daß er vertrauenswürdig, ehrlich und fleißig war. Vernachlässigte er seine Pflichten, so sollte er «an einem krummen Ast im Walde hängen [...] bis ihm die Hörner w[u]chsen». Franck I Bl. 77v; Agricola I S. 232; Pistorius I S. 5 Nr. 1; Eisenhart S. 510; Simrock S. 37 Nr. 271; GD S. 516 Nr. 217; W V Sp. 755 Nr. 3; Thesaurus proverbiorum S. 108 Nr. 34–37: Nullus est magistratus, quantumvis parvus, qui non suspendio dignus.

V.: Kein Ämtlein, es ist hängenswert. Simrock S. 37 Nr. 271; GD S. 516 Nr. 216. Kein Amt ist so klein, es kann hängenswert machen. Braun S. 4 Nr. 73; GD S. 516 Nr. 218.

Amtsrecht

Von Amtsrecht sollen die Amtsleute reden. GD S. 21 Nr. 242; W V Sp. 756. Unter Amtsrecht ist das spezifische Recht zu verstehen, das sich mit den Ämtern, Amtsleuten und allen Rechtsverhältnissen eines Amtes oder Amtshofes beschäftigt. HRG I Sp. 156–157; DRWB I Sp. 585–586.

anbringen

Entgehen ist näher als Anbringen. GD S. 432 Nr. 260; W I Sp. 825 → entgehen.

Anfall

Mhd. *anval* st. M. ‹Anfall eines Gutes durch Erbschaft›, ‹Lehnsanfall›.

Anfall fällt vor sich. Altprager Stadtrecht S. 92 Art. 135: der anfal vellet vor sich. GD S. 193 Nr. 56; W V Sp. 760 Nr. 1 → Erbe.

Anfall stirbt der Mutter in den Schoß. GD S. 194 Nr. 79; W V Sp. 760 Nr. 2; Schröder/Künßberg, Rechtsgeschichte S. 822; HRG IV Sp. 1485–1486 → Mutter.

Anfang

Mhd. *anvanc* st. M. im rechtstechnischen Sinn meint das Anfangs- oder Dritthandverfahren, das den Zweck hatte, die gestohlene, geraubte oder sonstwie abhanden gekommene Sache wiederzugewinnen bzw. den Täter ausfindig zu machen und seiner Bestrafung bzw. Buße zuzuführen. Vgl. → Urhab.

Um den Anfang ist keine Zeit beschieden. Inwieweit das Rspw. bereits metaphorisiert oder idiomatisiert ist, läßt sich allein aus dem Kontext der Gebrauchssituation schließen. GD S. 110 Nr. 265; W V Sp. 762 Nr. 120.

Angefälle

Angefälle bezeichnet die Nutzung und damit das Nutzungsrecht des Lehns durch den Lehnsherrn während der Minderjährigkeit des Belehnten. Das mit der Lehnsvormundschaft verbundene Sonderrecht verschaffte dem Herrn jedoch nicht die → Gewere am Lehn des Mündels, sondern bot ihm lediglich einen Ausgleich für die nicht geleisteten Lehndienste. DRWB I Sp. 636–637.

Angefälle ist kein Lehn. Ssp. Lnr. 26 § 7: An anevelle n'is nen lenrecht. Schwsp. 51a; Dsp. 81 § 1; GD S. 560 Nr. 81; W V Sp. 765; HRG II Sp. 1750–1752; Janz, Rechtssprichwörter S. 247–249 → Lehn.

Anklage

→ Klage.

Ohne Anklage kann man niemand verurteilen. GD S. 425 Nr. 211; W V Sp. 771 Nr. 5.

anklagen

→ klagen.

Erst anklagen, dann richten. GD S. 425 Nr. 210; W I Sp. 92 Nr. 2; Beyer S. 42 → Kläger.

Antwort

Der gerichtliche Prozeß wurde von drei Parteien bestritten: dem Kläger, dem Beklagten oder Angeklagten und dem Richter. Nachdem der Kläger seine Klage oder Anklage vorgetragen hatte, mußte der Beklagte oder Angeklagte antworten. Die Beschuldigung sollte so formuliert sein, daß der Beschuldigte möglichst mit ‹Ja› oder ‹Nein› antworten konnte. Längere Ausführungen waren unzulässig. Gestand er, folgte die Urteilsfindung. Leugnete oder schwieg er, so kam es zum bedingten Endurteil. Schröder/Künßberg, Rechtsgeschichte S. 844–856; Planitz/Eckhardt, Rechtsgeschichte S. 63.

Der auswärtige Mann ist keine Antwort schuldig. Niemand war verpflichtet, auf eine Klage einzugehen, die nicht bei dem Gericht, in dem er ansässig war, anhängig gemacht worden ist. Ssp. Ldr.III 33 § 2, 26 § 2, 33 §§ 2–4 u. a.; Sächsisches Weichbildrecht Sp. 319 Art. 28; GD S. 437 Nr. 299; W III Sp. 371 Nr. 236.

Keine Antwort ist auch eine Antwort. Der Satz bezieht sich auf das Recht der Willenserklärung vor Gericht. Danach ist die Nichterteilung einer Antwort auf eine Frage einer abschlägigen Antwort gleichzusetzen, sofern sie einen Erklärungswert besitzt und rechtsverbindlich sein kann. Franck I Bl. 81r; Agricola II S. 41; Egenolff S. 285b; Pistorius II S. 169 Nr. 30; Schonheim S. 202 Nr. 17; Hertius S. 263 Nr. 7; Conradi S. 10 Nr. 2; Bücking S. 135 Nr. 81; Eisenhart S. 98; Braun S. 4 Nr. 89; Simrock S. 42 Nr. 369; Volkmar S. 352 Nr. 199; Hillebrand S. 97 Nr. 131; W I Sp. 103 Nr. 9; Foth S. 71–75; Beyer S. 44; Wacke, Keine Antwort ist auch eine Antwort S. 184–185; Thesaurus proverbiorum S. 158 Nr. 47–49 → schweigen.

V.: Antwortet man nicht, so ist man überwunden. GD S. 444 Nr. 378; Liebs S. 177 Nr. 80: Qui tacet, consentire videtur (ubi loqui potuit et debuit). Krampe, Qui tacet, consentire videtur S. 367–380. Schweigen ist auch eine Antwort. Beyer S. 44, 527. Wer schweigt, bejaht. Braun S. 155 Nr. 4039; Simrock S. 475

Nr. 9359; Hillebrand S. 97 Nr. 130; GD S. 444 Nr. 382; W IV Sp. 444 Nr. 189; Beyer S. 527. Wer schweigt, sagt ja. Singer II S. 98. Wer schweigt, sagt auch etwas. Beyer S. 527. Wer schweigt, stimmt zu. Beyer S. 527; Krampe, Qui tacet, consentire videtur S. 367–380; Liebs S. 177 Nr. 80: Qui tacet, consentire videtur (ubi loqui potuit et debuit). S. heute z. B. §§ 568, 625, 663 BGB → schweigen.

antworten

Der Sohn antwortet nicht für den Vater. Ssp. Ldr.II 17 § 1: De sone ne antwardet vor den vader nicht. Schwsp. 178a; Dsp. 118 § 1; Ruprecht von Freising I cap. 115; Henisch Sp. 530; Chaisemartin S. 423 Nr. 35; GD S. 222 Nr. 279, S. 300 Nr. 123; W IV Sp. 593 Nr. 8; Grundmann/Strich/Richey S. 75; Janz, Rechtssprichwörter S. 172–176, 419 → Sohn.

Niemand kann in einer Sache zweimal antworten. Wurde ein Prozeß vor Gericht abgeschlossen, so war dies endgültig. Der Angeklagte brauchte sich für die gleiche Sache nicht noch einmal zu verantworten. GD S. 479 Nr. 670; W III Sp. 1798 Nr. 191.

Wen man beschuldigt, der muß antworten. Stadtrecht von Goslar S. 34 § 20: den men dar umme sculdighet, de mot dar umme antworden. GD S. 443 Nr. 375; W V Sp. 965.

V.: Den man darum schuldigt, der muß darum antworten. Goslarische Statuten S. 3; GD S. 222 Nr. 281; W IV Sp. 373.

Wer antworten will, den darf man nicht verfesten. GD S. 444 Nr. 394; W V Sp. 781 Nr. 16 → verfesten.

Wer gelobt, muß antworten. ‹Eingegangene Verbindlichkeiten wird man nur los, indem man sie erfüllt›. Flensburger Stadtrecht S. 195 cap. 67: We dar lauet de schall andtwerden. GD S. 236 Nr. 85; W I Sp. 1539 Nr. 22.

Anweisung

Man versteht darunter ein Rechtsgeschäft, bei dem Einer einem Anderen den Auftrag erteilte, für ihn an einen Dritten eine Zahlung zu leisten. Auch wenn dieser, z. B. ein Gläubiger, diesem Geschäft zugestimmt hatte, war der Schuldner erst dann von seiner Verpflichtung frei, wenn der Auftrag ausgeführt und der Gläubiger die Zahlung erhalten hatte.

Anweisung ist keine Bezahlung. Hertius S. 365 Nr. 96; Conradi S. 20 Nr. 55; Eisenhart S. 433; Simrock S. 42 Nr. 374; Volkmar S. 356 Nr. 268; Hillebrand S. 171 Nr. 242; GD S. 237 Nr. 105; W I Sp. 104 Nr. 2; Grundmann/Strich/Richey S. 55. S. dag. Liebs S. 171 Nr. 34: Qui delegat, solvit.

V.: Anweisung ist noch keine Bezahlung. Lohrengel S. 3 Nr. 51; Eichwald S. 3 Nr. 45; GD S. 237 Nr. 104. Anweisung ist gute Bezahlung. Pistorius II S. 170 Nr. 31; Eisenhart S. 433; Hillebrand S. 172 Nr. 243; GD S. 237 Nr. 103; W I Sp. 104 Nr. 1.

appellieren

‹Berufung einlegen›; hielt der Verurteilte die Entscheidung des Gerichts für unangemessen, so konnte er Widerspruch einlegen. Das Appellieren (Schelten) an das hohe Gericht erfolgte entweder direkt nach der Urteilsverkündung, «stehenden Fußes», mündlich oder innerhalb einer bestimmten Frist (z. B. 10 Tage) schriftlich. Nach Ablauf dieser Frist war das Urteil rechtskräftig. Die Appellation ermöglichte nach der Urteilsverkündung die abermalige Verhandlung und juristische Entscheidung durch eine übergeordnete Instanz. Köbler, Juristisches Wb. S. 21; HRG I Sp. 196–200; DRWB I Sp. 803.

In Polizeisachen gilt keine Appellation. Aufforderungen, die von der Polizei oder Justiz kommen, muß unverzüglich Folge geleistet werden, da oftmals Gefahr in Verzug ist. Später kann jedoch auch gegen polizeiliche Anordnungen Berufung eingelegt werden. Conradi S. 24 Nr. 30; W III Sp. 1372.

Wohl appelliert und übel geurteilt. Lüning II Sp. 1347 Tit. 18: wohl appellirt vnd vbel geurtheilet. GD S. 478 Nr. 645; W V Sp. 786 Nr. 3.

V.: Übel gesprochen ist wohl appelliert. Pistorius II S. 172 Nr. 32; Conradi S. 24 Nr. 28; Simrock S. 43 Nr. 394. Wohl gesprochen ist übel appelliert. Eisenhart S. 566; GD S. 478 Nr. 644.

Arbeit

Das Wort *Arbeit*, mhd. *arebeit* F., ursprünglich ‹Mühsal› mit Bezug auf die körperliche Arbeit, erfuhr durch das Rittertum, die Mystik und Luthers Lehre vom allgemeinen Priestertum eine Aufwertung, indem die weltliche Arbeit zum Beruf in einem christlichen Verständnis erhoben wurde. Diese Bewertung der Arbeit hat auch auf Recht und Rechtsauffassung eingewirkt.

Arbeit und Lohn müssen immer gleichston. ‹Arbeit und Lohn müssen in einem angemessenen Verhältnis zueinander stehen›. GD S. 266 Nr. 240; W I Sp. 117 Nr. 60 → Jahrgeld.

V.: Danach Lohn, danach Arbeit. W III Sp. 229 Nr. 2. Danach Werk, danach Lohn. Franck II Bl. 96r; GD S. 265 Nr. 239; W V Sp. 196 Nr. 14. Die Arbeit trägt den Lohn auf dem Rücken. Doppelte Arbeit, doppelter Lohn. Gleiche Arbeit, gleicher Lohn Henisch Sp. 1646 → gleich. Jede Arbeit trägt ihren Lohn. Beyer S. 375. Lohn, danach Arbeit. Gruter S. 64; W III Sp. 230 Nr. 16. So gedient, so gelohnt. So sie mehr Arbeit haben, mögen sie auch mehr Lohn haben. Wie die Arbeit, so der Lohn. Braun S. 5 Nr. 95; Faselius S. 22; Thesaurus proverbiorum S. 169; Beyer S. 45. Wie einer arbeitet, so wird ihm gelohnt. Wie der Lohn, so der Dienst. Beyer S. 375. Wie die Tat, so der Lohn. Beyer S. 578.

Gemeine Arbeit gibt auch Geld. ‹Auch Arbeit, die im Interesse der Gemeinde verrichtet wird, muß bezahlt werden›, zu *gemein* Adj., mhd. *gemeine* ‹gemeinsam, zusammengehörig, gemeinschaftlich, allgemein›. Henisch Sp. 1485; GD S. 265 Nr. 237; W I Sp. 118 Nr. 99; DRWB IV Sp. 81.

Wer ungebeten zur Arbeit geht, geht ungedankt davon. ‹Wer fremde Geschäfte ohne Auftrag besorgt, kann keinen Lohn fordern›. Pistorius II S. 173 Nr. 33; Conradi S. 19 Nr. 36; Eisenhart S. 401; Hillebrand S. 108 Nr. 142; GD S. 178 Nr. 204; W I Sp. 119 Nr. 141; Beyer S. 609; Fehr, Dichtung S. 166. S. a. Ungebetner → Dienst ist nicht dankenswert.

V.: Wer ungebeten kommt, geht ungedankt davon. Beyer S. 45, 610. Wer ungeheißen zur Arbeit geht, geht ungelohnt davon. Pistorius V S. 392 Nr. 83; Braun S. 5 Nr. 100; Simrock S. 540 Nr. 10643; Hillebrand S. 108 Nr. 143; Grundmann/Strich/Richey S. 63. Wer ungerufen kommt, geht ungedankt davon. Beyer S. 610.

arbeiten

Wer nicht arbeitet, soll (auch) nicht essen. ‹Wer nicht arbeiten will, hat trotz Dienstvertrag keinen Anspruch auf Lohn›. Umgekehrt muß geleistete Arbeit auch ohne Dienstvertrag entlohnt werden.

Braun S. 5 Nr. 97; Simrock S. 44 Nr. 413; Faselius S. 22; GD S. 266 Nr. 244; W I Sp. 122 Nr. 55; Grundmann/Strich/Richey S. 49; Singer II S. 23; Liebs S. 175 Nr. 64: Qui non laborat, nec manducet.

arm

Armer Leute Reden gilt nicht. ‹Nur wer die Meineidsbuße bezahlen kann, darf vor Gericht als Zeuge auftreten›. Franck I Bl. 117v; Simrock S. 48 Nr. 514; GD S. 456 Nr. 502; W III Sp. 59 Nr. 233.

V.: Ein armer Mann kann kein Zeuge sein.

Armer

Dem Armen wie dem Reichen, dem Reichen wie dem Armen. Das Spw. drückt den Grundsatz der Gleichbehandlung (→ gleich) von Arm und Reich aus. Hier soll sich das Rspw. auf den Hausfrieden beziehen. GD S. 381 Nr. 509; W V Sp. 809 Nr. 199; Schauberg II S. 58 → Haus und Hof.

Armut

Armut ist auslagefrei. Das Spw. knüpft an das Armenrecht an, indem es Befreiung des Armen von den Gerichtskosten und unentgeltliche Verteidigung für arme Leute fordert. Jeder Arme, der einen Armutseid geschworen hatte, durfte dieses Recht für sich beanspruchen. Simrock S. 51 Nr. 576; GD S. 426 Nr. 233; W I Sp. 140 Nr. 42.

Armut ist keine Schande. Das Spw. in rechtlichem Kontext richtet sich gegen die Vorurteile gegenüber Armen, die durch gesetzliche Regelung wie den Ausschluß dieser Gruppe vom Zeugnis genährt wurden. Eisenhart S. 95; Braun S. 6 Nr. 119; Simrock S. 51 Nr. 570; Lohrengel S. 3 Nr. 54; GD S. 41 Nr. 122 → arm.

V.: Armut ist keine Schande noch Unehre. Hertius S. 337 Nr. 64; Conradi S. 10 Nr. 8; Eisenhart S. 95; Grundmann/Strich/Richey S. 28. Armut ist keine Schande (Sünde), aber ein leerer Sack steht nicht gut aufrecht. Simrock S. 51 Nr. 575; W I Sp. 141 Nr. 82. Armut ist keine Unehre. Simrock S. 51 Nr. 573; W I Sp. 141 Nr. 83. Armut schändet nicht. Beyer S. 49.

Art

Art, mhd. *art* st. M. F. ‹Herkunft, Abkunft, Geschlecht›, ‹angeborene Eigentümlichkeit, Natur›, ‹Beschaffenheit, Art›, DRWB I Sp. 833–834.

Art geht für alle Gewohnheit. ‹Niemand kann sich von seinen angeborenen Eigenschaften freimachen›. Henisch Sp. 1608; GD S. 14 Nr. 192; W V Sp. 825 Nr. 43.

Art läßt nicht von Art. Im rechtlichen Kontext kann sich das Spw. auf den Grundsatz der Ebenbürtigkeit bzw. auf die Standesgleichheit von Personen beziehen und wird dann also mit «rechtlicher Bedeutung» gebraucht. Franck I Bl. 68v, 104r, II 6r; Schonheim S. 138 Nr. 4; Conradi S. 13 Nr. 2; Luther S. 27 Nr. 1; Eisenhart S. 167; Braun S. 6 Nr. 124; Eiselein S. 41; GD S. 164 Nr. 147; W I Sp. 148 Nr. 3; Beyer S. 50, 345. Für die außerrechtliche Verwendung vgl. die hier aufgeführten Varianten.

V.: Art läßt nicht von Art, Der Bock nicht seinen Bart, Das Speck nicht von der Schwart. Simrock S. 52 Nr. 583. Art läßt nicht von Art, kein Atzel heckt eine Taube. Grundmann/Strich/Richey S. 77.

Atzung

Atzung, mhd. *atzunge* st. F. ‹Kost, Speise›, auch ‹Bewirtung, Verpflegung› bzw. ‹bei Gericht anfallende Kosten›.

Wer die Hauptsache verliert, gibt Atzung und Zehrung. ‹Wer in einer Streitsache vor Gericht unterliegt, trägt die Kosten›. GD S. 427 Nr. 238; W II Sp. 396; DWB I Sp. 597; s. heute § 91 ZPO → Hauptsache.

Auge

Auge um Auge, Zahn um Zahn. Nach mosaischem Recht galt das Prinzip der Talion ‹Gleiches soll mit Gleichem vergolten werden› (2. Mos. 21,22–25 u. a.). Mit Kirchenrecht und römischem Recht ist das Prinzip auch in das germanisch-deutsche Recht übernommen worden und hat hier zu den sog. «spiegelnden Strafen» (→ Strafe), in der Regel Verstümmelungsstrafen, geführt. Körte S. 28 Nr. 435; Simrock S. 53 Nr. 615; Hillebrand S. 185 Nr. 260; GD S. 336 Nr. 297; W I Sp. 169 Nr. 12; Grundmann/Strich/Richey S. 87; Beyer S. 54, 689; Röhrich 1 S. 114;

Krauss S. 21–22; HRG V, Sp. 114–118; weitere Spw. s. Thesaurus proverbiorum S. 300 Nr. 470–483. S. a. Bahre gegen → Bahre. → lähmen. Vgl. → Wie du mir, so ich dir.

V.: Ein Aug' um das andere. Stadtrechte von Brünn S. 345 Art. 9.

Augen auf, Kauf ist Kauf. Das Rspw. bezieht sich auf die Mängel einer Sache, die so offenkundig sind, daß sie beim «Kauf vor Augen» (z. B. auf dem Markt) ohne Fahrlässigkeit nicht übersehen werden können. Der Käufer mußte die Mängel feststellen, bevor er die Ware bezahlte und mitnahm. Hamburgisches Stadtrecht S. 36 Art. 27; Wiener Stadtrecht S. 74 Art. 66; Körte S. 28 Nr. 404; Simrock S. 285 Nr. 5520; Hillebrand S. 171 Nr. 239; Osenbrüggen S. 18; GD S. 259 Nr. 201; W I Sp. 169 Nr. 17; Grundmann/Strich/Richey S. 55; HRG II Sp. 675–686; Köbler, Rechtsgeschichte S. 211–212; Schott, «Wer da kauft, der lug, wie es lauft» S. 244–269, insb. 258; Beyer S. 54; vgl. Liebs S. 37 Nr. 14: Caveat emptor. Vgl. §§ 459–460 BGB → Kauf, sehen.

V.: Wer die Augen nicht aufmacht, muß den Beutel (Seckel) aufmachen. Simrock S. 54 Nr. 635; GD S. 260 Nr. 202; W I Sp. 178 Nr. 258–259; Grundmann/Strich/Richey S. 55. Wer die Augen nicht auftut, muß den Beutel aufziehen. GD S. 260 Nr. 204; Beyer S. 55. Wer die Augen nicht auftut, tue den Beutel auf. Conradi S. 19 Nr. 20; Henisch Sp. 153; Hertius S. 328 Nr. 53; Pistorius I S. 9 Nr. 6; Estor II S. 528, III S. 1263; Eisenhart S. 373; Braun S. 6 Nr. 128; Hillebrand S. 170 Nr. 238; Planitz/Eckhardt, Rechtsgeschichte S. 221. Augen für Geld. W I Sp. 170 Nr. 21.

Das Auge ist ein treuer Zeuge. Beyer S. 695.

Die Augen glauben sich selbst, die Ohren anderen Leuten. Zeugenaussagen müssen, um rechtskräftig zu sein, auf eigener Beobachtung basieren. Körte S. 29 Nr. 435; Braun S. 6 Nr. 136; Simrock S. 54 Nr. 646; Lohrengel S. 7 Nr. 164; GD S. 457 Nr. 530; W I Sp. 172 Nr. 78; Beyer S. 54; weitere Spw. s. Thesaurus proverbiorum S. 279 Nr. 42–44 → Hörensagen, Augenschein, Augenzeuge, sehen.

Man glaubt den Augen mehr als den Ohren. Henisch Sp. 679; Faselius S. 185; GD S. 457 Nr. 531; W I Sp. 174 Nr. 154. Vgl. → Sehen geht über Hören.

V.: Was die Augen sehen, das trügt nicht. Franck I Bl. 92v.

Augenschein

Der Augenschein ist ein Beweismittel im gerichtlichen Prozeß, bei dem das Gericht durch eine sinnliche Wahrnehmung → Beweis über eine Tatsache erhebt. Creifelds S. 98.

Augenschein ist aller Welt Zeugnis. Schambach S. 70 Nr. 266: Agenschîn is aller welt tügnisse, mhd. *ougenschîn* st. M. ‹das Beschauen, Autopsie›. Im Beweisverfahren hatte das Zeugnis nur dann Beweiskraft, wenn es auf eigener Wahrnehmung beruhte. Der Augenschein stand an erster Stelle, gefolgt von Zeugenbeweis und Eid. Körte S. 29 Nr. 434; Braun S. 6 Nr. 135; Simrock S. 54 Nr. 648; Hillebrand S. 230 Nr. 338; GD S. 455 Nr. 477; W I Sp. 186 Nr. 2; Beyer S. 55, 695.

V.: Augenschein ist der beste aller Zeugen. GD S. 455 Nr. 47712; W I Sp. 186 Nr. 3. Augenschein ist der beste aller Zeugnisse. Dazu Liebs S. 143 Nr. 156: Nulla est major probatio, quam evidentia rei. → Beweis.

Augenzeuge

Ein Augenzeuge gilt mehr als zehn Ohrenzeugen. Körte S. 30 Nr. 436; Simrock S. 54 Nr. 647; GD S. 457 Nr. 524; W I Sp. 186 Nr. 2 → Hörensagen, sehen, Sagwort, Zeuge.

ausladen

Wer mit eingestiegen ist, muß mit ausladen. Das Spw. bezieht sich auf die Mittäterschaft. Seit ältester Zeit ist der Rat oder die Anstiftung zur Tat eine strafbare Handlung und wird als Beteiligung am Ungericht bestraft, in der Regel weniger als die Tat selbst, ausgenommen Mord, wo Räter und Täter gleich behandelt werden können. Henisch Sp. 170; GD S. 306 Nr. 162; W I Sp. 797 Nr. 2; s. heute §§ 830 Abs. 2 u. 26 StGB.

Außengast

Außengäste stehen nicht zur Gefährde. Mhd. *vâre, vaere* st. F. ‹Gefährdung, Gefahr, Nachteil›; landfremde Leute erhielten vor Gericht mildernde Umstände, wenn sie in Unkenntnis der Gesetze des Landes gehandelt hatten: Es sollte ihnen daraus kein Nachteil entstehen. GD S. 291 Nr. 44, S. 294; W V Sp. 878.

auswärtig

Der auswärtige Mann ist keine Antwort schuldig. Ssp. Ldr.III 25 § 2, 26 § 2, 33 §§ 2–4 u. a.; Sächsisches Weichbildrecht Sp. 319 Art. 28; GD S. 437 Nr. 299; W III Sp. 371 Nr. 236 → Antwort.

B

Bäcker

Wo der Bäcker sitzt, kann der Brauer nicht liegen. Seit sich Innungen und Zünfte gegeneinander abschlossen und die Aufnahme neuer Meister erschwerten, war die Vereinigung mehrerer Gewerbe in einer Hand in der Regel nicht mehr möglich. Harrebomée I S. 28; GD S. 503 Nr. 130; W V Sp. 887 Nr. 36 → Handwerk.

V.: Was der eine nicht bäckt, das braut der andere. Wo ein Brauhaus steht, kann kein Backhaus stehen. Körte S. 56 Nr. 899; Braun S. 11 Nr. 264; Schambach S. 68 Nr. 247; Grundmann/Strich/Richey S. 64.

Bahre

Bahre gegen Bahre. GD S. 336 Nr. 299; W V Sp. 891 Nr. 2. S. a. Auge um → Auge, Zahn um Zahn.

Balken

Finderbalken und Diebsbalken stehen nächst beisammen. ‹Derjenige, bei dem fremdes Gut gefunden wird, gilt als Dieb›. GD S. 363 Nr. 434; W I Sp. 1016.

Bankert

Bankert, mhd. *banc-hart* st. M. ‹das auf der (Schlaf-)Bank der Magd und nicht im Ehebett gezeugte Kind›, ‹uneheliches Kind›.

Alle Bankerte sind der Herrschaft. Alle Kinder, die unebenbürtig gezeugt wurden, z. B. einer unehelichen Verbindung von Dienstleuten und Freien entstammten, unterstanden rechtlich dem Herrn, der erziehungs- und unterhaltspflichtig war. Grimm, Weisth. III S. 739; GD S. 43 Nr. 163; W V Sp. 896 Nr. 1.

Bann

Bann, ahd., mnd., mhd. *ban* st. M. 1. ‹Gebot unter Strafandrohung›, ‹Königliche Gewalt› (→ Königsbann), 2. ‹Strafe aufgrund richterlicher Gewalt des Königs›, 3. ‹die dem Richter vom König verliehene Gewalt› bzw. ‹das Recht, diese auszuüben›, 4. der ‹Kirchenbann›, 5. der ‹Wildbann›, d. i. das dem Landesherrn vorbehaltene Jagdgebiet → Acht, Königsbann, Wildbann, Fried(e)bann.

Alle Kämpfer fechten in des Königs Bann. (zu 1) GD S. 32 Nr. 54; W II Sp. 1128 Nr. 1.

Bann ist die Rache mit dem Schwert. (zu 2) Das Recht der Stadt Straßburg (Gaupp I S. 51,XI): Ban, das ist, die rache mit dem swerte. GD S. 29 Nr. 28; W V Sp. 897 Nr. 4.

Bann leiht man ohne Mannschaft. (zu 3) Ssp. Ldr.III 64 § 5: Ban liet man ane manscap. Die königliche Bannleihe erfolgte ohne Treuegelöbnis. Die Mannschaftsleistung hingegen bestand u. a. in der *immixtio manuum*, bei der der Mann seine gefalteten Hände in die des Herrn legte, der sie umschloß. GD S. 558 Nr. 52; W V Sp. 897 Nr. 5; Janz, Rechtssprichwörter S. 115–118 → Mannschaft.

Bann schadet der Seele und nimmt doch niemandem den Leib. (zu 4) Der kirchliche Bann bewirkte den Ausschluß des Gebannten aus der kirchlichen Gemeinschaft (die Dispensierung von Sakrament und Amt), ging aber nicht an das Leben. Ssp. Ldr. III 63 § 2: Ban scadet der sele unde ne nimt doch niemanne den lif. Sächsisches Weichbildrecht Sp. 71 V § 1; Rb. nach Distinctionen Buch VI, cap. XVII,I; Dsp. 317 § 1; GD S. 549 Nr. 98; W V Sp. 897 Nr. 6; Grundmann/Strich/Richey S. 33; Fehr, Dichtung S. 84; Janz, Rechtssprichwörter S. 221.

Solang das Wild im Bann, gehörts dem Herrn noch an. (zu 5) ‹Solange sich das Wild im königlichen Forst befindet, ist es vom allgemeinen Jagdrecht ausgeschlossen›. GD S. 131 Nr. 400; W V Sp. 233 Nr. 10.

Was man nicht haben kann, das tut man in den Bann. W II Sp. 236 Nr. 124; Beyer S. 61.

Wenn die Sonne unten ist, tut man den Bann auf. Auftun hier im Sinne von ‹aufheben›, Grimm, Weisth. II S. 718. Wie an einen bestimmten Ort, so war die Gerichtsversammlung auch an eine bestimmte Zeit gebunden. Das Gerichtsverfahren durfte nicht vor Sonnenaufgang begonnen und nicht nach Sonnenuntergang fortgeführt werden. S. a. Urteil sprechen und → Eid schwören darf man nicht länger als bis die Sonne untergeht. Geht die Sonne zu Rest, so hat die → Ladung keine Kraft. GD S. 404 Nr. 23; W IV Sp. 621 Nr. 250.

Wer den Bann einmal empfängt, braucht ihn ferner nicht mehr zu empfangen. (zu 3) Beim Herrschaftsantritt eines neuen Königs brauchte der Gerichtsbann nicht noch einmal verliehen zu werden. GD S. 558 Nr. 53; W V Sp. 897 Nr. 9.

Bargeld

Bargeld ist gute Ware. Beyer S. 653 → Geld, Ware.

Bastard

Bastard, mhd. *bastart* st. M. ‹uneheliches Kind von Eltern unterschiedlicher Gesellschaftsschichten›.

Was ein Bastard verbricht, das gelten die Magen der Mutter, nicht des Vaters. ‹Für die Vergehen unehelicher Kinder haften die Verwandten *(Magen)* der Mutter, nicht die des Vaters›. Grimm, Weisth. I S. 541; GD S. 165 Nr. 150; W V Sp. 908 Nr. 5.

Bau

Bau, mhd. *bû* st. M. ‹Anbau von Getreide und Früchten, Bestellung des Feldes›.

Zum Baue sind alle gleich nah. Bei der Vererbung der fahrenden Habe gab man schon früh eine Unterscheidung der erbberechtigten Kinder auf. GD S. 189 Nr. 46; W V Sp. 909 Nr. 8. S. dag. Der → Bauer hat nur ein Kind.

Bauer

Bauern brauchen ihr Recht nicht zu wissen. GD S. 22 Nr. 253; W V Sp. 916 Nr. 414. S. dag. Jeder muß sein → Recht wissen.

Der Bauer hat nur ein Kind. Hillebrand S. 151 Nr. 212; GD S. 215 Nr. 218; Grundmann/Strich/Richey S. 85; Fehr, Dichtung S. 166. S. dag. Zum → Baue sind alle gleich nah. → Bruder, Kind.

Der Bauer muß dienen, wie er bespannt ist. Das Spw. bezieht sich auf die Spann- und Transportdienste (Frondienste) gegenüber dem Grundherrn. Hatte der Bauer weder Wagen noch Zugvieh, so mußte er nur sog. Handdienste leisten. Eisenhart S. 78; Eiselein S. 60; Simrock S. 63 Nr. 819; Hillebrand S. 181 Nr. 254; GD S. 51 Nr. 194; W I Sp. 259 Nr. 109; Grundmann/Strich/Richey S. 14.
V.: Der Bauer dient, wie er bespannt sein muß. Hillebrand S. 181 Nr. 255.

Es kann kein Bauer Richter sein. Vgl. Bauern brauchen ihr Recht nicht zu wissen. GD S. 409 Nr. 63; W V Sp. 921 Nr. 528.

Kein Messer ist, das schärfer schiert, als wenn der Bauer Edelmann wird. Pistorius II S. 207 Nr. 63; Estor I S. 68; Braun S. 8 Nr. 172; Simrock S. 62 Nr. 804; GD S. 34 Nr. 101; W III Sp. 641 Nr. 39; Singer II S. 184; Fehr, Dichtung S. 175.

Reicht der Busch dem Reiter an die Sporen, dann hat der Bauer sein Recht verloren. Ließ der Bauer sein Eigentum veröden, so konnte ihm dieses genommen und der → Allmende zugeteilt werden. Simrock S. 89 Nr. 1413; Hillebrand S. 59 Nr. 84; GD S. 68 Nr. 29.

Stiehlt der Knecht, so zahlt der Bauer. Beyer S. 689 → Vater, Bruder, Dieb.

Wer vor Bauern klagt, muß Bauernurteil leiden. Wer vor einem Gericht Klage erhob, mußte vor diesem auch Rede und Antwort stehen, ohne Rücksicht auf seinen eigenen Stand. Haltaus Sp. 110; GD S. 438 Nr. 321; W V Sp. 925 Nr. 631.

Baum

Der Baum folgt den Enden. Das Spw. bezieht sich auf das Überhangs- oder Überfallrecht, das es dem Eigentümer des Baumes erlaubt, das Nachbargrundstück zu betreten, um über den Zaun gefallene Früchte einzusammeln oder Zweige, die über den → Zaun ragen, abzuernten. Ernteberechtigt ist, auf wessen Grund und Boden sich der Stamm befindet. S. dag. Was in des Nachbarn → Garten fällt, ist sein. S. dazu Ssp. Ldr.II 52 § 1; Eisenacher Rb. III 23; Grimm, Weisth. III S. 102; GD S. 85 Nr. 130; W V Sp. 930 Nr. 296; s. dazu Liebs S. 78 Nr. 56: Fructus pendentes pars fundi videntur. s. dag. heute § 911 BGB → Wurzel, Zweig.

Steht der Baum im Hag, so nimmt jedweder teil. Ahd., mhd. *hag, hac* st. M. ‹Umzäunung, umzäuntes Grundstück, Hecke›. Steht der Baum auf der Grenze, so genießen beide Nachbarn gleiches Recht. GD S. 85 Nr. 125; W V Sp. 932 Nr. 351.

Baumann

Baumann, mhd. *bûman* st. M. ‹Bauer, Pächter›.

Man soll den Baumann nicht vom Gute scheiden ehe zu Lichtmeß. Schwsp.: Man sol den buman von deme gute nicht scheiden ê zer lihtmesse. Damit er die Früchte seiner Arbeit nicht verlor, brauchte der Pächter oder Bewirtschafter den von ihm besäten Boden erst nach Lichtmeß abzugeben. GD S. 75 Nr. 63.

bedingen

‹vereinbaren›.

Bedingen bricht Landrecht. Eiselein S. 63; Simrock S. 65 Nr. 870; GD S. 25 Nr. 267; W I Sp. 288 Nr. 1 → Landrecht.

V.: Bedingt Recht bricht Landrecht. Körte S. 370 Nr. 6219; Simrock S. 422 Nr. 8243; GD S. 25 Nr. 268.

behalten

Behalten ist hier als Begriff des Sachenrechts gemeint im Sinne von ‹etwas besitzen, innehaben, erhalten›. Der Besitz einer Sache durfte einer Person erst dann abgesprochen werden, wenn sie ihm mit Recht und Urteil abgewonnen worden war.

Der behält, der früher zugriff. Für Verträge aller Art gilt, wer sich als erster für einen Kauf oder anderes entscheidet, genießt Vorrang. GD S. 281 Nr. 328; Liebs S. 176 Nr. 72: Qui prior est tempore, potior est jure. Vgl. Wer zuerst kommt, mahlt zuerst → mahlen.

Wer etwas hat, behält es billig. Sächsisches Weichbildrecht Sp. 322–323 Art. 29; GD S. 93 Nr. 140; W II Sp. 238 Nr. 169.

Wer Recht hat zu nehmen, der hat auch Recht zu behalten. W III Sp. 1534 Nr. 321; Beyer S. 461.

beizeiten

Wenn es beizeiten geschieht, so geschieht, was recht ist. GD S. 445 Nr. 398.

bekappt

Zu *bekappen* ‹geistlich einkleiden›, DRWB I Sp. 1493.

Bekappte Leute können nicht erben. Im geistlichen Bereich gilt die Kappe als Zeichen für die Ordenstracht der Mönche. Dabei wird das Wort oft als Synonym für Mönchsstand verwendet. Hamburgisches Stadtrecht S. 373 Art. 28; GD S. 210 Nr. 195; Fehr, Dichtung S. 166. S. dag. Der Pfaff' und die Tochter sind gleich nahe, teilbar → Erbe zu nehmen.

bekennen

Mhd. *bekennen* sw. V. ‹gestehen›.

Bekannt ist halb gebüßt. Im Gegensatz zum hartnäckig Leugnenden kann dem Geständigen Strafmilderung gewährt werden. Franck I Bl. 143v; Agricola I S. 89; Hertius S. 376 Nr. 104; Pistorius II S. 217 Nr. 71; Conradi S. 25 Nr. 7; Eisenhart S. 593; Körte S. 41 Nr. 621; Eiselein S. 65; GD S. 320 Nr. 235; W I Sp. 307 Nr. 1; Foth S. 180–184. Vgl. gestehen; zu den Grundsätzen der Strafzumessung im modernen Recht s. heute § 46 Abs. 2 StGB.

V.: Ganz bekannt ist halb gebüßt. Hillebrand S. 235 Nr. 347.

Bekennen bricht den Hals. Das Spw. besagt, daß derjenige, der in einer Zivil- oder Strafsache ein Geständnis ablegt, ohne weitere Nachforschungen nach der Wahrheit des Geständnisses verurteilt werden kann. Confessio est regina probationum (Liebs S. 42 Nr. 57). Conradi S. 25 Nr. 6; Sailer S. 252; Eisenhart S. 591; Eiselein S. 65; Simrock S. 66 Nr. 905; Hillebrand S. 236 Nr. 348; GD S. 445 Nr. 408; W I Sp. 307 Nr. 2; Fehr, Dichtung S. 168; Foth S. 180–184; Beyer S. 244.

V.: Bekennen bringt um den Hals. Pistorius I S. 14 Nr. 9; GD S. 445 Nr. 409.

Wer bekennt, ist überwunden. Da das Geständnis im Beweisverfahren an erster Stelle steht, trägt es das Urteil bereits in sich. GD S. 445 Nr. 411; W V Sp. 953 Nr. 14.

Bekenntnis

Bekenntnis geht über allen Beweis. Hamburgisches Stadtrecht S. 286 Art. 12 (Anm.): bekantenisse [...] gheyt bauen alle bewysz. GD S. 445 Nr. 415; W V Sp. 953 Nr. 2.

beklagen

Besser verhütet als beklagt. Beyer S. 70.

Beklagter

Der Beklagte kann gestehen und zahlen oder leugnen und schwören. Hamburgisches Stadtrecht S. 277 Art. 1 (Anm.): de beclagede mach bekennen vnde betalen, edder vorsaken vnde darvor sweren. GD S. 445 Nr. 406; W V Sp. 953 Nr. 2.

Bergwerk

Bergwerk, mhd. *bërcwërc* st. N. ‹Bergbau›.

Bergwerk und Stollenrecht verliegt sich bei Jahr und Tag. Wurde der Bergbau über einen Zeitraum von einem Jahr, sechs Wochen und drei Tagen (→ Jahr und Tag) nicht betrieben, so verlor der Lehnsmann alle Rechte daran. Grimm, Weisth. III S. 265; GD S. 129 Nr. 366; W V Sp. 961 Nr. 10.

Bescheid

Bescheid, mhd. *bescheit* st. M. ‹Bestimmung, Bedingung›, ‹billiges Recht›.

Bescheid bricht gemeines Recht. Einzelne Gesetze ermöglichen, besondere Fälle gerecht (→ billig) zu entscheiden. Da Gerechtigkeit oberstes Ziel des Rechts ist, können Einzelentscheidungen durchaus vom allgemein anerkannten und geltenden Recht (gemeines Recht) abweichen. GD S. 24 Nr. 261; W V Sp. 963 Nr. 12.

Besitz

Besitz im rechtlichen Sinn meint die faktische Herrschaft über eine Sache.

Unrechter Besitz ist kein Besitz. GD S. 95 Nr. 188; W V Sp. 967 Nr. 7.

Zehn Jahr Besitz ist so gut als ein Friedbann. Friedebann, mhd. *videban* ist das Friedegebot bei der förmlichen Besitzübertragung. Nach Ablauf bestimmter Fristen tritt der Friedebann auch automatisch in Kraft. GD S. 95 Nr. 181 → Bann, → Fried(e)bann.

besitzen

Wer viel besitzt, hat viel zu streiten. Simrock S. 68 Nr. 950; W I Sp. 326 Nr. 1; Beyer S. 74.

bessern

Bessern, mhd. *bezzern* ‹vergüten, entschädigen, wiedergutmachen, büßen›, *bezzerunge* st. F. ‹Wiedergutmachung, Entschädigung, Buße›.

Jeder soll bessern, wie man ihn überführen kann. Lübisches Recht S. 517–518 Art. 352; GD S. 320 Nr. 234; W V Sp. 970 Nr. 28.

Wer überwunden wird, muß bessern. Lübisches Recht S. 572 Art. 51; GD S. 320 Nr. 233; W IV Sp. 1400 Nr. 13 → büßen.

Betrug

Sobald Gesetz ersonnen, wird Betrug begonnen. Braun S. 31 Nr. 769; Simrock S. 190 Nr. 3518; GD S. 18 Nr. 222; W I Sp. 1616 Nr. 82; Beyer S. 80, 213; Fehr, Dichtung S. 175 → Gesetz.

betrügen

Verrechnet ist nicht betrogen. Eine Beschädigung, die weder willentlich noch absichtlich zugefügt wurde, muß nicht als strafbare Tat gebüßt werden (wie z. B. vorsätzlicher Betrug bei Kauf und Darlehen, gegenüber dem Pfandgläubiger oder bei Betteleien). Simrock S. 552 Nr. 10886; GD S. 291 Nr. 42; W IV Sp. 1576 Nr. 1.

Bett

Erst das Beschreiten des Ehebetts, ursprünglich vor den Augen der Hochzeitsgäste, ließ die Eheschließung zwischen Mann und Frau mit ihren vermögens- wie standesrechtlichen Folgen rechtskräftig werden.

Die Frau tritt in des Mannes Recht, wenn sie in sein Bett geht. Ssp. Ldr.I 45 § 1: si [...] trit in sin recht, swen se in sin bedde geit. GD S. 140 Nr. 11; W V Sp. 7 Nr. 164; Janz, Rechtssprichwörter S. 176–182.

V.: Die Frau ist Genossin des Mannes, sobald sie in sein Bett tritt. Ssp. Ldr.III 45 § 3: Dat wif is ok des mannes notinne, to hant alse se in sin bedde trit. Dsp. 59 § 8, 283 § 3; Schwsp. 67b; Rb. nach Distinctionen Buch IV, cap. XXXII, V: das wib ist des mannis genossinne, wenne se in sin bette trit. GD S. 140 Nr. 12; W V Sp. 7 Nr. 145. Ist das Bett beschritten, so ist das Recht erstritten. Pistorius I S. 225 Nr. 79, S. 397 Nr. 89; Conradi S. 11 Nr. 17; Eisenhart S. 132; Körte S. 46 Nr. 731; Eiselein S. 73; Simrock S. 71 Nr. 1014; Hillebrand S. 123 Nr. 174; Osenbrüggen S. 29; Günther S. 33; GD S. 140 Nr. 13; W I Sp. 349 Nr. 37; Grundmann/Strich/Richey S. 78; s. a. Röhrich 1 S. 310; Fehr, Dichtung S. 175. Ist die Decke über dem Kopf, so sind die Eheleute gleich reich. Grimm, RA I S. 609; Estor I S. 308; Eisenhart S. 134; Runde S. 586 § 583; Eiselein S. 113; Simrock S. 95 Nr. 1516; Hillebrand S. 125 Nr. 175; Osenbrüggen S. 29; Günther S. 33; W I Sp. 566 Nr. 17; Grundmann/Strich/Richey S. 73; Beyer S. 104; Fehr, Dichtung S. 169 → Decke, Weib.

Beweis

Der *Beweis* ist das gerichtliche Verfahren, das die Richtigkeit einer Behauptung mit dem Ziel der Wahrheitsfindung bezweckt. Anerkannte Beweismittel waren der → Augenschein, → Eid, die Zeugenaussagen und das Gottesurteil.

Argwohn ist kein Beweis. ‹Verdacht allein kann kein Verbrechen beweisen›. Simrock S. 46 Nr. 455; W I Sp. 128 Nr. 11; Beyer S. 83.

V.: Behaupten ist nicht beweisen. Körte S. 40 Nr. 603; Eiselein S. 64; Simrock S. 65 Nr. 885; GD S. 452 Nr. 423; W I Sp. 295 Nr. 2.

Beweis der Werke ist kräftiger als Beweis der Worte. GD S. 292 Nr. 73; W V Sp. 987 Nr. 4.

Wo der Beweis abgeht, gehen die Eide zu. Gab es keine Zeugen als Beweisträger, entschied die Eidesleistung. Hamburgisches Stadtrecht S. 225 Art. 23 (Anm.): wan de bewysinge affgeyt, so ghan de eede tho. GD S. 468 Nr. 590; W V Sp. 987 Nr. 7 → Eid.

Wo guter Beweis ist, darf man nicht kämpfen. Sächisches Weichbildrecht Sp. 401 Art. 85: wo gute bewisunge ist, do darf man nicht kemphen. GD S. 468 Nr. 589; W V Sp. 987 Nr. 8.: Holzhauer, Zweikampf; Hüpper, Zweikampf.

beweisen

Beweisen macht wahr. Beyer S. 650.

Was man beweisen kann, braucht man nicht zu beschwören. Ssp. Ldr.I 13 § 1: dat men bewisen mach, dar ne mogen se nicht vore sweren. GD S. 468 Nr. 593; W V Sp. 987 Nr. 4; Beyer S. 83 → gestehen.

V.: Was einer gesteht, braucht er nicht zu beschwören. Michelsen, Lübeck S. 296 Art. 228; GD S. 468 Nr. 594; W I Sp. 1632 Nr. 2; Beyer S. 214 → gestehen.

Was man mit dem Mund gelobt, muß man mit der Hand beweisen. Mund meint hier die beim Gelöbnis zu sprechenden Worte, Hand die begleitende Geste. Sächsisches Weichbildrecht Sp. 276 Art. 22:

wenne eyn eynem gelabit mit dem munde, daz sal er bewisen mit der hant. GD S. 243 Nr. 116; W III Sp. 773 Nr. 184.

Wer etwas sagt, muß es beweisen. Hamburgisches Stadtrecht S. 277 Art. 1 (Anm.): de en dingk secht, de moth bewyszen. GD S. 453 Nr. 437; W III Sp. 1837 Nr. 150.

bezahlen

‹Begleichen einer → Schuld› → zahlen.

Abgerechnet ist gut bezahlt. Abrechnen meint im Blick auf Schuldverhältnisse das Abziehen einer Teilsumme von der Gesamtschuld. Grundsätzlich gilt, daß der Schuldner dem Gläubiger die ihm zur Verfügung gestellte Summe auf Heller und Pfennig zurückzahlen muß. Doch besteht die Möglichkeit, dies in Abschlagszahlungen zu tun. Henisch Sp. 364; GD S. 237 Nr. 98; Grundmann/Strich/Richey S. 55; Beyer S. 25.

V.: Abrechnen ist gut bezahlen. Simrock S. 26 Nr. 29; GD S. 237 Nr. 97; W I Sp. 14. Abschlag ist gute (Be)zahlung. Hertius S. 296 Nr. 38; Pistorius I S. 1 Nr. 1; Conradi S. 20 Nr. 54; Simrock S. 26 Nr. 31; Chaisemartin S. 260 Nr. 8; GD S. 237 Nr. 102; W I Sp. 15.

Bezahlt man den Mann, so sind die Wunden quitt. Ist die Buße bezahlt und der Verwundete versöhnt, so ist die Schuld beglichen. GD S. 321 Nr. 252; W III Sp. 365 Nr. 104.

Was gelobt ist, muß bezahlt werden. Grimm, Weisth. III S. 105; Kamptz 2 S. 632; GD S. 236 Nr. 91; W I Sp. 1539 Nr. 19 → zahlen.

V.: Wer gelobt, muß zahlen. Henisch Sp. 1462; GD S. 236 Nr. 86; W I Sp. 1539 Nr. 21.

Wer bezahlt hat, ist ledig. Altprager Stadtrecht S. 105 Art. 10: dye golden haben, dy sind ledig. GD S. 236 Nr. 84; W V Sp. 988 Nr. 48 → ledig; → Haut.

Bielbrief

‹Schuldschein für Gelder, die zum Ausrüsten eines Schiffes benötigt werden› gegen die Verpflichtung der Rückgabe vor Auslaufen des Schiffes. Bei dem Bodmereibrief (→ Bodmerei) wird davon ausgegangen, daß das verpfändete Schiff auch in See geht.

Bielbrief geht vor Bodmereibrief. Pistorius III S. 285 Nr. 33, IV S. 168

Nr. 2; Conradi S. 20 Nr. 42; Eisenhart S. 413; Hillebrand S. 177 Nr. 250; GD S. 282 Nr. 355; W I Sp. 372; Grundmann/ Strich/Richey S. 68.

V.: Bielbrief geht vor Kielbrief. GD S. 282 Nr. 354.

Biene

Die Biene ist ein wilder Wurm. Bienen, die aus dem Stock geflogen sind, können okkupiert werden, ohne daß der Eigentümer ein Vorzugsrecht auf die Aneignung hätte. Sächsisches Weichbildrecht Sp. 428 Art. 119: dy bhene ist eyn wilder worm. Chaisemartin S. 202 Nr. 60; GD S. 110 Nr. 256; W V Sp. 991 Nr. 63. Zum römisch-rechtlichen Ursprung s. Foth S. 108–112; s. heute § 961 BGB.

Der Honig folgt nicht den Bienen. Das Spw. ist aus dem Produktionsprinzip entstanden und entspricht den römisch-rechtlichen Grundregeln über den Fruchterwerb: Der bisherige Eigentümer sollte für die mit den Bienen gehabte Mühe durch den Honig entschädigt werden. Sächsisches Weichbildrecht Sp. 428; GD S. 110 Nr. 255; Foth S. 112. → säen.

Bifang

Zu mhd. *bîvanc* st. M. ‹das von den Furchen eingefaßte Ackerbeet›, ‹Bezirk, Gemarkung›, ‹Grund und Boden, der durch rechtsförmliche Eingrenzung und Inbesitznahme erstmals einer besonderen Nutzung und Herrschaft durch eine Einzelperson oder eine Personengruppe unterworfen wird›. HRG I Sp. 418–420.

Wer den Bifang inne hat, soll auch den Fried machen. ‹Wer den Bifang nutzt, ist auch für die Umzäunung (Befriedung) zuständig›. Grimm, Weisth. I S. 117; GD S. 84 Nr. 110.

Billigkeit

Billig zu ahd., mhd. *billich* (seit dem 11. Jh.) ‹passend, gemäß, billig› → *recht und billig.* Billigkeit (aequitas) ist die Gerechtigkeit des Einzelfalls, auf die jeder Anspruch hat; billiges Recht ist häufig milderes Recht. S. Röhrich 2 S. 1233 → recht und billig.

Billigkeit erfordert in gleichen Sachen gleiches Recht. Lüning I Sp. 262; GD S. 477 Nr. 622.

Billigkeit ist größer als das Recht. GD S. 4 Nr. 69; Grundmann/Strich/Richey S. 25.

V.: Billigkeit ist mehr als aller Gesetze Lehr'. W I Sp. 379 Nr. 2. Billigkeit ist Veränderung des Rechts. GD S. 4 Nr. 67; W V Sp. 997 Nr. 9. Billigkeit muß das Recht meistern. Körte S. 49 Nr. 793; Simrock S. 75 Nr. 1095; GD S. 4 Nr. 68; W I Sp. 379 Nr. 3; vgl. dazu bei Liebs S. 26 Nr. 54: Aequitas praefertur rigori.

Bischofsgut

Bischofsgut und Fahnlehn muß der König leihen und nicht zweien. Ssp. Lnr. 20 § 5: Biscope gut unde vanlen scal de koning ganz lien unde nicht twein. Schwsp. 41a; GD S. 488 Nr. 40; W V Sp. 1001; Janz, Rechtssprichwörter S. 140–143 → Fahnlehn.

Bitte

Gebietender Herren Bitten sind scharfe Befehle. GD S. 523 Nr. 297; W II Sp. 548 Nr. 301; Fehr, Dichtung S. 174.

V.: Der Herren Bitten ist gebieten. Agricola II S. 118; Beyer S. 262. Großer Herrn Bitten ist Befehlen. Simrock S. 75 Nr. 1109.

Blut

Blut, mhd. *bluot* st. N. ‹Blut, Blutsverwandtschaft, Geschlecht›. Die Verwandtschaft ist zum → Erbe berechtigt (Parentelordnung): → Kinder, Eltern und Geschwister des Erblassers, dann sonstige Erbberechtigte. Die Reihenfolge richtet sich nach der Nähe zum Verstorbenen.

Allzeit soll das nächste Blut das nächste sein auch zu dem Gut. GD S. 200 Nr. 111; W V Sp. 1021 Nr. 71.

V.: Das nächste Blut ist das nächste zum Gut. GD S. 200 Nr. 110. Das nächste Blut erbt das Gut. GD S. 200 Nr. 107; W V Sp. 1021 Nr. 83. Der nächste im Blut ist der nächste am Gut. Pistorius I S. 114 Nr. 84; Hillebrand S. 145 Nr. 203; Chaisemartin S. 384 Nr. 6; Osenbrüggen S. 13; GD S. 200 Nr. 112; W III Sp. 842 Nr. 6; Beyer S. 237, 412. Der nächste Leib nimmt das Erbe. GD S. 200 Nr. 105; W III Sp. 5 Nr. 22. Der nächste nimmt das Erbe. Goslarische Statuten S. 2: De neyste nimt dat erve. GD S. 199 Nr. 103; W III Sp. 842 Nr. 9. Der nächste nimmt das Gut. GD S. 199 Nr. 104; W III Sp. 842 Nr. 10. Der nächste zur Sippschaft, der nächste zur Erbschaft. Eisenhart S. 282; Hillebrand S. 146 Nr. 206; GD S. 201 Nr. 125; W III Sp. 842 Nr. 12 → Gut.

Blut fordert Blut. 1. Mos. 9,6; Eiselein S. 85; Simrock S. 78 Nr. 1167; GD S. 336 Nr. 303; W I Sp. 410 Nr. 3; Schulze S. 4. S. a. Auge um → Auge, Zahn um Zahn. Bahre gegen → Bahre.

Das geborene Blut nimmt Erbe und Buße. Erbe und Buße gehen den gleichen Weg. GD S. 222 Nr. 290; W V Sp. 1021 Nr. 82; Fehr, Dichtung S. 166.

Halb ans Blut, halb ans Gut. Grundmann/Strich/Richey S. 84 → Gut.

Wer nicht bezahlen kann mit dem Gut, soll bezahlen mit dem Blut. GD S. 321 Nr. 260; W V Sp. 988 Nr. 51. S. a. Wer kein Geld hat, zahlt mit der → Hand, Haut.

Blutgeld

Blutgeld (→ Wergeld) hieß die Bußzahlung bei Körperverletzung und Tötung, DRWB II Sp. 380.

Das Blutgeld soll ins Erbe gehen. Die Totschlagsühne bleibt bestehen, auch wenn der Täter stirbt. GD S. 222 Nr. 289; W V Sp. 1023 Nr. 2.

blutschuldig

Wer blutschuldig ist, schändet das Land. Gemeint ist hier der Inzest. Henisch Sp. 435; GD S. 350 Nr. 376; W V Sp. 1023.

Bodmerei

Zu mhd. *bodmen* ‹den Boden eines Schiffes, ein Schiff mit Ladung beleihen›; nl. *bodemerig*, engl. *bottomri*, nhd. *Bodmerei* ‹Darlehen›, bei dem der Gläubiger mit Schiff, Frachtanspruch oder Ladung haftet. Das Haverierecht befaßt sich mit dem Schadensausgleich bei Seewurf zur Rettung von Schiff, Besatzung und Ladung, zu dem alle geretteten Güter herangezogen werden, ausgenommen die Güter desjenigen, der zum Schiffsbau ein Darlehen gegeben hat. → Bielbrief, Bodmereibrief, Schiff.

Bodmerei ist kein Gegenstand der Haverei. Haverei bezeichnet die Einbuße an Schiff oder Ladung während einer Seereise. GD S. 282 Nr. 358; W V Sp. 1029 Nr. 2; Köbler, Juristisches Wb. S. 180.

V.: Von Bodmerei ist man keine Haverei schuldig. Schottelius S. 418; Pistorius IV S. 168 Nr. 2; Conradi S. 20 Nr. 43; Eisenhart S. 415; Simrock S. 79 Nr. 1189; Hillebrand S. 175 Nr. 248; GD S. 282 Nr. 357; W V Sp. 423.

Bodmereibrief

‹Darlehensvertrag›.

Der jüngste Bodmereibrief geht allen anderen vor. Pistorius IV S. 169 Nr. 3; Eisenhart S. 416; Simrock S. 79 Nr. 1190; Hillebrand S. 176 Nr. 249; GD S. 282 Nr. 356; W I Sp. 423.

borgen

Jeder borgt auf seine eigene Habe. GD S. 299 Nr. 107.

V.: Jedermann borgt auf seine Habe. GD S. 115 Nr. 277; W V Sp. 1034 Nr. 56.

Lang Borgen ist keine Bezahlung. Harrebomée I S. 51; GD S. 229 Nr. 59.

V.: Lang Borgen ist kein Quittschelten. Henisch Sp. 455; Hertius S. 364 Nr. 95; Eichwald S. 7 Nr. 154; GD S. 229 Nr. 58; W I Sp. 432 Nr. 22. Lang geborgt ist nicht geschenkt. Henisch Sp. 455; Pistorius II S. 245 Nr. 100; Braun S. 83 Nr. 2158; Eiselein S. 89; Simrock S. 80 Nr. 1211; Lohrengel S. 19 Nr. 464; GD S. 229 Nr. 57; W I Sp. 432 Nr. 23; Beyer S. 496. Geborgt ist nicht geschenkt. Hertius S. 364 Nr. 95; Conradi S. 18 Nr. 8; Eisenhart S. 346; GD S. 229 Nr. 60; Grundmann/Strich/Richey S. 60; Fehr, Dichtung S. 167 → rechten.

Wer borgt, muß zahlen. Henisch Sp. 456; GD S. 236 Nr. 87; W I Sp. 432 Nr. 34; Beyer S. 689.

Bote

Der Fronbote, mhd. *vrônebote* sw. M. ‹Gerichtsbote, → Büttel›, unterstützte den → Richter während der Gerichtsverhandlung und vollstreckte die Urteile. Peters, Fronbote insb. S. 71–81; Ders., Der Fronbote als Nachrichter S. 295–314.

Boten und Ambassaden sind aller Orten frei. Ambassaden ‹Abgesandte, Bevollmächtigte›. Boten gelten nach alter Sitte als heilig und unverletzlich. Henisch Sp. 63, 470; Harrebomée I S. 14; GD S. 530 Nr. 370, S. 534; W V Sp. 1040 Nr. 27.

Der Bote steht für zwei. Die Aussage des Fronboten (auch *Frone, Bote, Büttel* genannt) zählte im gerichtlichen Beweisverfahren doppelt. GD S. 418 Nr. 136, S. 420; W V Sp. 1040 Nr. 30.

Brauch

→ Landesbrauch.

Brauch und Zunft kennen keine Vernunft. W I Sp. 450 Nr. 4; Beyer S. 93.

Der alte Brauch ist der beste. ‹Von seinen Gewohnheiten läßt man nicht gern›. Beyer S. 34, 93.

Der Brauch muß dem Recht weichen. Beyer S. 662. → Mißbrauch.

Braut

Wer die Braut hat, der ist Bräutigam. Henisch Sp. 486; GD S. 141 Nr. 35; W I Sp. 454 Nr. 47.

Brautschatz

Brautschatz, mhd. *brûtschaz* st. M. ‹Mitgift, Aussteuer›.

Brautschatz geht vor allen Schulden. D. h. gegenüber anderen Schulden muß zunächst der Brautschatz beglichen werden. Vgl. Spw. wie → Kostgeld geht vor allen Schulden. → Lidlohn soll man vor allen Schulden bezahlen. → Miete geht vor allen Schulden. → Zinsgeld geht vor anderen Schulden. Michelsen, Lübeck S. 174 Art. 87: brudschat [...] geit vor alle schulde. GD S. 282 Nr. 349; W V Sp. 1048 Nr. 4; Foth S. 132–140 → Schulden.

V.: Das Weibervermögen geht vor aller Schuld. GD S. 154 Nr. 100.

Vom Brautschatz wird niemand reich. Nach dem Tod des Ehemannes mußte die Mitgift an die Frau und ihre Familie zurückgezahlt werden. Henisch Sp. 487; GD S. 154 Nr. 96, S. 159.

brechen

‹etwas verbrechen›, ‹sich einer Sache schuldig machen›, ‹eine Geldstrafe entrichten› bzw. ‹dem Geschädigten Buße zahlen› → Bruch, Brüche.

Wer bricht, bricht über sich selber. ‹Wer straffällig wird, muß Buße leisten›. GD S. 298 Nr. 93; W V Sp. 1049 Nr. 9.

V.: Wer bricht gebe Geld. Hartknoch S. 568 Nr. 13; GD S. 320 Nr. 227.

Wer schlägt, der bricht. Simrock S. 460 Nr. 9053a; GD S. 298 Nr. 92; W IV Sp. 215 Nr. 61.

Brei

Wer den Brei gekocht, muß ihn ausessen. ‹Jeder muß seine eigene Straftat büßen›. Henisch Sp. 506; Körte S. 57 Nr. 909; Braun S. 11 Nr. 266; GD S. 298 Nr. 90, S. 301; W I Sp. 458 Nr. 47; s. a. Röhrich 1 S. 252. S. o. Wer bricht, bricht über sich selber → brechen.

Brief

Mhd. *brief* st. M. ‹→ Urkunde› → Lehnsbrief.

Briefe sind besser als Zeugen. Conradi S. 24 Nr. 18; Körte S. 57 Nr. 918; Beyer S. 695 → Zeuge.

Die ältesten Briefe gehen vor. Henisch Sp. 508; Hertius S. 320 Nr. 49; Pistorius III S. 277 Nr. 26; Conradi S. 17 Nr. 3; Eisenhart S. 323; Simrock S. 83 Nr. 1300; Hillebrand S. 89 Nr. 121; GD S. 115 Nr. 283; W I Sp. 464 Nr. 7; Grundmann/Strich/Richey S. 64 → alt, Gebot, Miete.

Brief und Siegel

Alte Gewohnheit ist stärker als Brief und Siegel. Conradi S. 7 Nr. 4; Estor I S. 20; Sailer S. 251; Eisenhart S. 9; Simrock S. 195 Nr. 3641; Faselius S. 50; Hillebrand S. 8 Nr. 7; GD S. 12 Nr. 141; W I Sp. 1678 Nr. 2; Grundmann/Strich/Richey S. 49; Beyer S. 96, 218 → Gewohnheit,→ sieben.

Bruch, Brüche

Mhd. *bruch* st. M. ‹Rechtsverletzung, Straftat, Verbrechen› bzw. ‹Buße dafür›, → Buße, → Pein.

Die Brüche, die der Steuermann nimmt, soll der Vogt missen. ‹Niemand braucht eine Straftat zweimal zu büßen›. GD S. 322 Nr. 281; W V Sp. 1066 Nr. 9.

Die Brüche soll beim Erbe bleiben. ‹Für die Delikte des Erblassers braucht der Erbe nicht zu büßen›. GD S. 222 Nr. 288; W V Sp. 1066.

Über große Brüche ergeht großes Recht. GD S. 314 Nr. 207.

V.: Wo große Missetat, da ist auch große Pein. GD S. 313 Nr. 201. Wo großer Bruch, da ist auch große Pein. GD S. 314 Nr. 202.

Wo große Brüche getan wird, da sind die mindern quitt. GD S. 322 Nr. 282; W V Sp. 1066 Nr. 11.

Brückengeld

‹Zoll› → Maut.

Von Brückengeld ist niemand frei. Hertius S. 436 Nr. 19; Pistorius IV S. 266 Nr. 77; Simrock S. 85 Nr. 1344; GD S. 510 Nr. 175; W I Sp. 486 → Schleusenzoll, Zoll.

Bruder

Der Bruder nimmt zwei Teile, die Schwester den dritten. Neben dem Vorzugsrecht der männlichen Verwandten zum Erbe gab es auch die Möglichkeit, weiblichen Verwandten zum Erbe zu verhelfen: Sie wurden in die Erbfolgeordnung einbezogen, erhielten jedoch einen geringeren Teil. GD S. 189 Nr. 41, S. 191; Grundmann/Strich/Richey S. 82.

V.: Der Bruder nimmt mit zwei Händen, die Schwester nur mit einer. GD S. 189 Nr. 40; W I Sp. 486 Nr. 9 → Schwester.

Der Bruder verfängt die Schwester. GD S. 189 Nr. 30; W V Sp. 1067 Nr. 53 → Schwester.

V.: → Speerhand verfängt Spindelhand. GD S. 189 Nr. 31; W IV Sp. 680 Nr. 2.

Eines Mannes Bruder kann ihm nicht zeugen helfen. Die Zeugenaussage des Bruders hat im gerichtlichen Beweisverfahren keine Gültigkeit. Rb. nach Distinctionen Buch IV, cap. XLVI, XII: Eynes mannes bruder mag on nicht helffe czuge. GD S. 456 Nr. 497; W III Sp. 405 Nr. 993.

Stiehlt mein Bruder, so hängt ein Dieb. GD S. 300 Nr. 125; W I Sp. 487 Nr. 28; Grundmann/Strich/Richey S. 88; Beyer S. 98, 107, 248, 558 → Dieb.

V.: Stiehlt mein Vater, so hängt ein Dieb. Ssp. Ldr. II 17 § 1: De sone ne antwardet vor den vader nicht. Schwsp. 178a; Dsp. 118 § 1; Pistorius I S. 25 Nr. 17; Conradi S. 10 Nr. 5; Eiselein S. 118;

GD S. 300 Nr. 124; Grundmann/Strich/Richey S. 88; vgl. Foth S. 124–127; Beyer S. 618 → Vater.

Viele Brüder machen schwache Teile. ‹Je mehr Brüder erbberechtigt sind, desto kleiner wird das jedem zukommende Erbteil›. Simrock S. 86 Nr. 1350; GD S. 215 Nr. 215, S. 218.

V.: Viele Brüder machen schmale Güter. Simrock S. 86 Nr. 1350; W I Sp. 487 Nr. 30.

Wo Brüder sind, da besitzt der Jüngste den Herd. Um die wirtschaftliche Leistungsfähigkeit eines Hofes nicht zu gefährden, galt vielerorts das sog. Anerbenrecht, d. i. die Vererbung von → Haus und Hof an nur einen Erben; oft war dies der jüngste Sohn (Jüngstenrecht). S. o. Der → Bauer hat nur ein Kind. GD S. 215 Nr. 220, S. 218; W V Sp. 1068 Nr. 73; zur Höfeordnung vgl. Art. 64 EGBGB. S. Das älteste → Kind berät das jüngste, → gleich.

Bürge

Der Bürge übernimmt die Haftung für fremde Geldschuld (→ Schuld) wie für rechtliches Verhalten; er büßt aber nur mit seinem Vermögen, nicht mit seinem Leben. Nach dem Schwabenspiegel erwartete ihn aber noch die gleiche Strafe wie den Unrechtstäter, für den er gebürgt hatte, bis hin zur Todesstrafe. S. heute § 767 Abs. 2 BGB.

Bürgen muß man würgen, aber nicht an den Leib sprechen. Pistorius I S. 21 Nr. 15; Eisenhart S. 358; GD S. 300 Nr. 119.

V.: Bürgen soll man würgen. Grimm, RA II S. 171; Franck I Bl. 31v; Agricola I S. 99 Nr. 136; Egenolff S. 82b; Hertius S. 364 Nr. 94; Pistorius I S. 21 Nr. 15; Conradi S. 18 Nr. 13; Eisenhart S. 358; Körte S. 61 Nr. 989; Eiselein S. 103; Simrock S. 88 Nr. 1407; Hillebrand S. 114 Nr. 155; Osenbrüggen S. 11; W I Sp. 513 Nr. 4; Singer III S. 82; Grundmann/Strich/Richey S. 59; Beyer S. 100, 688. Wer sich für andere verbürgt, wird für andere gewürgt. Beyer S. 40, 620.

Bürgen müssen zahlen. Beyer S. 689.

Dem Bürgen darf man nicht an den Hals sprechen. GD S. 300 Nr. 116.

Für einen Bräutigam ist gut Bürge sein. Da eine Bürgschaft für die Pflicht des Ehemannes, bei Beendigung der Ehe die *dos* zurückzugeben, unwirksam war, konnte sie von dem Bürgen ohne Gefährdung seines Vermögens abgegeben werden. Pistorius IV S. 265 Nr. 76; Conradi S. 11 Nr. 6; Eisenhart S. 106; Simrock S. 82 Nr. 1273; W I Sp. 455 Nr. 1; Grundmann/Strich/Richey S. 59; Beyer S. 94; Foth S. 24–27.

Gute Zahler brauchen keine Bürgen. W V Sp. 483 Nr. 10; Beyer S. 100 → Geld.

In keinem Recht wird gefunden, daß man den Bürgen tötet. GD S. 300 Nr. 120; W III Sp. 1526 Nr. 147.

Was an einem Bürgen gebricht, das müssen die anderen erfüllen. Zu *gebrechen* st. V. ‹mangeln, fehlen›. GD S. 244 Nr. 134.

Wer Bürge bleibt, gibt den Schlüssel zu seinem Gut. D. h. er haftet mit seinem Vermögen. Harrebomée I S. 81; GD S. 244 Nr. 138; W V Sp. 1085; vgl. Liebs S. 201 Nr. 60; s. heute §§ 765–778 BGB.

V.: Wer für einen anderen Bürge bleibt, bezahlt für ihn. Harrebomée I S. 81; GD S. 244 Nr. 132. Wer für andere bürgt, muß selber zahlen. Beyer S. 39, 100.

Wer Bürge ward, antwortet zur Sache. D. h. Bürge und Selbstschuldner sind in gleicher Weise verpflichtet, vor Gericht zu antworten. GD S. 244 Nr. 130; W V Sp. 1085 Nr. 20.

bürgen

Wer für andere bürgt, muß selber zahlen. Beyer S. 689.

Bürger

Bürger und Bauer scheidet nichts als die Mauer. Das Spw. bezieht sich auf die rechtliche Gleichstellung von Bauern und Bürgern. Während die Bürger in der ummauerten Stadt wohnten, lebten die Bauern im umzäunten Dorf. Agricola I S. 190; Hertius S. 400 Nr. 11; Pistorius III S. 266 Nr. 16; Conradi S. 9 Nr. 4; Eisenhart S. 49; Körte S. 61 Nr. 990; Eiselein S. 103; Simrock S. 89 Nr. 1408; Hillebrand S. 29 Nr. 37; GD S. 41 Nr. 121; W I Sp. 514 Nr. 1; Grundmann/Strich/Richey S. 14; Fehr, Dichtung S. 175.

Ein Bürger verwirkt nicht Leib und Gut zugleich. Danach konnte ein Rechtsbrecher für seine Tat entweder mit dem Leib oder dem Gut büßen. Eine Bestrafung an Leib und Gut zugleich gab es nicht. Michelsen, Rechtsdenkmale S. 45 Art. 18; GD S. 315 Nr. 225, S. 319; W V Sp. 1085 Nr. 23.

Kein Gast mag auf einen Bürger zeugen. Zu mhd. *gast* ‹Fremder›, kein Ortsansässiger bzw. kein Bürger. Bremer Statuten I S. 72,X: Nen gast ne mach tughen oppenen borgere. GD S. 457 Nr. 514; W I Sp. 1351 Nr. 101 → Gast.

Wenn der Bürger kauft, soll der Fleischhacker weitergehen. Das Spw. bezieht sich auf das sog. Stapel- oder Niederlagsrecht. Kaufleute, die einen Ort mit Niederlagsrecht durchzogen, mußten ihre Waren zunächst den Bürgern zum Verkauf anbieten: z. B. der Viehhändler; die Bürger hatten dann gegenüber dem Fleischhacker ein Vorkaufsrecht. Stadtrecht von Brünn S. 366 Art. 109: wan der purger chaufen wil, so schol der vleishacker fuder gen. GD S. 261 Nr. 228; W V Sp. 1086 Nr. 28.

Bürgerrecht

Erst Bürgerrecht, dann Kaufmannsrecht. Handel- und gewerbeberechtigt sind nur Ortsansässige: Wer das Kaufmannsrecht für sich beanspruchen will, muß zunächst Bürgerrecht erworben haben. Ofner Stadtrecht S. 69 Art. 82: der kaufmans recht begert, sol des ersten purger recht vnd darnach kaufmans recht gewinnen. GD S. 502 Nr. 110, S. 505.

Wem sein Haus verbrennt, der verliert sein Bürgerrecht nicht. Schreiber I S. 81: Swem sin hus verbrinnet, der verlüret nüt sein burgreht. GD S. 437 Nr. 302.

Bürgschaft

Bürgschaft erbt niemand. D. h. ‹die Erben müssen für die Bürgschaft des Erblassers aufkommen›. Schreiber I S. 81; Stadtrecht von München S. 380 Art. 219; Gengler S. 295: borgschaft enerbit nyeman. Grimm, RA II S. 171: burgschaft enerbit nieman. GD S. 222 Nr. 283; W V Sp. 1087 Nr. 3; Grundmann/Strich/Richey S. 59.

Busen

Zu mhd. *buosen* M. im Rechtssinn: ‹die Nachkommenschaft in gerade absteigender Linie›, also Kinder und Kindeskinder.

Das Kind folgt dem Busen. S. dag. Das Kind fällt zur ärgern → Hand. Grimm, RA I S. 449; Faselius S. 193; Wiegand S. 73 Nr. 1020: Partes sequitur ventrem. Hillebrand S. 21 Nr. 31; Kindlinger S. 693 Nr. 215; GD S. 58 Nr. 224; W II Sp. 1273 Nr. 65; Foth S. 41–52 → Kind, Mutter.

Der Busen geht nicht vörder als vom Vater auf das Kind. Ssp. I 17: der busen get nit förder als von den vatter auf das kint. GD S. 193 Nr. 63, S. 196; W V Sp. 1088 Nr. 14.

Buße

Buße, mhd. *buozze* st. F. und *buoz* st. M. ‹Besserung, Abhilfe›, geistliche und rechtliche Buße, die an den Geschädigten zu zahlende Leistung oder die Strafe allgemein → Pein.

Abbitte ist die beste Buße. Simrock S. 25 Nr. 8; GD S. 351 Nr. 403; W V Sp. 689 Nr. 4; Beyer S. 23, 100.

V.: Die beste Abbitte ist nicht mehr tun. W I Sp. 5 Nr. 3; Beyer S. 23.

Allweg tut die größere Buße die kleinere ab. Das Spw. spielt auf eine Regelung im alten Bußverfahren an, nachdem dem «verunrechteten» Mann von mehreren Verletzungen, die ihm von einer Person zugefügt worden sind, nur die größte gebüßt werden mußte: Nach ihr richtete sich die Höhe der Buße. Grimm, Weisth. I S. 217: allwegens möge die gröst buss die kleiner dannen thun. GD S. 320 Nr. 241.

V.: Die größte Wunde bedeckt die andern allzumal. GD S. 320 Nr. 240; W V Sp. 443 Nr. 17.

Auf öffentliche Sünde gehört öffentliche Buße. Hamburgisches Stadtrecht S. 201 Art. 13 (Anm.): apenbare sunde, apenbare bothe. Eisenhart S. 560; Simrock S. 393 Nr. 7661; GD S. 313 Nr. 198, S. 316; W IV Sp. 960 Nr. 14.

V.: Offenbares Laster soll man nicht ungestraft hingehen lassen. Prozeß- und Gerichtsordnung Nürnberg; GD S. 425 Nr. 214.

Buße und Wette gibt man nicht, wo man Leib und Leben verwirkt hat. Mhd. *wette,* mnd. *wedde* st. F. ‹Geldbuße bzw. Strafgeld gegenüber dem Richter› (insb. bei Versäumnisstrafen). Büßte ein Rechtsbrecher mit dem Leben, so wurde ihm die Wette erlassen. Ssp. Ldr. III § 50: Swa de dudesche man sinen lif oder sine hant verwarcht mit ungerichte, he lose se oder ne do, dar ne dar he geven noch gewedde noch bute to. GD S. 321 Nr. 263, S. 330; W V Sp. 1089 Nr. 22; Janz, Rechtssprichwörter S. 226–229.

Erste Klage hat keine Buße. Blieb jemand nach der ersten Ladung vor Gericht aus, so entstanden für ihn daraus noch keine rechtlichen Nachteile. Denn um in Abwesenheit verurteilt zu werden, mußte eine dreimalige Ladung erfolgt sein. Grimm, Weisth. III S. 730: chain erste chlag hat nit puesz. GD S. 442 Nr. 351; W II Sp. 1360 Nr. 3 → Klage, Ladung.

Es folgt nicht zwei Männern Buße um eine Schuld. Görlitzer Rb. I Nr. 20: iz ne volgit zwein mannin ir boze nicht vmme ene schult. GD S. 320 Nr. 230. Vgl. → Brüche.

V.: Niemand hat doppelte Buße zu geben für eine Sache. GD S. 320 Nr. 231.

So lang das Messer nicht aus der Scheide ist, so lang ist keine Buße verfallen. D. h. die angedrohte Tat wurde nicht bestraft. Bußfällig wurde man erst, wenn der Vorsatz in die Tat umgesetzt worden war. GD S. 320 Nr. 237, S. 327; W III Sp. 642 Nr. 61.

So manche Buße, so manch Gewette. Kulmisches Recht II,III; GD S. 322 Nr. 269; W V Sp. 1089 Nr. 29 → Gewette.

Unrechter Leute Buße gibt immer wenig Frommen. Ssp. Ldr.III 45 § 10: Unechter lude bute gevet al luttel vromen. *Unrechte Leute* sind ‹nur beschränkt rechtsfähige Leute›. *Frommen*, mhd. *vrume* sw. M. bedeutet ‹Vorteil, Nutzen, Gewinn›. Damit besagt das Spw., daß die Buße beschränkt rechtsfähiger Leute (Schein- und Spottbußen) nicht von großem Nutzen ist. GD S. 42 Nr. 132; W III Sp. 94 Nr. 1169; Janz, Rechtssprichwörter S. 231–232.

büßen

→ mitbüßen.

Bekannt ist halb gebüßt. Franck I Bl. 143v; Agricola I S. 89; Hertius S. 376 Nr. 104; Pistorius II S. 217 Nr. 71; Eisenhart S. 593; Körte S. 41 Nr. 621; Eiselein S. 65; GD S. 320 Nr. 235; W I Sp. 307 Nr. 1 → bekennen.

Den Schaden büßt der Reiter und nicht das Pferd. Für den Schaden, den Tiere anrichten, haftet der Besitzer. Bremer Statuten I S. 130,CVII: scadhen dhen scal dhe man beteren dhe dhar uppe ret unde nicht dhat perth. GD S. 291 Nr. 51, S. 296; Grundmann/Strich/Richey S. 70; vgl. Kein Vieh verbüßt → Gewette. Dazu auch: Ist das → Tier tot, so ist die Sache auch tot. S. heute § 833 BGB.

Der büßt allen gleich, der hanget. GD S. 321 Nr. 262.

Man soll jeden büßen nach seiner Würdigkeit. Das Spw. bezieht sich auf die Wergeld- und Bußenordnung der Rechtsbücher, bei denen sich die Höhe der Buße nach dem Stand des Betroffenen richtete. GD S. 321 Nr. 248, S. 329; W V Sp. 1089 Nr. 6.

Wer gewinnt, genieße, wer verliert, der büße. GD S. 427 Nr. 243; W I Sp. 1662 Nr. 96; Beyer S. 217; s. Liebs S. 219 Nr. 23; s. heute § 91 Abs. 1 ZPO.

Büttel

→ Bote.

Wo ein Gericht ist, soll ein Büttel sein. ‹Das Recht muß durchgesetzt werden›. GD S. 418 Nr. 134; W I Sp. 1570 Nr. 38; Beyer S. 101, 208 → Gericht; Wacke, Kuckuckskleber.

C

Christ

Juristen sind böse Christen. Estor I S. 21; Hertius S. 255 Nr. 1; Eiselein S. 354; Braun S. 66 Nr. 1710; Simrock S. 277 Nr. 5347; W II Sp. 1082 Nr. 39; HRG II Sp. 481–484 → Jurist, → Heide, → Jude.

Christenheit

Die Christenheit ist unter des Königs Gewalt. Nach mittelalterlicher Auffassung steht der König als der Inhaber höchster Würde auf Erden an der Spitze der Standes- und Rechtsordnung und richtet an Gottes Statt. GD S. 27 Nr. 3; W V Sp. 1100.

Christentum

Man sagt das Kind besser zum Christentum und Erbe als davon. Da die Erbfähigkeit an die Taufe gebunden war, wurden die Kinder so früh wie möglich getauft. War es ungewiß, ob ein Kind bereits die Taufe empfangen hatte oder nicht, so sollte nach dem Spw. der günstigere Fall angenommen werden. W II Sp. 1303 Nr. 733.

christlich

Ein heidnisches Pfand ist besser als ein christliches Versprechen. Beyer S. 102, → Eid.

D

Dach

Unter wes Dach Wand und Mauer liegt, des ist sien. Goslarische Statuten S. 30: under wes dake de müre oder de want lit, des is se. Im Zaun- und Nachbarschaftsrecht wurde in diesem Sinn über eine auf der Grenze stehende Mauer entschieden. GD S. 85 Nr. 137; W V Sp. 1108 Nr. 48 → Zaun.

Daumen

Der Daumen ist ein Drittelhand. GD S. 323 Nr. 292; W V Sp. 1119 Nr. 25. S. Die → Hand ist ein halbes Leben.

Decke

Wenn die Decke über dem Kopf ist, so sind die Eheleute gleich reich. Grimm, RA I S. 620; Estor I S. 308; Eisenhart S. 134; Runde S. 586 § 583; Eiselein S. 113; Simrock S. 95 Nr. 1516; Hillebrand S. 125 Nr. 175; Osenbrüggen S. 29; Günther S. 33; W I Sp. 566 Nr. 17; Grundmann/Strich/Richey S. 73; Beyer S. 104; Fehr, Dichtung S. 169 → Bett, Weib.

decken

Niemand geziemts, den Übeltäter decken zu helfen. Die Verdunklung einer Straftat gilt als Mittäterschaft. Weingarten 2 S. 450; GD S. 306 Nr. 178.

Deich

Der Deich als der künstlich aufgeworfene Schutzwall gegen Überflutung war rechtlich mit dem Land, das zu schützen ist, eng verbunden. Das Deichrecht regelte Anlage, Erhaltung und Benutzung der Deiche. Seit dem 16. Jh. galt der Staat als Eigentümer des Deiches, sog. *Deichregal.* Die Deichpflicht wurde zur gemeinen öffentlichen Last. Vernachlässigte jemand die Deichpflicht zum Schutz der Grundnachbarn, so wurde ihm nach dem sog. *Spatenrecht* das deichpflichtige Grundeigentum entzogen. Aufgrund der geographischen Lage der Deiche sind die Quellen meist niederdeutsch, doch wurden die Rspw. auch ins Hochdeutsche übersetzt. HRG I Sp. 668–672.

Das Land ist verloren, wo der Deich aufhört. GD S. 130 Nr. 378; W II Sp. 1764 Nr. 27.

Deich und Land gehört zusammen. Deichpflichtig war derjenige, dessen Grund und Boden durch die Flut gefährdet war. GD S. 130 Nr. 373; W V Sp. 1122 Nr. 7 → Land.

Dem das Erbe ist, der soll den Deich deichen. Mit dem Grundstück ging auch die daran geknüpfte Deichpflicht auf den Erben über. GD S. 130 Nr. 376; W V Sp. 1233 Nr. 31 → Erbe.

Kein Land ohne Deich und kein Deich ohne Land. Hillebrand S. 181 Nr. 256; GD S. 130 Nr. 374; W II Sp. 1769 Nr. 131; Grundmann/Strich/Richey S. 40 → Land.

Mit Deichen und Dämmen muß man das Land erhalten. GD S. 130 Nr. 377; W I Sp. 569 Nr. 2 → Land.

So viel Land, so viel Deich. In diesem Rspw. wird das ältere, meist übliche Prinzip der ‹Pfanddeichung› angesprochen, bei dem im Gegensatz zur ‹Kommuniondeichung› die Deichlast in Relation zum Grundbesitz geregelt bzw. verteilt wird. Hillebrand S. 182 Nr. 257; W II Sp. 1771 Nr. 172; Grundmann/Strich/Richey S. 40.

deichen

Wer nicht kann deichen, der muß weichen. Das Spw. bezieht sich auf das sog. *Spatenrecht* (s. o.). Seinen Namen hat es von einer rechtssymbolischen Handlung: den Einstich eines Spatens in den Deich. Wer ihn herauszog, pflegte das Grundstück zu erwerben und die rückständigen Leistungen zu übernehmen. Hillebrand S. 183 Nr. 258; GD S. 130 Nr. 375; W I Sp. 569; Grundmann/Strich/Richey S. 40; Beyer S. 662; HRG I Sp. 668–672, insb. 670.

Dieb

Noch im Sprichwortgut der Gegenwart sind Spw. dieser Thematik zahlreich: An der Diebe Schwüren darf man sich nicht kehren. Das Maul bringt den Dieb an den Galgen ‹der Schuldige verrät sich selbst›. Der Dieb läßt das Stehlen nicht ‹schlechte Gewohnheiten sind dauerhaft› usw. Beyer S. 106–107. Während hier die moralisch-ethische Beurteilung der Personen im Vordergrund steht, beziehen sich die Rspw. auf die Delikte und deren Bestrafung. Diebstahl im weiteren Sinne umfaßt jede Art der Vermögensschädigung; Diebstahl im engeren Sinne meint die bewußte, heimliche Wegnahme und Aneignung einer fremden beweglichen Sache aus dem Gewahrsam des Bestohlenen. → Raub ist im Gegensatz hierzu die offene, gewaltsame Wegnahme. Die Unterscheidung von großem und kleinem Diebstahl nach dem Wert des Gestohlenen und von handhaftem und nicht handhaftem Diebstahl (→ handhaft) wurde bis zum 15. Jh. beibehalten. Generell stand auf Diebstahl die Todesstrafe; unter dem Einfluß der Kirche trat bei kleinem und nicht handhaftem Diebstahl dafür das Bußenstrafrecht ein. Mit der Landfriedensgesetzgebung wurde die Diebstahlsbuße zu peinlichen Strafen *an Haut und Haar* (→ Strafe) verschärft. Seit der Carolina, der Peinlichen Halsgerichtsordnung Karls V., galt Diebstahl nicht mehr als ein privates, sondern als öffentliches Verbrechen.

Den gebundenen Dieb kann niemand entschuldigen. Den auf frischer Tat ertappten Dieb stellte man gebunden vor Gericht. Er konnte keinen Reinigungseid leisten und galt nicht als glaubwürdiger Zeuge oder Ankläger, der einen anderen des Diebstahls bezichtigen konnte. Ebensowenig waren Gerichtszeugnisse zu seinem Vorteil zugelassen. GD S. 441 Nr. 325; W V Sp. 1132 Nr. 265.

V.: Der gebundene Dieb kann keinen Schuldigeren nennen. GD S. 441 Nr. 326, S. 447.

Dem Dieb läutet man nicht. Unter dem Einfluß des kanonischen Rechts war Verbrechern wie Exkommunizierten, Ketzern und Selbstmördern ein kirchliches Begräbnis in geweihter Erde, bei dem die Glocken geläutet wurden, verwehrt. Schauberg I S. 382; GD S. 341 Nr. 360; W V Sp. 1132 Nr. 262.

Den Dieb soll man hängen. Ssp. Ldr.II 13 § 1: Den def scal men hengen. Schwsp. 174a: den diep shol man henken. Dsp. 110 § 1; GD S. 341 Nr. 352; HRG IV Sp. 2011–2029, insb. 2021; Janz, Rechtssprichwörter S. 458–461. Kaufmann, Dieb.

V.: Den Dieb soll man henken und die Hur ertränken. Grimm, RA II S. 264; Pistorius III S. 305 Nr. 48; Conradi S. 21 Nr. 10; Sailer S. 256; Eisenhart S. 465; Eiselein S. 117; Simrock S. 98 Nr. 1578; Hillebrand S. 210 Nr. 300; Grundmann/Strich/Richey S. 90. Diebe und Huren wurden in Spw. und sprichwörtlichen

Redensarten häufig zusammen genannt. Hier ist mit *Hure* wohl die ledige Kindesmörderin gemeint. Unter Einfluß des römischen Rechts stand auf Kindesmord die Todesstrafe durch Ertränken. GD S. 341 Nr. 354; W I Sp. 584 Nr. 19.

Den Schließer soll man halten für den Dieb. Mittäterschaft, Anstiftung und Begünstigung sind Delikte, die unter dem Einfluß des kanonischen Rechts dem Diebstahl strafrechtlich gleichgestellt und ebenso streng bestraft wurden. GD S. 307 Nr. 180; W IV Sp. 239. Hier handelt es sich im weitesten Sinne um Varianten zu folgenden Rspw.

V.: Der ist so gut ein Dieb, der die Leiter hält, wie der, der stiehlt. Wer vorsätzlich mit einem anderen eine Straftat ausführt oder einem anderen zu der Straftat Hilfe leistet, ist Mittäter oder Beihelfer. Henisch Sp. 693; GD S. 306 Nr. 174; W I Sp. 585 Nr. 39. Wer die Leiter hält, ist so schuldig wie der Dieb. Simrock S. 324 Nr. 6340; Hillebrand S. 204 Nr. 292; GD S. 306 Nr. 173; Grundmann/Strich/Richey S. 130; Beyer S. 107; s. § 25 Abs. 2 StGB. Drei sind Diebe: einer rät, der andere stiehlt, der dritte behält. Die Unterschlagung als eigenes Delikt kam erst durch die Carolina (Art. 170) aus dem römischen Recht in das deutsche. GD S. 305 Nr. 145; W I Sp. 692 Nr. 33; Beyer S. 107. Drei schlimme Diebe sind: Stehler, Hehler und Befehler. W I Sp. 586 Nr. 65; vgl. DRWB II Sp. 802–803. Wer einen Dieb laufen läßt, den hängt man an seiner Statt. Es handelt sich um den Tatbestand der Begünstigung. Simrock S. 98 Nr. 1591; GD S. 307 Nr. 179; W I Sp. 593 Nr. 230. Läßt ein Richter Diebe frei gehen, so ist er selbst ein Dieb. Denn durch Begünstigung des verurteilten Diebes und durch Bestechlichkeit macht sich der Richter zum Mittäter. GD S. 409 Nr. 58. Vgl. Der → Hehler ist nicht besser als der Stehler.

Der Genannte muß den Dieb wehren oder fällen. Im Gericht hatte der vorsitzende Richter die Befugnis, einen der Gerichtsfähigen aufzufordern, in der verhandelten Rechtssache eine Entscheidung zu fällen, die für den Täter günstig oder ungünstig ausfallen konnte. Die übrigen Gerichtsgenossen hatten zuzustimmen oder abzulehnen. GD S. 414 Nr. 109; W I Sp. 1549 Nr. 1.

Der ist ein Dieb oder Diebsgenoß, der den Kauf bekennt und die Gewer leugnet. Zu mhd. *gewer* st. F. ‹förmliche Einkleidung in den Besitz› (*gewere* → Gewere), DRWB II Sp. 816, 829; hier: Der Käufer einer gestohlenen Sache, der auf Befragen den ihm namentlich bekannten Hehler nicht angab, wurde des Diebstahls bzw. der Unterschlagung angeklagt. GD S. 261 Nr. 224; W V Sp. 1132 Nr. 272.

Der Mann verurteilt nicht billig einen Dieb, der selbst ein Dieb ist. Der des Diebstahls Überführte war ehrlos und damit in fremder Strafsache weder glaubwürdig noch gerichtsfähig. GD S. 408 Nr. 39; W III Sp. 378 Nr. 387.

V.: Es wäre unrecht, wenn ein Dieb den andern verurteilte. Holländischer Ssp. Art. 27: het waer onbillick dat die een dief den anderen veroirdelen soude. GD S. 408 Nr. 38.

Felddiebe, böse Diebe. Obgleich der Felddiebstahl zu den geringeren Diebstahlsdelikten gerechnet wurde, sollte der Dieb doch mit aller Härte bestraft werden. Henisch Sp. 1058; GD S. 364 Nr. 460; W I Sp. 977.

Gelegenheit macht Diebe. Pistorius III S. 309 Nr. 50; Conradi S. 21 Nr. 5; Braun S. 29 Nr. 711; Simrock S. 181 Nr. 3340; Hillebrand S. 211 Nr. 304; Osenbrüggen S. 7; GD S. 364 Nr. 451; W I Sp. 1528 Nr. 14; Grundmann/Strich/Richey S. 132; Singer II S. 70, III S. 61; Beyer S. 203. S. a. Es stiehlt sich am besten, wenn man nicht weit hinlangen muß → stehlen.

V.: Gelegenheit macht Liebe. Beyer S. 203.

Kommt der Dieb zum Eide und der Wolf zur Heide, so haben gewonnen beide. Der Dieb, der nicht auf frischer Tat gefaßt wurde, konnte sich durch Reinigungseid der Verurteilung entziehen. Das Spw. richtet sich gegen den Reinigungseid, indem hier Meineid vorausgesetzt wird. GD S. 469 Nr. 607; W I Sp. 591 Nr. 175; Fehr, Dichtung S. 180 → Eid.

V.: Kommt der Dieb zum Eide und der Wolf zur Heide, gewonnen Spiel für beide. Simrock S. 99 Nr. 1596. Wann es dem Wolf zur Heide und dem Dieb zum Eide kommt, so haben sie gewonnen Spiel. Conradi S. 25 Nr. 19; Hertius S. 292 Nr. 33; Eisenhart S. 610.

Man hängt keinen Dieb, der sich vom Galgen kaufen kann. Die gesetzliche Möglichkeit, durch Zahlung von Wer- oder Bußgeld der Todesstrafe am Galgen zu entkommen, war in einigen Gebieten auch bei schwerem Diebstahl gegeben. Die Anwendung des Gnadenrechts milderte außerdem die Strenge des Strafvollzugs. Henisch Sp. 695; GD S. 321 Nr. 255; W I Sp. 591 Nr. 182; DWB II Sp. 1089. S. a. Der → Strang ist mit fünf Gulden bezahlt.

Niemand kann seinen Dieb hängen. Auch der auf frischer Tat ergriffene Dieb sollte nicht üblicher Selbstjustiz ausgeliefert sein, sondern er sollte in einem ordentlichen Gerichtsverfahren verurteilt und die verhängte Strafe sollte rechtmäßig an ihm vollzogen werden. GD S. 425 Nr. 198; W V Sp. 1133 Nr. 299 → Strafe.

Solang der Dieb nicht tot ist, hat er sein Recht nicht ausgestanden. Obwohl im allgemeinen nur bei schwerem Diebstahl der Täter zum Galgen verurteilt wurde, blieb eine Tendenz bestehen, im Wiederholungsfall oder bei anderweitig Vorbestraften die Todesstrafe zu verhängen. Pistorius I S. 55; GD S. 341 Nr. 353.

V.: Die Fische sind nirgends besser als im Wasser, der Dieb als am Galgen und der Mönch als im Kloster. Pistorius III S. 305 Nr. 48; GD S. 341 Nr. 357; W I Sp. 1028 Nr. 22.

Stiehlt mein Bruder, so hängt ein Dieb. GD S. 300 Nr. 125; W I Sp. 487 Nr. 28; Grundmann/Strich/Richey S. 88; Beyer S. 98, 107, 248, 558 → Bruder.

V.: Stiehlt mein Vater, so hängt ein Dieb. Ssp. Ldr.II 17 § 1: De sone ne antwardet vor den vader nicht. Schwsp. 178a; Dsp. 118 § 1; Pistorius I S. 25 Nr. 17; Conradi S. 10 Nr. 5; Eiselein S. 118; GD S. 300 Nr. 124; Grundmann/Strich/Richey S. 88; Foth S. 124–127; Beyer S. 618 → Vater. Der → Sohn antwortet nicht für den Vater. Henisch Sp. 530; GD S. 300 Nr. 123. S. a. Man soll den → Sohn um des Vaters Schuld nicht schlagen.

Wer einmal stiehlt, bleibt zeitlebens ein Dieb. Henisch Sp. 846; Körte S. 67 Nr. 1078; Braun S. 14 Nr. 323; GD S. 363 Nr. 428.

V.: Wer einmal stiehlt, heißt immer Dieb. Conradi S. 25 Nr. 14; Eiselein S. 117; Simrock S. 499 Nr. 9847; Hillebrand S. 212 Nr. 305; GD S. 363 Nr. 429; W IV Sp. 800 Nr. 83; Beyer S. 107, 559.

Dieberei

Dieberei macht nichts als der Wille zu stehlen. Nach diesem Rspw. wird die Tatabsicht der ausgeführten Tat gleichgestellt. Vgl. dag. Gedanken sind → zollfrei. Absicht und planmäßiges Vorgehen unterscheiden darüber hinaus den Diebstahl vom → Raub. GD S. 363 Nr. 419; W V Sp. 1134 Nr. 2 → scheinen.

V.: Wer keinen Willen hat zu stehlen, wird nimmermehr ein Dieb. GD S. 363 Nr. 420.

Diebstahl

Des Nachts ist es Diebstahl, des Tags ist es Raub. Goslarische Statuten S. 37; Rb. nach Distinctionen Buch IV, cap. IX, XI [sic!] u. XII: des nachtez ist ez dube; des tagez is ez roup. GD S. 365 Nr. 463. Vgl. Die Nacht hat bessern Frieden als der Tag → Friede.

V.: Diebstahl des Nachts, Raub am Tage. W V Sp. 1135 Nr. 5 → Galgen.

Für Diebstahl, Raub und Mord kann niemand Bürge sein. Wer bei Straftaten wie diesen wegen latenter Fluchtgefahr für den Täter bürgt, ist seiner Bürgschaft, der Haftung mit Körper und Gut, enthoben. GD S. 300 Nr. 117 und S. 303; W V Sp. 1135 Nr. 7 → Raub, Mord, Bürge.

dienen

Treu gedient, wohl gelohnt. Nach vertragsmäßig ausgeführtem Dienst hat der Dienstmann Anrecht auf den vollen vereinbarten Lohn. Ist der Lohn nicht vorab vereinbart worden, soll er nach billigem Ermessen bezahlt werden. Henisch Sp. 699; Blumer III S. 110; GD S. 178 Nr. 191; W I Sp. 596 Nr. 28; HRG II Sp. 2005.

Um Dank dient niemand. Beim Tod des Herrn hat der Dienstmann Anspruch auf seinen noch ausstehenden Lohn bis zum Sterbetag des Herrn. Bestand kein Lohnvertrag, so entfiel der Rechtsanspruch den Erben gegenüber, der Dienstmann erhielt dann einen Gnadenlohn. Henisch Sp. 644; GD S. 178 Nr. 197; W I Sp. 552 Nr. 21; Grundmann/Strich/Richey S. 14.

V.: Niemand dient umb danck, es füllt den Sack nicht. W I Sp. 596 Nr. 26.

Welchem Herrn du dienst, dessen Kleider trägst du. Franck I Bl. 162v; Braun S. 51 Nr. 1306; Simrock S. 241 Nr. 4619; GD S. 517 Nr. 235; W II Sp. 567 Nr. 737. Vgl. Wes Brot ich ess', des → Lied ich sing.

Wer dienet, ist so gut, als wer lohnet. Die persönliche Freiheit des Dienstmanns wird durch das Dienstverhältnis nicht eingeschränkt. Henisch Sp. 698; Körte S. 67 Nr. 1086; Simrock S. 100 Nr. 1614; GD S. 178 Nr. 188; W I Sp. 596 Nr. 42.

Wer dient und nicht ausdient, verliert seinen Lohn. Bricht ein Dienstmann das Dienstverhältnis vor Abschluß der Arbeit ab, so verliert er den Anspruch auf den vereinbarten Lohn. Harrebomée I S. 347; GD S. 266 Nr. 246, → Li(e)dlohn, Lohn.

Dienst

Die Rspw. dieser Gruppe beziehen sich auf Dienstverhältnisse unterschiedlicher Art, wie 1. den Dienst aufgrund von Lehnsabhängigkeit, 2. Dienste von Abhängigen einer Grundherrschaft, 3. Dienste von freiem Gesinde z. B. im städtischen Bereich, das zwar der hausherrschaftlichen Gewalt unterstellt war, aber in seiner persönlichen Freiheit vor der Willkür der Herrschaft geschützt war und vertragsmäßig das Recht auf Fürsorge und Lohnzahlung hatte.

Der Dienst auf dem Gute macht nicht eigen. GD S. 50 Nr. 166.

V.: Dienstmann ist nicht eigen. Kamptz 3 S. 40; GD S. 50 Nr. 165; W V Sp. 1137 Nr. 58.

Gezwungner Dienst hat keine Kraft. Bei herrschaftlicher Willkür kann der Dienstmann das Dienstverhältnis kündigen. Simrock S. 100 Nr. 1616; Osenbrüggen S. 8; GD S. 52 Nr. 198; W I Sp. 601 Nr. 27.

Gleiche Spänne, gleiche Dienste. Zu *Gespann* und *Gespanndienste*, Teil des Herrendienstes, Grimm, Weisth. III S. 107; Kamptz 2 S. 634; GD S. 51 Nr. 193; W IV Sp. 652 Nr. 1.

Ungebetner Dienst ist nicht dankenswert. Verrichtet jemand unaufgefordert und ohne Absprache oder Vertrag eine Arbeit, so besteht kein Anspruch auf Lohn. Franck II Bl. 6v, 162v; Eiselein S. 118; Hillebrand S. 108 Nr. 144; GD S. 265 Nr. 230; W I Sp. 602 Nr. 44; Grundmann/Strich/Richey S. 14; Beyer S. 610. S. a. Wer ungebeten zur → Arbeit geht, geht ungedankt davon.

V.: Ungebetener Dienst hat keinen Dank. Franck I Bl. 3r, 36v; Körte S. 68 Nr. 1094; Braun S. 14 Nr. 329; Simrock S. 100 Nr. 1617; GD S. 265 Nr. 231; W I Sp. 602 Nr. 45. Angebotner Dienst ist halb umsonst. Körte S. 68 Nr. 1093; Eiselein S. 118; Simrock S. 100 Nr. 1618; GD S. 265 Nr. 232; W I Sp. 600 Nr. 1; Beyer S. 107. Wer ungebeten kommt, geht ungedankt davon. Beyer S. 610. Wer ungebeten kommt, geht ungedankt davon. Beyer S. 610.

Dienstleute

Alle Dienstleute gehören mutterhalb. Ist die Mutter unfrei, so werden es ihre Kinder auch; sind Vater und Mutter unfrei, so fallen die Kinder der Herrschaft zu, in deren Hörigkeit sich die Mutter befindet. GD S. 58 Nr. 227; W V Sp. 1138 Nr. 1 → Kind.

V.: Eigene kommen von den Müttern. GD S. 58 Nr. 228; W I Sp. 772 Nr. 3. Eigenschaft kommt von den Müttern. GD S. 59 Nr. 229; W I Sp. 775 Nr. 4. Wo die Mutter uns ist, sind die Kinder gar unser. Grimm, Weisth. III S. 735; GD S. 59 Nr. 230; W III Sp. 814 Nr. 202.

Dienstmann

Des Dienstmanns Hand ist die niederste am Lehn. Nach der Heerschildordnung Ssp. Ldr.I 3 war der Dienstmann der letzte zum Lehn Berechtigte. GD S. 559 Nr. 59; W V Sp. 1138 Nr. 2 → Lehn.

Dienstmann ist nicht eigen. Kamptz 3 S. 40; GD S. 50 Nr. 165; W V Sp. 1138 Nr. 6 → eigen.

Dienstmanns Eigen kann in die königliche Gewalt nicht kommen. Ssp. Ldr.I 38 § 2: Denstmanne egen ne mach in de koningleke walt nicht komen. Schwsp. 46; Dsp. 44; Rb. nach Distinctionen Buch IV, cap. XXI, XXXIX; GD S. 195 Nr. 101; W V Sp. 1138 Nr. 4; Janz, Rechtssprichwörter S. 491.

Ding

Zu mhd. *dinc* N. ‹rechtliche Angelegenheit, Rechtssache›, ‹Gerichtlicher Termin›, ‹gerichtliche Verhandlung›, ‹Gericht›, ‹Gerichtstag›, ‹Gerichtsstätte›, ‹Gerichtspflicht›, ‹Ding, Sache›.

Alle beschiedenen Dinge brechen gemeine Dinge. Das Rspw. bezieht sich auf die unterschiedliche Zuständigkeit von Hoch- und Niedergericht. GD S. 25 Nr. 272; W V Sp. 1140 Nr. 1489.

Alle Dinge sollen sein in des Mannes Gewalt. Kleines Kaiserrecht II cap. 100: alle dink sullen sin in dez mannes hant. Mit der Eheschließung wurde der Mann für die Dauer der Ehe der rechtmäßige Verwalter des Vermögens beider Partner. Diese Verfügungsgewalt behielt der Mann auch noch nach der Aufhebung der eheherrlichen Vormundschaft über die Ehefrau. GD S. 152 Nr. 51; W V Sp. 1140 Nr. 1503.

V.: Alle Dinge sollen sein in des Mannes Hand. GD S. 152 Nr. 50; W V Sp. 1140 Nr. 1504. An Weibern liegt keine Macht. GD S. 152 Nr. 52; W V Sp. 3 Nr. 54.

Aller guten Dinge sind drei. Ursprünglich waren mit diesem Rspw. die Gerichtstermine bzw. die → Ladungen zum Gericht gemeint, die dreimal zu erfolgen hatten. Henisch Sp. 713; Eiselein S. 125; Braun S. 14 Nr. 334; Simrock S. 104 Nr. 1703; Faselius S. 255; Lohrengel S. 21; Hillebrand S. 220 Nr. 318; Osenbrüggen S. 14; Sachße, Beitrag zu den deutschen Rechtssprichwörtern S. 115 ff.; Günther S. 82; GD S. 404 Nr. 29; W I Sp. 605 Nr. 45; Beyer S. 28, 107 → drei.

Andere Dinge bezeugt man wohl mit anderen Leuten. Eine Partei hat nicht das Recht, in zwei verschiedenen Strafsachen die selben Zeugen für sich anzuführen. GD S. 453 Nr. 440.

Dinge gespielt ist bar bezahlt. Auf Kredit spielen ist so gut wie bezahlt. Hillebrand S. 113 Nr. 154; GD S. 228 Nr. 37; W I Sp. 609 Nr. 123.

Um ein kleines Ding richtet man anders als um ein großes. Bezieht sich auf die Gruppierung und Bewertung der Rechtssachen als *causae maiores* und *causae minores*, die für die Hoch- oder Niedergerichte während des MAs zuständig waren. GD S. 314 Nr. 218; W V Sp. 1160 Nr. 1937.

dingflüchtig

Wer dingflüchtig wird, ist in der Klage gewonnen. Zu mhd. *gewinnen* st. V. ‹vor Gericht überführen›. Gerichtsflucht wird einem Schuldgeständnis gleichgesetzt. Ssp. Ldr.II 45: wert he dingvluchtich, he is in der klage gewunnen. Schwsp. 210; Dsp. 157; Estor II S. 996; GD S. 443 Nr. 361; W V Sp. 1177; Janz, Rechtssprichwörter S. 452–455 → fliehen.

Dorf

Dörfer haben auch Weichbildrecht. Conradi S. 7 Nr. 2; Eisenhart S. 6; Eiselein S. 123; Simrock S. 102 Nr. 1664; Hillebrand S. 37 Nr. 47; GD S. 21 Nr. 239; W I Sp. 675 Nr. 3; Grundmann/Strich/Richey S. 40 → Weichbild.

Einer kann nur Schulze sein im Dorf. Schambach II S. 30, 115; GD S. 516 Nr. 225; W IV Sp. 389 Nr. 12; Beyer S. 522 → Schulze.

Dorfgericht

→ Gericht.

drei

Neben der → Sieben, Neun und Zwölf hatte die Drei im Recht eine besondere Bedeutung.

Aller guten Dinge sind drei. Henisch Sp. 713; Eiselein S. 125; Braun S. 14 Nr. 334; Simrock S. 104 Nr. 1703; Faselius S. 255; Lohrengel S. 21; Hillebrand S. 220 Nr. 318; Osenbrüggen S. 14; Sachße, Beitrag zu den deutschen Rechtssprichwörtern S. 115 ff.; Günther S. 82; GD S. 404 Nr. 29; W I Sp. 605 Nr. 45; Beyer S. 28, 107 → Ding.

Drei Gerichtstage gehören über einen Toten. Im Gerichtsverfahren war erst die dritte Vorladung entscheidend. Zweimal konnte der Geladene ausbleiben, ohne Nachteile befürchten zu müssen. GD S. 442 Nr. 353; W I Sp. 1570 Nr. 2.

Drei machen ein Kollegium. Tres faciunt collegium. Pistorius III S. 294 Nr. 39; W I Sp. 691 Nr. 22; Beyer S. 110; Liebs S. 210 Nr. 34; Röhrich 1 S. 335; vgl. heute § 73 BGB.

Drei sind frei. Das Rspw. bezieht sich auf die Unterscheidung von Mundraub und Diebstahl. Der Vorübergehende durfte ungestraft drei Äpfel, Birnen, Nüsse etc. an sich nehmen. Hillebrand S. 207 Nr. 298; Osenbrüggen S. 17; Schmeller 1/1 Sp. 561; GD S. 389 Nr. 552; W I Sp. 692 Nr. 34; vgl. heute § 248a StGB.

Was drei Schöffen erkennen, ist volle Hilfe. Bis ins späte MA hinein hielt sich das «versteckte Majoritätsprinzip», bei dem die Einstimmigkeit des Urteilsspruches durch die Folgepflicht der unterlegenen Geschworenen erzielt wurde. Mindestens drei der sieben notwendigen Schöffen mußten sich im Wahrspruch einig sein. GD S. 478 Nr. 658; W IV Sp. 313 Nr. 11.

dreimal

Dreimal ist Schiffsrecht. Es ist ein im Schiffsrecht weitverbreiteter Brauch, etwas dreimal zu tun: Vergehen an Bord werden z. B. mit drei Schlägen gestraft. Harrebomée I S. 153; GD S. 442 Nr. 355; W I Sp. 695 Nr. 3.

dritt

Zum dritten Mal gewinnt oder verliert man. Das Rspw. bezieht sich auf die Vorladung (s. o.). GD S. 442 Nr. 354; W I Sp. 695.

Dritter

Zwei können den Dritten an den Galgen bringen. Das Rspw. bezieht sich auf betrügerische Kumpanei. Beyer S. 111.

drohen

Vom Drohen stirbt man nicht. Conradi S. 22 Nr. 14; Grundmann/Strich/Richey S. 88; Beyer S. 560.

Wer vom Drohen stirbt, dem soll man mit Eselsnüssen zu Grabe läuten. Pistorius III S. 318 Nr. 56; Körte S. 72 Nr. 1180; GD S. 293 Nr. 83; Röhrich 1 S. 398. Hier wird auf das sog. «Eselsbegräbnis» (ohne Glockengeläut und in ungeweihter Erde) angespielt. Drohungen, besonders wenn der Bruch eines Sühne- und Friedensgelöbnisses damit verbunden war, galten zwar als Straftat, wurden aber mit «billiger Nachsicht» abgeurteilt. Unter dem Einfluß der Kirche erhielt jedoch der Verurteilte kein ehrenhaftes Begräbnis.

dünken

Mit Dünken verletzt man das Recht. D. h. Meinen statt Wissen ist ungerecht, insbesondere im Richteramt. Henisch Sp. 768; GD S. 410 Nr. 65; W I Sp. 710 Nr. 19; Beyer S. 114.

E

Edelmann

→ Adel, Bauer.

Ein Edelmann darf vor des andern Gericht nicht stehen. Im 13. Jh. hat sich der ständische Aufbau der Gerichte durchgesetzt. Unter den Landesgerichten als den Gerichten der privilegierten Stände ist das Hofgericht als Gericht des Adels von besonderer Bedeutung. Wird jemand angeklagt, so muß er sich nur vor dem für seinen Stand zuständigen Richter verantworten. GD S. 436 Nr. 289; W I Sp. 722 Nr. 12; Planitz/Eckhardt, Rechtsgeschichte S. 194–195.

Ein Edelmann gibt keinen Zoll. Edelleute waren nicht verpflichtet, Steuer und Zoll zu bezahlen. GD S. 510 Nr. 178; W I Sp. 722 Nr. 14. S. a. Pfaffen und Pilgrimme geben keinen Zoll → Pfaffe.

Wer kein Edelmann ist, gilt als ein Bauer. Vor der Herausbildung des Bürgerstandes zählte man alle Nicht-Adeligen zum Stand der Bauern. Conradi S. 9 Nr. 3; Eisenhart S. 49; Eiselein S. 60; Simrock S. 63 Nr. 822; Hillebrand S. 26 Nr. 34; GD S. 34 Nr. 102; W I Sp. 723 Nr. 34; Grundmann/Strich/Richey S. 14.

Egge

Das Arbeitsgerät steht in den folgenden Rspw. als Pars pro toto-Bezeichnung für die geleistete Arbeit.

Des Mannes Saat ist verdient, sobald die Egge darüber fährt. Die Ernte als Lohn für die geleistete Arbeit steht dem zu, der das Recht des Nießbrauchs (Nutzungsberechtigung) hat. Dabei spielt es keine Rolle, ob er Eigentümer ist oder nicht. Doch macht sich jemand auf illegale Weise fremden Boden zu eigen, so verliert er jeden Anspruch auf Ernte und Arbeitslohn. Ssp. Ldr. II 58 § 2: Des mannes sat, de he mit sineme pluge werket, de is verdenet alse de egede dar ober geit. Schwsp. 218a; Dsp. 171; GD S. 75 Nr. 58; Janz, Rechtssprichwörter S. 198–202. Vgl. Ist die → Henne mein, so gehören mir auch die Eier.

V.: Die Saat ist dessen, dem der Acker ist. W III Sp. 1785 Nr. 4; Grundmann/Strich/Richey S. 123 → Acker. Wer sät, der mäht.

Conradi S. 15 Nr. 21; Sailer S. 124; Eisenhart S. 225; Körte S. 385 Nr. 6431; Hillebrand S. 52 Nr. 74; Simrock S. 440 Nr. 8613; Chaisemartin S. 207 Nr. 66; GD S. 75 Nr. 60; W III Sp. 1828 Nr. 63 → säen.

Was die Egge bestrichen und die Hacke bedeckt, das folgt dem Erbe. Das Rspw. betrifft den konkreten Fall der Vererbung bei Nießbrauch. Die Erträge (→ fahrende Habe) eines bereits bestellten Ackers stehen nach deutschem Recht dem Erben desjenigen zu, der die notwendigen Voraussetzungen für die Gewinnung der Ernte (Feldarbeit, Kosten) geschaffen hat, aber vor der Ernte gestorben ist. Nach römischem Recht dagegen gehört die Saat zum Boden (Liegenschaft) und fällt demjenigen zu, der den Acker erbt. Dazu Ssp. Ldr. II 58; Hasslocher S. 9 Nr. 51; Hertius S. 282 Nr. 20; Pistorius III S. 349 Nr. 86; Conradi S. 16 Nr. 4; Eisenhart S. 262; Eiselein S. 131; Simrock S. 108 Nr. 1776; Hillebrand S. 53 Nr. 75; Chaisemartin S. 208 Nr. 67; GD S. 183 Nr. 2; W I Sp. 725 Nr. 4; Grundmann/Strich/Richey S. 84; Fehr, Dichtung S. 172; Janz, Rechtssprichwörter S. 198 Anm. 197 → Erbe.

Wer eine Egge zur Saat geleiten kann, der mag den Schneidtag verhüten. Grimm, Weisth. II S. 408: welcher mensch ein eege geleiten magh zu der saet, der mag den schneidttagh verhüten. GD S. 51 Nr. 197; W I Sp. 725 Nr. 6.

Ehe

Mhd. *ēwe, ē* < älterem *ēwa* st. F. ‹Recht, Gesetz, Gewohnheitsrecht›, der ‹rechtmäßige Ehebund›, später eingeengt auf die rechtmäßig gültige eheliche Verbindung. In den folgenden Rspw. ist allein diese Bedeutung gemeint.

Das Recht der Ehe steht im vierten Glied. Das Rspw. bezieht sich auf die Ehehindernisse bei zu enger Verwandtschaft der Ehepartner, die nach römischem Recht bis zum 4. Grad ausgedehnt waren. GD S. 550 Nr. 112; W III Sp. 1519 Nr. 26; Foth S. 121. Vgl. → Heirat ins Blut, tut selten gut.

Die Ehe ist der Orden aller Orden. GD S. 139 Nr. 3; W I Sp. 726 Nr. 4.

V.: Der Ehestand ist der heiligste Orden, zumal er alle anderen Orden in sich hat. Agricola I S. 357. Ehestand ist der heiligste Orden. Pistorius III S. 328 Nr. 65; Simrock S. 108 Nr. 1781.

Die Ehe ist der sieben Heiligkeiten eine der höchsten. Das Rspw. bezieht sich auf die Ehe als Sakrament. GD S. 139 Nr. 5; W I Sp. 726 Nr. 5.

Die heilige Ehe ist eine Sache vollsten Rechts. Das Rspw. bezieht sich möglicherweise auf das tridentinische Ehedekret von 1563, in dem jede Ehe, die ohne Aufgebot und priesterliche Assistenz geschlossen wurde, als *matrimonium clandestinum* verurteilt worden ist. HRG I Sp. 833–836, insb. 834. Sächsisches Weichbildrecht Sp. 273 Art. 12; GD S. 140 Nr. 7; W I Sp. 726 Nr. 10.

Ehe bricht Miete. Der Rechtsgrundsatz, daß der Dienstmann auch bei Eheschließung vor Ablauf der verabredeten Zeit das Dienstverhältnis nicht kündigen durfte, galt nicht generell. Nach lübischem und friesischem Recht galt vielmehr das Prinzip → ‹Freien geht vor Miete›. Volkmar S. 339 Nr. 23; Hillebrand S. 109 Nr. 146; GD S. 179 Nr. 216; W I Sp. 726 Nr. 24; Grundmann/Strich/Richey S. 75.

Ehe liegt im schlichten Willen. Unter kirchlichem Einfluß wurden Konsens und *copula carnalis* zum konstitutiven Kern der Eheschließung. Chaisemartin S. 292 Nr. 7; GD S. 140 Nr. 26; W I Sp. 727 Nr. 29; Foth S. 116–119.

Eine Frau hat während der Ehe nichts als den blauen Himmel und den Spinnrocken. Das Rspw. bezieht sich auf die vermögensrechtliche Stellung der Frau während der Ehe. GD S. 152 Nr. 53; W I Sp. 1114 Nr. 205; Fehr, Dichtung S. 170.

Heimliches Verlöbnis stiftet keine Ehe. Pistorius I S. 123 Nr. 91; Conradi S. 10 Nr. 4; Estor I S. 347; Sailer S. 251; Eisenhart S. 102; Braun S. 181 Nr. 4739; Eiselein S. 618; Simrock S. 551 Nr. 10879; Hillebrand S. 117 Nr. 157; GD S. 141 Nr. 36; W IV Sp. 1568; Grundmann/Strich/Richey S. 72; Beyer S. 257 → heimlich.

Offenbar Gelübde scheidet alle Ehe. Das heimlich abgelegte Keuschheitsgelübde besaß wie das Gelöbnis der Unmündigen keine eheminderndе Rechtskraft. Das öffentliche, vor Zeugen abgelegte Keuschheitsgelübde verhinderte dagegen eine wirksame Eheschließung. Eisenacher Rb. I 45: Daz uffinbar globde scheidit alle e. HRG I Sp. 835 → Gelübde.

V.: Heimlich Gelübde scheidet keine Ehe. Eisenacher Rb. I 45: Daz heymlich globde entscheidit keyne e. GD S. 141 Nr. 41; W I Sp. 1540 Nr. 4.

Wer einem (Mann) das Kind zur Ehe bringt, der gibt ihm auch das Gut. Der Mann, der eine Frau mit Kindern aus einer früheren Ehe heiratete, hatte Anspruch auf das Gut, das von deren Vater zu ihrer Erziehung gewährt worden war oder gewährt werden sollte. Henisch Sp. 802; GD S. 164 Nr. 140; W II Sp. 1316 Nr. 1002.

Wo rechte Ehe ist, da werden rechte Ehekinder. Eisenacher Rb. I 45,2: wo eyn recht ee ist, do werdin rechte eekindir. GD S. 163 Nr. 126; Planitz/Eckhardt, Rechtsgeschichte S. 106.

Ehebruch

Ehebruch scheidet nach Gottes Recht. Blumer III S. 163; GD S. 550 Nr. 120; W I Sp. 729 Nr. 2.

V.: Ehebruch reißt das Eheband. Blumer III S. 163; GD S. 550 Nr. 119; W I Sp. 729 Nr. 1; Grundmann/Strich/Richey S. 74; Beyer S. 117.

Ehefrau

Einer Ehefrau Gut soll hinter ihrem Mann weder wachsen noch schwinden. War die Verbindung des ehelichen Vermögens bei der Eheschließung nur für die Dauer der Ehe verabredet worden, so mußte beim Tod des Mannes der Witwe bzw. ihren Verwandten das Vermögen wieder ausgehändigt werden. Etwaiger Verlust mußte ersetzt, Gewinn hingegen konnte zurückgehalten werden. S. dag. Teuer in den → Sack, teuer wieder heraus. GD S. 154 Nr. 91.

V.: Frauengut gewinnt und verliert nicht. Hillebrand S. 126 Nr. 178; GD S. 154 Nr. 90; W I Sp. 1142; Grundmann/Strich/Richey S. 74 → Frauengut. Weibergut gewinnt halben Nutzen und verliert halben Schaden. GD S. 154 Nr. 92; W V Sp. 70 Nr. 2. Weibergut kann weder wachsen noch schwinden. Hillebrand S. 127 Nr. 179; Osenbrüggen S. 27; GD S. 154 Nr. 89; W V Sp. 70 Nr. 1 → Weibergut. Wie einer der Frau Gut einzieht, so soll er es wieder ausrichten. GD S. 154 Nr. 95; W I Sp. 1138 Nr. 709 → Weibergut.

Ehegeld

Ehegeld st. N. ‹Mitgift, Aussteuer → Morgengabe›.

Ehegeld gewinnt Besserung. Neben der üblichen Gütertrennung

(s. Einer → Ehefrau Gut soll hinter ihrem Mann weder wachsen noch schwinden) gab es die Errungenschaftsgemeinschaft als eine Form beschränkter Gütergemeinschaft. Dabei hatte die Ehefrau halben Anteil an dem Gut, das während der Ehe erworben worden war. Ihr Ehegeld konnte sich also vermehren. GD S. 154 Nr. 93; W I Sp. 729 Nr. 1; Köbler, Juristisches Wb. S. 111–112.

Reiches Ehegeld, arme Kinder. War für die → Witwe ein → Leibgedinge vereinbart worden, so mußten ihr von ihrer Mitgift Zinsen bezahlt werden. Dadurch verringerte sich der Anteil der Kinder an dem hinterlassenen Vermögen. Estor I S. 351; Hillebrand S. 129 Nr. 183; GD S. 155 Nr. 115; W I Sp. 729 Nr. 2; Grundmann/Strich/Richey S. 75.

V.: Reiche Weiber, arme Kinder. Estor I S. 351; Hillebrand S. 128 Nr. 182; GD S. 155 Nr. 114; Grundmann/Strich/Richey S. 74.

Ehestiftung

Ehestiftung st. F. ‹Eheberedung, Ehevertrag›.

Kindtaufe bricht Ehestiftung. Simrock S. 288 Nr. 5578; Hillebrand S. 164 Nr. 229; GD S. 550 Nr. 113; W II Sp. 1334 Nr. 2; Grundmann/Strich/Richey S. 77.

V.: Kinderzeugen bricht Ehestiftung. Pistorius I S. 27 Nr. 19; Hertius S. 346 Nr. 74; Conradi S. 12 Nr. 25; Eiselein S. 132; Eisenhart S. 145; Hillebrand S. 164 Nr. 228; GD S. 205 Nr. 166.

Eheweib

→ Weib.

Kein Eheweib heißt Hure, außer ihr Mann beschuldigt sie. Dreyer III S. 1420; GD S. 352 Nr. 416; W I Sp. 732 Nr. 4; Grundmann/Strich/Richey S. 74.

Ehre

Mhd. *êre* st. F. ‹Ansehen, Ruhm›, ‹ehrenhaftes Benehmen› meint sowohl das Freisein von Schande als auch das Privileg sozialen Ansehens. Die ethisch-moralische Konnotation im Sinne von ‹tugendhaft› hat sich erst in neuerer Zeit herausgebildet. HRG I Sp. 846–849.

Des Mannes Ehre ist der Frauen Ehre. Das Rspw. bezieht sich auf die familien-, haus- und standesrechtliche Gleichstellung der

Frau mit dem Mann durch die Eheschließung. Pistorius V S. 407 Nr. 96; Estor I S. 347; Eiselein S. 134; GD S. 140 Nr. 17.

V.: Der Männer Ehre ist der Frauen Ehre, der Weiber Schande ist auch der Männer Schande. Conradi S. 11 Nr. 15; Eisenhart S. 125; Simrock S. 348 Nr. 6798; W III Sp. 378 Nr. 395; Grundmann/Strich/Richey S. 72. Des Mannes Ehr' schönt das Weib. Kamptz 3 S. 30: des mannes eere schoent dat wuff. GD S. 140 Nr. 18.

Ehr und Eid gilt mehr als Land und Leut. Eiselein S. 133; Simrock S. 110 Nr. 1812; GD S. 374 Nr. 477; W I Sp. 736 Nr. 98 → Eid.

V.: Lieber Land und Leut verloren als falschen Eid geschworen. Simrock S. 114 Nr. 1898.

Mannes Wort ist Mannes Ehre. GD S. 227 Nr. 10; Beyer S. 118.Vgl. Ein → Mann ein Wort.

V.: Des Mannes Wort, des Mannes Ehre. Beyer S. 385, 684 → Mann.

Verliert eine Frau ihre Ehre, sie verliert nicht auch ihr Gut. Das Spw. kann auf folgenden Fall angewendet werden: Bei Verlust ihrer Reputation (d. h. ihres Ansehens oder ihrer Ehre) hat die verwitwete Frau Anspruch auf die Aushändigung ihres Wittums, das ihr der Ehemann bei der Eheschließung zu ihrer sozialen Absicherung zugesagt hat. GD S. 154 Nr. 106; HRG I Sp. 775–778.

V.: Eine Frau mag wohl ihre Ehre kränken. Ssp. Ldr.I 5 § 2: Wif mach mit unkuscheit eres lives er wifleken ere krenken; er recht ne verluset se dar mede nicht noch er erve. Pistorius III S. 331 Nr. 68; Conradi S. 10 Nr. 4; Chaisemartin S. 89 Nr. 38; W I Sp. 1115; Janz, Rechtssprichwörter S. 189–194.

Ehrenwort

Ehrenworte binden nicht. Versprechen unter Berufung auf die persönliche Ehre oder Sitte und Moral haben keine rechtliche Verbindlichkeit. Egenolff S. 341b; Henisch Sp. 812; Hertius S. 271 Nr. 10; Pistorius III S. 334 Nr. 71; Conradi S. 18 Nr. 2; Eisenhart S. 335; Körte S. 78 Nr. 1264; Eiselein S. 135; Simrock S. 111 Nr. 1835; Hillebrand S. 98 Nr. 134; GD S. 228 Nr. 33.

Eid

Der Eid als Wahrheitsbeteuerung, meist unter Anrufung Gottes und dadurch verbunden mit einer bedingten Selbstverfluchung, hat im Rechtsleben wie in der gerichtlichen Praxis ganz allgemein und seit jeher große Bedeutung. Die Eidesleistung war deshalb ritualisiert und in Wort und Gebärde (Schwurfingergebärde) streng festgelegt. Man unterscheidet den sog. Wahrheitseid (assertorischer Eid), mit dem bereits eingetretene Fakten wahrheitsgemäß beteuert werden, und den promissorischen Eid oder Gelöbniseid, mit dem ein für die Zukunft geltendes Versprechen abgelegt und bekräftigt wird. Der Wahrheitseid war seit dem frühen MA im gerichtlichen Verfahren unverzichtbar, da sich der Beklagte mit ihm vom Klagevorwurf reinigen konnte (sog. Reinigungseid). Je nach dem Gegenstand der Klage wurde er dabei von einer bestimmten Zahl von Eidhelfern unterstützt. Die Gelöbniseide fanden in der Form des Herrschereids z. B. bei Regierungsantritt, in der Form des Lehneids z. B. bei der Belehnung (Treueid), als Amts- und Diensteide, in der Stadt bei der Schwurgemeinschaft (coniuratio), bei Landfriedenseinigungen, politischen Bündnissen und Verträgen u. a. m. häufig Anwendung. Eidbruch, sog. Meineid zu mhd. *mein* ‹falsch› wurde schwer bestraft. HRG I, Sp. 861–863, 863–866; Schmidt-Wiegand, Eid und Gelöbnis, S. 55–90 → Hand, Meineid, schwören, Stab.

Alle Eide kann man nicht halten. Grundsätzlich gilt, daß Versprechen, die wider Recht und Sitte verstoßen oder solche, die unter Zwang abgegeben worden sind, nicht gehalten werden müssen. Heute so viel wie: Alle guten Vorsätze kann man nicht halten. GD S. 549 Nr. 105; W I Sp. 766 Nr. 2; Grundmann/Strich/Richey S. 110; Beyer S. 28, 120; s. dazu Liebs S. 138 Nr. 111; s. heute § 138 Abs. 1 BGB.

V.: Dem Teufel braucht man keinen Schwur zu halten. Braun S. 169 Nr. 4436; Simrock S. 478 Nr. 9427; Hillebrand S. 227 Nr. 333; GD S. 550 Nr. 108; Foth S. 58–66. Dem Teufel ist man keinen Schwur zu halten schuldig. Conradi S. 24 Nr. 23; Eisenhart S. 553; Hillebrand S. 227 Nr. 333. Gezwungener Eid ist Gott leid. Franck II Bl. 6r; Hertius S. 290 Nr. 31; Conradi S. 24 Nr. 22; Eisenhart S. 550; Braun S. 15 Nr. 357; Simrock S. 114 Nr. 1896; Osenbrüggen S. 11; GD S. 549 Nr. 106; Foth S. 65. Gezwungen Eid soll binden nicht. Hillebrand S. 228 Nr. 334: Betwungen eit soll binden nicht.

Der Eid allein ist Gottes Urteil. Wo Beweise vorlagen, bedurfte es des Eides nicht. GD S. 468 Nr. 588; W I Sp. 766 Nr. 5.

Der Eid hat keine Holung. Zu mhd. *holung* st. F. ‹Verbesserung des Formfehlers vor Gericht›. DRWB V Sp. 1430; GD S. 469 Nr. 602; W I Sp. 766 Nr. 6.

Der Eid ist der Zeuge der Wahrheit. Kirchhofer S. 182; Hillebrand S. 229 Nr. 335; GD S. 469 Nr. 597; W I Sp. 766 Nr. 8.

Der Eid macht mündig. Minderjährige sind an sich nicht zum Eid berechtigt, sondern bedürfen des Vormunds. Wird ein Rechtsgeschäft ausnahmsweise durch Eid eines Minderjährigen bekräftigt, so gilt es aber trotzdem als rechtskräftig. Pistorius I S. 29 Nr. 21; Conradi S. 8 Nr. 4; Eisenhart S. 34; Körte S. 80 Nr. 1282; Simrock S. 113 Nr. 1895; Hillebrand S. 14 Nr. 21; W I Sp. 766 Nr. 12; Foth S. 58–66; vgl. dazu Liebs S. 120 Nr. 50; s. heute § 393 ZPO.

Des Königs Worte sind Eid genug. Da nach mittelalterlicher Rechtsauffassung alles Recht von Gott kommt und der König Stellvertreter Gottes auf Erden ist, ist seine Aussage nicht durch Eid zu bekräftigen. GD S. 28 Nr. 11; W II Sp. 1484 Nr. 62 → König.

V.: Bischofs und Königs Wort sei unleugbar ohne Eid. GD S. 28 Nr. 14. Kaiserliches Wort ist so kräftig als ein Eid. GD S. 28 Nr. 12.

Die Hand, die den Eid aufnimmt, kann ihn auch erlassen. Gemeint ist hier das Treugelöbnis, das durch Wechsel des Herrn (z. B. infolge von Auswanderung) gelöst werden konnte. Henisch Sp. 823; Hertius S. 291 Nr. 32; Pistorius II S. 198 Nr. 56; Conradi S. 24 Nr. 25; Eisenhart S. 557; Simrock S. 114 Nr. 1902; Hillebrand S. 229 Nr. 336; GD S. 525 Nr. 328; W II Sp. 295 Nr. 52; Foth S. 58–66 → Hand; zum Treuegelöbnis s. a. → Herr.

V.: Eideshand muß Eideshand lösen. Michelsen, Lübeck S. 336 Art. 251: edeshant moth edeshant loßen. GD S. 468 Nr. 578; W II Sp. 295 Nr. 52.

Eide schwören ist nicht Rüben graben. Franck I Bl. 157r; Braun S. 15 Nr. 358; Simrock S. 114 Nr. 1899; GD S. 374 Nr. 483; W I Sp. 766 Nr. 17; Grundmann/Strich/Richey S. 111; Beyer S. 120, 530.

Eide vernichten den Streit. GD S. 470 Nr. 613; W I Sp. 766 Nr. 8.

V.: Der Eid ist ein Ende allen Haders. Pistorius IV S. 172 Nr. 5; Conradi S. 24 Nr. 24; Eisenhart S. 554; Simrock S. 114 Nr. 1897; Hillebrand S. 226 Nr. 332; GD S. 470 Nr. 614; W I Sp. 766 Nr. 18.

Ein Eid hebt den andern auf. Steht Aussage gegen Aussage, so müssen andere Beweismittel herangezogen werden. Franck I Bl. 23v; Simrock S. 114 Nr. 1903; Hillebrand S. 230 Nr. 337; GD S. 468 Nr. 580; W I Sp. 766 Nr. 21; Beyer S. 51, 120.

Gott richt', wenn niemand spricht. Simrock S. 208 Nr. 3904; GD S. 467 Nr. 560; W II Sp. 42 Nr. 963.

V.: Gott richtet den Eid. GD S. 469 Nr. 599.

In verborgenen Dingen ist der Eid Richter. Lüning I S. 298 Tit. 40; GD S. 468 Nr. 592.

Keines Juden Eid geht über einen Christenmann. Das Rspw. geht davon aus, daß im MA Juden wie Heiden als rechtlos galten und insofern nicht gegen Christen zeugen konnten. GD S. 457 Nr. 511; W II Sp. 1036 Nr. 62 → Jude.

Keines Mannes Eid kann man brechen ohne Eid. S. o. Ein Eid hebt den andern auf. GD S. 468 Nr. 577; W I Sp. 767 Nr. 28.

Kommt der Dieb zum Eide und der Wolf zur Heide, so haben gewonnen beide. GD S. 469 Nr. 607; W I Sp. 591 Nr. 175; Fehr, Dichtung S. 180 → Dieb.

Lieber Land und Leut verloren als falschen Eid geschworen. S. o. Ehr und Eid gilt mehr als Land und Leut → Ehre.

Niemand darf an der Fürsten Eid sprechen. Vgl. Des Königs Worte sind Eid genug. Gemeint ist hier der Fürst als Landesherr. GD S. 28 Nr. 17; HRG I Sp. 1337–1351; DRWB III Sp. 1093–1095.

Schuld ohne Beweis entgeht man mit seinem Eide. GD S. 468 Nr. 591; W IV Sp. 363 Nr. 29. S. o. Wo der → Beweis abgeht, gehen die Eide zu.

Schwörst du im Zweifel, so ist der Eid mein. Zu mhd. *mein* ‹falsch›. GD S. 374 Nr. 485.

Urteil sprechen und Eid schwören darf man nicht länger als bis die Sonne untergeht. Bis Sonnenuntergang mußte das gesamte Gerichtsverfahren mit Eidesleistung, Urteilsfindung und Strafvollzug abgeschlossen sein. War bis zum Sonnenuntergang kein Urteil gefunden, so mußte der Prozeß auf den nächsten Tag verschoben werden. GD S. 404 Nr. 24; W IV Sp. 1499 Nr. 26. S. a. Wenn die Sonne unten ist, tut man den → Bann auf. Geht die Sonne zu Rest, so hat die → Ladung keine Kraft mehr.

Wo werden zwei Eide geschworen, da geht eine Seel verloren. Sagen zwei Personen in einer Sache entgegengesetzt aus, so muß eine Aussage falsch sein. Henisch Sp. 822; GD S. 374 Nr. 492; W I Sp. 767 Nr. 40.

eigen

Mhd. *eigen* Adj. ‹hörig, leibeigen› im Gegensatz zu → frei.

Dienstmann ist nicht eigen. Kamptz 3 S. 40; GD S. 50 Nr. 165; W V Sp. 1138 Nr. 6 → Dienstmann.

Eigenwille

‹Eigenmacht›.

Ein Eigenwille ist kein Landrecht. GD S. 3 Nr. 46; W I Sp. 775 Nr. 5; DRWB II Sp. 1353 → Landrecht, → Willkür.

einmal

Einmal ist keine Gewohnheit. Eine einmalige Handlung läßt kein Gewohnheitsrecht entstehen. Simrock S. 119 Nr. 1997; Hillebrand S. 8 Nr. 8; GD S. 11 Nr. 125; W I Sp. 792 Nr. 15; Grundmann/Strich/Richey S. 39; Beyer S. 127, 218 → Gewohnheit.

V.: Einmal ist nicht immer. Braun S. 16 Nr. 368; GD S. 11 Nr. 127; Grundmann/Strich/Richey S. 43. S. a. Einmal ist keinmal.

Einmal ist keinmal. Unus actus nullus actus. Hertius S. 386 Nr. 117; Pistorius III S. 338 Nr. 75; Conradi S. 21 Nr. 4; Bücking S. 119; Eisenhart S. 455; Körte S. 84 Nr. 1352; Eiselein S. 141; Braun S. 16 Nr. 367; Simrock S. 118 Nr. 1994; Lohrengel S. 10 Nr. 235; Hillebrand S. 222 Nr. 322; Osenbrüggen S. 3; Günther S. 93; GD S. 398 Nr. 615; W I Sp. 792 Nr. 16; Singer I S. 175; Grundmann/Strich/Richey S. 43; Beyer S. 127; Röhrich 1 S. 368; Fehr, Dichtung S. 168.

V.: Einmal ist nicht immer, zweimal ist schon schlimmer, dreimal ist nicht wohlgetan, viermal fängt die Sünde an. Beyer S. 127. Einmal ist nicht oft und zweimal nicht immer. Beyer S. 127.

Eintracht

Eintracht bringt Macht. Die Rechtswirksamkeit wird durch einmütige Zustimmung bekräftigt. Eiselein S. 142; Simrock S. 119

Nr. 2009; Harrebomée I S. 172; GD S. 524 Nr. 319; W I Sp. 798 Nr. 4.

V.: Eintracht hat große Macht. Grundmann/Strich/Richey S. 45; Beyer S. 128.

Einwohner

Alle Einwohner werden unter ein Recht gehalten. Die streitenden Parteien haben vor Gericht gleiche Rechte, weil Gesetze und Rechtsmittel für alle Bewohner des Ortes in gleicher Weise gelten. GD S. 432 Nr. 248; W I Sp. 799 Nr. 1 → gleich.

einziehen

So einer ziehet ein, soll man ihm helfen mit Rat, so einer zieht aus, soll man ihm nehmen was er hat. Das Rspw. bezieht sich auf die sog. Nachsteuer *(ius de tractus)*, eine Abgabe, die Hörige an das Land, in dem sie lebten, beim Weggang zahlen mußten. Die Regel entsprach indessen nicht dem praktizierten Recht, war es doch unüblich, daß der Zugewanderte bei Fortgang sein gesamtes Vermögen verlor. Die Abgaben standen vielmehr in einem angemessenen Verhältnis zu seinem Gesamtvermögen. Pistorius III S. 340 Nr. 77; Conradi S. 9 Nr. 14; Eisenhart S. 69; Simrock S. 615 Nr. 12104; Hillebrand S. 35 Nr. 45; GD S. 43 Nr. 159; W I Sp. 799; Grundmann/Strich/Richey S. 80.

V.: Zum Einzug gibt jedermann Rat; beim Auszug aber nimmt man ihm, was er hat. Pistorius III S. 340 Nr. 77; GD S. 43 Nr. 160; W I Sp. 799.

Eisen

Ein Eisen macht das andere scharf. Das Rspw. bezieht sich auf die Selbstrache, die zu erneutem Blutvergießen führt. Franck I Bl. 39v; Simrock S. 119 Nr. 2018; W I Sp. 800 Nr. 14; Grundmann/Strich/Richey S. 43.

V.: Ein Eisen wetzt das andere. Beyer S. 128.

Ente

Die Ente hat ihr Recht auf dem Buckel. Ein besonderes Recht zur Pfändung bestand für Gänse, Enten, Tauben und Hühner. Flogen sie frei herum, so durfte sie jeder mit Schlägen aus seiner Gemarkung vertreiben bzw. auch pfänden. GD S. 116 Nr. 307; Fehr, Dichtung S. 166; HRG II Sp. 281–288 → Gans, Taube.

V.: Die Eule trägt ihr Recht auf dem Buckel. Simrock S. 122 Nr. 2072; W I Sp. 902 Nr. 11.

entgehen

Entgehen ‹eine Anklage abwehren›, DRWB II Sp. 1557; *anbringen* ‹eine Rechtssache vor Gericht bringen›, DRWB I Sp. 606.

Entgehen ist näher als Anbringen. Das Rspw. entspricht der breiten Meinung, daß sich der Beklagte gegenüber dem Kläger vor Gericht in der schwächeren Position befindet und deshalb die Anklage besser abwehren als sich rechtfertigen sollte. GD S. 432 Nr. 260; W I Sp. 825 → anbringen.

entgelten

Entgelten ‹büßen, eine Schuld begleichen›, DRWB II Sp. 1558.

Die Schuldigen sollen's entgelten, die Unschuldigen nicht. GD S. 300 Nr. 130; W IV Sp. 374 Nr. 25.

entwehren

Entwehren ‹jemanden des Besitzes entsetzen›, d. h. ihm die Gewähre (mhd. *gewere)* entziehen, DRWB III Sp. 20.

Was mir einer gewähren muß, das kann er mir nicht entwehren. Das Rspw. bezieht sich auf die Pflichten der Vertragspartner z. B. in einem Lehnsverhältnis. Danach war der Lehnsherr verpflichtet, den Lehnsmann den Lehnsgenuß zu gewähren, wenn dieser den Treueid schwor. Simrock S. 192 Nr. 3565; GD S. 558 Nr. 42; W I Sp. 1643 Nr. 4; HRG II Sp. 1722–1725.

Erbe, das

Erbe st. N. ‹Grundeigentum, Vererbung, Erbschaft›. Nach altdeutschem Recht bedurfte es zu der Bestimmung der Erbfolge keines Testaments (→ Testament). Der Erbe war geboren, und der Tod setzte ihn in den Besitz des Gutes. Das Erbrecht folgte der Parentelordnung (zu *parentel* ‹Gruppe von Verwandten, die von einem gemeinsamen Vorfahren abstammen›), nach der zunächst die → Kinder, dann die Eltern (Schoßfall) und darauf die Geschwister erbten. Diese Parentelordnung, die auch für das lehnrechtliche Erbe Bedeutung hatte, wurde durch das Bild des menschlichen Körpers veranschaulicht, bei dem der Erblasser in das Haupt, die Kinder an den Hals und die Enkel an die Schultern gesetzt wurden (vgl. die Bilderhandschriften zu Ssp. Ldr.I 3 § 3). Die zum Erbe berechtigten Verwandten führten bis zum 7. Grad, den sog. *Nagelmagen*. Dabei galt das Prinzip, daß derjenige das Erbe nahm, der dem Erblasser am nächsten stand → Blut. S. heute §§ 1924–1929 BGB.

Das Erbe bleibt da, wohin der Tod es bringt. GD S. 204 Nr. 155; W I Sp. 827 Nr. 2.

V.: Die sich gleich zum Erbe zählen, nehmen das Erbe gleich. Ssp. Ldr.I 3 § 3, 17 § 1; GD S. 201 Nr. 124; W I Sp. 828 Nr. 7.

Das Erbe fällt den Eltern in den Busen. Hatte der Erblasser keine Abkömmlinge, so fiel das Erbe an die Eltern. Hillebrand S. 158 Nr. 220; GD S. 194 Nr. 72; W I Sp. 828 Nr. 3; Grundmann/Strich/Richey S. 83 → Busen.

Das Erbe gehört zu den nächsten Erben. Lübisches Recht S. 256 Art. 19: dat erue hort to den negesten eruen. GD S. 200 Nr. 116; W I Sp. 828 Nr. 4.

V.: Das nächste Blut ist das nächste zum Gut. GD S. 200 Nr. 110. Der nächste im Blut ist der nächste am Gut. Hillebrand S. 145 Nr. 203; GD S. 200 Nr. 112. Der nächste nimmt das Gut. GD S. 199 Nr. 104; W III Sp. 842 Nr. 10 → Blut. Der zunächst geboren ist, ist der nächste Erbe zu nehmen. GD S. 200 Nr. 117; W I Sp. 1384 Nr. 9 → Blut, Gut.

Das Erbe geht nicht aus dem Busen. Die Enkel waren vor allen anderen nahen Verwandten, ausgenommen den Kindern des Erblassers, erbberechtigt, – also vor den Eltern und Geschwistern. Ssp. Ldr.I 17 § 1: it ne geit nicht ut dem busmen. Hillebrand S. 163 Nr. 227; Chaisemartin S. 398 Nr. 14; GD S. 193 Nr. 62; W I Sp. 828 Nr. 5; Grundmann/Strich/Richey S. 83; Janz, Rechtssprichwörter S. 284–288.

Das Erbe tritt an die Kinder. GD S. 193 Nr. 64; W I Sp. 828 Nr. 6.

Der Pfaff' und die Tochter sind gleich nahe, teilbar Erbe zu nehmen. Weltgeistliche und unverheiratete Töchter waren nur teilweise erbberechtigt. GD S. 211 Nr. 198; W III Sp. 1225 Nr. 37. S. dag. Bekappte Leute können nicht erben → bekappt.

V.: Jungfrau und Pfaffe teilen die Gerade. GD S. 536 Nr. 23 → Gerade.

Die Niederwärts nehmen der Aufwärts Erbe. GD S. 193 Nr. 52; W III Sp. 1024 Nr. 1; vgl. Liebs S. 82 Nr. 7: Hereditas numquam ascendit. S. dag. heute §§ 1925–1930 BGB → niederwärts.

V.: Erbgut erbt sich niederwärts und nicht aufwärts. Stadtrecht von Lüneburg S. 70 Art. 64: Erve Guth erveth sik ihn der ersten Linien nedderwart und nicht upwart. W I Sp. 831 Nr. 3. Es stirbt kein Gut zurück, sondern vorwärts. Eisenhart S. 271; Simrock S. 501 Nr. 9885; Hillebrand S. 156 Nr. 218; GD S. 193 Nr. 49; Grundmann/Strich/Richey S. 83. Dem Niedertum gebührt das Erbe. GD S. 193 Nr. 53; W III Sp. 1024. Man erbt niederwärts und nicht aufwärts. GD S. 193 Nr. 50; W I Sp. 830 Nr. 8. Was niederwärts kommt, das geht, was aufwärts kommt, das steht. GD S. 193 Nr. 51; W III Sp. 1024 Nr. 2. Wer will zu dem Erbe stehen, muß in den Linien sein, die niederwärts gehen. GD S. 193 Nr. 55; W I Sp. 829 Nr. 27.

Eigen und Erbe sollen gleichen Tag haben. Sie sollten im gleichen Gerichtsverfahren verhandelt werden. GD S. 441 Nr. 331; W I Sp. 771 Nr. 8.

Ein Erbe gleicht dem andern und gewinnt das andere. W I Sp. 828 Nr. 8.

V.: Ein Erbe holt das andere. W I Sp. 828 Nr. 9.

Erbe ist kein Gewinn. Eine Erbschaft brachte auch Zahlungsverpflichtungen mit sich. Simrock S. 123 Nr. 2091; GD S. 223 Nr. 292; W I Sp. 828 Nr. 13.

V.: Erfnis is gein Winste. Pistorius III S. 348 Nr. 85; Conradi S. 17 Nr. 18; Eisenhart S. 312; Simrock S. 123 Nr. 2088; Hillebrand S. 139 Nr. 198; Foth S. 130.

Erstes Erbe dem ersten Kind, letztes Erbe dem letzten Kind. Hinterließ der Verstorbene Kinder aus mehreren Ehen, so teilten die Kinder mütterliches Gut nicht mit ihren Stiefgeschwistern, das väterliche Erbe aber mit gleichem Anrecht. Grimm, Weisth. II S. 383: erste erbe dem ersten kind vnd letzste erbe dem lezten kind. GD S. 190 Nr. 48; W I Sp. 828 Nr. 15.

Haben die Kinder Recht zu einem Erbe, so haben sie auch Recht zum andern. GD S. 194 Nr. 67; W II Sp. 1286 Nr. 355.

Je näher dem Sipp', je näher dem Erb. Freisinger Rb. S. 171 Art. 154; Hertius S. 352 Nr. 83; Pistorius I S. 114 Nr. 84; GD S. 200 Nr. 122; W IV Sp. 576 Nr. 3; Grundmann/Strich/Richey S. 128; s. heute §§ 1924–1929 BGB → Blut, Erbe, Sippe.

Mit welchem Gut der Mann erstirbt, das heißt man alles Erbe. Ssp. Ldr.I 6 § 1: Mit swelkeme gude de man bestirft, dat het allet erve. Schwsp. 5b; Freisinger Rb. S. 173 Art. 156; Chaisemartin S. 380 Nr. 2; GD S. 183 Nr. 1; W II Sp. 195 Nr. 228; Janz, Rechtssprichwörter S. 51–55.

Sohn und Tochter sind gleich nah, Erbe zu nehmen. Seit dem 14. Jh. erbten Töchter gleichberechtigt mit Söhnen nach dem Prinzip: ‹Wer mein Blut hat, ist mein Erbe› (Grundmann/Strich/Richey S. 84). Rb. nach Distinctionen Buch I, cap. VI, I: Son unde tochter sin glich an erbe zcu nemen. Bluntschli II S. 397; GD S. 189 Nr. 45; W IV Sp. 595 Nr. 54.

Um Schuld und Erbe kann niemand zeugen, er habe denn Erbe. In einer Klage um Eigen und Erbe unterlag der Zeuge dem Prinzip der Ebenbürtigkeit. Hamburgisches Stadtrecht S. 10 Art. 16: Vmme schult vnde vp erue ne mach nen man tugen, he ne hebbe erue. GD S. 456 Nr. 503; W IV Sp. 368 Nr. 72.

Was die Egge bestrichen und die Hacke bedeckt, das folgt dem Erbe. Dazu Ssp. Ldr.II 58 § 2; Hasslocher S. 9 Nr. 51; Hertius S. 282 Nr. 20; Pistorius III S. 349 Nr. 86; Eisenhart S. 262; Eiselein S. 131; Simrock S. 108 Nr. 1776; Hillebrand S. 53 Nr. 75; Chaisemartin S. 208 Nr. 67; GD S. 183 Nr. 2; W I Sp. 725 Nr. 4; Grundmann/Strich/Richey S. 84 → Egge.

Wein ist auch Erbe. Altprager Stadtrecht S. 93 Art. 136: way es ist auch erbe. GD S. 64 Nr. 11; W V Sp. 106 Nr. 484 → fahrende Habe, Fahrhabe, Fahrnis.

Wer am Erbe Schaden hat, der hat auch den Frommen billig. Zu mhd. *fromme* sw. M. ‹Nutzen, Gewinn, Vorteil›. Sächsisches Weichbildrecht Sp. 378 Art. 56: wer denne an dem erben schaden wartende ist, der hat den frommen billich. GD S. 216 Nr. 239; W I Sp. 828 Nr. 21.

Wer das Erbe nimmt, der soll die Schuld gelten. Zu mhd. *gelten* st. V. ‹zurückzahlen, erstatten, entschädigen›. Ssp. Ldr.I 6 § 2: Swe so dat erve nimt, de scal dorch recht de scult gelden. Schwsp. 5b; Dsp. 9 § 2; Goslarische Statuten S. 6; Freisinger Rb. S. 173 Art. 156; Eisenhart S. 311; Hillebrand S. 138 Nr. 197; GD S. 221 Nr. 260; W I Sp. 829 Nr. 24; Grundmann/Strich/Richey S. 84; Janz, Rechtssprichwörter S. 417–422; Liebs S. 83 Nr. 11: Heres facta defuncti praestare debet. Ebd. Nr. 13: Heres succedit in vitia realia defuncti. S. heute §§ 1922 Abs. 1 u. 1967 BGB.

V.: Wer das Erbe nimmt, der schuldet. Sächsisches Weichbildrecht Sp. 251 Art. 41; GD S. 221 Nr. 258; W I Sp. 829 Nr. 23; Grundmann/Strich/Richey S. 80; Fehr, Dichtung S. 166; Foth S. 130. Wer das Erbe nimmt, der soll die Schulden entgelten. Grundmann/Strich/Richey S. 84. S. a. Die Nächsten gelten den Toten → Toter. Vgl. Wer das Erbe nicht annimmt, braucht die Schuld nicht zu entgelten. Goslarische Statuten I, 628; GD S. 221 Nr. 261; W I Sp. 828 Nr. 22.

Wer den ersten Kauf beweist, ist der nächste zum Erbe. GD S. 281 Nr. 336; W II Sp. 1219 Nr. 62.

Wer nicht ebenbürtig ist, der mag kein Erbe nehmen. Ssp. Ldr.I 17 § 1: Swe so deme anderen evenbordich nicht n'is, de ne mach sin erve nicht nemen. Chaisemartin S. 413 Nr. 24; GD S. 210 Nr. 182; W I Sp. 717; Janz, Rechtssprichwörter S. 288–291.

Wo Zweiung ist, da ist das Erbe ferner. Das Rspw. bezieht sich auf die sog. Zweiung, die Zweitgeburt. Halbbruder und Halbschwester nahmen gleichen Erbteil wie Schwester- und Bruderkind. Rb. nach Distinctionen Buch I, cap. VI, IV; Goslarische Statuten S. 3: Dar aver tweyunghe an is, da is deme erve vernere. GD S. 201 Nr. 136; W V Sp. 671 Nr. 1 → Zweiung.

Erbe, der

Erbe sw. M. ‹Nachkomme, Erbe›.

Der Erbe darf sich auf niemand ziehen. Wer nach altdeutschem Recht nachwies, daß er ein Besitztum geerbt hatte, brauchte sich nicht auf einen anderen Gewährsmann als den Toten zu beziehen. GD S. 103 Nr. 214; W I Sp. 829 Nr. 3.

Der Erbe folgt in des Toten Recht. Mit dem Tod des Erblassers endeten seine vermögensrechtlichen Beziehungen nicht. Sie gingen als Rechte und Pflichten auf den Erben über. GD S. 221 Nr. 253; W I Sp. 829 Nr. 4; vgl. Liebs S. 83 Nr. 13; s. heute § 1922 Abs. 1 BGB.

Der Erbe wird zum Gut geboren. Mit dem Ausdruck *zu etwas geboren sein* wird jedes durch Geburt begründete Recht bezeichnet. Das Rspw. besagt also, daß es Unrecht war, den Blutsverwandten das Erbrecht zu entziehen. Hillebrand S. 146 Nr. 205;

GD S. 204 Nr. 154; W I Sp. 829 Nr. 5; Grundmann/Strich/Richey S. 83; vgl. Liebs S. 82 Nr. 3: Heredes gignuntur, noch scribuntur.

Des Knechtes Erbe ist ein Knecht. Für dieses Spw. gibt es zwei Deutungsmöglichkeiten. Zum einen kann es besagen, daß die Standeszugehörigkeit von Generation zu Generation weitergeführt wird, zum anderen kann es dahingehend interpretiert werden, daß der Herrschaft lediglich Nutznießung am Hofgut eines halbhörigen Dienstmannes zustand, und nicht Erbrecht. GD S. 42 Nr. 145; W II Sp. 1424 Nr. 26; Fehr, Dichtung S. 165 → Knecht.

Die Erben gelten weder Spiel noch Wucher. Gelten bedeutet hier ‹bezahlen, eine schuldige Leistung entrichten›. GD S. 222 Nr. 285; W I Sp. 829 Nr. 9.

Ein Kind, das kein Leben empfangen, mag kein Erbe sein. Wurde ein Kind nach dem Tod des Vaters geboren, galt es als erbberechtigt, sobald es die vier Wände beschrien hatte. Starb das Kind, so fiel sein Erbteil an die Mutter, die durch Zeugen beweisen mußte, daß es gelebt hatte. GD S. 210 Nr. 192; W II Sp. 1280 Nr. 219; s. a. Liebs S. 125 Nr. 1: Nasciturus pro jam nato habetur. Vgl. heute § 1923 Abs. 2 BGB.

Gott, nicht der Mensch macht Erben. Hillebrand S. 144 Nr. 202; Osenbrüggen S. 11; GD S. 204 Nr. 151; W II Sp. 41 Nr. 935; vgl. Liebs S. 82 Nr. 3: Heredes gignuntur, non scribuntur.

Ist kein Gut da, so sind die Erben ledig. Zu mhd. *ledec* Adj. ‹frei›. Schwsp. 20; GD S. 222 Nr. 272; W II Sp. 194 Nr. 190 → ledig.

Man soll dem Erben gelten, was man dem Toten schuldig war. Ssp. Ldr. I 6 § 4: Men scal ok deme erven gelden dat men deme doden sculdich was. GD S. 221 Nr. 256; W I Sp. 829 Nr. 14; Janz, Rechtssprichwörter S. 61–64.

Niemand stirbt ohne Erben. Starb der Erblasser ohne blutsverwandte Erben, traten Blutsfreunde oder Nachbarn die Erbschaft an. Simrock S. 122 Nr. 2083; GD S. 205 Nr. 158. Dazu s. a. Der nächste Nachbar ist der sibbeste Freund → Freund, sibbest.

V.: Ohne Erben stirbt niemand. Beyer S. 131.

Schulden sind der nächste Erbe. Bevor der Nachlaß unter die Erben verteilt wurde, sollten die Schulden des Erblassers abgezogen und bezahlt werden. Diese Rechtsregel muß im Zusammenhang mit der Universalsukzession des römischen Rechts gesehen werden. S. o. Wer das Erbe nimmt, der schuldet. Pistorius III S. 347 Nr. 84; Conradi S. 17 Nr. 17; Eisenhart S. 311; Simrock S. 123 Nr. 2093, S. 469 Nr. 9243; Hillebrand S. 138 Nr. 197; GD S. 221 Nr. 263; Grundmann/Strich/Richey S. 82; Sydow S. 313; Siegel, Erbrecht S. 183–186. S. a. Allererst die → Schulden, dann die Almosen.

V.: Schulden sind wahre Erben. W IV Sp. 367 Nr. 57; Grundmann/Strich/Richey S. 80. Wer das Erbe nimmt, der schuldet. GD S. 221 Nr. 258. Wer das Erbe nimmt, der soll die Schuld gelten. GD S. 221 Nr. 260.

Was von Erben Hand gekommen, muß man den Erben zuerst bieten. Das Spw. bezieht sich auf das Vorkaufsrecht der Erbberechtigten. Rb. der Stadt Mühlhausen S. 21: Suaz von erbin hant cumin is daz sal ein man den erbin alir erist bieti. GD S. 103 Nr. 218.

V.: Will jemand sein Gut verkaufen oder versetzen, so soll ihm der Erbe der nächste sein. Grimm, Weisth. III S. 31; GD S. 104 Nr. 220; W I Sp. 830 Nr. 18.

Wenn der Tote beklagt wird, so müssen die Erben darauf antworten. GD S. 221 Nr. 257; W IV Sp. 1257 Nr. 88 → Antwort, antworten.

Wer will verderben, der borge Geld und kaufe Erben. Pistorius III S. 270 Nr. 19; Simrock S. 80 Nr. 1214; GD S. 223 Nr. 294; W IV Sp. 1536 Nr. 32.

Wer will wohl und selig sterben, laß sein Gut dem rechten Erben. Conradi S. 16 Nr. 1; Eisenhart S. 267; Simrock S. 122 Nr. 2084; Hillebrand S. 143 Nr. 201; Osenbrüggen S. 11; GD S. 204 Nr. 150; W IV Sp. 836 Nr. 162; Grundmann/Strich/Richey S. 81; Fehr, Dichtung S. 176.

Wozu der Tote Recht hatte, dazu hat auch der Erbe Recht. GD S. 221 Nr. 254; W IV Sp. 1257 Nr. 92.

erben

Erben sw. V. ‹beerben› und ‹vererben›.

Der Tote erbt den Lebendigen. Ssp. Lnr. 6 § 1; Dsp. 16 § 1; Hertius S. 349 Nr. 79; Conradi S. 17 Nr. 2; Estor II S. 37; Eisenhart S. 328; Runde S. 698 § 687; Eiselein S. 147; Simrock S. 527 Nr. 10395; Hillebrand S. 134 Nr. 196; Chaisemartin S. 382 Nr. 5; GD S. 205

Nr. 161; W IV Sp. 1253 Nr. 16; Grundmann/Strich/Richey S. 81, 128; Phillips, «der Todte erbt den Lebendigen» S. 1–20; HRG I Sp. 393–394, insb. 394; Fehr, Dichtung S. 176; Janz, Rechtssprichwörter S. 329–336.

V.: Der Tod erbt den Lebendigen. Simrock S. 123 Nr. 2094. Der Tote erbt und weret den Lebenden. Harrebomée I S. 146; GD S. 205 Nr. 162; W IV Sp. 1253 Nr. 17. Niemand kann einen Lebenden erben. GD S. 184 Nr. 16; W II Sp. 1865 Nr. 6.

Die einen sterben, die andern erben. Beyer S. 38, 131, 560.

Gesamthand erbt einer auf den anderen, aber nicht auf die Erben. Rb. nach Distinctionen Buch III, cap. XII, IX; GD S. 244 Nr. 135; W I Sp. 1579 → Gesamthand.

Man erbt niemand bei lebendigem Leibe. Zu *erben* ‹beerben›. GD S. 184 Nr. 18; W I Sp. 830 Nr. 7; Grundmann/Strich/Richey S. 82.

Sterben macht Erben. Harrebomée I S. 185; GD S. 184 Nr. 20; W IV Sp. 834 Nr. 116; Grundmann/Strich/Richey S. 80; Fehr, Dichtung S. 176.

Wenn eine Frau zum Kindsteil kommt, so hilft sie ihre ehelichen Kinder erben. Blumer I S. 496; GD S. 217 Nr. 251; W I Sp. 1134 Nr. 625 → Frau.

Wer ein Gut will erben, soll von schwerthalben dazu geboren sein. Zu → schwerthalben Adv. ‹von männlicher, d. h. väterlicher Seite›. GD S. 188 Nr. 23; W II Sp. 200 Nr. 328 → Kauf.

V.: Erbgut erbt bei der Schwertseite. GD S. 189 Nr. 26; W I Sp. 831 Nr. 2 → Schwertseite.

Wer erben will, soll auch gelten. S. o. Wer das Erbe nimmt, der soll die Schuld gelten. GD S. 221 Nr. 259; W I Sp. 830 Nr. 12; Foth S. 129.

Wie man den Unerben erbt, so soll man den Erben enterben. Zu *erben* ‹beerben›. Grimm, Weisth. I S. 561: wie man den vnerben erbet, so sal man den erben enterben. GD S. 205 Nr. 170; W IV Sp. 1426 Nr. 2 → Unerbe.

Erbgut

Erbgut kann niemand geben ohne der Erben Urlaub. Zu mhd. *urloup* st. M. ‹Erlaubnis, Zustimmung›; GD S. 103 Nr. 217; W I Sp. 831 Nr. 6.

Blutige Hand mag kein Erbgut empfangen. Die Tötung des Erblassers verwirkt das Recht auf Erbe. GD S. 211 Nr. 201; W II Sp. 294 Nr. 25; s. heute § 2339 Abs. 1 BGB.

V.: Blutige Hand nimmt kein Erbe. Pistorius III S. 345 Nr. 83; Conradi S. 17 Nr. 20; Simrock S. 123 Nr. 2090; Hillebrand S. 149 Nr. 209; GD S. 211 Nr. 200; W I Sp. 832 Nr. 1; Grundmann/Strich/Richey S. 82; Fehr, Dichtung S. 170; Foth S. 189–190.

Erbherr

‹Besitzer und Verleiher eines Erbgutes›, DRWB III Sp. 81.

Erbherr, Oberherr. Simrock S. 123 Nr. 2089; GD S. 487 Nr. 35; W I Sp. 832 Nr. 1.

V.: Wer ein Erbherr ist, der ist auch Oberherr. Pistorius III S. 353 Nr. 88; Conradi S. 26 Nr. 8; Eisenhart S. 642; GD S. 487 Nr. 34; W I Sp. 832 Nr. 2.

Erblehn

‹vererbliches Lehn› → Lehn.

Alle Erblehn sind unsterblich. GD S. 557 Nr. 22; W I Sp. 832 Nr. 1.

Zu Erblehn braucht man keinen Einweiser. GD S. 557 Nr. 23; W I Sp. 832 Nr. 2.

Erbschaft

Die Erbschaft geht vom Spieß auf die Spindel. Das Vorzugsrecht der Vatermagschaft bei gleich nahen Verwandten, ging auf die Muttermagen über, wenn die weibliche Verwandte dem Erblasser näher verwandt war oder aber ein männlicher Verwandter nicht vorhanden war → Spindel. Hillebrand S. 156 Nr. 217; GD S. 189 Nr. 36; W I Sp. 832 Nr. 2;

V.: Das Schwert geht vor. GD S. 188 Nr. 24; W IV Sp. 466 Nr. 10; Grundmann/Strich/Richey S. 83; Fehr, Dichtung S. 173 → Schwert.

Die Erbschaft währt, so lang sie eine Ehe scheiden kann. Die Parentelordnung hatte Geltung bis zu dem Verwandtschaftsgrad, von dem an eine Eheschließung möglich war. Grimm, Weisth. I S. 275; GD S. 188 Nr. 22; W I Sp. 832 Nr. 3.

Erbschichtung

‹Nachlaßauseinandersetzung, Erbteilung›.

Der Lebende gibt keine Erbschichtung. Erbverträge, bei denen die Abschichtung von Söhnen oder verheirateten Töchtern oder Ehegatten sich gegenseitig zum Erben eingesetzt hatten, waren im Gegensatz zu Schenkungen vor dem Tod des Erblassers erst im späteren MA rechtsgültig. GD S. 184 Nr. 17; W II Sp. 1865 Nr. 2.

Erbteil

Die Kinder haben gleiches Recht zu ihrem Erbteil. Grimm, Weisth. I S. 313; GD S. 189 Nr. 43; W II Sp. 1277 Nr. 149; s. heute § 1924 Abs. 4 BGB → gleich.

erbweis

Was erbweis hinausgeht, dem hat niemand nachzulangen. Rechtmäßiger Besitz des Erbes war rechtlich nicht anzufechten. Grimm, Weisth. I S. 15; GD S. 183 Nr. 5; W I Sp. 834.

Erde

Dem König die Erde, dem Bauern das Holz. Die Waldallmende oder Holzmark wurde zwar von den Mitgliedern der Gemeinde kollektiv genutzt. Der abgeholzte Boden jedoch blieb Eigentum in des Königs → Allmende. GD S. 67 Nr. 26; W II Sp. 1481 Nr. 15.

erst, zuerst

Verschiedene Angelegenheiten des Mühlen-, Brücken- und Sachenrechts, auch des Prozeßrechts, wurden nach dem Prioritätsprinzip geregelt, bei dem sich die Reihenfolge aus dem Zeitpunkt der Ankunft oder Anmeldung ergab (prior tempore potior jure). Köbler, Juristisches Wb. S. 284; Liebs S. 176 Nr. 72; s. z. B. §§ 879 Abs. 1, 1209 BGB u. 804 Abs. 3 ZPO.

Die erste Sache wird zuerst beendet. Lüning I Sp. 285 Tit. 18: die erste sache muß zuvorn geendet werden. GD S. 432 Nr. 251; W III Sp. 1789 Nr. 27.

Welcher Wagen zuerst zur Brücke kommt, der fährt zuerst hinüber. Ssp. Ldr.II 59 § 3: swelk wagen erst op de brugge kumt, de scal erst over gan. Dsp. 175 § 1; Schwsp. 221; Freisinger Rb. S. 162 Art. 148; GD S. 25 Nr. 282; W IV Sp. 1730 Nr. 102; Grundmann/Strich/

Richey S. 38; Fehr, Dichtung S. 171; Janz, Rechtssprichwörter S. 475–476.

Welches Urteil man zuerst erfragt hat, das soll man als Erstes finden. Ssp. Ldr.I 62 § 8: Swelkes ordeles men erst bedet, dat scal men erst vinden. Dsp. 86 § 4; Schwsp. 97b; Kulmisches Recht II,12; Fehr, Dichtung S. 84; Janz, Rechtssprichwörter S. 122–129; Schmidt-Wiegand, Sprichwörter S. 285–286 → Urteil.

Wer zuerst bürgt, ist der erste Zahler. Ofner Stadtrecht S. 197 Art. 383: Der von ersten pürgt, der selb schol erster czaler seyn. GD S. 244 Nr. 133 → bürgen.

Wer zuerst kommt, mahlt zuerst. Henisch Sp. 931; Eiselein S. 445; Simrock S. 124 Nr. 2127; Faselius S. 209; Schmeller 1/2 Sp. 1583; Günther S. 94; GD S. 25 Nr. 286; W V Sp. 617; Singer I S. 147, II S. 61; Grundmann/Strich/Richey S. 38; Beyer S. 383, 698; Liebs S. 162 Nr. 98: Prior tempore potior jure. Foth S. 186–188; Wacke, Wer zuerst kommt, mahlt zuerst S. 94–98; Schmidt-Wiegand, Sprichwörter S. 285; Ek, Den som kommer först till kvarns S. 64. Noch heute bekannt im Patentrecht § 5 Abs. 2 u. im Pfandrecht §§ 1208–1209 BGB → mahlen.

Wer zuerst Recht begehrt, soll zuerst sprechen. GD S. 432 Nr. 253.
V.: Wer zuerst spricht, ist Kläger. GD S. 441 Nr. 333.

erste

Der erste am Blut, der erste am Gut. Beyer S. 137, 693. Vgl. Allzeit soll das nächste → Blut das nächste sein auch zu dem Gut.

V.: Der erste in der Zeit, der erste im Recht. Hamburgisches Stadtrecht S. 237 Art. 3: de erst ysz in der tydt, des syn recht ys starkest; GD S. 25 Nr. 279; W I Sp. 849 Nr. 6; Grundmann/Strich/Richey S. 48; Beyer S. 137. Der erste soll der erste sein. GD S. 25 Nr. 280; W I Sp. 849 Nr. 9. Der nächste am Blut, der erste am Gut. Beyer S. 137.

Der ist der erste am Wiedernehmen, der der erste war an der Gabe. GD S. 155 Nr. 112; W I Sp. 849 Nr. 7 → Gabe.

ertappen

Wer ertappt wird, muß das Bad austragen. Pistorius III S. 251 Nr. 5; Eisenhart S. 503; Simrock S. 57 Nr. 694; GD S. 305 Nr. 152; W I Sp. 850 Nr. 2.

erweisen

Was man erweisen kann, mag man genießen. Erweisen ‹einen Beweis erbringen, nachweisen›, DRWB III Sp. 305; *genießen* ‹Vorteile aus Rechten oder Verträgen ziehen›, DRWB IV Sp. 223. Michelsen, Lübeck S. 159 Art. 69: wes he den tugen kan des mach he geneten. GD S. 452 Nr. 426; W I Sp. 852.

F

Fahnlehn

Fahnlehn bezeichnete das mit einer Fahne vom → König an die weltlichen → Fürsten verliehene → Lehn, wobei das Belehnungssymbol anzeigte, wer die Berechtigung erteilt hatte. Vgl. Ssp. Ldr.III 60 § 1; HRG II Sp. 1725–1741, insb. 1732.

Kein Fahnlehn, man empfange es denn vom König. GD S. 33 Nr. 81; W I Sp. 915 Nr. 2.

Nichts höht des Mannes Schild außer Fahnlehn. Ssp. Lnr. 21 § 2: It ne hoget nicht des mannes scilt denne vanlen. Dsp. 58 § 1; Schwsp. 42a; Pistorius II S. 197 Nr. 55; Conradi S. 9 Nr. 1; Eisenhart S. 42; Simrock S. 130 Nr. 2241, S. 458 Nr. 9011; Hillebrand S. 30 Nr. 38; GD S. 33 Nr. 80; W III Sp. 423 Nr. 1376; Janz, Rechtssprichwörter S. 242–244.

fahrende Habe, Fahrhabe, Fahrnis

Fahrende Habe, Fahrhabe, Fahrnis, mhd. *varndez guot, varndiu habe*, die bewegliche Habe (Ernte, Tiere, Unfreie und alle nicht mit dem Boden verbundenen leblosen Dinge), im Gegensatz zu den Liegenschaften (Häuser, Äcker, Grund und Boden). Köbler, Juristisches Wb. S. 120.

Die Töchter sind wie fahrende Habe. Während die Söhne in der Regel im väterlichen Haus blieben, verließen die Töchter dies durch ihre Heirat. Simrock S. 525 Nr. 10343a; GD S. 165 Nr. 155; W IV Sp. 1220 Nr. 27.

Fahrendes (Gut) hat keinen Zug. Die Fahrnis konnte jederzeit vom Eigentümer an einen von ihm bestimmten Käufer veräußert werden, ohne daß Verwandte oder Blutsfreunde dieses durch ein Vorkaufsrecht (Näherrecht, Zugrecht) verhindern konnten. GD S. 105 Nr. 248; W I Sp. 918.

Kommt das Korn an die Wied und das Heu ans Seil, so ist es fahrende Habe. Wied zu mhd. *wîde* sw. F. ‹Weide› bzw. ‹Weidenstrang›. Grimm, Weisth. I S. 276; GD S. 64 Nr. 6; W II Sp. 1542 Nr. 50 → Garbe.

V.: Wenn der Wein in den Zuber kommt und das Heu ans Seil, so ist es fahrende Habe. Grimm, RA II S. 100; GD S. 64 Nr. 7; W V Sp. 110 Nr. 588; Grundmann/Strich/Richey S. 69.

Pfandschaft wird für fahrende Habe gehalten. Eine als Pfand eingesetzte Sache kann grundsätzlich in den Besitz des Pfandgläubigers übergehen, auch wenn es sich dabei um ein liegendes Gut handelt, das eigentlich nicht veräußert werden kann. Auch hier wird also das Vorkaufsrecht der Verwandten und Blutsfreunde außer Kraft gesetzt. GD S. 115 Nr. 278; W III Sp. 1246.

Was auf Lehngut steht, das der Wind beweht und die Sonne bescheint, ist Fahrhabe. Solange das Getreide auf dem Acker steht, ist es nicht veräußerlich; geerntet und in Garben aufgestellt bzw. gestapelt ist es Fahrhabe. GD S. 64 Nr. 8; W II Sp. 1879 Nr. 2.

V.: Was der Wind beweht und der Regen besprengt, ist Fahrhabe. GD S. 64 Nr. 9. Was man treiben und tragen mag, ist fahrende Habe. GD S. 64 Nr. 1; W IV Sp. 1304 Nr. 23.

Was die Fackel verzehrt, ist Fahrnis. Grimm, RA II S. 100; Eisenhart S. 188; Eiselein S. 158; Simrock S. 130 Nr. 2238; Hillebrand S. 42 Nr. 54; GD S. 64 Nr. 2; W I Sp. 912 Nr. 7; Grundmann/Strich/Richey S. 69; Fehr, Dichtung S. 173.

V.: Was verbrennen und sterben mag, ist fahrend Gut. Hillebrand S. 43 Nr. 55; GD S. 64 Nr. 3; W IV Sp. 1532 Nr. 2; Grundmann/Strich/Richey S. 69.

Fall

Der Sterb-, Tod- oder Leibfall war eine besondere Form der Nachlaßsteuer. Starb der abgabenpflichtige Besitzer eines Gutes, so hatte der Gutsherr ein Anrecht auf bestimmte Gegenstände aus dem Nachlaß, die der Sohn ihm aufgrund der Hörigkeit gewährte. Die Frist zur Entrichtung dieser Nachlaßsteuer lief am Tag der Beerdigung ab.

Man nimmt den Fall, indem man die Leiche begräbt. Schreiber II S. 358; GD S. 50 Nr. 173; W I Sp. 921 Nr. 10.

So viel Lehn, so viel Fälle. DRWB I Sp. 377; GD S. 50 Nr. 176; W II Sp. 1879 Nr. 23.

Faustrecht

Bezeichnung des Zustandes, in dem sich jeder sein Recht «mit eigener Faust» zu erkämpfen versucht. Als eine Form der Selbsthilfe steht es im Gegensatz zur staatlichen Organisation des Rechtswesens. Köbler, Juristisches Wb. S. 123.

Kolbengericht und Faustrecht war nicht schlecht. Henisch Sp. 1516; GD S. 390 Nr. 567.

Federspiel

die zur Jagd abgerichteten oder geeigneten Raubvögel.

Federspiel gibt keinen Zoll. Das Federspiel ist von der Entrichtung des allgemeinen Zolls ausgenommen. GD S. 510 Nr. 186; W I Sp. 955 Nr. 2. S. a. Vier Füße mit weißem Zeichen brauchen keinen → Zoll zu reichen.

Federwat

Federbett, mhd. *vederwât* st. F. ‹Inlett für Federbetten, Bettzeug›.

Federwat geht und erbt wieder an den Stamm. Das Rspw. bezieht sich auf eine im deutschen Erbrecht geltende Sonderregelung. Danach ging die Aussteuer nach dem Tod einer kinderlos gebliebenen Ehefrau wieder in den Besitz ihrer Familie über (Heim- oder Rückfallrecht, Wiederkehrrecht). Waren aber Kinder vorhanden, so erbten diese. Auf keinen Fall ging die weibliche Aussteuer in den Besitz des Mannes über → Erbe, Niftel, Gerade. Stadtrecht von München Art. 193: nach der alten gewonhait diser stat ge federwat und erbt wider an den stam. GD S. 195 Nr. 95; W I Sp. 955.

Feind

Was ich vom Feind bekomme, das ist mein. Das Rspw. bezieht sich auf die Erbeutung feindlicher Güter während des Krieges, die sich bereits im römischen Recht findet. Hier werden die Güter der Feinde als herrenlos betrachtet, die man sich aneignen kann. An diesem Beuterecht änderten oft auch die Ablieferungsgebote an den Feldherrn bzw. die Plünderungsverbote nichts. Hasslocher S. 50; Hertius S. 356 Nr. 86; Conradi S. 14 Nr. 13; Eisenhart S. 210; Eiselein S. 164; Simrock S. 135 Nr. 2355; Hillebrand S. 67 Nr. 97; Chaisemartin S. 203 Nr. 61; GD S. 110 Nr. 260; W I

Sp. 972 Nr. 160; Grundmann/Strich/Richey S. 60; Foth S. 106–108.

Festung

Festung zu mhd. *vervestunge* st. F. ‹Ächtung› bzw. ‹Verhängung der Bezirksacht› im Gegensatz zu des *kuninges âhte*, der Reichsacht; dazu auch *vervesten* sw. V. ‹verhaften›, → Acht, verfesten.

Der Graf erwirbt mit seiner Festung des Königs Acht. Das Rspw. bezieht sich auf die Wirkung einer Verfestung, die vom Richter des Gaues ausgesprochen wurde, aber über dessen Grenzen hinaus wirksam ist. Ssp. Ldr.I § 71: aldus irwirft ok de greve mit siner vestinge des koninges achte. GD S. 443 Nr. 373; W II Sp. 120 Nr. 1.

Festung ist nicht mehr als ein Urteil. Man kann niemanden in eines anderen Herrn Gericht festnehmen, denn die Verhaftung setzt die Zuständigkeit des Gerichts voraus. GD S. 443 Nr. 371; W I Sp. 988 Nr. 3 → Gericht.

Festung nimmt dem Mann den Leib und nicht sein Recht. Wurde ein Mann eines Verbrechens angeklagt und gefangengenommen, so verlor er zwar seine Freiheit, aber nicht das Recht der Verteidigung und damit die Möglichkeit, seine Unschuld zu beweisen.

Ssp. Ldr.III 63 § 3: Vestinge nimt deme manne sin lif, of he begrepen wert dar binnen, unde nicht sin recht, swo lange he dar inne is. Sächsisches Weichbildrecht Sp. 201–202 Art. 5; Rb. nach Distinctionen Buch VI, cap. XVII, II; GD S. 443 Nr. 368; W I Sp. 988 Nr. 4; Janz, Rechtssprichwörter S. 442–444.

Feuer

Das Feuer gilt als Rechtssymbol bei der Okkupation. Noch in der Neuzeit bestand der Brauch, daß bei der Übernahme eines Gutes, der ehemalige Besitzer das Herdfeuer löscht und der neue Besitzer es wieder entzündet. Hierher gehört auch die Paarformel *Feuer und Flamme*. Röhrich 1 S. 438; Justiz in alter Zeit S. 493.

Das Feuer ist ein Dieb. Das Spw. bezieht sich auf die Brandstiftung, die ebenso wie Diebstahl den Makel der Heimlichkeit trägt. GD S. 365 Nr. 468; W I Sp. 993 Nr. 16 → heimlich.

Sobald Feuer aufs Land kommt, sinkt es nicht mehr. GD S. 94 Nr. 163; W I Sp. 1000 Nr. 214 → Land.

Feuer und Rauch

Eigen Feuer und Rauch macht den Wirt und Bauern mündig. Wirt im Sinne von ‹Hausherr›. Der eigene Herd mit Feuer und Rauch ist Kern des Hauses, auf den sich die Selbständigkeit des Mannes mit seiner Familie gründet. GD S. 172 Nr. 184; W I Sp. 994 Nr. 44; Röhrich 2 S. 701; Fehr, Dichtung S. 172 → Haushalt.

V.: Eigener Herd ist Goldes wert. Lohrengel S. 8 Nr. 193; Beyer S. 261; Röhrich 2 S. 701. Wo Rauch aufgeht, muß Feuer sein. Simrock S. 138 Nr. 2416; GD S. 453 Nr. 446; Beyer S. 158.

Filialist

Angehörige einer Gemeinde, die keine eigene Kirche hat, sondern bei einer anderen Kirche eingepfarrt ist.

Die Filialisten gehören zur Mutter, tot und lebendig. Sie sind verpflichtet, in der Kirche, bei der sie eingepfarrt sind, am Gottesdienst teilzunehmen, die Sakramente zu empfangen und sich hier begraben zu lassen. Conradi S. 26 Nr. 5; Eiselein S. 169; Eisenhart S. 665; Simrock S. 139 Nr. 2432; Hillebrand S. 247 Nr. 372; GD S. 548 Nr. 87; W I Sp. 1012; Grundmann/Strich/Richey S. 79; Foth S. 20 → pfarren.

V.: Die Filialisten gehören tot und lebendig zu der Mutterkirchen. Pistorius IV S. 183 Nr. 14. Filial gehört zur Mutter. Pistorius II S. 195 Nr. 54; Eisenhart S. 665; Hillebrand S. 247 Nr. 371; GD S. 548 Nr. 85. Filial gehört zur Mutter wie die Küchlein zur Henne. Eiselein S. 169; Simrock S. 139 Nr. 2431; Hillebrand S. 246 Nr. 370; GD S. 548 Nr. 86; W I Sp. 1012 Nr. 1; Grundmann/Strich/Richey S. 79; Fehr, Dichtung S. 171.

fliehen

in bezug auf das Gericht.

Fliehst du, so liegst du. Erscheint der Angeklagte auch nach dreimaliger Vorladung nicht vor Gericht, so gilt dies als Gerichtsflucht, d. h. er kann auch in Abwesenheit verurteilt werden. Braun S. 21 Nr. 504; Simrock S. 144 Nr. 2552; GD S. 443 Nr. 367; Beyer S. 164; vgl. heute §§ 231a–c StPO → dingflüchtig.

V.: Der flüchtige Fuß ist geständige Hand. GD S. 443 Nr. 366;

W I Sp. 1296 Nr. 14. Der flüchtige Fuß macht den schuldigen Mann. GD S. 443 Nr. 365; W I Sp. 1296 Nr. 16; Beyer S. 185, 385. Flüchtig Mann, schuldig Mann. Egenolff S. 224a; Schottelius S. 1144a; Henisch Sp. 1161; Hertius S. 380 Nr. 108; Pistorius II S. 194 Nr. 53; Conradi S. 25 Nr. 12; Sailer S. 183; Eisenhart S. 601; Körte S. 308 Nr. 5156; Simrock S. 144 Nr. 2554; Osenbrüggen S. 25; GD S. 443 Nr. 363; W III Sp. 411 Nr. 1110; Beyer S. 386, 521. Wer flieht, den jagt man. Singer II S. 52; Beyer S. 285. Wer flieht, gibt sich schuldig. Simrock S. 144 Nr. 2556; GD S. 443 Nr. 362; Beyer S. 164, 521. Wer läuft, hat schuld. Beyer S. 348. Wer läuft, ist schuldig. Harrebomée I S. 263; GD S. 443 Nr. 364; s. a. Liebs S. 73 Nr. 18: Fatetur facinus, qui judicium fuit.

Folge

‹Zustimmung zu einem Urteilsvorschlag›, DRWB III Sp. 605.

Wer die meiste Folge hat, behält das Urteil. Das Rspw. bezieht sich auf den Gerichtsbeschluß durch Stimmenmehrheit. Hamburgisches Stadtrecht S. 189 Art. 16: welck de meiste volge hefft, de beholdt sin ordel. GD S. 415 Nr. 126; W I Sp. 1087 Nr. 2; s. heute § 1038 ZPO S. a. Wo → zwei Teile hin wollen, da soll auch der dritte hinfolgen.

Forst

‹Baumwald›, d. h. gehegtes Waldgebiet oder Waldgut, das der Gemeindenutzung entzogen ist.

Soweit das Strafgericht, soweit geht auch der Forst. Wer die Gerichtsbarkeit innehatte, entschied auch in Sachen des Forst- und Jagdstrafrechts. Pistorius II S. 192 Nr. 51; Conradi S. 14 Nr. 7; Estor I S. 1006; Eisenhart S. 197; Simrock S. 504 Nr. 9949; Blumer S. 748; Hillebrand S. 62 Nr. 89; GD S. 131 Nr. 401; W IV Sp. 890. Wohin der Dieb mit dem → Strang, dahin gehört der Hirsch mit dem Fang.

V.: Soweit die Flur geht, soweit geht auch das Gericht. Pistorius II S. 193 Nr. 52; Conradi S. 23 Nr. 3; Sailer S. 252; Eisenhart S. 515; Simrock S. 145 Nr. 2573, S. 186 Nr. 3437; Hillebrand S. 218 Nr. 314; GD S. 436 Nr. 286; W I Sp. 1083 Nr. 1.

Förster

Wo ein Förster pfändet, mag der Forstmeister nachpfänden. Wer sich unerlaubt in Wald oder Rodung bereichert hatte und vom Förster gestellt und gepfändet worden war, konnte wegen des gleichen Vergehens noch einmal vom Forstmeister gepfändet werden. Umgekehrt war dies nicht möglich, weil der Forstmeister die höhere Instanz vertrat. GD S. 116 Nr. 298.

Frage

Frage an die Urteilsfinder im Gerichtsverfahren, DRWB III Sp. 659.

Frag gibt Folg und Recht. Der Richter stellte die Frage und forderte einen → Schöffen auf, einen Urteilsvorschlag zu machen. Danach holte er noch die Zustimmung ein (→ Folge). GD S. 415 Nr. 122; W I Sp. 1093 Nr. 24.

V.: Wie man fragt, so muß man berichten. GD S. 415 Nr. 121.

Frau

‹Ehefrau› → Weib.

Der Richter soll der Frauen Vormund sein. D. h. er soll ihnen beistehen, wenn sie über den Mann oder Vormund klagen. Ruprecht von Freising I cap. 39; GD S. 172 Nr. 163; W III Sp. 1671 Nr. 26 → Richter.

Eine Frau mag ihr Gut nicht hingeben ohne ihres Mannes Willen. Das Rspw. bezieht sich auf die eheliche Gütergemeinschaft, die ausschloß, daß die Frau über ihren Besitz frei verfügen konnte. Sie stand unter der Vormundschaft ihres Mannes. Ssp. Ldr.I 31 § 1, 45 § 1: Wif ne mach eres gudes nicht vergeven ane eres mannes willen, dat he it dorch recht dulden dorve. Schwsp. 34; Dsp. 66 § 1; Ruprecht von Freising I cap. 29; GD S. 152 Nr. 58; W I Sp. 1115 Nr. 228; Janz, Rechtssprichwörter S. 182–189 → Mann.

Eine Frau sitzt nicht auf Eid und Pflicht. Wer im Lande wohnte, hatte als Untertan den Huldigungseid zu leisten. Frauen waren von dieser Pflicht befreit und konnten bei Eheschließung mit einem Landfremden das Land verlassen. Simrock S. 149 Nr. 2644; GD S. 488 Nr. 51; W I Sp. 1115 Nr. 242.

Keine Frau kann mehr bezeugen als Notzucht und Ehe. Das Zeugnis der Frau vor Gericht beschränkte sich auf Klagen über eheliche Verhältnisse und bestimmte Verbrechen wie Vergewaltigung. Rb.

der Stadt Mühlhausen S. 8; Lübisches Recht S. 571 Art. 48: Bordt unde echte mogen frouwen tuegen. GD S. 456 Nr. 507.

V.: Geburt und Ehre können Frauen bezeugen. W I Sp. 1389 Nr. 10; GD S. 456 Nr. 508 → Notzucht.

Keine Frau mag ihrem Mann mehr verlieren als 18 Pfennige. D. h. sie durfte den hauswirtschaftlichen Etat nicht um mehr als 18 Pfennige überschreiten. Grimm, Weisth. I S. 46: Vnd enmag kein frow einem man mer verlieren, dann achzechen pfenning. GD S. 152 Nr. 56; W I Sp. 1128 Nr. 492.

Pfaffen und Frauen können niemand verzeugen. D. h. sie sind vor Gericht nicht aussagefähig. GD S. 456 Nr. 505; W III Sp. 1233 Nr. 197 → Lehnrecht. S. o. Keine Frau kann mehr verzeugen als Notzucht und Ehe.

Wenn eine Frau zum Kindsteil kommt, so hilft sie ihre ehelichen Kinder erben. Zu *Kindsteil* ‹Erbanteil eines Kindes›. DRWB VII Sp. 826–827; Blumer I S. 496; GD S. 217 Nr. 251; W I Sp. 1134 Nr. 625 → Erbe. S. a. Mann und → Weib soll Kindsteil nehmen.

Wenn Schulden, Frauen und Kinder versterben, fällt das Gut wieder zu Hofe. GD S. 195 Nr. 97; W IV Sp. 368 Nr. 79 → Erbe, Schulden.

Wozu die Frau recht hat, dazu hat auch der Mann recht. GD S. 153 Nr. 67; W I Sp. 1139 Nr. 737.

Frauengut

Vermögen der Ehefrau, das sie bei der Heirat mit in die Ehe bringt.

Frauengut gewinnt und verliert nicht. Hillebrand S. 126 Nr. 178; GD S. 154 Nr. 90; W I Sp. 1142; Grundmann/Strich/Richey S. 74. Einer → Ehefrau Gut soll hinter ihrem Mann weder wachsen noch schwinden.

frei

Frei, mhd. *vrî* ‹frei, ledig› als Standesbezeichnung im Gegensatz zu → eigen.

Freie Geburt gewinnt nimmer eigen Kind. Ssp. Ldr.III 73 § 2: vri bord nimmer egen kint ne winne. GD S. 58 Nr. 210; W I Sp. 1389 Nr. 6; Janz, Rechtssprichwörter S. 235–240 → Kind. S. a. Ein freies → Weib kann kein eigenes Kind haben.

Freier Mann, freies Gut. Conradi S. 9 Nr. 15; Grundmann/Strich/Richey S. 60.

Welches Kind ist frei und echt, das behält des Vaters Recht. Ssp. Ldr. I 16 § 2: Swar it kint is vri unde echt, dar behalt it sines vader recht. Schwsp. 12; Dsp. 16 § 2; Chaisemartin S. 24 Nr. 2; GD S. 57 Nr. 204; W II Sp. 1311 Nr. 897; Fehr, Dichtung S. 84; Janz, Rechtssprichwörter S. 233–235, 364–370; dies. «Dan nach Sprichwortten pflegen die Bauren gerne zu sprechen.» S. 87–88 → Kind.

freien

Freien bricht die Miete. S. a. → Ehe bricht Miete. Volkmar S. 339 Nr. 23.

V.: Freien geht vor Miete. Eisenhart S. 117; Hillebrand S. 109 Nr. 145; GD S. 179 Nr. 213; W I Sp. 1148 Nr. 22; Grundmann/Strich/Richey S. 78. Wer freien will, muß erst ausdienen. Estor I S. 347; Pistorius I S. 34 Nr. 25; Conradi S. 11 Nr. 10; Eisenhart S. 117; Simrock S. 150 Nr. 2674; Hillebrand S. 110 Nr. 148; GD S. 179 Nr. 212; W I Sp. 1151 Nr. 77; Grundmann/Strich/Richey S. 77. Freien geht vor Leihen; s. *leihen, lehnen* ‹sich verdingen›. DRWB VIII Sp. 913–915; Estor II S. 727; Hillebrand S. 109 Nr. 147; GD S. 179 Nr. 215; W I Sp. 1148 Nr. 21; Grundmann/Strich/Richey S. 78.

Freigut

‹ein von Abgaben freies Gut›, DRWB III Sp. 748.

Freigut erbt auf Freikind. Starb der Besitzer eines Freiguts (Freigutsherr), so ging das Gut an den nächsten Aszendenten. War nach der Parentelordnung kein Erbe vorhanden, so fiel es an den Freigrafen. Rb. der Stadt Mühlhausen S. 17: vri gut glich uf vri kint. GD S. 195 Nr. 102; W I Sp. 1154 Nr. 1 → Erbe.

Freiheit

Freiheit geht über alles Gut. GD S. 40 Nr. 107.

V.: Freiheit geht über Silber und Gold. Simrock S. 149 Nr. 2648; GD S. 40 Nr. 109. Freiheit ist lieber als Aug und Leben. Simrock S. 149 Nr. 2651; GD S. 41 Nr. 110. Freiheit über alles ist das Günstigste in allen Rechten. GD S. 40 Nr. 106. Freiheit und eigner Herd sind großes Geld wert. Simrock S. 149 Nr. 2650;

GD S. 41 Nr. 112 → Feuer, Herd. Freiheit, wie gering, ist doch ein gut Ding. Simrock S. 149 Nr. 2655; GD S. 41 Nr. 111; W I Sp. 1155 Nr. 20.

Was einer Recht und Freiheit hat, das haben die andern auch. GD S. 496 Nr. 68; W III Sp. 1532 Nr. 275 → Recht.

Freikauf

‹Loskauf aus Unfreiheit›, DRWB III Sp. 781–782.

Freikauf kann Erbmiete abtreiben. Ein bestehendes Abhängigkeitsverhältnis konnte durch Ablösung der Lasten, die auf der Erbmiete lagen, aufgehoben werden, so daß das Gut zum freien Eigentum wurde. Michelsen, Altdithmarsche Rechtsquellen S. 50 § 149: vri kop mach arfhure vp driuen. GD S. 77 Nr. 94; W I Sp. 1157.

V.: Freikauf treibt Landmiete ab. GD S. 280 Nr. 318.

Freistatt

im Sinne von Asyl, nämlich Kirchen, Klöster, heilige Säulen, Ahnengräber, Friedhöfe, der Platz um die Kirche etc.

Wer die Freistätte verletzt, hat den Bischof heimgesucht. Augsburger Stadtrecht S. 12 Nr. 4; GD S. 497 Nr. 92; W I Sp. 1158 → Gottesfriede, Heimsuchung.

Fremde

Als Fremder in einem Lande gilt grundsätzlich jeder, der nicht die Staatsangehörigkeit besitzt. Für den Fremden gilt, vom besonderen Fremdenrecht abgesehen, das staatliche Recht. Früher war der Fremde oder → Gast vielfach rechtlos, bzw. es konnte ihm auch das in seiner Heimat geltende Recht eingeräumt werden. Köbler, Juristisches Wb. S. 132 f.; zum Ausländerrecht s. heute AuslG.

Ein Fremder bringt sein Recht mit sich. GD S. 25 Nr. 276; W I Sp. 1159 Nr. 5 → Recht.

Fremde haben immer mehr zum Vorteil als Einheimische. Verstieß ein Fremder gegen die ihm unbekannten Landesgesetze, so wurde er mildernd beurteilt. Henisch Sp. 851; GD S. 291 Nr. 45 → Gast.

Fremdengut

Fremdengut folgt dem Herrn. Was ein Fremder (Nichtortsansässiger) bei seinem Tode zurückließ, ging in den Besitz des Herrn über, auf dessen Boden er starb. GD S. 128 Nr. 347; W I Sp. 1160.

Freund

Freund, mhd. *friunt* st. M. ‹Freund, Verwandter›.

Der nächste Freund ist der nächste Vormund. Hamburgisches Stadtrecht S. 24 Art. 2: Vnde de nageste vrunt is nagest voremunt. GD S. 172 Nr. 169; W I Sp. 1175 Nr. 87 → Kind, Vormund.

V.: Naher Freund, naher Vormund. Henisch Sp. 1230; GD S. 172 Nr. 172; W I Sp. 1191 Nr. 423; Beyer S. 645.

Der nächste Nachbar ist der sibbeste Freund. Waren keine Erbberechtigten (Blutsverwandte) vorhanden, so trat das Näherrecht (Vorkaufsrecht, Retraktrecht) in Kraft, und der nächste Nachbar erbte; er galt als «sibbest», d. h. als nächster Freund. Grimm, Weisth. I S. 88; Harrebomée I S. 105; GD S. 201 Nr. 130; W III Sp. 824 Nr. 13 → Erbe, Haus, nächst, sibbest.

Die nächsten Freunde haben den nächsten Kauf. GD S. 103 Nr. 219; W I Sp. 1176 Nr. 106 → nächst, Näherkauf.

V.: Ein Freund ist näher zum Kauf als ein Fremder. Michelsen, Lübeck S. 345 Art. 257: eyn frunt neger is to dem kope dan eyn fromet. GD S. 104 Nr. 222; W I Sp. 1178 Nr. 138.

Ein Freund kann für den anderen antworten. Ein naher Verwandter durfte den anderen vor Gericht ohne besondere Ermächtigung vertreten. Stadtrecht von Lüneburg S. 74 Art. 84: Ein Fründt mach antworden vor dem andern vor Gerichte. GD S. 418 Nr. 141; W I Sp. 1178 Nr. 141.

Freundschaft

Freundschaft und guter Wille macht kein Recht. Gefälligkeiten haben keine rechtliche Verbindlichkeit. Conradi S. 18 Nr. 10; Eisenhart S. 351; Simrock S. 155 Nr. 2773; GD S. 86 Nr. 138; W I Sp. 1203 Nr. 58.

V.: Guter Wille macht kein Recht. Körte S. 507 Nr. 8567.

Kann man's nicht tun in Freundschaft, so muß man's tun mit Recht. Rb. nach Distinctionen Buch II, cap. VIII, I: Kan her daz nicht getun in fruntschaft, her musz thun noch rechte. GD S. 423 Nr. 171; W I Sp. 1203 Nr. 76 → Rechnung.

Kaufmannschaft leidet keine Freundschaft. Der Kaufmann muß seine Waren gewinnbringend absetzen. Rücksicht auf freundschaftliche oder verwandtschaftliche Bindungen kann er hierbei nicht nehmen. Conradi S. 19 Nr. 17; Eisenhart S. 371; Eiselein S. 365; Simrock S. 286 Nr. 5540; Hillebrand S. 167 Nr. 233; Osenbrüggen S. 18; GD S. 252 Nr. 166; W II Sp. 1230 Nr. 7; Grundmann/Strich/Richey S. 58 → Kaufmannschaft.

Frevel

‹Rechtsverletzung, Straftat›, DRWB III Sp. 881–885.

Wer den Frevel getan, soll den Schaden haben. GD S. 299 Nr. 99; W I Sp. 1205 Nr. 7 → Schaden.

Fried(e)bann

‹Friedegebot›

Jeder Friedbann stehe fest. Ein richterlicher Beschluß, der bereits rechtskräftig geworden war, konnte nicht mehr angefochten werden. GD S. 479 Nr. 672; W I Sp. 1205 → Besitz.

Friede

Burgen und Fürsten haben keinen Frieden. Ssp. Ldr.III 8: Men seget, dat borge unde vorsten nenen vrede scolen hebben. Schwsp. 264; Dsp. 210; GD S. 382 Nr. 524; W V Sp. 1084; Janz, Rechtssprichwörter S. 509–512.

Die Nacht hat bessern Frieden als der Tag. Da die nächtliche Dunkelheit verbrecherische Absichten begünstigt, wurde der Friede in der Nacht höher gestellt, als der Friede am Tag. Nachts begangene Straftaten wurden deshalb strenger geahndet als bei Tage begangene. GD S. 381 Nr. 519; W III Sp. 844 Nr. 32. S. dazu Des Nachts ist es → Diebstahl, des Tags ist es Raub.

Friede düngt den Acker wohl. Franck I Bl. 162v; Körte S. 122 Nr. 1974; Braun S. 23 Nr. 555; Simrock S. 155 Nr. 2779; GD S. 525 Nr. 325; W I Sp. 1208 Nr. 55; Beyer S. 27.

Friede und Einigkeit haben alle Städte gebaut. Körte S. 121 Nr. 1971; Braun S. 23 Nr. 558; Simrock S. 155 Nr. 2781; GD S. 525 Nr. 326; W I Sp. 1209 Nr. 70.

Niemand hat länger Frieden, als seine Nachbarn wollen. Agricola I S. 189; GD S. 529 Nr. 334; Grundmann/Strich/Richey S. 69 → Haus und Hof, Hausfriede.

V.: Niemand kann Friede haben, wenn es dem bösen Nachbarn nicht gefällt. Simrock S. 156 Nr. 2789; GD S. 529 Nr. 335.

Wo Gericht ist, da ist Friede. GD S. 403 Nr. 9; W I Sp. 1569 Nr. 37 → Gericht. Vgl. dazu Wo keine → Gerechtigkeit ist, da ist auch kein Friede. → Recht.

V.: Wo man Gericht hegt, gebeut man Friede. GD S. 403 Nr. 7; W I Sp. 1570 Nr. 39.

Wo man wohl hütet, da ist guter Friede. Hüten, ‹wachen, verteidigen›. Franck I Bl. 87v; Egenolff S. 346b; Henisch Sp. 1243; Harrebomée II S. 408; GD S. 523 Nr. 292; W II Sp. 952 Nr. 134.

frieden (einfrieden)

An Gesamtgut da graben, die da frieden. Um den Eigenbesitz von der Allmende abzugrenzen, mußten die an die Allmende angrenzenden Allode (Besitz zu vollem Eigen) eingezäunt und eingefriedet werden; die Abgrenzung galt erst dann als hinreichend gekennzeichnet, wenn ein Graben entlang des Zaunes gezogen worden war. GD S. 68 Nr. 34; W I Sp. 1579 → Zaun.

Friese

Alle Friesen sind Freiherrn, die gebornen und die ungebornen. W I Sp. 1215 Nr. 1.

V.: Alle Friesen sitzen auf freiem Stuhl. GD S. 41 Nr. 114; W I Sp. 1215 Nr. 2.

Frist

Keine Frist kann man haben ohne Gunst. Aufschub konnte nur bewilligen, wer zu seinen Gunsten den Vollzug erwirkte. Denn ohne Gunst erhielt man keine Frist. GD S. 479 Nr. 677. Heute sind Fristen gesetzlich geregelt und für jeden gültig. S. § 186 BGB.

Frucht

Es ist auch der Frucht würdig, der die Arbeit tut. GD S. 75 Nr. 62; W I Sp. 1234 Nr. 7; s. heute §§ 99–100 BGB → Egge, säen.

Fuchs

Jeder Fuchs verwehrt seinen Balg. Gegenwehr ist erlaubt. GD S. 390 Nr. 572; W I Sp. 1248 Nr. 196.

Stirbt der Fuchs, so gilt der Balg. Starb ein geliehenes Tier ohne Verschulden des Entleihers, so konnte er, sofern seine Unschuld bewiesen wurde, hierfür nicht belangt werden. Henisch Sp. 1274; Kirchhofer S. 276; Körte S. 126 Nr. 2075; Braun S. 25 Nr. 592; Eiselein S. 192; Simrock S. 159 Nr. 2867; GD S. 269 Nr. 279; W I Sp. 1250 Nr. 240; Beyer S. 181 → Pferd; vgl. Niemand kann eine → Kuh länger ausleihen, als sie lebt.

V.: Stirbt der Fuchs, so gilt der Balg; lebt er lang, so wird er alt. Beyer S. 560.

Fund

Dein Fund – mein Halb. Das Spw. fordert einen angemessenen Finderlohn. Conradi S. 15 Nr. 14; Sailer S. 254; Eisenhart S. 213; Simrock S. 162 Nr. 2916; Hillebrand S. 54 Nr. 77; GD S. 110 Nr. 257; W I Sp. 1268 Nr. 2; Foth S. 89–94; vgl. heute § 971 BGB.

V.: Halb gefunden – mein. GD S. 110 Nr. 258.

Fundgrube

‹Grubenfeld›, das den Fundpunkt, insbesondere den ersten, auf einer Lagerstätte einschließt (Bergmannssprache), DRWB III Sp. 1064.

Wo man zuerst einschlägt, da ist die Fundgrube. Grimm, Weisth. III S. 266; GD S. 129 Nr. 361; W I Sp. 796 Nr. 5.

Fürsprecher

‹Vertreter einer Person vor Gericht› im Wort, nicht in der Sache.

Der Fürsprecher ist Ritter des Rechts. Sächsisches Weichbildrecht Sp. 258 Art. 16: der vorspreche ist des rechtis ritter. GD S. 418 Nr. 142; W I Sp. 1282 Nr. 2.

Fürst

‹Vorderster›, ursprünglich unmittelbar vom König belehnt.

Fürsten sind ohne Buße. Ssp. Ldr.III 53 § 2; GD S. 33 Nr. 61; W I Sp. 1287 Nr. 109; Janz, Rechtssprichwörter S. 506–508.

Jeder Fürst ist Kaiser in seinem Lande. Eiselein S. 197; Simrock S. 163 Nr. 2948; GD S. 487 Nr. 30; W I Sp. 1288 Nr. 134; Beyer S. 184.

G

Gabe

Im Sinne von ‹Vergabe› bzw. ‹Schenkung› (→ geben und → schenken); in den älteren Sprachstufen auch für die → Morgengabe bzw. → Leibzucht wie für jede Art von Besitzübertragung.

Der ist der Erste am Wiedernehmen, der der Erste war an der Gabe. Das Spw. kann sich auf die Morgengabe oder die Leibzucht beziehen, die nach dem Tod des Mannes von den Erben desjenigen genommen wurde, der die Gabe als Erster bestellt hatte. GD S. 155 Nr. 112; W I Sp. 849 Nr. 7 → erst.

V.: Wer die erste Gabe beweisen kann, verweist alle anderen. Sächsisches Weichbildrecht Sp. 272 Art. 21; GD S. 281 Nr. 337.

Gabe, die blind ist, macht krumm, was recht ist. Um Bestechungen auszuschließen, ist es Amtsträgern untersagt, Geschenke anzunehmen. GD S. 410 Nr. 81; W I Sp. 1313 Nr. 39; Grundmann/Strich/Richey S. 26; s. heute § 334 StGB.

V.: Gabe und Verehrung betört auch den Weisen. Beyer S. 187. Gaben verblenden weiser Leute Augen. GD S. 410 Nr. 79. Gaben machen taub. Beyer S. 187. Geld, das stumm ist, macht recht, was krumm ist. GD S. 410 Nr. 82; W I Sp. 1479 Nr. 219; Fehr, Dichtung S. 177. Geld, Miete und Gaben verkehren die Gemüter und Augen der Richter. GD S. 411 Nr. 94.

Gabe oder Kauf wandelt nicht das Gut, sondern die Herrschaft. Gabe meint hier die Besitzübergabe, DRWB III Sp. 1123–1129, insb. 1125. Ohne Rücksicht auf den Wechsel des Zins- oder Zehntpflichtigen bleiben Pflichten und Reallasten bei dem Besitz und seinem Zubehör, unbeschadet von Gabe oder Kauf. Sächsisches Weichbildrecht Sp. 268 Art. 20: gabe ader kouff wandilt nicht daz gut, sundir is wandelt die herschaft. GD S. 122 Nr. 311; W I Sp. 1312 Nr. 25.

Niemand kann seine Gabe widerrufen. ‹Geschenkt ist geschenkt›. GD S. 229 Nr. 48; W I Sp. 1314 Nr. 60.

V.: Was einmal redlich gegeben ist, das steht nicht wieder zu nehmen. Eisenacher Rb. III 103,2: waz gote eyns redelich und rechtlich gegebin wirt, daz enstehit nicht wedir zcu nemen.

GD S. 229 Nr. 42. Geben und doch behalten gilt nicht. Simrock S. 170 Nr. 3085; GD S. 229 Nr. 44. Niemand kann geben und behalten. Holländischer Ssp. S. 16 Art. 13: nyemant en mach gheuen ende houwen. Simrock S. 170 Nr. 3086; GD S. 229 Nr. 46; W I Sp. 1372 Nr. 132; Fehr, Dichtung S. 167; vgl. Liebs S. 59 Nr. 68: Donare est perdere. S. heute §§ 516–534 BGB, v. Olberg, Gebe; Wacke, Schenken.

Galgen

→ Strang.

Der Mann kommt an den Galgen, die Frau unter den Stein. Das Erhängen war eine typische Männerstrafe. Frauen wurden wegen der Gefährdung der weiblichen Ehre statt dessen in der Grube versenkt oder gesteinigt. Ofner Stadtrecht S. 148; Grimm, RA II S. 264; GD S. 341 Nr. 347; W III Sp. 376 Nr. 358; His, Strafrecht I S. 359–360 → Stein.

V.: Die Männer an den Galgen, die Weiber in die Grube. GD S. 341 Nr. 349; Grundmann/Strich/Richey S. 90. Weiber darf man nicht hängen. GD S. 341 Nr. 348.

Vor Galgen und Rad mag man sich wohl hüten, aber nicht vor dem Schwert. Eine Strafmilderung bestand darin, dem Missetäter die schimpfliche Todesstrafe durch Galgen oder Rad zu ersparen und ihn statt dessen zu enthaupten. GD S. 341 Nr. 350; W I Sp. 1317 Nr. 30; Schild, Gerichtsbarkeit S. 197–204; Schowe, Mit Haut und Haar S. 164 → Strafe.

Wer nachts Korn stiehlt, verdient den Galgen. Ssp. Ldr.II 39 § 1: Swe des nachtes korn stelet, de verscult des galgen. Schwsp. 202; Dsp. 149 § 1; GD S. 365 Nr. 464; W II Sp. 1545 Nr. 122; Janz, Rechtssprichwörter S. 385–387 → Diebstahl.

Wer in einem Jahr reich werden will, kommt in sechs Monaten an den Galgen. Das Spw. bezieht sich auf unredliches Besitzstreben. W II Sp. 994 Nr. 185; Beyer S. 188.

Wer sich des Stehlens getröstet, getröstet sich auch des Galgens. Zu *getrösten* ‹auf etwas vertrauen›, Wahrig S. 557. Hillebrand S. 211 Nr. 303; Simrock S. 499 Nr. 9844; Günther S. 62; GD S. 364 Nr. 448; W IV Sp. 801 Nr. 95; Grundmann/Strich/Richey S. 89.

Zwei können den Dritten an den Galgen bringen. Beyer S. 111.

Gans

Die Gänse sollen einen Hirten haben oder einen Stall. Das Rspw. bezieht sich auf das Pfändungsrecht in bezug auf Tauben, Hühner, Gänse, Enten u. a. m. Grimm, Weisth. I S. 127: die gänss söllen einen hirten haben oder einen stal. GD S. 116 Nr. 306; W I Sp. 1327 Nr. 35 → Ente, Taube.

V.: Eine Gans soll einen Hirten haben. Grimm, Weisth. III S. 889: Item ein gansz sal einen hirten han. GD S. 116 Nr. 305; W I Sp. 1328 Nr. 59. Gänse bezahlen mit dem Kopf. Grimm, Weisth. III S. 70; Hillebrand S. 91 Nr. 123; GD S. 116 Nr. 303; W I Sp. 1329 Nr. 79. Gänse, Enten, Hühner auf jemands Gras haben keinen Frieden. GD S. 116 Nr. 304; W I Sp. 1329 Nr. 81. Gänse haben kein Recht. Grimm, Weisth. III S. 70: Item ganse hebben gein recht. GD S. 116 Nr. 302; W I Sp. 1329 Nr. 82.

Garbe

Korn und Haber weicht mit der Garbe. Solange das Getreide noch nicht geerntet war, gehörte es zur Liegenschaft und war unveräußerlich. Chaisemartin S. 104 Nr. 5; GD S. 64 Nr. 5; W II Sp. 1542 Nr. 57 → fahrende Habe.

Garten

Der Garten ist verdient, so er gesät und geharkt ist. Das Rspw. bezieht sich auf den Gartenzehnt, der im allgemeinen einen Teil des Kleinzehnten ausmachte. Grundsätzlich waren aus dem zu → Haus und Hofstatt gehörigen Garten keine besonderen Abgaben zu leisten. Denn mit dem Hofstattzins war auch der Gartenzins abgetan. Mancherorts waren die Gärten zehntfrei, wie das Rspw. besagt. GD S. 75 Nr. 59; W I Sp. 1342 Nr. 3; Bader, Gartenrecht S. 270–271.

Was in des Nachbars Garten fällt, ist sein. Früchte, die auf das Grundstück des Nachbarn fallen, gehen damit in dessen Besitz über, sog. Überfallrecht. Das römische Recht hingegen sah vor, daß der Eigentümer des Baumes oder Strauches, von dem die Früchte fielen, die auf das angrenzende Grundstück gefallenen Früchte wieder einsammeln konnte. S. dag. Der → Baum folgt den Enden. Pistorius IV S. 179 Nr. 10; Conradi S. 15 Nr. 23; Eisenhart S. 229; Körte S. 330 Nr. 5507; Eiselein S. 482; Simrock S. 373 Nr. 7253; Hillebrand S. 51 Nr. 72; GD S. 85 Nr. 124;

W III Sp. 831 Nr. 132; Foth S. 155–156; Beyer S. 411; s. heute § 911 BGB.

V.: Was übern Zaun fällt, ist des Nachbarn. Eiselein S. 655; Simrock S. 609 Nr. 11991; GD S. 85 Nr. 123.

Gast

‹Fremder› → Fremde.

Der Wirt antwortet für den Gast. Da der Gast in der Regel die in dem für ihn fremden Land die gültigen Gesetze nicht kannte, wurden geringe Verstöße häufig nachsichtig behandelt. Oft zog man statt seiner den Beherberger/Wirt zur Verantwortung, da es seine Aufgabe gewesen wäre, den Gast über die örtlichen Rechte und Pflichten in Kenntnis zu setzen. GD S. 291 Nr. 46; W V Sp. 278 Nr. 22.

Der Wirt soll dem Gast zulegen. Zu *zulegen* ‹Beistand leisten›, z. B. wenn der Gast im Haus des Gastgebers überfallen und beraubt wird. Ruprecht von Freising II cap. 25; GD S. 390 Nr. 578; W V Sp. 279 Nr. 36.

Gast darf mit Gast nicht handeln. Das Rspw. bezieht sich auf das sog. Stapelrecht, nach dem durchreisende Kaufleute ihre Ware ausladen (stapeln) und den Einwohnern des Ortes mit Stapelrecht zum Verkauf anbieten konnten; untereinander durften die Gäste dabei nicht Handel treiben. Hillebrand S. 166 Nr. 232; GD S. 261 Nr. 227.

Gast mag auf Gast wohl zeugen. Das Spw. bezieht sich auf den Prozeß. Michelsen, Lübeck S. 244 Nr. 166: dat gast vpp gast wol tugen mochte. GD S. 457 Nr. 513; W I Sp. 1350 Nr. 82 → Bürger.

Wildschwein und Eichhorn sind Gäste. Da sie nicht zum → Wildbann gehörten, waren sie zur Jagd freigegeben. Eisenacher Rb. III 111, 11: Man spricht, daz das wilde swyn und der eychorn geste sin. GD S. 131 Nr. 394; W V Sp. 236 Nr. 1.

Zwei Nächte Gast, dritte Nacht eigener Hausdiener. → Fremde, die sich länger als zwei oder drei Tage im Gastland aufhielten, durften von dem Grundherren in Leibeigenschaft genommen werden. GD S. 59 Nr. 237; W I Sp. 1355 Nr. 164; Grundmann/Strich/Richey S. 40. → Wacke, Schenken.

Gaugerichtsbarkeit

Gau ‹Landbezirk›, *Gaugericht* (Goding) ‹Landgericht›.

Gaugerichtsbarkeit ist der Landleute freie Wahl. Die Gaugerichtsbarkeit wird nicht durch Erbfolge oder Lehen weitergereicht, vielmehr gelangt der Gograf durch Wahl in sein Amt. Ssp. Ldr.I 56: An goscap n'is mit rechte nen len noch nen volge, went it is der lantlude vri kore. GD S. 403 Nr. 12; W I Sp. 1361; Janz, Rechtssprichwörter S. 314–318.

Gaul

Einem geschenkten Gaul, schaut man nicht ins Maul. Das Rspw. besagt, daß bei Schenkung als einem unentgeltlichen Geschäft die Haftung des Veräußerers für Sachmängel nur eingeschränkt gilt. Die Haftbeschränkung stammt aus dem römischen Recht. Das Spw. bezieht sich außerdem auf die Praxis der Pferdehändler, beim Verkauf Alter und Zustand des Pferdes an Gebiß und Zähnen zu prüfen. Gruter S. 43; Hertius S. 329 Nr. 54; Conradi S. 15 Nr. 30; Eisenhart S. 247; Kirchhofer 293; Braun S. 26 Nr. 638; Simrock S. 168 Nr. 3058; Faselius S. 166; Lohrengel S. 13 Nr. 313; Hillebrand S. 103 Nr. 136; GD S. 253 Nr. 171; W I Sp. 1362 Nr. 25; Singer I S. 134; Grundmann/Strich/Richey S. 123–124; Singer II S. 53; Beyer S. 191, 211; Röhrich 1 S. 511; Foth S. 174–175; Krief, Der geschenkte Gaul → schenken.

V.: Geschenktem Gaul sieh nicht ins Maul. Körte S. 135 Nr. 2200; Braun S. 26 Nr. 638; Eiselein S. 210; Lohrengel S. 13 Nr. 313; GD S. 253 Nr. 172. Geschenktem Pferd/Roß schau nicht ins Maul. Franck I Bl. 88r, II Bl. 21v, 184r.

Gebäude

Alle Gebäude folgen dem Grund. Nach römischem Recht gehörte in der Regel dem Eigentümer des Grundstücks auch das, was darauf stand. Das deutsche Recht hingegen betrachtete Häuser nicht als Bestandteil des Grundstücks, sondern als → Fahrnis und hielt getrennte Eigentümer für möglich. Chaisemartin S. 206 Nr. 64; GD S. 103 Nr. 207; W I Sp. 1367 Nr. 1; Foth S. 94–100; vgl. Liebs S. 48 Nr. 109: Cujus est solum, ejus est usque ad coelum. Ebd. S. 59 Nr. 65; s. heute § 905 BGB → Haus.

V.: Dem eignet das Haus, dem die Erde eignet. GD S. 103 Nr. 208; W I Sp. 775 Nr. 1. Die Steine sollen dem Haus wieder folgen. Eisenacher Rb. III 90: dy steyne sullen dem huse wedir folgen. Chaisemartin S. 104 Nr. 4; GD S. 65 Nr. 16.

geben

Was nicht erstorben ist, das braucht man nicht zu geben. Das Rspw. bezieht sich auf die → Gerade, d. h. die Aussteuer der Frau, welche der Mann nur in dem Umfang an die nächste weibliche Verwandte geben mußte, den sie zum Zeitpunkt des Todes seiner Frau tatsächlich hatte. Eine Wiedererstattungspflicht des Mannes in bezug auf die Aussteuer bestand nicht. Goslarische Statuten S. 3: Des dar aver nicht bestorven ne is, des ne darf me nicht gheven. GD S. 184 Nr. 14; W I Sp. 850. V. Olberg, Gebe.

Wer nicht gibt, der nimmt nicht. Das Spw. bezieht sich auf das Prinzip ‹Ware gegen Geld›. GD S. 251 Nr. 143; W I Sp. 1375 Nr. 206; Beyer S. 193, 422 → Ware.

V.: Wer nicht geben kann, der soll auch nichts begehren. Beyer S. 193. Wer nicht nehmen will, braucht nicht zu geben. Braun S. 115 Nr. 2999; GD S. 251 Nr. 144. Wer nichts nimmt, darf nichts geben. GD S. 251 Nr. 145. Wider Willen kann man einem wohl etwas nehmen, aber nicht geben. Schottelius S. 1135; Hertius S. 418 Nr. 6; Eisenhart S. 245; Braun S. 196 Nr. 5144; Eiselein S. 643; Simrock S. 590 Nr. 11632; GD S. 94 Nr. 167; W V Sp. 242 Nr. 138. Wider Willen kann man niemand etwas geben. GD S. 229 Nr. 43.

Gebiet

So manch Gebiet, so manches Recht. Das Spw. bezieht sich auf die regionale Gültigkeit von Gesetzen. Hartknoch S. 572; GD S. 21 Nr. 238; W I Sp. 1383.

gebieten

Gebieten ohne Straf und Macht, macht Herren und Gebot veracht. Henisch Sp. 1389; Simrock S. 171 Nr. 3113; GD S. 286 Nr. 21; W I Sp. 1383 Nr. 2.

Gebot

Das alte Gebot geht vor. Bamberger Recht S. 113 § 407: daz alte bot get vor. GD S. 281 Nr. 330; W I Sp. 1385 Nr. 2. S. a. Die ältesten Briefe gehen vor → alt.

Des Herren Gebot macht das Gesetz. Henisch Sp. 1293; GD S. 286 Nr. 13; W II Sp. 542 Nr. 162.

Gebrauch

‹Gewohnheit›.

Gebrauch tut mehr als aller Meister Lehr'. Henisch S. 1395; Sailer S. 72; Körte S. 136 Nr. 2232; Eiselein S. 212; Simrock S. 171 Nr. 3117; GD S. 11 Nr. 138; W I Sp. 1387 Nr. 11; Beyer S. 194, 353.

gebunden

Wer gebunden ist, der sitzt fest. Wer ein Versprechen abgegeben hat, ist verpflichtet dieses zu halten. Gebunden kann hier auch verstanden werden im Sinne von ‹festgebunden, eingesperrt›. Schambach II 131/525; GD S. 228 Nr. 26; W I Sp. 1389.

Geburt

Die Geburt zweit sich nur an Freiheit und Eigenschaft. Das Spw. bezieht sich auf die früher übliche Unterscheidung zwischen Freiheit und Leibeigenschaft. GD S. 40 Nr. 103; W I Sp. 1389 Nr. 2.

Gedanke

Gedanken sind (zoll-)frei. Nicht der Gedanke, sondern erst der objektivierte Wille ist strafbar. Heute: Die Gedanken sind frei (Beyer S. 194). Franck I Bl. 90r; Agricola I S. 109; Conradi S. 21 Nr. 1; Eiselein S. 213; Simrock S. 171 Nr. 3128; Hillebrand S. 185 Nr. 261; Faselius S. 47; Osenbrüggen S. 3, 38; Wiegand S. 45 Nr. 655; Günther S. 48; GD S. 292 Nr. 65; W I Sp. 1395 Nr. 44; Grundmann/Strich/Richey S. 41; Singer II S. 169, III S. 82; Foth S. 52–56; Liebs S. 40 Nr. 38: Cogitationis poenam nemo patitur. Beyer S. 697; Mieder, Sprichwort – Wahrwort S. 211–229 → hängen, zollfrei. Vgl. dag. Dieberei macht nichts als der Wille zu stehlen → Dieb, hängen.

V.: Gedanken sind zollfrei, aber nicht höllenfrei. Simrock S. 172 Nr. 3129; Hillebrand S. 186 Nr. 261; Osenbrüggen S. 4; Günther S. 48; GD S. 292 Nr. 67; W I Sp. 1395 Nr. 45; Grundmann/Strich/Richey S. 34. Schweigen und denken tut niemand kränken. Franck II Bl. 88r; Günther S. 48; Fehr, Dichtung S. 177.

Ums Denken kann man niemand kränken. Hillebrand S. 186 Nr. 263; Simrock S. 96 Nr. 1541; GD S. 292 Nr. 68; W I Sp. 573 Nr. 70.

Gedinge

‹Übereinkunft, Abrede, Vertrag›, DRWB III Sp. 1354.

An Gedinge ist keine Folge. Starb der Lehnsherr, so endete das Gedinge, und es lag in der Entscheidung des neuen Herrn, den Vertrag zu erneuern oder nicht. Ssp. Lnr. 5 § 1: An deme gedinge n'is nene volge. Dsp. 14; Pistorius IV S. 240 Nr. 58; Conradi S. 27 Nr. 6; Eisenhart S. 689; Eiselein S. 214; Simrock S. 172 Nr. 3134; Hillebrand S. 80 Nr. 109; Chaisemartin S. 573 Nr. 6; GD S. 560 Nr. 82; W I Sp. 1400; Janz, Rechtssprichwörter S. 143–144.

Das Kind bricht alle Gedinge. Hatte der verstorbene Lehnsherr einen lehnsfähigen Erben, so kam es nicht zum Heimfall des Lehnsgutes und damit nicht zur Auflösung des Gedinges. Ssp. Ldr.I 33: dat kint [...] brikt al gedinge. Dsp. 38; Eisenacher Rb. II 40, 3; GD S. 205 Nr. 164, S. 560 Nr. 83; W II Sp. 1273 Nr. 56; Janz, Rechtssprichwörter S. 276–280.

Gedinge bricht Landrecht und Stadtrecht. Gemäß der Vertragsfreiheit waren die Vereinbarungen der jeweiligen Parteien gegenüber den Bestimmungen in Stadt- und Landrecht maßgebend. Conradi S. 7 Nr. 1; Estor I S. 21; Eisenhart S. 1; Körte S. 137 Nr. 2243; Eiselein S. 214; Simrock S. 172 Nr. 3133; GD S. 24 Nr. 258; W I Sp. 1400 Nr. 3 → Landrecht.

V.: Alle Gedinge brechen gemeines Recht. Sächsisches Weichbildrecht Sp. 304 Art. 26: alle gedinge brechen eyne gemeine recht. GD S. 24 Nr. 260. Recht zerreißt das Gedinge. GD S. 228 Nr. 34; W III Sp. 1531 Nr. 253.

Gegenrecht

‹Gegenklage› und ‹Recht gegenüber der Gegenpartei›, DRWB III Sp. 1454.

Kein besser Recht denn Gegenrecht. Simrock S. 422 Nr. 8241; GD S. 337 Nr. 316; W III Sp. 1526 Nr. 157 → Recht.

Gegenwehr

Gegenwehr ist erlaubt. Gemeint ist die Notwehr. Kirchhofer S. 221; GD S. 390 Nr. 571; W I Sp. 1419 Nr. 1; Grundmann/Strich/Richey S. 130; Beyer S. 197; Liebs S. 31 Nr. 103: Arma in armatos sumere jura sinunt. S. heute §§ 32 Abs. 1 StGB, 227 BGB u. 15 OWiG → Not.

V.: Gegenwehr ist nicht verboten. Eiselein S. 215; Simrock S. 173 Nr. 3167; Hillebrand S. 193 Nr. 275; GD S. 390 Nr. 570; W I Sp. 1419 Nr. 2.

gehorsam

Wer andere gehorsam machen will, muß selbst gehorsam sein. Sächsisches Weichbildrecht Sp. 208 Art. 7: wer andere luthe sal gehorsam machen, der sal selber gehorsam syn. GD S. 286 Nr. 25; W I Sp. 1442 Nr. 3.

Geiselmahl

Geiselmahle sind köstliche Mahle. Das Rspw. bezieht sich auf das sog. Einlager. Hiernach versprach jemand für den Fall, daß er eine bestimmte Verbindlichkeit nicht erfüllte, solange in Personalarrest zu gehen, bis er Genüge geleistet hatte. Grimm, RA II S. 172; Hillebrand S. 99 Nr. 135; GD S. 244 Nr. 141; W I Sp. 1446 Nr. 2.

V.: Köstliche Mahle heißen Geiselmahle. Conradi S. 20 Nr. 40; Simrock S. 196 Nr. 3656; Hillebrand S. 99 Nr. 135; GD S. 244 Nr. 142.

Geistliche

Was den Weltlichen siebenfach ist, ist den Geistlichen vierzehnfach. Um den Klerikern eine erhöhte Sicherheit zu gewähren, hatten sie gegenüber den Laien doppeltes → Wergeld. GD S. 536 Nr. 27; W V Sp. 184 Nr. 2.

Geld

Aus Geld, Getreide und Wein kann ohne Sünd kein Wucher sein. Henisch Sp. 1469; GD S. 268 Nr. 262; W I Sp. 1472 Nr. 15. → Wucher.

Danach Geld, danach Ware. Ware und Geld müssen in einem angemessenen Verhältnis stehen. Eisenhart S. 378; GD S. 252 Nr. 153; W I Sp. 1473 Nr. 54; Grundmann/Strich/Richey S. 56; Beyer S. 201, 653.

V.: So Geld, so Ware. Henisch Sp. 1475; GD S. 252 Nr. 154. Wie die Ware, so das Geld (der Preis). Beyer S. 202, 653.

Geld aus Dieben markten heißt ein Dieb mit sein. Zu *Geld marken* ‹etwas durch einen Handel einnehmen›, DWB II Sp. 1089; Henisch Sp. 694; GD S. 306 Nr. 177 → Dieb.

Geld hält das Feld. Aus dem Bergbau: Der Bergbauer durfte das Feld eines anderen Grundeigentümers betreten. Für dabei entstehenden Schaden mußte er aber aufkommen. GD S. 129 Nr. 357; W I Sp. 1480 Nr. 249.

V.: Geld oder Feld, das alte Bergrecht hält. Henisch Sp. 287; GD S. 129 Nr. 356.

Geld heilt alle Wunden. Körperverletzungen konnten mit Geld gesühnt werden. Beyer S. 202.

Geld ist die Losung. ‹Geld ist die Voraussetzung, unter der man etwas erwerben kann›. Pistorius I S. 39 Nr. 30; Eisenhart S. 367; Lohrengel S. 12 Nr. 303; GD S. 252 Nr. 152.

V.: Bargeld ist die Losung. Franck II Bl. 94v. Geld ist die Losung, umsonst ist der Tod. Kirchhofer S. 246; W I Sp. 1482 Nr. 300.

Geld ist gute Ware. Henisch Sp. 1472; GD S. 252 Nr. 149; W I Sp. 1483 Nr. 319.

Geld macht den Markt. Franck II Bl. 86r; Agricola S. 192; Henisch Sp. 1469; Eisenhart S. 366; Braun S. 28 Nr. 685; Simrock S. 179 Nr. 3284; Harrebomée I S. 220; GD S. 252 Nr. 151.

V.: Geld regiert die Welt. Franck II Bl. 86r; Simrock S. 176 Nr. 3234; W I Sp. 1494 Nr. 631; Beyer S. 202. Geld verdirbt die Welt. Franck I Bl. 19v.

Geld vor, Recht nach. Prozeßkosten mußten im bürgerlichen Verfahren im voraus beglichen werden. Conradi S. 20 Nr. 57; Eisenhart S. 435; Simrock S. 178 Nr. 3262; GD S. 426 Nr. 232; W I Sp. 1487 Nr. 461.

Gewalt, Geld und Gunst schwächen Recht, Ehr und Kunst. Sailer S. 72; Körte S. 160 Nr. 2597; GD S. 4 Nr. 64.

V.: Gewalt, Geld, Bitt und Gunst schwächt Ehr, Recht und Kunst. W I Sp. 1644 Nr. 30.

Kein Geld, keine Ware. Estor II S. 518; GD S. 253 Nr. 184; W I Sp. 1500 Nr. 766.

V.: Kein Geld, kein Schweizer. Kirchhofer S. 113; Simrock S. 179 Nr. 3295; GD S. 496 Nr. 67; W I Sp. 1500 Nr. 765. Kein Kreuzer, kein Schweizer. Körte S. 269 Nr. 4457; Braun S. 78

Nr. 2015; Simrock S. 305 Nr. 5956; Lohrengel S. 17 Nr. 434; GD S. 496 Nr. 66; W II Sp. 1612 Nr. 17.

Klein Geld, kleine Arbeit. Braun S. 29 Nr. 704; Simrock S. 181 Nr. 3327; GD S. 266 Nr. 248; W I Sp. 1500 Nr. 769 → Arbeit.

Wer das meiste Geld gibt, ist dem Gut am nächsten. Das Spw. bezieht sich auf die Versteigerung. GD S. 252 Nr. 161; W I Sp. 1509 Nr. 988.

Wer kein Geld hat, muß Bürgen stellen. Grundmann/Strich/Richey S. 59 → Bürge.

Geldsachen

Leibsachen und Geldsachen sind zweierlei. Das Rspw. bezieht sich auf die unterschiedliche Bestrafung von Körperverletzung und Mord, welche die Todesstrafe nach sich zogen, und Raub und Diebstahl, auf die eine Geldstrafe stand. Michelsen, Lübeck S. 254 Art. 177; GD S. 341 Nr. 345; W III Sp. 12 → Strafe.

Geleit

Geleit, mhd. *geleite* st. N. ‹Begleitung, Geleit, Schutz› bzw. auch ‹Schutzversprechen›, DRWB III Sp. 1581–1588.

Alle Gerichtsstätten haben das Geleite. Sie hatten das Privileg, Rechtsschutz zu gewähren. GD S. 403 Nr. 8; W I Sp. 1570.

Der Kaiser bringt das Geleit mit sich. Pistorius V S. 350 Nr. 47; Eiselein S. 357; Simrock S. 277 Nr. 5356; Hillebrand S. 241 Nr. 362; GD S. 29 Nr. 32; W II Sp. 1093 Nr. 5 → Kaiser.

V.: Kaiserliche Majestät bringt das Geleit mit sich. Conradi S. 26 Nr. 3; Hertius S. 401 Nr. 13; Eisenhart S. 630; GD S. 29 Nr. 33; W III Sp. 352.

Die Habe hat kein Geleit. Verlieh jemand seine → Fahrhabe (→ fahrende Habe, Fahrnis) und wurde diese vom Entleiher veräußert, so hatte der Eigentümer keinen Anspruch auf Ersatz. Anders lag der Rechtsanspruch, wenn dem Eigentümer die Sache ohne dessen Einwilligung genommen worden war. Bamberger Recht S. 31 § 101: die hab hat kein geleit. GD S. 110 Nr. 263; W II Sp. 231 Nr. 2.

Die Ladung bringt das Geleit mit sich. Conradi S. 23 Nr. 12; Eisenhart S. 530; Eiselein S. 223; Simrock S. 182 Nr. 3361; GD S. 442 Nr. 345; W II Sp. 1753 Nr. 2 → Ladung.

V.: Die Vorladung bringt das Geleit mit sich auf dem Rücken. W IV Sp. 1693.

Niemand ist schuldig, sein Leben auf ein Geleit zu setzen. GD S. 444 Nr. 386; W IV Sp. 372 Nr. 12.

Wenn die Erkenntnis wider den Geleiteten geht, hört das Geleit auf. D. h. das Prozeßgeleit erlischt, wenn das Endurteil gegen den Angeklagten ausgesprochen wird. GD S. 442 Nr. 349; W I Sp. 842 Nr. 2.

Wer des Geleits will genießen, muß nicht neue Böcke schießen. Simrock S. 182 Nr. 3363; GD S. 442 Nr. 348; W I Sp. 1536 Nr. 6; Grundmann/Strich/Richey S. 44.

V.: Wer des Geleits will genießen, muß sich geleitlich halten. Conradi S. 25 Nr. 4; Simrock S. 182 Nr. 3362; GD S. 442 Nr. 347; Grundmann/Strich/Richey S. 44.

Worte brechen kein Geleit. Worte allein gefährdeten das Geleit nicht. Erst wer neue Übeltaten beging, verlor seinen Anspruch auf Prozeßgeleit. Hertius S. 402 Nr. 15; Conradi S. 25 Nr. 5; Eisenhart S. 590; Eiselein S. 223; Simrock S. 182 Nr. 3364; Hillebrand S. 235 Nr. 346; GD S. 293 Nr. 78; W V Sp. 428 Nr. 714.

geleitsfrei

Jedermann ist geleitsfrei. Zu *frei* ‹sicher, geschützt›, DRWB III Sp. 701–702; Ruprecht von Freising cap. 129: Ain yedlich man ist gelaitz frey. GD S. 498 Nr. 98; W I Sp. 1536 Nr. 4.

gelten

‹In Kraft sein, gültig sein›, ‹Rechtswirkung haben›; bei Straftaten auch ‹bezahlen, eine schuldige Leistung entrichten›, DRWB IV Sp. 34.

So oft gebrochen, so oft gegolten. ‹So oft jemand gegen das geltende Recht verstößt, so oft muß er seine Straftaten büßen›. Grimm, Weisth. III S. 9: so dick gebrochen, so dick gegulden. GD S. 320 Nr. 228; W V Sp. 1049 Nr. 8.

V.: Wie oft man bricht, so oft hat der Richter sein Gewette. GD S. 322 Nr. 274 → Gewette, brechen.

Gelübde

Gelübde bricht alle Rechte. Besondere Verträge und Übereinkünfte (→ Gedinge) der Parteien überwogen gegenüber den allgemein gültigen Bestimmungen, vorausgesetzt die Vereinbarungen waren nicht gesetzeswidrig. Altprager Stadtrecht S. 105 Art. 11: glübde bricht alles recht. GD S. 24 Nr. 263; W I Sp. 1540 Nr. 1.

Heimlich Gelübde scheidet keine Ehe. Vgl. Offenbar Gelübde scheidet alle → Ehe. Eisenacher Rb. I 45: Daz heymlich globde entscheidit keyne e. GD S. 141 Nr. 40; W I Sp. 1540 Nr. 4.

gemein

Gemein Adj. ‹allgemein, gemeinschaftlich›, DRWB IV Sp. 72–126 → Recht, gemeines.

Gemein Gerücht ist selten erlogen. Franck I Bl. 144v; Henisch Sp. 1485; Schottelius S. 1115, 1136; Pistorius IV S. 177 Nr. 8; Conradi S. 25 Nr. 10; Eisenhart S. 598; Simrock S. 184 Nr. 3389; Latendorf S. 11; Hillebrand S. 236 Nr. 350; GD S. 454 Nr. 449; W I Sp. 1578 Nr. 19; Beyer S. 209 → Gerücht.

V.: Das gemeine Geplärr ist keine Lehr'. Beyer S. 353. Gemein Geplärr ist nie ganz leer. Kirchhofer S. 153; Eiselein 226; Simrock S. 184 Nr. 3388; GD S. 453 Nr. 443; W I Sp. 1558. Gemeiner Ruf hat allzeit etwas Wahres. GD S. 454 Nr. 454; W III Sp. 1762 Nr. 12. Gemeingerücht ist selten ganz erlogen. GD S. 454 Nr. 451; W I Sp. 1546. Gemeinlaut macht einen Flecken. GD S. 453 Nr. 442; W I Sp. 1546.

Wasser und Jagd ist gemein. Grimm, Weisth. III S. 739: Wasser und die jagd ist gemein. GD S. 130 Nr. 370; W IV Sp. 1818 Nr. 4252.

V.: Wasser und Weide haben wir vom himmlischen Vater zu Lehn. Grimm, Weisth. II S. 492: wasser vnd weyde haben wir von dem himlischen vater zu lehen. GD S. 68 Nr. 39; s. dag. Wasser und Weide ist des Königs. Grimm, Weisth. III S. 483: daz wazzer und weide des koneges si. GD S. 130 Nr. 371 → Allmende.

Gerade

‹Aussteuer›, ‹Fahrhabe›, die im Erbgang namentlich den Frauen zusteht → Erbe.

Die Gerade an die nächste Niftel, das Heergewäte an den nächsten Schwertmag. Bezogen auf die Sondererbfolge. Die weibliche Aussteuer (Gerade) ging in der Erbfolge an die nächste weibliche Verwandte, das → Heergewäte, zur kriegerischen Ausrüstung gehörende Gegenstände wie Schwert und Speer, an die männlichen Verwandten (→ Schwertmagen). Ssp. Ldr.I 27 §§ 1–2: er rade an er naesten nichtelen, [...] dat herwede in den naesten swertmach. GD S. 184 Nr. 10; W I Sp. 1559 Nr. 2; Janz, Rechtssprichwörter S. 402–412 → Heergewäte, Niftel, Schwertmagen.

V.: Die nächste Niftel erbt die Gerade. Eisenhart S. 293; Eiselein S. 147; Simrock S. 387 Nr. 7549; Chaisemartin S. 392 Nr. 10; Hillebrand S. 160 Nr. 223. Nehmen die Schwertmagen das Heergewäte, so nehmen die Gespinnen die Gerade. Sächsisches Weichbildrecht Sp. 298 Art. 25: wenne dy swertmagin nemen daz hergewete, zo nemen die gespynnen die gerade. GD S. 216 Nr. 241; W IV Sp. 471 → Heergewäte, Schwertmagen.

Gerade geht nicht über die Brücke. Die Gerade wurde nicht in Städte vererbt, in denen die Sondererbregelung keine Geltung hatte. Grimm, RA II S. 122; Conradi S. 17 Nr. 13; Haltaus Sp. 662; Simrock S. 185 Nr. 3418; Chaisemartin S. 395 Nr. 11; GD S. 217 Nr. 246; W I Sp. 1559 Nr. 3; Grundmann/Strich/Richey S. 82; Fehr, Dichtung S. 170.

Gerade hat viel Ungerade. Da die Zuordnung verschiedener Gegenstände nicht immer und überall eindeutig geregelt war, kam es bei der Aufteilung der Fahrhabe häufig zu Streitigkeiten. Conradi S. 17 Nr. 12; Estor I S. 570; Eisenhart S. 297; Eiselein S. 226; Simrock S. 185 Nr. 3417; Hillebrand S. 159 Nr. 223; Chaisemartin S. 395 Nr. 12; GD S. 184 Nr. 12; W I Sp. 1559 Nr. 5.

Von des Pfaffen Gut nimmt man keine Gerade. Während die Tochter nach ihrem Tod die von der Mutter geerbte Gerade an die nächste weibliche Verwandte weiter vererbte, hinterließ der Sohn, der Geistlicher geworden war, keine Gerade. S. o. Jungfrau und Pfaffe teilen die Gerade → Erbe. Ssp. Ldr.I 5 § 3: Van des papen gude [...] nimt men nene rade. GD S. 211 Nr. 199; W III Sp. 1235 Nr. 237; Janz, Rechtssprichwörter S. 253–258.

Was die Nadel beging, das ist Gerade. Denn ungeschnittenes Tuch gehörte nicht zur Gerade. Ssp. Ldr.I 24 § 3: Al laken ungesneden [...] dat ne horet den vrowen nicht. GD S. 184 Nr. 11; W III Sp. 858 Nr. 26 → Nadel.

gerecht

Was gerecht herkömmt, läßt man gerecht von hinnen, was ungerecht herkömmt, soll man recht machen. Grimm, Weisth. I S. 133; GD S. 408 Nr. 44; W I Sp. 1563 Nr. 5.

Gerechtigkeit

Gerechtigkeit ist stet. Ofner Stadtrecht S. 1 Art. 1: gerechtigkait ist stät. GD S. 6 Nr. 109; W I Sp. 1565 Nr. 27.

Gerechtigkeit macht Unterschied. Ofner Stadtrecht S. 1 Art. 1: gerechtigkait macht vnderschait vnd rechtvertigung. GD S. 5 Nr. 81; W I Sp. 1565 Nr. 30; Beyer S. 208, 615 → Unterschied, Vernehmung.

Grausam ist die Gerechtigkeit, wird sie nicht gepaart mit Mildigkeit. Ofner Stadtrecht S. 6 Art. 9: Grawssam ist dy gerechtigkait: Wirt sy nicht gefüeget mit mildigkait. GD S. 397 Nr. 599; Fehr, Dichtung S. 177.

In geringen Dingen muß auch Gerechtigkeit gehalten werden. Heute: Man soll Umstände berücksichtigen. Henisch Sp. 713; GD S. 381 Nr. 510; W I Sp. 639 Nr. 880.

V.: Gerechtigkeit muß sein in allen Dingen. Grundmann/Strich/Richey S. 36.

Wer Gerechtigkeit hält in der Hand, dessen Gewalt hat guten Bestand. GD S. 524 Nr. 309; W I Sp. 1566 Nr. 39; Grundmann/Strich/Richey S. 50.

Wo keine Gerechtigkeit ist, da ist auch kein Friede. W I Sp. 1566 Nr. 41; Beyer S. 208.

Gericht

Das Gericht bestand aus dem → Richter (leitete das Verfahren und verkündete das Urteil) und den → Schöffen (Gerichtsbeisitzern), die das → Urteil fanden.

Alles weltliche Gericht muß man vom König empfangen. Das Rspw. bezieht sich auf das ältere Königsgericht. Ruprecht von Freising I S. 73–74; GD S. 558 Nr. 51; W I Sp. 1568 Nr. 1.

Das Gericht ist deren Erbe nicht, die daran gesessen. Die Richter wurden nicht durch Geburt, sondern durch Wahl berufen. Grimm, Weisth. III S. 577: dann es ist ihr erbe nicht, di dran gesessen haben. Kindlinger S. 686 Nr. 210; GD S. 404 Nr. 17; W I Sp. 1568 Nr. 6.

Das Gericht ist schuldig, das Raubgut in die rechte Hand zu bringen. GD S. 476 Nr. 616; W I Sp. 1568 Nr. 8.

Das Gericht muß allzeit mit nüchterner Zunge geleitet werden. GD S. 404 Nr. 26; W I Sp. 1568 Nr. 9.

V.: Man muß fastend zu Gericht gehen. Sächsisches Weichbildrecht Sp. 255 Art. 48; GD S. 404 Nr. 27. Wer Gericht hält, soll nüchtern sein. Beyer S. 208.

Das Recht gehört ins Gericht. GD S. 425 Nr. 200; W III Sp. 1519 Nr. 31.

Die erste Hand des Gerichts ist der König. Wenn Gott das Recht ist und der König sein Stellvertreter auf Erden, sitzen alle eingesetzten oder gewählten Richter an seiner Statt.

Ein Gericht bei Gras, das andere bei Stroh. Das Spw. bezieht sich auf das echte, ungebotene → Ding; es wurde im Frühling (bei Gras) und im Herbst (bei Stroh) abgehalten. Grimm, Weisth. III S. 130: eins bei grase und eins bei stro. GD S. 404 Nr. 28; W I Sp. 1568 Nr. 13. Vgl. → St. Martin führt die Schlüssel zu jeder Seele auf dem Pfad zum letzten Urteil.

Gericht ist Gottes Werk. GD S. 403 Nr. 1; W I Sp. 1568 Nr. 15.

Gericht niedert sich nicht an die vierte Hand. Ein Lehn, mit dem peinliche Gerichtsbarkeit verbunden war, durfte nicht mehr als zweimal verliehen werden: In die vierte Hand durfte es nicht kommen. GD S. 558 Nr. 54; W I Sp. 1568 Nr. 16. Vgl. In die vierte Hand kann kein Lehn kommen. Ssp. Lnr.III 52 § 3; Schwsp. 132b; Dsp. 287; Rb. nach Distinctionen Buch VI, cap. IX, VIII; GD S. 559 Nr. 55; W II Sp. 303 Nr. 216; Janz, Rechtssprichwörter S. 465–468 → Hand, Lehn.

Gericht wird oft verkehrt. Ein ungerechtes Urteil ist nicht selten. GD S. 477 Nr. 633; W I Sp. 1569 Nr. 18.

V.: Mit der Leute Gericht kann man der Leute Recht betrügen. GD S. 477 Nr. 632; W III Sp. 86 Nr. 972.

Mit Recht und Gericht erhält man Land und Leute. GD S. 3 Nr. 48; W III Sp. 1527 Nr. 179; Röhrich 2 S. 925 → Land und Leute.

Niemand kann in einem anderen Gericht mit Verfestung gewinnen. Zu

Festung, Verfestung ‹Bekräftigung, Abmachung, Verhaftung›. Ssp. Ldr.III 24 § 1: Men ne mach nemande mit nener vestinge verwinnen in eneme anderen gerichte. GD S. 443 Nr. 370; Janz, Rechtssprichwörter S. 211–213 → Festung.

Niemand kann sagen, daß ein Gericht sein Eigen sei. Sächsisches Ldr.I S. 103: davon mag nieman jehen, daz ein gerihte sin eigen si. GD S. 404 Nr. 18.

Vom Dorfgericht zum Stadtgericht, vom Stadtgericht zum Hofgericht, vom Hofgericht zum Kammergericht. Das Rspw. bezieht sich auf die Urteilsschelte, die im nächsthöheren Gericht anhängig zu machen war. GD S. 477 Nr. 640, S. 482; W I Sp. 677 → schelten.

Vor Gericht ist eine Partei der anderen gleich. GD S. 432 Nr. 249; W I Sp. 1569 Nr. 23; s. Liebs S. 93 Nr. 78: In judiciis non est acceptio personarum habenda. S. a. Keine → Partei ist der andern vor.

Wer selbst richten will, soll den Kaiser belehren, warum er das Gericht verlor. Das Spw. bezieht sich auf das Verbot der Selbsthilfe. GD S. 424 Nr. 196; W III Sp. 1669 Nr. 35.

Wer sich vor ein Gericht verbindet, bleibt verbunden. Bezogen auf die Zuständigkeit des Gerichts, in dem eine → Sache anhängig gemacht worden ist. GD S. 437 Nr. 316; W I Sp. 1569 Nr. 33.

Wo ein Gericht ist, soll ein Büttel sein. GD S. 418 Nr. 134; W I Sp. 1570 Nr. 38; Beyer S. 101, 208 → Büttel.

Gerichtszeugnis

Gerichtszeugnis ist so stark, daß dagegen kein Eid gegeben wird. GD S. 454 Nr. 464; W I Sp. 1570 → Eid.

Gerücht

Das Gerücht ist immer größer als die Wahrheit. Körte S. 154 Nr. 2521; Braun S. 30 Nr. 743; Simrock S. 187 Nr. 3457; GD S. 454 Nr. 450; W I Sp. 1577 Nr. 6; Beyer S. 209 → gemein.

Das Gerücht tötet den Mann. Braun S. 30 Nr. 742; Körte S. 153 Nr. 2520; Simrock S. 186 Nr. 3456; W I Sp. 1577 Nr. 10; Beyer S. 209; Fehr, Dichtung S. 168.

V.: Der Leumund tötet den Mann. GD S. 454 Nr. 457; Beyer S. 362.

Gerüfte

Mhd. *geruofte* ‹Hilfegeschrei, Klagegeschrei›, ‹das Zusammenrufen der Nachbarn zur Hilfe›, später auch Nachrede → Gerücht.

Das Gerüfte ist der Klage Beginn. Mit dem Gerüfte wird der Prozeß in Gang gesetzt, der vor Gericht zu Ende geführt wird. Ssp. Ldr. I 62 § 1: dat geruchte is der klage begin. Rb. nach Distinctionen Buch IV, cap. XXXI, I; Richtsteig Ldr. cap. 33; Conradi S. 24 Nr. 2; Eisenhart S. 584; Eiselein S. 228; Simrock S. 186 Nr. 3454; Hillebrand S. 233 Nr. 342; Chaisemartin S. 508 Nr. 24; GD S. 441 Nr. 322; W I Sp. 1578; vgl. Beyer S. 209; Janz, Rechtssprichwörter S. 324–326.

V.: Gerücht ist der Klage Anfang. Beyer S. 40.

Gesamthand

‹Mehrheit von Personen, denen ein Sondervermögen gesamthänderisch zusteht›, Köbler, Juristisches Wb. S. 149 → Hand.

Gesamthand erbt einer auf den anderen, aber nicht auf die Erben. Verbürgen sich mehrere Personen für eine Schuld, so kann der Gläubiger wählen, wer bezahlt. Der Tod eines Bürgen schadet nicht dem Gläubiger, sondern den anderen Bürgen, welche die Zahlungsverpflichtung übernehmen müssen. Rb. nach Distinctionen Buch III, cap. XII, IX: gesampten hand erbet or eyner uf den andern, abir nicht uf sine erben. GD S. 244 Nr. 135; W I Sp. 1579 → erben.

Mutschierung bricht keine Gesamthand. Estor II S. 252; Eisenhart S. 695; Eiselein S. 480; Simrock S. 371 Nr. 7217; Hillebrand S. 83 Nr. 110a; GD S. 560 Nr. 74; W III Sp. 803 → Mutschierung.

Geschäft

Im Sinne von ‹Testament›.

Das letzte Geschäft tötet das erste. Das *letzte Geschäft* meint hier ‹Letzter Wille›, ‹Testament›. Das zuletzt abgeschlossene Testament macht alle zuvor abgegebenen Erklärungen unwirksam. Stadtrecht von Brünn S. 390 Art. 187: das lest gescheft, daz ein mensche tuet, daz hat craft und totet daz erste. GD S. 205 Nr. 176; W I Sp. 1581 Nr. 8; Grundmann/Strich/Richey S. 55 → Testament.

V.: Das letzte Wort gilt. GD S. 280 Nr. 312; Beyer S. 684. Der letzte Wille soll der kräftigste sein. GD S. 205 Nr. 177; W V

Sp. 237 Nr. 24; Grundmann/Strich/Richey S. 85. Große Gunst hat der letzte Wille. GD S. 205 Nr. 174; W II Sp. 169 Nr. 13.

Das Geschäft wird durch den Tod allererst bestätigt. GD S. 206 Nr. 178; W I Sp. 1581 Nr. 7 → Testament.

Gesessener

Des wegfährtigen Mannes wegen hat der Gesessene sein Recht verloren. Der Kläger als Angreifer mußte nicht nur den entfernten Gerichtsstand aufsuchen, sondern sich auch an die dort geltenden Regeln (Gerichtszeit, Fristen usw.) halten. Denn für einen fremden oder wegfährtigen Mann wurden keine Änderungen vorgenommen. Kleines Kaiserrecht I cap. 17. GD S. 442 Nr. 341; W III Sp. 380 Nr. 425 → Fremder.

Gesetz

Das weltliche Gesetz muß dem geistlichen dienen. GD S. 22 Nr. 245; W I Sp. 1613 Nr. 17.

Die Gesetze strafen und nicht der Richter. Der Richter kann keine individuellen Entscheidungen treffen, sondern muß sich an die bereits vorgegebenen Richtlinien halten. GD S. 286 Nr. 9; W I Sp. 1613 Nr. 23; Grundmann/Strich/Richey S. 39. Vgl. Liebs S. 108 Nr. 16: Lex est exercitus judicum tutissimus ductor. Ohne → Recht mag der Richter niemand zwingen. → Strafe.

Gesetz muß Gesetz brechen. Eiselein S. 231; Simrock S. 190 Nr. 3526; GD S. 18 Nr. 230; W I Sp. 1614 Nr. 39.

Gesetz ohne Strafe, Glocke ohne Klöppel. Körte S. 156 Nr. 2560; Braun S. 31 Nr. 767; Simrock S. 190 Nr. 3516; GD S. 286 Nr. 20; W I Sp. 1614 Nr. 48; Grundmann/Strich/Richey S. 49; Fehr, Dichtung S. 172.

V.: Gesetze ohne Strafen sind Glocken ohne Klöppel. Beyer S. 213.

Gesetz und geschriebenes Recht muß die Obrigkeit regieren. GD S. 487 Nr. 17; W I Sp. 1614 Nr. 41.

V.: Die Obrigkeit ist ein lebendiges Gesetz. GD S. 486 Nr. 15; W III Sp. 1090 Nr. 9.

Je mehr Gesetz, je weniger Recht. Franck II Bl. 188r; Braun S. 31 Nr. 764; Simrock S. 190 Nr. 3521a; GD S. 18 Nr. 226; Grundmann/Strich/Richey S. 18; Beyer S. 213, 669.

V.: Je mehr Gesetze, je weniger Recht, je mehr Recht, desto weniger Gesetze. W I Sp. 1615 Nr. 59. Je mehr Gesetz, je mehr Sünde. Braun S. 31 Nr. 762; GD S. 18 Nr. 225. Je mehr Gesetz, je mehr Übertretung. Beyer S. 213, 606. Je mehr Gesetze, desto mehr Untugend. GD S. 18 Nr. 223. Je weniger Gesetz, je besser Recht. Braun S. 31 Nr. 763; GD S. 18 Nr. 227; Beyer S. 213, 669.

Neu Gesetz setzt man um neuer Sachen willen. GD S. 18 Nr. 217; W I Sp. 1615 Nr. 73.

Sobald Gesetz ersonnen, wird Betrug begonnen. Braun S. 31 Nr. 769; Simrock S. 190 Nr. 3518; GD S. 18 Nr. 222; W I Sp. 1616 Nr. 82; Beyer S. 80, 213; Fehr, Dichtung S. 175 → Betrug.

Wer ein Gesetz gibt, ist selbst daran gebunden. GD S. 286 Nr. 15; W I Sp. 1617 Nr. 100.

V.: Wer ein Gesetz gibt, muß sich auch daran halten. GD S. 286 Nr. 17; W I Sp. 1617 Nr. 102. Wer ein Gesetz gibt, muß auch darüber wachen. Simrock S. 190 Nr. 3520; GD S. 286 Nr. 14.

Wie die Gesetze, so die Richter. Beyer S. 472.

Wo kein Gesetz, da ist auch keine Übertretung. Henisch Sp. 1560; GD S. 286 Nr. 7; W I Sp. 1618 Nr. 111; Beyer S. 213, 606.

Gestade

‹Ufer›.

Wes Gestade näher ist, dem ist der Werder. Entstand in einem Fluß eine Insel *(Werder)*, so hatte derjenige einen Rechtsanspruch darauf, dessen Ufer *(Gestade)* ihr am nächsten lag. S. a. Sand um Sand, → Land um Land. Rb. nach Distinctionen Buch V, cap. XXX, III: Erhebet sich eyn werde in eyme flussze, welcher stad daz ner ist, der gebord der werder. Chaisemartin S. 206 Nr. 65; GD S. 103 Nr. 210; W I Sp. 1630.

geständig

Den Geständigen kann niemand entschuldigen. GD S. 445 Nr. 412; W I Sp. 1631.

gestehen

Was die Genannten gestehen, da gehört kein Leugnen dagegen. Das Zeugnis der Schöffen schließt Gegenbeweis aus. Doch ist es auf die Gerichtsstätte beschränkt. GD S. 454 Nr. 461; W I Sp. 1549 Nr. 2.

Was einer gesteht, braucht er nicht zu beschwören. Michelsen, Lübeck S. 296 Art. 228; GD S. 468 Nr. 594; W I Sp. 1632 Nr. 2; Beyer S. 214 → beweisen.

V.: Was man beweisen kann, braucht man nicht zu beschwören. Ssp. Ldr. I 13 § 1: dat men bewisen mach, dar ne mogen se nicht vore sweren. GD S. 468 Nr. 593; W V Sp. 987 Nr. 4; Beyer S. 83.

Wollt ihr gestehen, so müßt ihr bezahlen. Das Geständnis trägt das Urteil in sich und kann noch nicht einmal durch Gegenbeweis entkräftet werden. GD S. 445 Nr. 407; W I Sp. 1632 Nr. 3. Vgl. Bekannt ist halb gebüßt → bekennen.

Gewähre

Mhd. *gewer* sw. M. ‹Gewährleister, Bürge, Vertreter von Ansprüchen› → Währmann.

Selbstschuldner kann keinen Gewähren stellen. Michelsen, Lübeck S. 166 Art. 65; GD S. 441 Nr. 328; W IV Sp. 536.

Gewalt

Alle Gewalt ist unrecht. GD S. 4 Nr. 57; W I Sp. 1643 Nr. 1.

Bei Gewalt soll Gnade sein. Wackernagel S. 39 Nr. 10; GD S. 397 Nr. 605; W I Sp. 1643 Nr. 2; Beyer S. 215.

Eine Hand voll Gewalt ist besser als ein Sack voll Recht. Simrock S. 192 Nr. 3571; GD S. 529 Nr. 331; W I Sp. 1643 Nr. 8.

V.: Eine Hand voll Macht ist besser als ein Sack voll Recht. Braun S. 32 Nr. 789.

Es ist besser der Gewalt mit dem Rechte widerstehen als mit dem Eisen. Simrock S. 193 Nr. 3575; GD S. 389 Nr. 555; W I Sp. 1643 Nr. 4.

Für Gewalt ist man zu gewähren nicht schuldig. Gewalt meint hier alle unvorhersehbaren Ereignisse, die nicht zu kalkulieren sind, sog. höhere Gewalt. *Gewähren* bedeutet hier ‹bezahlen›, DRWB IV Sp. 660–663, insb. 662. Das Spw. besagt, für Schäden, die durch höhere Gewalt angerichtet werden, kann niemand zur Verantwortung gezogen werden. Hertius S. 329 Nr. 55; Conradi S. 20 Nr. 47; Eisenhart S. 421; Simrock S. 192 Nr. 3566; Hillebrand S. 174 Nr. 246; Chaisemartin S. 261 Nr. 10; GD S. 95 Nr. 190;

W I Sp. 1647 Nr. 108; Grundmann/Strich/Richey S. 125; Foth S. 161–166.

V.: Wider Gewalt ist man zu gewähren nicht schuldig. GD S. 261 Nr. 226; W I Sp. 1649 Nr. 138.

Gewalt geht für Recht. Agricola II S. 86; GD S. 528 Nr. 330; W I Sp. 1644 Nr. 29 → Recht.

V.: Gewalt ergeht vor Recht. Franck II Bl. 39r; Singer I S. 161, II S. 121; Krauss S. 71. Gewalt geht vor Recht. Pistorius V S. 415 Nr. 100; Braun S. 32 Nr. 780; Simrock S. 192 Nr. 3567; GD S. 390 Nr. 566; Beyer S. 216. Macht geht vor Recht. Beyer S. 381.

Gewalt ist kein Recht. Grimm, Weisth. III S. 359, 367; GD S. 389 Nr. 557; W I Sp. 1645 Nr. 40.

V.: Gewalt gibt kein Recht. Beyer S. 216.

Gewalt macht schnellen Vertrag. Braun S. 32 Nr. 788; Simrock S. 193 Nr. 3581; GD S. 228 Nr. 29; W I Sp. 1645 Nr. 43; Grundmann/Strich/Richey S. 52.

Gewalt mag man wohl mit Gewalt, Macht mit Macht wenden. GD S. 390 Nr. 561; W I Sp. 1645 Nr. 44. Liebs S. 219 Nr. 26: Vim vi repellere licet. S. heute §§ 32 Abs. 1 StGB u. 227 BGB. S. a. Gewaffnete Not muß man mit → Waffen vertreiben.

V.: Gewalt kann man mit Gewalt vertreiben. Simrock S. 193 Nr. 3582; Foth S. 167–169. Gewalt muß Gewalt vertreiben. Lohrengel S. 13 Nr. 315; GD S. 390 Nr. 559. Ein Mann mag wohl Gewalt mit Gewalt vertreiben. Sächsisches Weichbildrecht Sp. 435 Art. 132: eyn man mag wol mit gewalt gewalt vertriben. GD S. 390 Nr. 560.

Gewalt und Gunst bricht Recht. Estor III S. 49; GD S. 389 Nr. 558.

V.: Gewalt und Gunst bricht Recht, Siegel und Kunst. W I Sp. 1645 Nr. 59.

Man hält nicht lange die Gewalt, die man muß halten mit Gewalt. GD S. 524 Nr. 306; W I Sp. 1646 Nr. 86.

Was Gewalt tut, das ist selten gut. GD S. 389 Nr. 556; W I Sp. 1647 Nr. 112.

Wer zur Gewalt schweigt, verliert sein Recht. Körte S. 156 Nr. 2121; Braun S. 32 Nr. 787; Simrock S. 193 Nr. 3576; GD S. 390 Nr. 565; W I Sp. 1648 Nr. 135.

Wo Gewalt herrscht, schweigen die Rechte. GD S. 4 Nr. 58; W I Sp. 1649 Nr. 145; Grundmann/Strich/Richey S. 19; Beyer S. 216.

Wo Gewalt Recht ist, hat das Recht keine Gewalt. Simrock S. 192 Nr. 3570; GD S. 4 Nr. 62; W I Sp. 1649 Nr. 147; Beyer S. 216.

Wo Recht keine Gewalt hat, da wird Gewalt Recht. W III Sp. 1536 Nr. 359; Beyer S. 216.

Gewere

Mhd. *gewer* st. F. ‹förmliche Einkleidung in einen Besitz, rechtskräftig gesicherter Besitz, Besitzrecht; potestas über eine Person; das Innehaben einer Sache oder die berechtigte Ausübung eines Rechts›. Da die Verfügungsgewalt über Fahrnis und Liegenschaften wie Rechte gleichzeitig mehreren Personen zukommen konnte, trat die Gewere in den unterschiedlichsten Formen auf. Z. B. hatte der Lehnsherr die Eigengewere an einem Lehngut, der Lehnsmann aber zugleich die Lehnsgewere. Die Gewere erhielt man durch förmliche Einweisung (Investitur).

An feiler Taverne wird kein Hausfriede gebrochen, noch die Gewere befochten. Einbruch in ein Wirtshaus galt nicht als Hausfriedensbruch, da es sich bei dem Wirtshaus um ein öffentliches Gebäude handelte. Einbrüche mit Gewalttaten in Wirtshäusern wurden deshalb so wie Verbrechen auf der Straße geahndet. Lappenberg S. 64 Art. 1; GD S. 381 Nr. 514; W IV Sp. 1052 → Hausfriede.

Der Käufer folgt seinem Verkäufer um die Gewere. Erwirbt jemand unwissend Diebsgut und wird gegen ihn eine Eigentumsklage erhoben, so kann der Vorbesitzer hierfür belangt werden, der es versäumt hatte, beim Kauf den Käufer darüber zu unterrichten. Kamptz III S. 394: der Käuffer folget seinem Verkäuffer vmb seine Werschaft. GD S. 260 Nr. 222; W II Sp. 1225 Nr. 5.

Die Mutter ist Gast in des Sohnes Gewere und der Sohn in der Mutter. Wohnte eine Witwe mit ihrem verheirateten Sohn gemeinsam in einem ihr gehörenden Haus und starb der Sohn, so hatte die Schwiegertochter keinen Anspruch auf das weibliche Sondervermögen (→ Morgengabe, Gerade, Musteil). Dieses blieb im Besitz der Mutter, da der Sohn Gast in ihrem Hause war. War die Mutter hingegen Gast ihres Sohnes, so gelangte das Vermögen in den Besitz der Schwiegertochter. In diesem Fall hatte die Mutter keinen Rechtsanspruch. Ssp. Ldr.I 20 § 7: De muder is gast in des sons geweren, unde de sone in der muder. Rb. nach Distinctionen Buch I, cap. XIII, II: Also behilt dy niftele or gerade noch orme tode, ab sy ir sterbet wan or man, bilcher wanne des mannes muter, wenn dii muter ist eyn gast in des mannes gewern. GD S. 217 Nr. 252; W III Sp. 805 Nr. 46; Janz, Rechtssprichwörter S. 291–298.

Eigen Gewere macht Herren. GD S. 93 Nr. 143; W I Sp. 1652 Nr. 1.

Gewere ohne Belehnung hat keine Kraft. GD S. 557 Nr. 31; W I Sp. 1652 Nr. 2. S. u. Lehn ohne Gewere entbehrt der Folge.

V.: Gewere ohne Lehn ist unrecht. Ssp. Lnr. 59 § 3: al were ane lenunge is unrecht. Ficker S. 171 Art. 167; GD S. 557 Nr. 30; W I Sp. 1652 Nr. 3; Janz, Rechtssprichwörter S. 339–341.

Jahr und Tag ist die rechte Gewere. Pistorius V S. 414 Nr. 99; Conradi S. 15 Nr. 27; Sailer S. 254; Eisenhart S. 241; Eiselein S. 346; Simrock S. 268 Nr. 5183; Hillebrand S. 47 Nr. 65; GD S. 94 Nr. 176; W II Sp. 990 Nr. 109; Grundmann/Strich/Richey S. 68 → Jahr und Tag.

Kein Mann ist schuldig, seine Gewere zu räumen. Rb. nach Distinctionen Buch I, cap. XXXVIII, I: keyn man ist phlichtig sine gewer zcu rumen. GD S. 94 Nr. 159; W III Sp. 416 Nr. 1232.

Lehn ohne Gewere entbehrt der Folge. Lehn ohne Besitz darf nicht erneuert, d. h. weiter vererbt werden. Ssp. Lnr. 59 § 3: Al len ane were darvet der volge unde al were ane lenunge is unrecht. Dsp. 167; Lüning I Sp. 359 Tit. 109: Alles Lehen ohn Gewär manglet der Folge. GD S. 557 Nr. 32; W II Sp. 1879 Nr. 18; Janz, Rechtssprichwörter S. 339–341. S. o. Gewere ohne Belehnung hat keine Kraft.

Man darf niemand aus seiner Gewere weisen, als von Gerichtes halben. GD S. 94 Nr. 160; W I Sp. 1652 Nr. 5.

Mann und Weib sind in gleicher Gewere. Bezogen auf die eheliche Gütergemeinschaft. Vgl. Ssp. Ldr.I 31 § 1; Hillebrand S. 122 Nr. 171; GD S. 153 Nr. 66; W III Sp. 420 Nr. 1310. S. a. Ein → Mann – ein Weib, zwei Seelen und ein Leib. Mann und Weib haben kein gezweites Gut zu ihrem → Leib. Leib an → Leib, Gut an Gut.

Was der Mann in rechter Gewere nicht hat, dafür soll er antworten.

Antworten meint hier ‹sich vor Gericht verantworten›. GD S. 94 Nr. 161; W I Sp. 1652 Nr. 7.

Was einem angeerbet ist, der hat die Gewere von dem Toten. Sächsisches Weichbildrecht Sp. 392 Art. 68: Was eynem angeerbit ist, der hat die gewere von dem toden. GD S. 183 Nr. 6.

Wer auf der Gewere sitzt, der hat das Recht dazu. Rb. nach Distinctionen Buch II, cap. III, III: der uffe der gewer siczt, der had recht dorczu. GD S. 93 Nr. 150; W I Sp. 1652 Nr. 8.

Wer die Gewere hat, der hat das bessere Recht. GD S. 93 Nr. 149; W I Sp. 1652 Nr. 9.

Wer die Gewere hat, der soll das Gut nützen. Ruprecht von Freising I cap. 137; GD S. 93 Nr. 145; W I Sp. 1652 Nr. 10.

Zu einer rechten Gewere gehört guter Glaube. GD S. 94 Nr. 174; W I Sp. 1653 Nr. 13 → Glaube. S. a. Dem → Zweifler gebührt nichts.

V.: Keine Gewere taugt ohne guten Glauben. GD S. 94 Nr. 175; W I Sp. 1652 Nr. 4.

Gewette

Mhd. *gewette* st. N. ‹Verpfändung, Geldbuße, die man dem Richter zahlen muß›. Die Höhe des Strafgeldes richtete sich nach dem Grad des Vergehens und nach der Stellung des Richters. DRWB IV Sp. 757–760; HRG I Sp. 1674–1675 → Wette.

Das Gewette ist aller Richter Gewette nicht. GD S. 322 Nr. 279; W I Sp. 1653 Nr. 1.

V.: Man wettet jedem Richter nach seinem Recht. GD S. 322 Nr. 277.

Der Richter kann auf das Gewette kein Gewette fordern. Verzögerte der Verurteilte die Zahlung der Gebühren, die dem Richter zustanden, so durfte jener auf die verzögerte Zahlung nicht nochmals Gewette fordern. GD S. 322 Nr. 283; W III Sp. 1670 Nr. 17.

Kein Vieh verbüßt Gewette. Ssp. Ldr. II 40 § 3: Nen ve verbort wedde deme richtere an siner dat. Dsp. 151 § 3; Estor I S. 488; Simrock S. 555 Nr. 10957; Hillebrand S. 200 Nr. 287; Chaisemartin S. 503 Nr. 21; GD S. 291 Nr. 49; W IV Sp. 1630 Nr. 23; Janz, Rechtssprichwörter S. 230–231 → Vieh. Vgl. Den Schaden büßt der Reiter und nicht das Pferd → Buße, büßen. Jedoch: Ist das → Tier tot, so ist die Sache auch tot.

Mit dem Gewette warnt man das Volk. Sächsisches Weichbildrecht Sp. 372 Art. 75: mit dem gewette warnet man das volg. GD S. 340 Nr. 333; W I Sp. 1653 Nr. 2.

Nähme man kein Gewette, so verginge das Recht. Sächsisches Weichbildrecht Sp. 372 Art. 53: neme man kein gewette, so vorginge das recht. GD S. 314 Nr. 208; W I Sp. 1653 Nr. 3.

So manche Buße, so manch Gewette. Kulmisches Recht II,3: Alse manche busse alse mannych gewette. GD S. 322 Nr. 269; W V Sp. 1089 Nr. 29 → Buße.

Gewinn

Gewinn geht vor Kauf. Das Rspw. beschreibt das Verhältnis zweier Vertragsrechte zueinander. Gewinn setzt den käuflichen Erwerb außer Kraft. Henisch Sp. 1601; GD S. 281 Nr. 323; W I Sp. 1656 Nr. 34 → Kauf.

gewinnen

Wer gewinnt, genieße, wer verliert, der büße. Der Verlierer eines Rechtsstreites muß die Prozeßkosten tragen, während der Gewinner von allen Kosten befreit ist. GD S. 427 Nr. 243; W I Sp. 1662 Nr. 96; Beyer S. 217; s. Liebs S. 219 Nr. 23: Victus victori in expensis est condemnandus. S. heute § 91 Abs. 1 ZPO → büßen. Wer an der Sache fällt, zahlt die → Kosten.

Wo ein Mann gewinnen will, da soll er auch verlieren. Bezogen auf den Ort, an dem der Kläger sich der Wiederklage stellen muß. GD S. 438 Nr. 317; Janz, «Dan nach Sprichwortten pflegen die Bauren gerne zu sprechen.» S. 90–91. S. a. Wo einer → Recht fordert, da soll er Recht pflegen.

Gewohnheit

Gewohnheit im Sinne der hier genannten Sprichwörter meint das von alters her geltende → Recht, das mitunter zum kodifizierten Recht im Gegensatz steht. DRWB IV Sp. 813–821. → Unrecht. Bühler, Rechtsquellenlehre Bd. 1.

Alle gute Gewohnheit soll man behalten. Lüning I Sp. 360 Tit. 115: alle gute Gewohnheit soll man behalten. GD S. 12 Nr. 145; W I

Sp. 1678 Nr. 1; vgl. Liebs S. 99 Nr. 131: Inveterata consuetudo pro lege custoditur.

Alte Gewohnheit ist stärker als Brief und Siegel. Conradi S. 7 Nr. 4; Estor I S. 20; Sailer S. 251; Eisenhart S. 11; Simrock S. 195 Nr. 3641; Faselius S. 50; Hillebrand S. 8 Nr. 7; GD S. 12 Nr. 141; W I Sp. 1678 Nr. 2; Grundmann/Strich/Richey S. 49; Beyer S. 96, 218 → Brief.

Alte Gewohnheit soll man nicht brechen. Estor I S. 20; Pistorius IV S. 281 Nr. 89; Conradi S. 7 Nr. 3; Eisenhart S. 9; Körte S. 163 Nr. 2659; Simrock S. 195 Nr. 3642; GD S. 12 Nr. 142; W I Sp. 1679 Nr. 7; Grundmann/Strich/Richey S. 49; Beyer S. 218.

Aus Gewohnheit wird zuletzt Recht. Henisch Sp. 1608; GD S. 11 Nr. 129; W I Sp. 1679 Nr. 9.

Böse Gewohnheit macht kein Ding gut. Henisch Sp. 1608; GD S. 13 Nr. 175; W I Sp. 1680 Nr. 31; Grundmann/Strich/Richey S. 41.

V.: Böse Gewohnheit macht unrecht Leben. Kleines Kaiserrecht II cap. 47: vnrecht gewonheit machet unrecht leben. GD S. 13 Nr. 176; W I Sp. 1679 Nr. 13. Böse Gewohnheiten machen kein Recht. Estor I S. 20; GD S. 13 Nr. 185; W I Sp. 1679 Nr. 18.

Böse Gewohnheit soll man abtun. Kleines Kaiserrecht II cap. 47: bose gewonheit sal man abtun. GD S. 13 Nr. 182; W I Sp. 1679 Nr. 14.

V.: Böse Gewohnheit soll man nicht halten. GD S. 13 Nr. 181.

Einmal ist keine Gewohnheit. Simrock S. 119 Nr. 1997; Hillebrand S. 8 Nr. 8; GD S. 11 Nr. 125; W I Sp. 792 Nr. 15; Grundmann/Strich/Richey S. 39; Beyer S. 127, 218 → einmal.

V.: Einmal ist nicht immer. Braun S. 16 Nr. 368; GD S. 11 Nr. 127; Grundmann/Strich/Richey S. 43. Einmal ist keinmal. Unus actus nullus actus. Hertius S. 386 Nr. 117; Pistorius III S. 338 Nr. 75; Conradi S. 21 Nr. 4; Bücking S. 119; Eisenhart S. 455; Körte S. 84 Nr. 1352; Eiselein S. 141; Braun S. 16 Nr. 367; Simrock S. 118 Nr. 1994; Lohrengel S. 10 Nr. 235; Hillebrand S. 222 Nr. 322; Osenbrüggen S. 3; Günther S. 93; GD S. 398 Nr. 615; W I Sp. 792 Nr. 16; Singer I S. 175; Grundmann/Strich/Richey S. 43; Beyer S. 127; Röhrich 1 S. 368; Fehr, Dichtung S. 168.

Gewohnheit billigt alle Dinge. Henisch Sp. 1608; GD S. 11 Nr. 136.

Gewohnheit ist die beste Deuterin des Rechts. GD S. 12 Nr. 156; W I Sp. 1681 Nr. 48; Grundmann/Strich/Richey S. 49; Beyer S. 218.

Gewohnheit ist eine große Gewalt. GD S. 11 Nr. 133; W I Sp. 1681 Nr. 51.

Gewohnheit lindert alle Dinge. Simrock S. 195 Nr. 3636; GD S. 11 Nr. 137; W I Sp. 1681 Nr. 52.
V.: Gewohnheit lindert alles. Braun S. 33 Nr. 814.

Gewohnheit verdrängt ein Recht. GD S. 12 Nr. 151; W I Sp. 1681 Nr. 61.

Gewohnheit wächst mit den Jahren. Braun S. 33 Nr. 813; Simrock S. 195 Nr. 3638; GD S. 11 Nr. 132; W I Sp. 1681 Nr. 62.

Gewohnheit will Recht haben. Braun S. 33 Nr. 816; Simrock S. 195 Nr. 3639; GD S. 11 Nr. 130; W I Sp. 1681 Nr. 63; Beyer S. 460.
V.: Gewohnheit will Recht sein. Beyer S. 218.

Gute Gewohnheit erhält Fried und Einigkeit. GD S. 12 Nr. 150; W I Sp. 1682 Nr. 81.

Gute Gewohnheit, gut Recht. Kulmisches Recht V,53: gute gewonheyt gut recht. GD S. 12 Nr. 147; W I Sp. 1682 Nr. 82; Beyer S. 218 → Recht.
V.: Gut Recht ist gute Gewohnheit. GD S. 12 Nr. 148; W III Sp. 1525 Nr. 144; Beyer S. 218, 460. Gutes Recht ist gute Gewohnheit. GD S. 12 Nr. 148; W III Sp. 1525 Nr. 144.

Gute Gewohnheit ist am Zehnten Gerechtigkeit. Die Abgabe des Zehnten richtete sich nicht nur nach Größe und Beschaffenheit, sondern auch nach bestimmten Formalitäten. In zweifelhaften Fällen entschied hier das Gewohnheitsrecht. GD S. 123 Nr. 340; W I Sp. 1682 Nr. 83 → Zehnt.

Gute Gewohnheit ist so gut wie gute geschriebene Rechte. GD S. 12 Nr. 146; W I Sp. 1683 Nr. 85.

Gute Gewohnheit soll man nicht schwächen. Ofner Stadtrecht Art. 221: Das man keyn alte, gútte gewonhait nit sweche. GD S. 12 Nr. 144; W I Sp. 1683 Nr. 86.
V.: Gute Gewohnheit soll man behalten. Beyer S. 218.

Gilt die Gewohnheit allgemein über alle Welt, so bricht sie alle Rechte. GD S. 12 Nr. 153; W I Sp. 1683 Nr. 88.

Unrechte Gewohnheit macht unrecht Leben. Kleines Kaiserrecht II cap. 47; GD S. 13 Nr. 177; W I Sp. 1683 Nr. 97.

V.: Unrechte Gewohnheit pflanzt weit. GD S. 13 Nr. 178; W I Sp. 1683 Nr. 98.

Unrechte Gewohnheit verläßt die Leute. Kleines Kaiserrecht II cap. 47; GD S. 13 Nr. 179; W I Sp. 1683 Nr. 99.

Wo Gewohnheit ist, da ist Recht. GD S. 11 Nr. 128; W I Sp. 1684 Nr. 111.

Wo man das Recht nicht versteht, soll man es nach der Gewohnheit deuten. GD S. 12 Nr. 158; W III Sp. 1536 Nr. 357.

Gilde

‹Handwerksgenossenschaft, Berufsvereinigung›, ‹Zunft›, ‹Zahlung› → Zunft.

Keine Gilde darf die andere brechen. Das Rspw. bringt die gegenseitige Unabhängigkeit der Zünfte zum Ausdruck. GD S. 504 Nr. 146; W I Sp. 1689 Nr. 1.

Gilt, Gülte

‹Zahlung, Abgabe, Einnahme›, DRWB IV Sp. 1255.

Von der Gilt gibt man keine Steuer. GD S. 511 Nr. 193; W V Sp. 1350.

Glaube

‹Kredit, Bürgschaft, Schuldversprechen› in gutem Vertrauen, DRWB IV Sp. 910–916.

Wo einer seinen Glauben gelassen, da muß er ihn wieder suchen. Hatte jemand eine Sache verliehen, so durfte er diese nach deutschem Recht nur von dem Entleiher und nicht von einem Dritten, der die Sache in seinen Besitz gebracht hatte, zurückfordern. Nach römischem Recht dagegen konnte der Eigentümer seine Sache von jedem zurückfordern, in dessen Besitz sie sich befand. S. Die → Hand muß gelöst werden, wo sie gebunden ist. Braun S. 34 Nr. 828; Hillebrand S. 74 Nr. 101; GD S. 110 Nr. 272; W I Sp. 1702 Nr. 136; Grundmann/Strich/Richey S. 46.

Gläubiger

Der Gläubiger ist die Person, die berechtigt ist, in einem Schuldverhältnis von dem Schuldner eine Leistung zu fordern. Köbler, Juristisches Wb. S. 161.

Gläubiger gehen vor den nächsten Freunden in den Kauf. Hatte der Erblasser sein Gut als Pfand gegeben, so hatte der Gläubiger Vorrang vor den Verwandten und Freunden. GD S. 115 Nr. 279; W I Sp. 1711 Nr. 6 → Erbe. Vgl. → Satzung geht vor → Nachbarschaft.

gleich

Der Gleichheitsgrundsatz bezieht sich darauf, daß alle Menschen vor Gericht grundsätzlich gleich sind: Omnes homines aequales sunt (Liebs S. 148 Nr. 13). Er verpflichtet den Gesetzgeber, in Gesetzen wesentlich Gleiches gleich zu regeln. Köbler, Juristisches Wb. S. 162. Liebs S. 110 Nr. 34: Lex non distinguit. S. Art. 3 Abs. 1 GG.

Die gleich geboren sind, sollen gleich teilen. Das Rspw. bezieht sich auf die Teilung des Erbes unter gleichberechtigten Geschwistern. GD S. 216 Nr. 228; W I Sp. 1384 Nr. 10 → Erbe, Erbteil.

Gleich gegen Gleich ist die beste Bezahlung. Das Spw. bezieht sich auf Verträge oder das Wiedervergeltungsrecht. Schottelius S. 1124; Henisch Sp. 1646; GD S. 237 Nr. 99, S. 337 Nr. 315; W I Sp. 1713 Nr. 31.

Gleiche Arbeit, gleicher Lohn. Henisch Sp. 1646 → Arbeit.

V.: Arbeit und Lohn müssen immer gleichston. GD S. 266 Nr. 240; W I Sp. 117 Nr. 60.

Gleiche Brüder, gleiche Kappen. Das Spw. hat neben seiner allgemeinen Bedeutung auch eine spezifisch rechtliche, bezogen auf die Erbfolge: Die Söhne des Erblassers sollen diesen nach Köpfen gleich beerben. Durch Regeln wie Majorat, Seniorat, Primogenitur, Minorate und Juniorate ist dieser Grundsatz zeitweise in den Hintergrund getreten. Henisch Sp. 1644; Conradi S. 17 Nr. 15; Eisenhart S. 305; Braun S. 12 Nr. 278; Simrock S. 85 Nr. 1345; Lohrengel S. 13 Nr. 322; Hillebrand S. 151 Nr. 211; Günther S. 49; GD S. 216 Nr. 223; W I Sp. 487 Nr. 15; Grundmann/Strich/Richey S. 83; Beyer S. 221, 302; Röhrich 1 S. 552 → Bruder, Erbe.

Gleiche Güter sollen gleich hegen. Nach dem Zaunrecht sind Grundstücke, die aneinander grenzen, einheitlich zu umzäunen. Die Kosten für die Umfriedung werden von den Nachbarn geteilt. Blumer III S. 72; GD S. 84 Nr. 107; W II Sp. 190 Nr. 111; s. heute § 919, Abs. 3 BGB → Zaun.

Gleiche Rechte, gleiche Pflichten. W III Sp. 1525 Nr. 140; Beyer S. 221.

Gleiche Sünde, gleiche Strafe. Henisch Sp. 1645; GD S. 313 Nr. 196; W IV Sp. 963 Nr. 89.

Gleiche Ware, gleicher Kauf. Henisch Sp. 1646; GD S. 252 Nr. 158; W IV Sp. 1713 Nr. 45.

In gleichen Sachen ist allemal ein Recht. GD S. 477 Nr. 623; W III Sp. 1793 Nr. 136.

V.: In gleichen Sachen muß man gleiches Recht tun. GD S. 477 Nr. 624. In gleichen Sachen soll man gleiches Recht bezeugen. GD S. 477 Nr. 625.

Mit Gleichem hast du gleiches Recht. Henisch Sp. 1646; GD S. 41 Nr. 118; W I Sp. 1718 Nr. 11.

Glied

Wer im Gliede näher ist, ist auch im Erbe näher. Kamptz 3 S. 29; GD S. 200 Nr. 121; W I Sp. 1722 Nr. 17 → Erbe, Sippe, Bruder, Halbbruder.

V.: Wer im Grad der nächste, der ist im Recht der beste. GD S. 201 Nr. 128; W II Sp. 120 Nr. 3 → Grad.

Gnade

‹Billiges Ermessen›, ‹Begnadigung, Ermäßigung›, ‹Geschenk›, DRWB IV Sp. 968. (Richten nach Gnade) → Recht, richten.

Gnade erbt man nicht. Gemeint sind hier die Zuwendungen des Ehemannes an seine Frau (→ Musteil, Leibgedinge etc.). GD S. 155 Nr. 119; W I Sp. 1783 Nr. 19.

Gnade geht für Recht. Denn Begnadigung ist ein Akt der Gerechtigkeit. Henisch Sp. 1671; GD S. 397 Nr. 601; W I Sp. 1782 Nr. 10.

V.: Gnade geht vor Recht. Conradi S. 25 Nr. 24; Hillebrand S. 201 Nr. 288; Simrock S. 204 Nr. 3822; GD S. 397 Nr. 602; Beyer S. 225. Gnade ist besser denn Recht. GD S. 397 Nr. 603.

Gnade ist gut bei dem Rechte. Grimm, Weisth. III S. 778: doch ist genade guet bey dem rechten. GD S. 397 Nr. 597. Gnade steht beim Rechte. Hammerbröker Recht S. 57 Art. 12; Chaisemartin S. 503 Nr. 22; GD S. 397 Nr. 596. Gnade ziemt wohl bei dem Rechte/der Macht. GD S. 397 Nr. 606; Singer II S. 182.

Gnade hilft niemandem, denn dem sie angetan. GD S. 155 Nr. 120.

Niemand als Gott und die Herren können Gnade tun. GD S. 397 Nr. 612; W II Sp. 64 Nr. 1539.→ Kaiser.

Wer auf Gnade dient, muß der Gnade warten. Wer einem Herrn diente ohne vorher einen Lohn ausgehandelt zu haben, war auf dessen Großzügigkeit angewiesen. Er hatte keinen rechtlichen Anspruch auf ein bestimmtes Entgelt. Pistorius V S. 391 Nr. 83; GD S. 178 Nr. 203; W I Sp. 1784 Nr. 38.

V.: Wer auf Gnade dient ohne Unterschied, muß sich mit dem begnügen, was man ihm bietet. Goslarische Statuten S. 9: We uppe gnade denet sunder beschet, de scal sich an der gnade ghenoghen latende men ime deyt. GD S. 265 Nr. 236. Wer auf Gnade dient, wird mit Barmherzigkeit gelohnt. Ssp. Ldr.I 22 § 2: Swe op gnade gedenet hevet, de mut den erven gnade manen. Schwsp. 25a; Franck II Bl. 125r; Agricola I S. 215; Conradi S. 19 Nr. 30; Henisch Sp. 191; Simrock S. 204 Nr. 3825; Hillebrand S. 107 Nr. 141; GD S. 178 Nr. 201; W I Sp. 1784 Nr. 40; Grundmann/Strich/Richey S. 25; Janz, Rechtssprichwörter S. 64–68.

Wer auf Gnade sündigt, wird mit Ungnad' abgedankt. Wer gegen das Recht verstößt und dabei auf Begnadigung spekuliert, dem soll die Gnade vorenthalten bleiben. GD S. 398 Nr. 622; W I Sp. 1784 Nr. 41.

V.: Wer auf Gnade sündigt, wird mit Zorn gelohnt. Henisch Sp. 1671; GD S. 398 Nr. 621; Beyer S. 225.

Wer des Herren Gnade hat, braucht für Güter nicht zu sorgen. Bezieht sich auf das Lehnrecht. Dem Herrn war es durch seinen Besitz an liegendem Gut möglich, die Bauern durch die Vergabe von Lehn zu belohnen. GD S. 557 Nr. 19; W II Sp. 573 Nr. 852.

Wer die Tat richtet, hat Gewalt, Gnade zu tun. Es oblag demjenigen Richter, der das Urteil fällte, Gnade walten zu lassen. Kleines Kaiserrecht II cap. 119: wer die tat richten sal, der hat gewalt gnade zu tun. GD S. 397 Nr. 609; W IV Sp. 1141 Nr. 96 → richten.

Wo keine Gnade ist, da ist alles Bitten umsonst. Henisch Sp. 1671; W I Sp. 1785 Nr. 52; Beyer S. 225, 608.

Wo Reue ist, da ist auch Gnade. Simrock S. 431 Nr. 8433; W III Sp. 1662 Nr. 52; Beyer S. 225.

Wozu der Mann mit Unwissen kommt, dazu gehört Gnade. Kleines Kaiserrecht III cap. 2: warzu der man mit vnwissen kumet, darzu hort genade. GD S. 398 Nr. 618; W III Sp. 437 Nr. 1684 → unwissend, Unwissenheit.

Gold

Gold darf man nicht suchen, wo der Pflug geht. Das Rspw. bezieht sich auf die Eigentumsrechte an Grund und Boden. Kam das urbar gemachte Land durch die Bergbauern zu Schaden, so hatte der Eigentümer Anspruch auf Schadensersatz. Grundmann/Strich/Richey S. 33.

V.: Wo Pflug, Egge und Sense hingeht, da darf man nicht nach Gold suchen. GD S. 129 Nr. 359; W III Sp. 1334 Nr. 55.

Gold vergilt man mit Gold. Dingliche Klagen vor Gericht sollten mit Gleichem vergolten werden. GD S. 480 Nr. 683; W I Sp. 1792 Nr. 115.

Gottesfriede

Im Hochmittelalter ist der Gottesfriede ein von der Kirche ausgehendes Friedensgebot, dessen Verletzung mit kirchlichen Sanktionen verfolgt wurde. Köbler, Juristisches Wb. S. 163.

Gottesfriede ist aller vorzüglichster Friede. D. h. er ist noch weitreichender als der → Hausfriede oder der Königsfriede, weil er auch Kirchen und Kirchhöfe, Altar und Priester mitbetraf und jedem flüchtigen Verbrecher innerhalb der Kirche Asyl sicherte (→ Freistatt). Schmid S. 215 § 1, S. 384 § 1; GD S. 497 Nr. 91; W II Sp. 109. S. a. Von Pfaffen und Kirchhöfen nimmt das Volk keinen Frieden → Kirchhof.

Grad

Grad bezeichnet in den hier aufgeführten Sprichwörtern den ‹Maßstab zur Bestimmung der Verwandtschaft›. Köbler, Juristisches Wb. S. 163.

Halbe Sippe tritt einen Grad zurück. An erster Stelle erbberechtigt waren die Geschwister des Erblassers; an zweiter Stelle die Halb- und Stiefgeschwister. GD S. 201 Nr. 135; W IV Sp. 575 Nr. 2 → Erbe, Sippe, Halbbruder.

V.: Halber Bruder nimmt Halberbe. GD S. 202 Nr. 147. Halbgeburt tritt ein Glied weiter. Ssp. Ldr.I 3 § 3; Schwsp. 3a; Dsp. 6 § 1; Conradi S. 17 Nr. 7; Eisenhart S. 287; Eiselein S. 273; Simrock S. 223 Nr. 4232; Hillebrand S. 153 Nr. 215; Chaisemartin S. 402 Nr. 17; GD S. 201 Nr. 133; W II Sp. 277 Nr. 2; Grundmann/Strich/Richey S. 84; Janz, Rechtssprichwörter S. 153–160 → Halbgeburt.

Im siebten Grad endet die Sippe. Ssp. Ldr.I 3 § 3; Conradi S. 13 Nr. 1; Eiselein S. 569; Simrock S. 483 Nr. 9518a; Hillebrand S. 147 Nr. 207; Chaisemartin S. 387 Nr. 7; GD S. 201 Nr. 129; W II Sp. 120 Nr. 1; Grundmann/Strich/Richey S. 82; Foth S. 121–124; Janz, Rechtssprichwörter S. 160–168. Vgl. Jeder Nachlaß fällt in die siebeste Hand. → sieben, Sippe.

Wer im Grad der nächste, der ist im Recht der beste. S. o. GD S. 201 Nr. 128; W II Sp. 120 Nr. 3 → Erbe, Glied.

Gut

Das nächste Blut ist das nächste zum Gut. GD S. 200 Nr. 110 → Blut, Erbe.

V.: Der nächste am Blut, der nächste am Gut. Grundmann/Strich/Richey S. 84.

Der Tod bringt das Gut auf die nächste Hand. GD S. 201 Nr. 127; W IV Sp. 1227 Nr. 46 → Kind, Erbe.

Fremdes Gut hat einen schmalen Fuß. Diebstahl wurde mit einer Leibesstrafe gesühnt. Henisch Sp. 1323; GD S. 364 Nr. 438; W II Sp. 189 Nr. 84.

Halb ans Blut, halb ans Gut. Grundmann/Strich/Richey S. 84 → Blut.

Längst Leib, längst Gut. In manchen Rechten gelangte das Erbe bei Ehen, die kinderlos geblieben waren, nach dem Prinzip der Anwachsung an den überlebenden Ehepartner. Pistorius I S. 74 Nr. 55; Conradi S. 17 Nr. 8; Eisenhart S. 289; Osenbrüggen S. 32; Simrock S. 322 Nr. 6295a; Hillebrand S. 129 Nr. 184; W III Sp. 6 Nr. 68; Grundmann/Strich/Richey S. 73; HRG I Sp. 181–182, IV Sp. 1574.

Leib an Leib, Gut an Gut. Grimm, RA I S. 620; Hasslocher S. 41; Pistorius IV S. 205 Nr. 33; Hertius S. 343 Nr. 69; Conradi S. 11 Nr. 20; Estor I S. 367; Sailer S. 251; Eisenhart S. 137; Runde S. 613 § 607; Körte S. 283 Nr. 4710; Eiselein S. 417; Simrock S. 322 Nr. 6294; Hillebrand S. 122 Nr. 169; GD S. 153 Nr. 70; W III Sp. 6 Nr. 70; Beyer S. 237, 355 → Leib, Schopf. S. a. Hut bei → Schleier, Schleier bei → Hut.

V.: Leib für Leib. GD S. 336 Nr. 294; W III Sp. 7 Nr. 72. Leib für Leib, Glied für Glied. GD S. 336 Nr. 295; W III Sp. 7 Nr. 73. Wem ich meinen Leib gönne, dem gönne ich auch mein Gut. Osenbrüggen S. 14; W III Sp. 8 Nr. 102.

Mann und Weib haben kein gezweites Gut zu ihrem Leib. Bezogen auf die eheliche Gütergemeinschaft. Ssp. Ldr.I 31 § 1: Man unde wif ne hebben nen tweit gut to erme live. Schwsp. 34; Dsp. 34; Sächsisches Weichbildrecht Sp. 289 Art. 23; Conradi S. 11 Nr. 13; Eisenhart S. 120; Eiselein S. 446; Simrock S. 347 Nr. 6781; Hillebrand S. 121 Nr. 168; Chaisemartin S. 311 Nr. 22; GD S. 153 Nr. 64; W III Sp. 419 Nr. 1300; Grundmann/Strich/Richey S. 73; Fehr, Dichtung S. 175; Janz, Rechtssprichwörter S. 370–374. S. a. Ein → Mann – ein Weib, zwei Seelen und ein Leib. Mann und Weib sind in gleicher → Gewere. Leib an → Leib, Gut an Gut.

Niemand kann eines anderen Gut mehr in Obacht nehmen als sein eigenes. GD S. 270 Nr. 285; W II Sp. 196 Nr. 232 → Obacht. S. dag. Mit eines andern Sachen muß man behutsamer umgehen als mit den eigenen → Sache.

V.: Eines andern Gut nimmt man nicht mehr in Obacht, als das eigene. W II Sp. 188 Nr. 69.

Unrecht Gut gedeihet nicht. Spr. 10,2; Beyer S. 237, 613; Krauss S. 81 → Unrecht.

V.: Unrecht Gut tut nimmer gut. Beyer S. 237, 613.

Unrecht Gut kommt auf den dritten Erben. Franck II Bl. 124v.

Weltlich Gut läßt sich geistlich machen, aber geistlich Gut nicht weltlich. Braun S. 40 Nr. 1005; GD S. 543 Nr. 53; W II Sp. 199 Nr. 307. S. a. → Kirchengut hat Adlersklauen. Kein Pfaffe gibt ein → Opfer wieder. Der Tod und das → Kloster geben nichts zurück.

Wer nach fremdem Gut trachtet, verliert das seine. Simrock S. 151 Nr. 2688; W II Sp. 201 Nr. 342; Beyer S. 237.

H

Habe

Der Mann löst sich mit seiner Habe. D. h. er kann die von ihm begangene Straftat durch eine angemessene Geldbuße wieder gutmachen. GD S. 321 Nr. 251; W III Sp. 376 Nr. 360.

Wenn der Wein in den Zuber kommt und das Heu ans Seil, so ist es fahrende Habe. In einigen Rechten (z. B. im Ingelheimer Recht) gehören die geernteten Früchte zur → Fahrnis, während sie vor der Ernte zur Liegenschaft zählten. Grimm, RA II S. 100; GD S. 64 Nr. 7; W V Sp. 110 Nr. 588; Grundmann/Strich/Richey S. 69 → fahrende Habe.

Wer den Wert hat, hat auch die Habe. Kann jemand den finanziellen Wert einer käuflichen Sache erbringen, so steht einem Kauf nichts im Wege. Brant, Richterlicher Klagespiegel S. 33; GD S. 252 Nr. 148; W V Sp. 202 Nr. 5.

Haber

Haber und Zinse schlafen nicht. Haber meint in diesem Zusammenhang die ‹fälligen Naturalabgaben›. Zahlungsrückstände zinspflichtiger Leute verdoppelten sich täglich. Grimm, RA II S. 160; Simrock S. 221 Nr. 4184; GD S. 76 Nr. 87; W II Sp. 255 Nr. 19 → Zins.

Haft, Hefte

Haft, st. F., Plur. *hefte* ‹Verwahrung›. Wer einen in Heften hat, der muß dafür antworten. Wer die Erziehung der Kinder vernachlässigt, kann dafür zur Verantwortung gezogen werden. GD S. 164 Nr. 149; W II Sp. 455 Nr. 1.

Hagen

Hag(en) st. M. ‹Zaun› bzw. ‹Einfriedung, die ein Grundstück von anderen abgrenzt und es zugleich vor Beschädigung durch Vieh, Überflutung etc. schützt›, DRWB IV Sp. 1419–1420.

Dem der Hagen, dem ist auch der Graben. Pistorius I S. 51 Nr. 39;

Hertius S. 285 Nr. 23; Conradi S. 15 Nr. 24; Eiselein S. 270; Simrock S. 222 Nr. 4207; Hillebrand S. 50 Nr. 70; GD S. 65 Nr. 21; W II Sp. 260 Nr. 1; Grundmann/Strich/Richey S. 61.

V.: Der Hagen zieht den Graben nach sich. GD S. 65 Nr. 22; W II Sp. 260 Nr. 2.

hagen

Hagen sw. V. ‹einen Hag machen, ausbessern; einen Wildhag zur Jagd herrichten›, DRWB IV Sp. 1420.

Wer mag jagen, der darf auch hagen. Rechtsregel zum Jagdrecht: Genießt jemand das Jagdrecht auf einem Waldgrundstück, so verpflichtet er sich damit, andere gegen das Wild in seinem Revier zu schützen, indem er das Jagdgebiet durch Zaun und Graben abgrenzt. Hertius S. 404 Nr. 17; Conradi S. 14 Nr. 9; Blumer S. 749; Eisenhart S. 201; Eiselein S. 275; Simrock S. 222 Nr. 4208; Hillebrand S. 64 Nr. 92; GD S. 131 Nr. 396; W II Sp. 979 Nr. 53; Grundmann/Strich/Richey S. 40.

Hagestolz

Hagestolz, ahd. *hagustalt*, mhd. *hagestalt* st. M. ‹Hagbesitzer›, war ein unverheirateter Mann, der eine bestimmte Altersgrenze (in der Regel 50 Jahre, 3 Monate und 3 Tage) überschritten hatte und noch keine eigene Herdstätte besaß. Hierzu zählten auch Witwer, die sich innerhalb von dreißig Jahren nach dem Tod des Ehepartners noch nicht wiederverheiratet hatten. HRG I Sp. 1909–1911.

Ein Hagestolz sitzt frei bis er sich verändert. Schloß ein Hagestolz eine Ehe, so erlangte er den Status eines freien Gemeindemitglieds; denn vor seiner Eheschließung saß er frei, d. h. er hatte die Rechte eines Fremden. GD S. 43 Nr. 162; W II Sp. 261 Nr. 1 → frei.

Halbbruder

→ Bruder.

Der Halbbruder nimmt mit einer Hand und der Vollbruder mit zweien. Der Halbbruder steht in der Erbfolge hinter dem → Vollbruder. GD S. 202 Nr. 149; W II Sp. 276; Grundmann/Strich/Richey S. 82 → Erbe.

Halbgeburt

‹Halbgeschwister› → Geburt.

Halbgeburt tritt ein Glied weiter. S. o. Ssp. Ldr. I 3 § 3: Is dar tweiunge an, de ne mogen an eneme lede nicht bestan, unde scricket an en ander let. Schwsp. 3a; Dsp. 6 § 1; Conradi S. 17 Nr. 7; Eisenhart S. 287; Eiselein S. 273; Simrock S. 223 Nr. 4232; Hillebrand S. 153 Nr. 215; Chaisemartin S. 402 Nr. 17; GD S. 201 Nr. 133; W II Sp. 277 Nr. 2; Grundmann/Strich/Richey S. 84; Janz, Rechtssprichwörter S. 153–160 → Erbe, Grad, Halbbruder, Sippe.

Halm und Mund

Mit Halm und Mund ist eine Paarformel, die auf die symbolische Handlung (Überreichung eines Halms, Kuß) bei Liegenschaftsübertragungen (z. B. im Zuge der Belehnung) zurückgeht. Schmidt-Wiegand, Studien zur Historischen Rechtswortgeographie S. 68; Dies., Mit Hand und Mund S. 283–299, insb. 284–287; Röhrich 1 S. 632.

Man soll den Unerben erben mit Halm und Mund. Erben sw. V. steht hier in der Bedeutung ‹beerben› und ‹vererben›. Zu den Unerben gehören diejenigen, die nicht aufgrund ihrer verwandtschaftlichen Nähe zum Verstorbenen erben. Die Aushändigung des Erbes war in diesem Fall nur rechtskräftig, wenn der Schultheiß dem nicht zur Familie gehörenden Erben den Halm als Symbol und Zeichen der Erbschaft übergab. Vgl. Ssp. Ldr. II 30. Grimm, Weisth. I S. 571; GD S. 205 Nr. 169; W IV Sp. 1426 Nr. 1 → Unerbe.

Hals

Die unter diesem Kernwort aufgeführten Rspw. beziehen sich auf die Todesstrafe und ihre Auslösung durch einen Geldbetrag, die sog. Halslösung, die nur bei wenigen Delikten wie Hoch- und Landesverrat oder Verweigerung der Heerespflicht dem Missetäter versagt war. HRG I Sp. 1915.

Jeder schlägt auf seinen Hals und nicht auf sein Gut. Wurde ein Verbrecher für seine Missetat mit dem Tode bestraft, so war die Tat gegolten und die Erben mußten die Schulden des Erblassers nicht mehr tilgen. Stadtrecht von Lüneburg Art. 93: ein islik sleyt up sinen Hals und nicht up sinen Guth. GD S. 222 Nr. 276; W II Sp. 280 Nr. 20.

V.: Jeder stiehlt auf seinen Hals. GD S. 299 Nr. 108; W IV Sp. 798 Nr. 32; Beyer S. 244, 558. Jedermann stiehlt und raubt, borgt und ficht auf seinen eigenen Hals und seine eigene Habe. GD S. 299 Nr. 113; W IV Sp. 798 Nr. 33; Grundmann/Strich/Richey S. 89.

Kann einer nicht bessern mit Geld, so soll er bessern mit dem Hals. GD S. 321 Nr. 259; Grundmann/Strich/Richey S. 86 → bessern; vgl. Wer kein Geld hat, der zahlt mit der → Haut.

V.: Man mag niemand den Hals verfangen, so lange er bezahlen kann. GD S. 321 Nr. 254; W II Sp. 280 Nr. 21; Grundmann/Strich/Richey S. 64.

Mit dem Hals bezahlt man alles. Conradi S. 22 Nr. 34; Eisenhart S. 505; Eiselein S. 274; Simrock S. 223 Nr. 4238; Faselius S. 150; Hillebrand S. 196 Nr. 280; Günther S. 67; GD S. 341 Nr. 343; W II Sp. 280 Nr. 22; Grundmann/Strich/Richey S. 86 → Haut.

V.: Mit der Haut bezahlt man alles. GD S. 341 Nr. 342.

Halshuhn

‹Abgabe des Leibeigenen an den Gutsherrn›, DRWB IV Sp. 1499.

Halshuhn folgt dem Halseigenen allenthalben. Das Spw. besagt, daß der Leibeigene sich durch einen Ortswechsel nicht der Abgabepflicht entziehen konnte. Grimm, RA I S. 518–519; Hillebrand S. 17 Nr. 26; GD S. 60 Nr. 252; W II Sp. 284; Grundmann/Strich/Richey S. 78.

Hand

Das Kind fällt zur ärgern Hand. Kinder aus Ehen zwischen Freien und Unfreien folgten nach dem Prinzip der Ebenbürtigkeit dem Stand des schlechter geborenen Elternteiles, d. h. sie wurden in jedem Fall unfrei. Entgegen diesem Rechtssatz galt auch die Regel: Das Kind folgt dem → Busen (der → Mutter). War sie frei, so war dies auch das Kind; war sie unfrei, so ging das Kind in die Leibeigenschaft über. Hertius S. 398 Nr. 6; Estor I S. 26; Eisenhart S. 151; Eiselein S. 373; Simrock S. 288 Nr. 5575; Hillebrand S. 20 Nr. 30; GD S. 58 Nr. 218; W II Sp. 1273 Nr. 63; HRG I Sp. 218–220; Foth S. 41–52 → Kind.

V.: Das Kind folgt der ärgern Hand. Ruprecht von Freising I

cap. 46: dy kommenn zu der ergerrn hanntt. Eiselein S. 373; Hillebrand S. 20 Nr. 30; GD S. 58 Nr. 217. Die geringere Hand zieht die Kinder nach sich. Ruprecht von Freising II cap. 104: so zeucht dy ring hanntt der zinser dy kind nach jm. GD S. 58 Nr. 219; W II Sp. 295 Nr. 47. Die Kinder gehören zur ärgeren Hand. Ficker S. 66 Art. 59: gewinnent chint dev hoerent ze der ergern hant. GD S. 58 Nr. 216. Unfreie Hand zieht die freie nach sich. Eisenhart S. 76; Simrock S. 224 Nr. 4261; Hillebrand S. 18 Nr. 28; Grundmann/Strich/Richey S. 78.

Die Hand, die den Eid aufnimmt, kann ihn auch erlassen. Gemeint ist hier der Landeshuldigungseid, das Treuegelöbnis, das der Untertan dem Landesherrn gab. Henisch Sp. 823; Pistorius II S. 198 Nr. 56; Hertius S. 291 Nr. 32; Conradi S. 24 Nr. 25; Eisenhart S. 557; Simrock S. 114 Nr. 1902; Hillebrand S. 229 Nr. 336; GD S. 525 Nr. 328; W II Sp. 295 Nr. 52; Foth S. 58–66 → Eid. Zum Treuegelöbnis s. a. Der → Herr ist wie der Knecht. Wer Landesherr ist, dem gebührt auch die → Landeshuldigung.

Die Hand ist ein halbes Leben. Die Bestrafung des Täters wurde häufig in Analogie zur Straftat vollzogen. Für die Verstümmelung eines Menschen, einer «teilweisen» Tötung, büßte der Delinquent mit dem Verlust seiner Hand. GD S. 323 Nr. 291.

V.: Der Daumen ist ein Drittelhand. GD S. 323 Nr. 292; W V Sp. 1119 Nr. 25. Die Zunge abgeschnitten ist ein halbes Wergeld. GD S. 323 Nr. 290; W V Sp. 632 Nr. 31 → Wergeld, Zunge.

Die Hand muß gelöst werden, wo sie gebunden ist. Überläßt man jemandem für eine gewisse Zeit eine Sache, so darf man diese nur von dem Entleiher, und nicht von einer dritten Person, in deren Hand die Sache gelangt ist, zurückverlangen. GD S. 111 Nr. 273; W II Sp. 295 Nr. 59; Creifelds S. 560. S. a. Wo einer seinen Glauben gelassen, da muß er ihn wieder suchen → Glaube, leihen. Nimm die → Treue, wo du sie gelassen hast.

V.: Die Hand wird gelöst, wie sie gebunden wurde. GD S. 235 Nr. 74; W II Sp. 296 Nr. 74. Getreue Hand muß allzeit offen stehen. GD S. 270 Nr. 289; W II S. 301 Nr. 182; Grundmann/Strich/Richey S. 43.

Hand muß Hand fassen. Gemeint ist der bei einem Vertragsabschluß übliche Handschlag als Beweis für die beiderseitige Willenserklärung. GD S. 243 Nr. 114; W II Sp. 301 Nr. 192.

V.: Hand muß Hand fassen oder der Mund schwört falsch. GD S. 243 Nr. 115.

Hand wahre Hand. S. o. Die Hand muß gelöst werden, wo sie gebunden ist. Eisenhart S. 348; Runde S. 191 § 199, S. 218 § 221; Eiselein S. 277; LdM IV Sp. 1910; Creifelds S. 560 → Glaube, leihen.

V.: Hand muß Hand folgen. GD S. 110 Nr. 271; W II Sp. 302 Nr. 194. Hand muß Hand wahren. Pistorius V S. 375 Nr. 70; Conradi S. 18 Nr. 9; Simrock S. 224 Nr. 4251; Hillebrand S. 68 Nr. 100; Osenbrüggen S. 40; Grundmann/Strich/Richey S. 42, 70. *Blutige Hand nimmt kein Erbe.*

In die vierte Hand kann kein Lehn kommen. Ssp. Ldr.III 52 § 3: An de virden hant ne scal nen len komen. Schwsp. Lnr. 132b; Dsp. 287; Rb. nach Distinctionen Buch VI, cap. X, VIII: In dy firden hand sal keyn man len komen. GD S. 559 Nr. 55; W II Sp. 303 Nr. 216; Janz, Rechtssprichwörter S. 465–468 → Gericht, Lehn.

Jeder Nachlaß fällt an die nächste Hand. GD S. 200 Nr. 115; W III Sp. 837; s. heute §§ 1924–1929 BGB → Erbe, Blut, Nachlaß.

Mit der einen Hand ziehen, mit der anderen Hand zahlen. Wer sein Näherrecht (Vorkaufsrecht, Retraktrecht) in Anspruch nahm und einen Kauf tätigte, mußte gleichzeitig die dafür geforderte Summe bezahlen. D. h. mit der einen Hand zog er das Gut heran, mit der anderen gab er sein Geld weg. Blumer S. 124; GD S. 105 Nr. 237; W II Sp. 306 Nr. 295.

V.: Mit der einen Hand geben, mit der anderen nehmen. Simrock S. 226 Nr. 4287.

Nach toter Hand darf man nicht zeugen. War die Übernahme des Erbes mit bestimmten Forderungen des Erblassers verbunden, so mußte dies durch Urkunde bewiesen werden. Zeugenaussagen hatten in diesem Fall keine Beweiskraft. GD S. 221 Nr. 270; W II Sp. 306 Nr. 314.

Von welch höheren Hand das Gericht ist, an die kann man sein Urteil ziehen. Wer gegen einen Gerichtsentscheid Berufung einlegen wollte (→ appellieren), mußte sich an eine übergeordnete Instanz wenden. GD S. 477 Nr. 639; W II Sp. 310 Nr. 390.

Was die eine Hand tut, das hat die andere wohl getan. Das Spw. bezieht sich auf die Ehegemeinschaft. GD S. 140 Nr. 8; W II Sp. 310 Nr. 393 → Ehe.

V.: Was gesamte Hand tut, soll stet sein. *Gesamte Hand* meint hier die Eheleute. Kleines Kaiserrecht II cap. 96: waz gesamet hant tut, daz sal stete sin. GD S. 153 Nr. 63; W II Sp. 310 Nr. 407.

Was die mehrere Hand macht, muß die mindere halten. Gemeint sind Mehrheitsbeschlüsse. GD S. 415 Nr. 127; W II Sp. 310 Nr. 399; Elsener, Majoritätsprinzip S. 108–110 → meist.

Handel

Am Handel erkennt man die Ware. Beyer S. 247.

Beim Handel wird nicht gebrudert. Beyer S. 247.

Der letzte Handel hebt alle früheren auf. Der neueste Vertrag setzt die älteren außer Kraft. GD S. 280 Nr. 311; W II Sp. 329 Nr. 10 → Handfeste.

Handel und Wandel muß getrieben werden. Simrock S. 227 Nr. 4318; GD S. 503 Nr. 124; W II Sp. 330 Nr. 25; Röhrich 2, S. 655.

V.: Handel hat Wandel. Simrock S. 227 Nr. 4316; W II Sp. 329 Nr. 17; Beyer S. 247, 652.

Das Wort macht den Handel. Beyer S. 247.

V.: Worte machen den Handel. Harrebomée I S. 434; GD S. 228 Nr. 18; Beyer S. 686.

Handfeste

Handfeste st. F. ‹Willenserklärung, Bekräftigung (eines Vertrages)›, DRWB V Sp. 41–44, ‹Urkunde›.

Die erste Handfeste tötet man mit der anderen. Der neueste Vertrag setzt den älteren außer Kraft. Stadtrecht von Brünn S. 400 Art. 222: wiert hantvest uber hantvest gegeben, so tot man di ersten hantvest mit der andern. GD S. 459 Nr. 554; W II Sp. 333 Nr. 2 → Handel.

In jeder Handfeste hilft der Tote soviel wie der Lebendige. Liegt eine Urkunde vor, so hat diese stärkere Beweiskraft als jeder Zeuge. Ruprecht von Freising cap. 30; GD S. 458 Nr. 545; W II Sp. 333 Nr. 1.

V.: Zeugen können vergessen, aber Handfesten nicht. Stadtrecht von Brünn S. 400 Art. 221: die geczeugen mugen vergessen, dez di hantvest nicht entuen. GD S. 458 Nr. 535; W V Sp. 570 Nr. 33.

Handgeld

‹Anzahlung›, seit dem 17. Jh. ‹bares Geld, das bei Vertragsabschluß als Anzahlung gegeben wird›.

Handgeld macht keinen Kauf. Durch eine Anzahlung wird ein Kaufvertrag rechtskräftig. Tritt der Käufer von dem Vertrag zurück, verliert er sein Handgeld. GD S. 243 Nr. 120; W II Sp. 333 Nr. 1 → Kauf.

handhaft

Als handhaft galt eine Tat, wenn der Täter unmittelbar nach der Straftat «mit der Waffe in der Hand» am Tatort gefaßt oder auf der Flucht von den auf das Hilfegeschrei (→ Gerüfte) herbeigeeilten Verfolgern noch am Tag der Straftat ergriffen wurde. HRG I Sp. 1965–1973; Schröder/Künßberg, Rechtsgeschichte S. 849–850 → Tat.

Handhaft schirmt der gebundene Tag nicht. Ein auf frischer Tat ertappter Täter mußte auch an den gebundenen Tagen (Donnerstag bis Montag und an den kirchlichen Feiertagen), an denen grundsätzlich keine Gerichtsverhandlungen stattfanden, vor Gericht gestellt und verurteilt werden. Rb. nach Distinctionen Buch III, cap. VI, I; Kulmisches Recht III,34; GD S. 441 Nr. 323; W II Sp. 334 → Tag, gebundener.

V.: Handhafte Tat hat gar gefährlich Recht. Sächsisches Weichbildrecht Sp. 421 Art. 112: Hanthaftige tat hat gar verlich recht. GD S. 441 Nr. 329; W IV Sp. 1138 Nr. 40.

Handhafte Tat zieht man nicht an Gewähren. GD S. 441 Nr. 327; W IV Sp. 1138 Nr. 41 → Gewähre.

Handkauf

Handkauf ist der sofort vollzogene Barkauf → Kauf.

Handkauf lacht. Simrock S. 226 Nr. 4292; Harrebomée I S. 434; GD S. 253 Nr. 186; W II Sp. 334.

Handlohn

Übergab ein Grundherr einem Vasallen Lehngut, so entrichtete der Lehnsmann zum Zeichen des Dankes einen Geldbetrag, den sog. Handlohn. Der Handlohn wurde nur bezahlt, wenn das Lehn an einen Fremden ging, nicht jedoch, wenn es weitervererbt wurde oder der Lehnsherr wechselte.

Wo kein Lehnsmann, da ist auch kein Handlohn. Pistorius I S. 72 Nr. 54; Eisenhart S. 681; Eiselein S. 416; Simrock S. 322 Nr. 6284; Hillebrand S. 85 Nr. 114; GD S. 51 Nr. 192; W II Sp. 1880 Nr. 4; Grundmann/Strich/Richey S. 71 → Lehnsmann.

Handschlag

Handschlag rechnet man nicht. Hier ist nicht der Handschlag bei Vertragsabschluß etc. gemeint, sondern das Schlagen mit bloßer Hand, das im Gegensatz zu Faustschlägen nicht als Gewalttat galt. GD S. 351 Nr. 393; W II Sp. 335 Nr. 2.

Handwerk

Dreizehn Handwerk, vierzehn Bettelleute. Seit der Herausbildung der Innungen und Zünfte ist den Handwerkern die Ausübung mehrerer Gewerbe untersagt. Diese Entwicklung wird im Spw. ironisiert. GD S. 503 Nr. 136; W II Sp. 338 Nr. 17 → Bäcker.

V.: Neunerlei Handwerk, achtzehnerlei Unglück. Braun S. 44 Nr. 1122; Simrock S. 227 Nr. 4308; GD S. 503 Nr. 138; W II Sp. 341 Nr. 85. Siebenundsiebzig Handwerk, siebenundsiebzig Unglück. Franck II Bl. 180r; GD S. 503 Nr. 134; W II Sp. 341 Nr. 90. Viel Handwerk, viel Unglück. GD S. 503 Nr. 133; W II Sp. 342 Nr. 99. Viel Handwerke, Betteln das beste. Simrock S. 227 Nr. 4310. Vierzehn Handwerke, fünfzehn Unglücke. Agricola I S. 102; Conradi S. 9 Nr. 13; Estor I S. 109; Simrock S. 227 Nr. 4309; GD S. 503 Nr. 135; W II Sp. 342 Nr. 97; Grundmann/Strich/Richey S. 47; Beyer S. 248. Zehn Handwerke, das elfte der Bettelstab. Simrock S. 227 Nr. 4311. Zwölf Handwerke, dreizehn Unglücke. GD S. 503 Nr. 137.

Ein schlechtes Handwerk, das seinen Meister nicht nährt. Braun S. 44 Nr. 1121; Simrock S. 226 Nr. 4300; GD S. 502 Nr. 112; W II Sp. 339 Nr. 42.

Handwerk belohnt seinen Meister. GD S. 502 Nr. 117; W II Sp. 340 Nr. 55.

V.: Handwerk nährt seinen Meister. Beyer S. 248.

Handwerk ist eine tägliche Gild. Zu *Gilde* st. F. ‹Vereinigung, Zusammenkunft›. Simrock S. 226 Nr. 4295; GD S. 502 Nr. 113 → Gilde.

Mit einem Handwerk kommt man weiter als mit tausend Gulden. Braun S. 44 Nr. 1120; Simrock S. 226 Nr. 4297; GD S. 502 Nr. 114; W II Sp. 341 Nr. 83.

Wer vom Handwerk lebt, beschämt den Meister nicht. GD S. 503 Nr. 122; W II Sp. 343 Nr. 121; Beyer S. 248.

Handwerkssachen

Handwerkssachen gehören vor den Rat. Handwerksangelegenheiten, die rechtlich zu regeln sind, müssen vor den Stadtrat gebracht werden. Die Zünfte selbst sind nicht befugt, bei Überschreitung zunftinterner Regelungen Strafen aufzuerlegen. Simrock S. 227 Nr. 4314; GD S. 504 Nr. 151; W II Sp. 345.

hängen

Den Meineidigen hängt man über alle Diebe. Meineid soll – so das Rspw. – noch schimpflicher bestraft werden als Diebstahl. GD S. 374 Nr. 494; W III Sp. 568 → Meineid.

Fürs Denken kann man niemand hängen. Nicht der verbrecherische oder betrügerische Gedanke, sondern erst die Tat konnte bestraft werden. Heute bekannt als: Gedanken sind frei. Kirchhofer S. 238; Hillebrand S. 186 Nr. 262; Günther S. 48; GD S. 292 Nr. 69; W I Sp. 573 Nr. 47; Foth S. 52–53; Beyer S. 260 → Gedanke.

V.: Gedanken sind zollfrei. Franck I Bl. 90r; Agricola I S. 109; Conradi S. 21 Nr. 1; Eiselein S. 213; Simrock S. 171 Nr. 3128; Hillebrand S. 185 Nr. 261; Faselius S. 47; Osenbrüggen S. 3, 38; Wiegand S. 45 Nr. 655; Günther S. 48; GD S. 292 Nr. 65; W I Sp. 1395 Nr. 44; Grundmann/Strich/Richey S. 41; Singer II S. 169, III S. 82; Foth S. 52–56; Liebs S. 40 Nr. 38; Beyer S. 697; Mieder, Sprichwort – Wahrwort S. 211–229 → zollfrei. Gedanken sind zollfrei, aber nicht höllenfrei. Simrock S. 172 Nr. 3129; Hillebrand S. 186 Nr. 261; Osenbrüggen S. 4; Günther S. 48; GD S. 292 Nr. 67; W I Sp. 1395 Nr. 45; Grundmann/Strich/Richey S. 34. Ums Denken kann man niemand kränken. Hillebrand S. 186 Nr. 263; Simrock S. 96 Nr. 1541; GD S. 292 Nr. 68; W I Sp. 573 Nr. 70.

Man hängt keinen zweimal. Das Mißlingen einer Hinrichtung

wurde als Gottesurteil gedeutet, die Exekution demnach nicht wiederholt. Pistorius I S. 54 Nr. 42; Conradi S. 25 Nr. 23; Eisenhart S. 619; Braun S. 50 Nr. 1278; Eiselein S. 299; Simrock S. 227 Nr. 4326; Hillebrand S. 198 Nr. 284; GD S. 315 Nr. 224; W II Sp. 506 Nr. 7; Grundmann/Strich/Richey S. 86; Beyer S. 248, 707.

Mitgegangen, mitgehangen. Bezogen auf die Mittäterschaft. Conradi S. 21 Nr. 7; Eisenhart S. 460; Eiselein S. 468; Simrock S. 362 Nr. 7045a; Hillebrand S. 202 Nr. 290; GD S. 306 Nr. 165; s. heute § 25 StGB.

V.: Mitgegangen, mitgefangen. Günther S. 49. Mitgefangen, mitgehangen. Eiselein S. 215; Beyer S. 400. Mitgegangen, mitgefangen, mitgehangen. Simrock S. 362 Nr. 7044; Hillebrand S. 202 Nr. 290; GD S. 306 Nr. 168; W III Sp. 678 Nr. 2; Beyer S. 400. Mitgegangen, mitgefangen, mitgestohlen, mitgehangen. Sailer S. 256; Braun S. 104 Nr. 2731; Körte S. 321 Nr. 5349; Eiselein S. 468; Simrock S. 362 Nr. 7045; Lohrengel S. 21 Nr. 519; GD S. 306 Nr. 169; W III Sp. 678 Nr. 3. Mitgeflogen, mitgefangen. GD S. 306 Nr. 167; W III Sp. 677; Beyer S. 400. Mitgeflogen, mitgehangen. Hillebrand S. 204 Nr. 291; Simrock S. 362 Nr. 7045a; W III Sp. 677. Mitgemacht, mitgesündigt. Pistorius I S. 116 Nr. 85; W III Sp. 680 Nr. 2. Mitgestohlen, mitgehängt. Pistorius I S. 116 Nr. 85; Conradi S. 21 Nr. 7; Eisenhart S. 460; Beyer S. 400, 558. Mitgestohlen, mitgehängt, mitgehurt, mitertränkt. Pistorius I S. 116 Nr. 85; GD S. 306 Nr. 170; W III Sp. 681; Fehr, Dichtung S. 177. Mitgesündigt, mitgebüßt. Simrock S. 362 Nr. 7046; GD S. 306 Nr. 166; W III Sp. 681 → mitbüßen.

Harnisch

Wo kein Harnisch ist, ist kein Ritter. Harrebomée II S. 219; GD S. 32 Nr. 56; W II Sp. 363 Nr. 24. → Ritter.

Hart

Hart, mhd. *hart* st. M. ‹Wald›.

Wer in den Hart fährt, den mag niemand pfänden. Das Rspw. betrifft eine Ausnahme des Pfändungsrechts. Wer fremden Grund und Boden zu eigenen Zwecken nutzte, dessen → Fahrhabe konnte gepfändet werden. Wer aber in den Wald (z. B. des Klosters, zu dem er gehörte) fuhr, wurde nicht gepfändet. Grimm, Weisth. I

S. 729: wer in der hart fert, [...] den soll nieman pfenden. GD S. 116 Nr. 297.

Haupt

Das Haupt für den Toten, die Hand für den Verwundeten. Das Rspw. bezieht sich auf die Verhältnismäßigkeit der Strafe. Mord hatte die Hinrichtung des Täters zur Folge. Auf körperliche Verletzung stand das Abschlagen der Hand. GD S. 340 Nr. 338; W II Sp. 392 Nr. 7; Grundmann/Strich/Richey S. 46; Fehr, Dichtung S. 172.

V.: Für das Haupt das Haupt, für die Hand die Hand. GD S. 336 Nr. 301; W II Sp. 393 Nr. 20. Haupt um Haupt, Aug' um Auge, gleiches Glied für gleiches Glied. W II Sp. 393 Nr. 25. Um die Wunde die Hand, um den Totschlag den Hals. GD S. 340 Nr. 337; W V Sp. 447 Nr. 93.

Hauptgeld

‹Grundsumme, Kapital›, ‹Kapitalschuld›.

Schuld zahlen macht Hauptgeld. Kommt der Schuldner seiner Zahlungspflicht nicht nach, so entstehen Verzugszinsen, die jedoch nicht unmittelbar nach Ablauf der festgesetzten Frist, sondern erst nach einer angemessenen Dauer von zwei bis vier Wochen fällig werden. Für die versäumte, bereits bezinste Schuld dürfen nicht erneut Zinsen gefordert werden. Bezahlte Zinsen hingegen gehen in die → Hauptsumme über, d. h. sie werden erneut als zinspflichtige Leihe einem Schuldner überlassen. Hertius S. 331 Nr. 57; Conradi S. 20 Nr. 50; Eisenhart S. 425; Simrock S. 469 Nr. 9237; W IV Sp. 366 Nr. 37 → Schuld.

Hauptsache

Die Hauptsache bezeichnet den Streitgegenstand bzw. den Rechtsstreit.

Wer die Hauptsache verliert, gibt Atzung und Zehrung. Mhd. *atzunge* st. F. ‹Kost, Speise›, mhd. *zerunge* st. F. ‹Unkosten, Reisegeld› → Kosten. ‹Wer in einer Streitsache vor Gericht unterliegt, trägt die Kosten.› GD S. 427 Nr. 238; W II Sp. 396; s. heute § 91 ZPO → Atzung.

Hauptsacher

‹Hauptpartei in einem Rechtsstreit›.

Niemand darf fechten, er sei denn Hauptsacher. Nur der Hauptsacher durfte das Urteil anfechten. Flensburger Stadtrecht cap. 73: Nemandt schall feiden sunder he de Houetsaker. GD S. 42 Nr. 138; W I Sp. 948 Nr. 8.

Hauptsumme

‹Kapital›.

Ich wollte gerne gewinnen, es fehlt nur an der Hauptsumme. Wer durch Zinsen sein Vermögen vermehren will, muß zunächst über ein solches verfügen, um es gewinnbringend anlegen zu können. Franck II Bl. 62v; GD S. 269 Nr. 265; W V Sp. 1347 Nr. 144.

V.: Wuchern ist mir verboten, es fehlt mir an der Hauptsumme. Agricola I S. 168; Henisch Sp. 1039; Eisenhart S. 412; Simrock S. 604 Nr. 11908; Hillebrand S. 153 Nr. 112; GD S. 268 Nr. 264; W V Sp. 442 Nr. 2; Grundmann/Strich/Richey S. 36 → Wucher.

Haus

Das Haus ist ebenso wie die Burg oder die → Mühle ein Ort, an dem besondere Friedensbestimmungen galten (→ Hausfriede). Verstöße gegen den Haus-, Burg- oder Mühlenfrieden wurden mit harten Strafen belegt. Friedensberechtigt war grundsätzlich jeder ehrbare Mensch. Am ältesten ist die Stellung des Hausfriedens *in den vier Pfählen*. Seine Reichweite unterschied sich in den einzelnen Rechten. Während in den Österreichischen Weistümern der Hausfriede bis zur Dachtraufe reicht, schließen die Landfrieden und stadtrechtlichen Quellen sogar → *Haus und Hof* (→ Hof) mit ein. HRG I Sp. 2022–2024; Schmidt-Wiegand, Haus und Hof sind gefreit, S. 3–11; Röhrich 2 S. 680, 1155 → Friede, Schöffenhaus, Steinhaus.

Ein Haus, ein Brand. Das Spw. bezieht sich auf das Pfandrecht. Ging ein Pfand im Besitz des Gläubigers verloren (z. B. durch Brand), so verlor der Gläubiger ebenso seinen Anspruch darauf wie der Schuldner. Erst mit der Rezeption des römischen Rechts etablierte sich der Gedanke, daß das Pfandrecht auf das an gleicher Stelle wiederaufgebaute Haus überging. Pistorius IV S. 267 Nr. 78; Hertius S. 433 Nr. 14; Conradi S. 19 Nr. 26; Sailer S. 66; Eisenhart S. 381; Eiselein S. 286; Simrock S. 231 Nr. 4407a; GD S. 115 Nr. 286; W II Sp. 401 Nr. 107.

Häuser sind fahrend Gut gegen die Freunde, liegend Gut gegen den Herrn. Das Spw. basiert auf einer besonderen Regelung in der

Stäfner Öfnung, die besagt, daß Häuser an Freunde als → fahrende Habe, an den Herrn als Liegenschaft vererbt wurden. Grimm, Weisth. I S. 45: Aber sprechen sy, das hüser farend gut ist gegen den fründen. GD S. 64 Nr. 4; W II Sp. 405 Nr. 196 → Freund.

Ist kein Haus auf dem Grund, dann ist kein Hausfriede gebrochen. GD S. 381 Nr. 505; W II Sp. 409 Nr. 289; Grundmann/Strich/Richey S. 65 → Hausfriede.

Jeder ist Herr in seinem Haus. GD S. 496 Nr. 74; W II Sp. 557 Nr. 540; Röhrich 2 S. 702.

V.: Ein jeder Mann/Herr ist Kaiser auf seinem Land. Conradi S. 26 Nr. 4; Grundmann/Strich/Richey S. 27, 40; Beyer S. 386. Jeder ist König und Kaiser in seinem Haus. GD S. 497 Nr. 77. Jeder ist Meister in seinem Haus. Kirchhofer S. 190; Hillebrand S. 195 Nr. 278; GD S. 496 Nr. 75; Grundmann/Strich/Richey S. 40.

Jedes Haus gibt ein Huhn. Zur symbolischen Darstellung der Abgabenpflicht (→ Zehnt) entrichtete jedes Haus an bestimmten Tagen im Jahr das sog. *Leib-*, *Hals-*, *Weid-* oder *Rauchhuhn*. Die Anzahl der abgegebenen Hühner war identisch mit der Zahl der abgabepflichtigen Familien. Grimm, Weisth. I S. 519: Item gibt igliches husch eyn hune. Kindlinger S. 555; GD S. 51 Nr. 186; W II Sp. 410 Nr. 299 → Rauchhuhn, Leibhuhn.

Was genietet und genagelt ist, folgt dem Haus. Es gehört zur Liegenschaft. Rb. nach Distinctionen Buch II, cap. I, II: Man sal weren, unde deme hussze lassen fulgen, alles daz gewet unde genagelt ist. GD S. 65 Nr. 13; W III Sp. 1030 → fahrende Habe.

V.: Zum Haus gehört, was Niet und Nagel begreift. Schauberg I S. 307/106; GD S. 64 Nr. 12; Grundmann/Strich/Richey S. 64 → Niet und Nagel.

Was jeder erzielt in seinem Haus, das hat das Recht und die Eckern. Damit alle Markgenossen die Weide gleichberechtigt nutzen konnten, durfte jeder nur so viel Vieh auf die → Allmende treiben, wie er über Winter in seinen eigenen Ställen unterbringen konnte. Die eigene Nachzucht genoß das Recht auf Eckern, Eicheln und Buchenfrüchte. Grimm, Weisth. I S. 432: me waz eyn iglicher erzühet in sinem huse one geuerde, daz hat recht in daz eckern. GD S. 69 Nr. 48. S. a. Was der → Mann überwintert, das mag er auch übersommern.

Haus und Hof

Binnen Haus und Hof hat jedermann Friede. S. o. Das Rspw. beinhaltet sowohl den Gleichheitsgrundsatz (→ gleich) als auch die Friedensbestimmung. GD S. 496 Nr. 69; W II Sp. 397 Nr. 34.

V.: Binnen meinen vier Pfählen muß ich sicher sein. Estor III S. 645; GD S. 497 Nr. 80; W III Sp. 1243 Nr. 4. Die Leute haben in ihren Häusern Friede wie der Kaiser. GD S. 496 Nr. 71; W III Sp. 66 Nr. 443. Hausfriede muß man halten dem Reichen wie dem Armen. Goslarische Statuten S. 50: Husvrede scal man holden dem armen unde dem riken. GD S. 381 Nr. 507; W II Sp. 429 Nr. 2; Grundmann/Strich/Richey S. 65. In seinem Hause soll jeder Friede haben. GD S. 496 Nr. 70. Jeder friedbare Mann hat Frieden in seinem Hause. GD S. 496 Nr. 72. Jedem soll seine Behausung die größte Sicherheit sein. GD S. 497 Nr. 81. Mein Haus ist meine Burg. Hillebrand S. 193 Nr. 277; GD S. 497 Nr. 83; W II Sp. 411 Nr. 338; Singer I S. 10; Grundmann/Strich/Richey S. 40; Beyer S. 253. S. dag. Burgen und Fürsten haben keinen Frieden → Friede.

Haus und Hof sind gefreit. Zu *freien, liberare* ‹befreien›, DRWB III Sp. 728–736; Grimm, Weisth. I S. 355: hus und hoff ist gefrygt. GD S. 497 Nr. 84; W II Sp. 405 Nr. 193; Schmidt-Wiegand, Haus und Hof sind gefreit S. 3–11.

Hausfriede

An feiler Taverne wird kein Hausfriede gebrochen, noch die Gewere befochten. Lappenberg S. 64 Art. 1; GD S. 381 Nr. 514; W IV Sp. 1052 → Gewere.

Hausgenosse

‹Genosse, Standesgenosse›, Mitbewohner eines Hauses oder einer Burg, ‹Hörige›.

Was einer nicht mag schneiden, da haben die Hausgenossen Recht zu weiden. Das Spw. bezieht sich auf das Weiderecht. Land, das zur → Allmende gehörte, jedoch aufgrund seiner räumlichen Lage nur schwer urbar zu machen war, wurde der gemeinschaftlichen Nutzung zur Verfügung gestellt. GD S. 68 Nr. 42; W IV Sp. 298 Nr. 7.

Haushalt

Haushalt braucht Feuer aber kein Land. Symbol für die Selbständigkeit des Mannes mit eigenem Haushalt war der eigene Herd mit → Feuer und Rauch, nicht der Besitz von Ländereien. GD S. 502 Nr. 106; W II Sp. 430 Nr. 4.

Hauszins

‹Zins für die Überlassung eines Hauses oder Hausteils zu dinglichem oder Schuldrecht›, DRWB V Sp. 486–488.

Verdienter Hauszins fährt vor allem Geld. War der Mieter mit der Zahlung der Pacht rückständig, so konnte der Vermieter – sofern vertraglich festgelegt – Ansprüche auf die eingebrachte → Fahrnis geltend machen. Stadtrecht von München Art. 178; GD S. 116 Nr. 290; W II Sp. 437 Nr. 4.

Hauszins schläft nicht. Braun S. 43 Nr. 1194; Simrock S. 234 Nr. 4458; GD S. 268 Nr. 256.

V.: Der Hauszins schläft nicht, wir mögen wachen oder schlafen. W II Sp. 437 Nr. 1.

Wem der Hauszins nicht wird bezahlt, der mag pfänden auf der Wehre. Der Mieter haftet mit seinem gesamten Eigentum. Goslarische Statuten S. 21: Weme sin hustins wert nutseten, de mach dene panden up der were. GD S. 116 Nr. 291; W II Sp. 437 Nr. 5.

Haut

Mit der Haut bezahlt man alles. Leibes- und Lebensstrafen wurden in der Regel nicht in Zusammenhang mit Geldbußen und Brüchen verhängt. GD S. 341 Nr. 342; W II Sp. 441 Nr. 79 → Hals.

V.: Mit dem Hals bezahlt man alles. Conradi S. 22 Nr. 34; Eisenhart S. 505; Eiselein S. 274; Simrock S. 223 Nr. 4238; Faselius S. 150; Hillebrand S. 196 Nr. 280; Günther S. 67; GD S. 341 Nr. 343; W II Sp. 280 Nr. 22; Grundmann/Strich/Richey S. 86. Mit der Haut büßen, bezahlen, entgelten. Braun S. 43 Nr. 1198.

Wer kein Geld hat, zahlt mit der Haut. Wurden Geldstrafen nicht entrichtet, so konnten sie durch Freiheits- oder Leibesstrafen ersetzt werden. Henisch Sp. 1476; GD S. 321 Nr. 256; Foth S. 175–177; Liebs S. 174 Nr. 62: Qui non habet in aere, luat in corpore. Beyer S. 202, 255, 689; s. heute §§ 43 StGB u. 11 WStG.

V.: Wer nichts hat, muß mit der Haut bezahlen. Pistorius V S. 309 Nr. 10; Simrock S. 220 Nr. 4171; GD S. 321 Nr. 257. Wer nichts im Beutel hat, muß mit der Haut bezahlen. Conradi S. 20 Nr. 58; Eiselein S. 75; Simrock S. 74 Nr. 1065; Hillebrand S. 100

Nr. 135a; GD S. 321 Nr. 258; Grundmann/Strich/Richey S. 86. S. a. Wer nicht bezahlen kann mit dem Gut, soll bezahlen mit dem Blut. GD S. 321 Nr. 260; W V Sp. 988 Nr. 51 → Blut, Scheele, Strafvollzug.

Heer

Den Kaiser macht das Heer. Unter Otto I. entstand das abendländische Kaisertum aufs neue. Schon 955 wurde Otto nach seinem Sieg über die Ungarn vom Heer zum Kaiser ausgerufen. Wie schon in der Spätantike galt hier der Satz: Den Kaiser macht das Heer. Sächsisches Weichbildrecht Sp. 207 Art. 7; GD S. 28 Nr. 7; W II Sp. 1093 Nr. 2; HRG II Sp. 518–530, insb. 522; Stengel, Den Kaiser macht das Heer S. 1–110; Volkert S. 121 → Kaiser.

Heergewäte

Das *Heergewäte*, mhd. *hergewæte* st. N. bezeichnet ursprünglich die zur kriegerischen Ausrüstung gehörenden Gegenstände wie Schwert und Speer. Später fielen hierunter in Analogie zur weiblichen → Gerade alle dem Mann nützlichen Gegenstände. Eine besondere Regelung galt im Erbrecht: Das Heergewäte wurde grundsätzlich an die nächsten männlichen Verwandten weitervererbt. DRWB V Sp. 520–523.

Der Älteste nimmt das Heergewäte. GD S. 216 Nr. 236 → alt.

V.: Der Älteste nimmt das Schwert zuvor. Sächsisches Weichbildrecht Sp. 101 § 3: der eldiste nympt daz swert zuvor. GD S. 216 Nr. 237. S. a. Die Gerade an die nächste Niftel, das Heergewäte an den nächsten Schwertmag. Ssp. Ldr.I 27 §§ 1–2: er rade an er naesten nichtelen, [..] dat herwede in den naesten swertmach. GD S. 184 Nr. 10; W I Sp. 1559 Nr. 2; Janz, Rechtssprichwörter S. 402–412 → Gerade, Niftel, Schwertmagen.

Unechten gebühret kein Heergewäte. Unehelich geborene Kinder waren grundsätzlich vom → Erbe ausgeschlossen. GD S. 210 Nr. 185; W IV Sp. 1425 Nr. 2. Vgl. Wer nicht ebenbürtig ist, der mag kein Erbe nehmen. Ssp. Ldr.I 17 § 1; Chaisemartin S. 413 Nr. 24; GD S. 210 Nr. 182; W I Sp. 717; Janz, Rechtssprichwörter S. 288–291. S. a. Uneheliche Kinder haben keine Erbschaft → Kind. Kein unechter Sohn geht zur → Losung. → Bastard, Kebskind.

Heerschild

Das Wort *Heerschild* st. M. erscheint in den aufgeführten Rspw. in folgenden Bedeutungen: ‹Wappenschild›, ‹Lehnsfähigkeit›, ‹Heeresfolge›, ‹Rangstufe in der Lehnsordnung›, DRWB V Sp. 530–532 → Schild.

Das ehelich geborene Kind behält seines Vaters Heerschild. Söhne aus Ehen zwischen Freien und Unfreien, sollten, obwohl sie der Regel nach dem Stand der Mutter folgten (Das → Kind folgt dem → Busen) und damit nicht erbberechtigt waren, am Erbe des väterlichen Heerschildes beteiligt sein. Hertius S. 398 Nr. 6; Conradi S. 12 Nr. 2; Eisenhart S. 150; Simrock S. 288 Nr. 5576; Faselius S. 194; Hillebrand S. 25 Nr. 33; GD S. 58 Nr. 207; W II Sp. 1272 Nr. 53; Fehr, Dichtung S. 84.

Das Heerschild kommt vom Vater. Der lehnsrechtliche Geburtsstand des Sohnes richtete sich nach dem des Vaters. GD S. 57 Nr. 206; W II Sp. 454 Nr. 2 → Sohn, Vater.

V.: Der Sohn behält seines Vaters Schild. Sächs. Lnr. 21 § 1; Lüning I Sp. 286 Tit. 21: der Sohn behelt des Vaters Schildt. GD S. 58 Nr. 208; W IV Sp. 593 Nr. 11.

Heerschild ist Unterschied der Ritterschaft. Heerschild meint hier den ‹lehnsrechtlichen Rang›. GD S. 33 Nr. 76; W II Sp. 454 Nr. 3.

V.: Wer nicht von Ritters Art ist, hat den Heerschild nicht. GD S. 33 Nr. 77; W III Sp. 1697 Nr. 29.

So mannigfach der Heerschild ist, so vielfach ist des Lehns Pflicht. Der Lehnsmann konnte das ihm zur Verfügung gestellte Gut ohne Rücksprache mit dem Lehnsherrn an einen Dritten weiterreichen, vorausgesetzt dieser war in der Heerschildordnung. GD S. 559 Nr. 57; W II Sp. 454 Nr. 4.

Heerweg

Heerweg und Kirchweg, alles bei einerlei Maß. Für bestimmte Wege galten bestimmte Maße, so mußte z. B. ein Fahrweg so breit sein, daß neben einem Wagen noch Platz war für zwei Personen. Für Heer- und Kirchwege gab es keine näheren Bestimmungen. Sie sollten jedoch gleich breit sein. GD S. 84 Nr. 100; W II Sp. 455.

Hege

Ottern und Biber haben keine Hege. Sie waren vom Jagdverbot ausgenommen. Pistorius I S. 93 Nr. 70; Conradi S. 14 Nr. 6; Estor I S. 546; Eisenhart S. 196; Eiselein S. 76; Simrock S. 394 Nr. 7693; Hillebrand S. 63 Nr. 91; GD S. 131 Nr. 390.

V.: Ottern und Biber haben kein Gehege. W III Sp. 1163 Nr. 3.

hehlen

Ein Fund verhohlen ist so gut wie gestohlen. Conradi S. 15 Nr. 15; Eisenhart S. 214; Körte S. 127 Nr. 2088; Eiselein S. 195; Simrock S. 162 Nr. 2914; GD S. 363 Nr. 432; W I Sp. 1268 Nr. 4; Grundmann/Strich/Richey S. 61.

V.: Gefundenes verhohlen ist so gut wie gestohlen. Braun S. 19 Nr. 463.

Hehler

Ein Hehler ist jemand, der Diebesgut versteckt oder den Dieb selbst beherbergt.

Der Hehler ist nicht besser als der Stehler. GD S. 307 Nr. 186; W II Sp. 457 Nr. 6; s. heute § 234 Abs. 1 StGB → Dieb, Stehler, Räter, Täter.

V.: Der, der was verhüllt, ist gut wie der, der stiehlt. GD S. 307 Nr. 192; W IV Sp. 1553. Der Hehler ist fauler als der Stehler. Kirchhofer S. 144; Hillebrand S. 207 Nr. 296; GD S. 307 Nr. 193; W II Sp. 457 Nr. 5. Der Hehler ist schlimmer als der Stehler. Simrock S. 235 Nr. 4484; GD S. 307 Nr. 194; W II Sp. 456 Nr. 4; Beyer S. 255. Der Hehler ist so gut wie der Stehler. Grimm, RA II S. 195; Conradi S. 21 Nr. 8; Eisenhart S. 462; Sailer S. 256; Körte S. 204 Nr. 3356; Hillebrand S. 205 Nr. 296; GD S. 307 Nr. 187; W II Sp. 456 Nr. 2. Der Hehler ist so schlimm als der Stehler. Lohrengel S. 6 Nr. 149; Beyer S. 559. Der Hehler ist wie der Stehler. Günther S. 49. Der Hehler leidet gleich dem Diebe. GD S. 307 Nr. 195; W II Sp. 457 Nr. 8. Der Hehler macht den Stehler. Franck I Bl. 84v; Egenolff S. 344a; Körte S. 205 Nr. 3357; Simrock S. 235 Nr. 4486; Hillebrand S. 207 Nr. 296; GD S. 307 Nr. 185; W II Sp. 457 Nr. 13; Beyer S. 255. Es ist eins, wenn der eine stiehlt und der andere den Sack aufhält. Beyer S. 51, 558. Finden und verhehlen ist so gut wie stehlen. Grundmann/Strich/Richey S. 61; Beyer S. 558. Hehlen ist so schlimm als stehlen. Beyer S. 255, 558. Hehler ist wie der Stehler. Braun S. 48 Nr. 1227; GD S. 307 Nr. 181; W II Sp. 457 Nr. 16. Hehler sind

Stehler. Simrock S. 235 Nr. 4485; GD S. 307 Nr. 182; W II Sp. 457 Nr. 17; Singer III S. 13; Beyer S. 255. Hehler, Stehler und Befehler sind drei Diebe. Simrock S. 499 Nr. 9843; GD S. 305 Nr. 144; Beyer S. 255. Hehler und Stehler gehören an einen Galgen. Hillebrand S. 207 Nr. 297; GD S. 307 Nr. 191; W II Sp. 457 Nr. 19. Hehler und Stehler ist ein Dieb wie der andere. Henisch Sp. 694; GD S. 307 Nr. 190; W II Sp. 458 Nr. 20. Hehler und Stehler, Räter und Täter sind alle gleich schuldig. GD S. 305 Nr. 147 → Räter. Hehler und Stehler sind gleich. Agricola II S. 246. Kein Hehler, kein Stehler. Körte S. 205 Nr. 3358; Braun S. 48 Nr. 1228; Simrock S. 235 Nr. 4487; Hillebrand S. 207 Nr. 296; GD S. 307 Nr. 184; Beyer S. 255. Ohne Hehler kein Stehler. Hillebrand S. 207 Nr. 296; GD S. 307 Nr. 183. Stehlen und Sackaufheben ist eins wie das andere. Grimm, RA II S. 195; Sailer S. 256; Eisenhart S. 464; Simrock S. 498 Nr. 9840; Eiselein S. 577; Hillebrand S. 205 Nr. 293; GD S. 306 Nr. 171; W IV Sp. 799 Nr. 56. Stehler, Hehler und Befehler sind drei Diebe. Beyer S. 255, 559. Wäre kein Hehler, so wäre auch kein Stehler. Eisenhart S. 456; GD S. 307 Nr. 188. Wär' nicht der Hehler, so wär' auch nicht der Stehler. Beyer S. 559. Wenn nicht wäre der Hehler, so wäre auch nicht der Stehler. Conradi S. 21 Nr. 8; Beyer S. 255. Wer zum Stehlen rät, ist mitverleumdet das erste Mal. W IV Sp. 802 Nr. 115; GD S. 305 Nr. 142.

Heide

Heiden sollen nicht erben. Sie waren ebenso vom Erbrecht ausgeschlossen wie Geisteskranke, uneheliche und nicht getaufte Kinder. GD S. 210 Nr. 189; W II Sp. 458 Nr. 4. Vgl. z. B. Unechten gebühret kein → Heergewäte. → Erbe.

Ungläubige stehen gleich Heiden und Juden. D. h. sie stehen der Kirche ebenso fern wie die Nichtchristen. Holländischer Ssp. Art. 18; GD S. 548 Nr. 76; W IV Sp. 1437 Nr. 2.

Heilige

Die Heiligen lassen mit sich nicht spaßen. Mit dieser Drohung wollte man Kirchenschänder abschrecken. Braun S. 48 Nr. 1237; Eiselein S. 295; Simrock S. 236 Nr. 4490; GD S. 543 Nr. 50; W II Sp. 463 Nr. 24.

V.: Die Heiligen reden nicht, aber sie rächen sich. Franck I

Bl. 79r; Egenolff S. 337b; Braun S. 48 Nr. 1236; Simrock S. 236 Nr. 4492; GD S. 543 Nr. 51; W II Sp. 463 Nr. 27. → Herr.

heimlich

Heimliche Buße hilft vor Geldbuße. Gemeint ist hier die Beichte. Sünden und Straftaten, die unentdeckt geblieben waren, konnten von den Geistlichen in der Beichte vergeben werden. GD S. 549 Nr. 101; W V Sp. 1089 Nr. 26.

V.: Heimlich Sünde soll man heimlich büßen. GD S. 549 Nr. 100; Grundmann/Strich/Richey S. 46.

Heimliches Verlöbnis stiftet keine Ehe. Ein ohne Zustimmung der Eltern und nicht vor Zeugen abgelegtes Eheversprechen hatte keine rechtswirksame Gültigkeit und war damit kein Eheversprechen. Pistorius I S. 123 Nr. 91; Conradi S. 10 Nr. 4; Estor I S. 347; Sailer S. 251; Eisenhart S. 102; Braun S. 181 Nr. 4739; Eiselein S. 618; Simrock S. 551 Nr. 10879; Hillebrand S. 117 Nr. 157; GD S. 141 Nr. 36; W IV Sp. 1568; Grundmann/Strich/Richey S. 72; Beyer S. 257 → Ehe.

Heimsuchung

Heimsuchung, mhd. *heimsuoche* st. F. bedeutet ‹das feindliche Eindringen in ein Haus/Heim› → Türstoßen.

Die Heimsuchung ist niemandes als des Wirts, dessen das Haus ist. Dringt jemand widerrechtlich in ein Haus – z. B. ein Gasthaus – ein, so begeht er nur Hausfriedensbruch an dem Hausherrn, nicht aber an dessen Gästen. Augsburger Stadtrecht VIII S. 194; GD S. 381 Nr. 517; W II Sp. 475 Nr. 1; Grundmann/Strich/Richey S. 67 → Haus, Hausfriede.

Heirat

Heirat ins Blut, tut selten gut. Das Spw. bezieht sich auf das Eheverbot unter Verwandten und Blutsfreunden. Das deutsche Recht verbot nur die Heirat zwischen Aszendenten, Deszendenten und Geschwistern. Erst unter dem Einfluß des kirchlichen Rechts kam es zu einer Erweiterung dieses Verbots. Sailer S. 251; Eisenhart S. 113; Körte S. 206 Nr. 3381; Braun S. 49 Nr. 1254; Simrock S. 237 Nr. 4522; GD S. 141 Nr. 39; W II Sp. 478 Nr. 21; Grundmann/Strich/Richey S. 127; Beyer S. 257; s. heute § 8 Ziff.

2 FGB. Vgl. Das Recht der → Ehe steht im vierten Glied. → Blut.

Heirat macht mündig. Bis zur Heirat befanden die Kinder sich in der Munt (Schutz- und Herrschaftsgewalt) des Vaters. Als Muntwalt (→ Vormund) vertrat er die Kinder vor Gericht und verwaltete ihr Vermögen. Hillebrand S. 15 Nr. 22; GD S. 172 Nr. 183; W II Sp. 476 Nr. 15; Grundmann/Strich/Richey S. 78. *Wer heiratet muß ausdienen*, Wacke, Rechtsvergleichung.

helfen

Wer dem einen hilft, kann dem anderen nicht helfen um dieselbe Klage. Ein Rechtsvertreter (Rechtsanwalt) kann in derselben Sache nicht beide Parteien vor Gericht vertreten. Rb. nach Distinctionen Buch II, cap. III, II: Welcher deme andern helft umbe dy clage, der mag deme andern nicht gehelffe umbe dy dage. GD S. 419 Nr. 156; W II Sp. 491 Nr. 109.

Heller

Ungerechter Heller frißt einen Taler. Ungerechter Heller meint das auf unrechte Weise (z. B. durch Diebstahl oder Betrug) erworbene Geld. Simrock S. 238 Nr. 4540; GD S. 364 Nr. 444; W II Sp. 495 Nr. 36.

Wer einen Heller erbt, muß einen Taler zahlen. Erbt jemand nur einen Heller, so kann es passieren, daß die Erblasserschulden höher sind als das Erbe. Hasslocher S. 46; Pistorius III S. 352 Nr. 87; Hertius S. 348 Nr. 78; Conradi S. 17 Nr. 19; Eisenhart S. 313; Simrock S. 123 Nr. 2092; Hillebrand S. 141 Nr. 199; GD S. 223 Nr. 296; W II Sp. 496 Nr. 51; Grundmann/Strich/Richey S. 81; Foth S. 129–132.

Henker

Henker waren im MA gesellschaftliche Außenseiter und galten als unehrliche Leute → rechtlos.

Was der Henker erreichen kann, ist sein. Der Henker durfte alle beweglichen Habseligkeiten eines Selbstmörders an sich nehmen, die er mit einem Hilfsinstrument (in der Regel ein Werkzeug wie Schwert, Hammer oder Messer) berühren konnte, wenn er neben der Leiche stand. Pistorius I S. 56 Nr. 43; Eisenhart S. 24; Hillebrand S. 66 Nr. 96; GD S. 110 Nr. 259.

V.: Was der Henker mit seinem Schwert erreichen kann, ist sein. Conradi S. 7; Eiselein S. 298; Simrock S. 238 Nr. 4550; W II Sp. 507 Nr. 12.

Henne

Eine Henne hat das Recht über neun Zäune. Von allem Federvieh galt in den älteren Rechten für die Hühner eine Sonderregelung. Sie konnten bis zu einer gewissen Grenze (nämlich über neun Zäune) auf die benachbarten Grundstücke fliegen, ohne daß sie getötet werden durften. Grimm, Weisth. III S. 309; Pistorius V S. 405 Nr. 95; Simrock S. 240 Nr. 4580; Hillebrand S. 93 Nr. 124; GD S. 116 Nr. 301; W II Sp. 512 Nr. 77; Grundmann/Strich/Richey S. 67; von Künßberg, Hühnerrecht und Hühnerzauber S. 126–135, insb. 128, 134–135; HRG II Sp. 254–256. Vgl. → Ente, Gans.

Hat die Henne drei, so gibt sie eins, hat sie 20, so gibt sie auch eins. Unabhängig davon, wie viele Eier die Henne legte, mußte jeweils eins als → Zehnt an den Lehnsherrn abgegeben werden. Grimm, Weisth. III S. 840; GD S. 123 Nr. 338; W II Sp. 514 Nr. 118.

Ist die Henne mein, so gehören mir auch die Eier. Das Rspw. bezieht sich nach römischem Recht auf das Substantialprinzip. Hertius S. 438 Nr. 23; Conradi S. 15 Nr. 20; Estor I S. 520; Eisenhart S. 224; Eiselein S. 299; Simrock S. 239 Nr. 4565; Hillebrand S. 49 Nr. 68; GD S. 75 Nr. 72; W II Sp. 514 Nr. 124; Grundmann/Strich/Richey S. 62; Foth S. 27–34.

V.: Wem die Henne gehört, dem gehören auch die Eier. Pistorius IV S. 182 Nr. 13.

Keine Henne fliegt über die Mauer. Henne steht hier für den Leibeigenen. Solange der Leibeigene nicht aus der Hörigkeit befreit war, konnte er von sich aus nicht den Status eines Freien erlangen, auch dann nicht, wenn er in die Stadt floh (→ Luft macht frei). Das Spw. kann jedoch auch dahingehend gedeutet werden, daß der in die Stadt entflohene Leibeigene seinem Herrn keine Abgabe mehr zu entrichten hatte (→ Leibhuhn). Grimm, RA I S. 521; Pistorius I S. 57 Nr. 44; Hertius S. 401 Nr. 11; Conradi S. 9 Nr. 5; Estor I S. 86; Eisenhart S. 53; Körte S. 208 Nr. 3421; Eiselein S. 324; Simrock S. 239 Nr. 4564; Hillebrand S. 28 Nr. 36; Dreyer III S. 1313; GD S. 59 Nr. 247; W II Sp. 515 Nr. 128; Grundmann/Strich/Richey S. 65; Fehr, Dichtung S. 169.

Wer einen Prozeß um eine Henne hat, nehme lieber ein Ei dafür. Braun S. 129 Nr. 3369; GD S. 424 Nr. 181.

V.: Wer um eine Henne zu rechten hat, soll lieber ein Ei dafür nehmen und den Vogel fliegen lassen. W II Sp. 518 Nr. 205.

Herd

Der eigene Herd mit Feuer und Rauch (→ *Feuer und Flamme*) ist Kern des Hauses, auf den sich die Selbständigkeit des Mannes mit seiner Familie gründet → Haushalt.

Eigener Herd ist Goldes wert. Franck I Bl. 87v, 20v, 123v, II Bl. 84r; Egenolff S. 346a; Henisch Sp. 829; Pistorius I S. 58 Nr. 45; Conradi S. 19 Nr. 27; Bücking S. 130; Eisenhart S. 383; Körte S. 208 Nr. 3425; Braun S. 48 Nr. 1221; Lohrengel S. 8 Nr. 193; W II Sp. 527 Nr. 15; Beyer S. 261, 671; Röhrich 2 S. 701.

V.: Eigen Herd ist Goldes wert; ist er gleich arm, so hält er warm. Simrock S. 114 Nr. 1909.

Herr

Herr ist im Mittelalter eine Bezeichnung für den freien Mann, der Herrschaft ausübt. Herren waren z. B. Kaiser, Könige, Päpste, fürstliche und gräfliche Regenten (→ Kaiser, König, Papst, Fürst) sowie Inhaber von Grund-, Hof-, Haus- und Lehnsherrschaften. Die freien Herren, die Lehn von den Fürsten nahmen, wurden ebenso wie die Grafen in der Heerschildordnung zusammengefaßt (→ Heerschild). Die angeführten Spw. beziehen sich in erster Linie auf die Rechte und Pflichten des Lehnsherren (z. B. → Schutz und Schirm) gegenüber seinem Land und seinen Vasallen. Zwischen dem Lehnsherrn und dem Lehnsmann bestand ein gegenseitiges Treuverhältnis. Der Vasall schwor seinem Herrn Treue und verpflichtete sich, alles zu unterlassen, was dem Herrn schaden könnte. Im Gegenzug garantierte der Lehnsherr seinem Lehnsmann den Besitz des geliehenen Gutes und die Erstattung von Schadensersatz bei Verlust oder Schädigung des Lehns durch Dritte → Lehn, Lehnsherr, Lehnsmann.

Der Herr ist wie der Knecht. Bezogen auf das gegenseitige Treueverhältnis. GD S. 524 Nr. 315; W II Sp. 539 Nr. 98.

V.: Getreuer Herr, getreuer Knecht. Agricola II S. 113; Conradi S. 27 Nr. 1; Eisenhart S. 676; Eiselein S. 301; Simrock S. 240 Nr. 4596; Volkmar S. 366 Nr. 426; Hillebrand S. 75 Nr. 104; GD

S. 524 Nr. 313; W II Sp. 548 Nr. 307; Grundmann/Strich/Richey S. 14. Hält unser Herr, so halten wir auch. GD S. 524 Nr. 312; W II Sp. 554 Nr. 449.

Der Herr kann seinen Mann nicht niedern. Verlor ein Lehnsmann z. B. durch Tod des Herrn das Lehn, so konnte er den Oberlehnsherrn um Erneuerung des Lehnsverhältnisses bitten oder sich von diesem an einen anderen Herrn verweisen lassen (s. Ssp. Lnr. 25 § 1). Der neue Lehnsherr durfte jedoch keinem niedrigeren Stand angehören als der ehemalige. GD S. 558 Nr. 48; W II Sp. 539 Nr. 99; Janz, Rechtssprichwörter S. 336–338 → niedern.

V.: Kein Herr kann seinem Manne den Herrn niedern. GD S. 558 Nr. 47.

Der Herr soll sich mit dem Lehn nicht bereichern. Er ist verpflichtet, das heimgefallene Lehn, d. h. das z. B. durch Tod des Vasallen an den Lehnsherrn zurückgefallene Gut, an einen anderen Lehnsmann zu verleihen. Lüning II Sp. 1048 Tit. 93; Kamptz 2 S. 473; GD S. 558 Nr. 44; W II Sp. 539 Nr. 111.

Ein Herr kommt nie gepfändet zu Hofe. Ein freier Mann, der in keiner Leibeigenschaft stand und keinen Zins zu entrichten hatte, konnte nicht gepfändet werden. GD S. 50 Nr. 170; W II Sp. 539 Nr. 100; Fehr, Dichtung S. 165.

Ein jeder Herr ist Kaiser in seinem Lande. S. o. Hertius S. 395 Nr. 3; Sailer S. 254; Eisenhart S. 632; Eiselein S. 357; Simrock S. 244 Nr. 4663; Volkmar S. 365 Nr. 400; GD S. 487 Nr. 31; W II Sp. 546 Nr. 246; Foth S. 179–180; Liebs S. 59 Nr. 63: Dominus imperator in territorio suo. → Haus.

V.: Ein jeder Herr ist Kaiser/Papst in seinem Land. Conradi S. 26 Nr. 1, 4; Grundmann/Strich/Richey S. 32.

Herren und Heilige gehen über alles. Das Rspw. bezieht sich auf das Vorzugsrecht, das Landesherren und Patronatsherren gegenüber anderen Gläubigern hatten. Hasslocher S. 52; Hertius S. 362 Nr. 92; Conradi S. 20 Nr. 51; Eisenhart S. 426; Simrock S. 242 Nr. 4630; Hillebrand S. 102 Nr. 135c; GD S. 282 Nr. 346; W II Sp. 555 Nr. 494; Grundmann/Strich/Richey S. 32; Foth S. 132–140.

V.: Herren und Heilige gehen vor. Hertius S. 362 Nr. 92; Estor I S. 39; GD S. 282 Nr. 345; W II Sp. 556 Nr. 495. Herrenschatz geht zuvor. GD S. 282 Nr. 347; W II Sp. 585.

Herren und Mannes falscher Rat gleicht wohl ungetreuer Tat. Das Spw. bezieht sich auf das Treuegebot (s. o.) und besagt, daß hier der Gedanke an einen Treuebruch ebenso strafbar ist wie die Tat selbst. Ssp. Lnr. 76 § 6: Herren unde mannes valsche rat geliket wol ungetruwer dat. GD S. 556 Nr. 12; W II Sp. 556 Nr. 498; Janz, Rechtssprichwörter S. 341–344.

Jeder Herr des Hofs hat Gebot und Verbot. Mit dem Reichsstand genoß der Gutsherr zugleich das Privileg, auf seinem Land Gesetze zu erlassen. Grimm, Weisth. II S. 555; GD S. 488 Nr. 45; W II Sp. 557 Nr. 536.

Niemand kann zwei Herren dienen. Matt. 6,24; Körte S. 342 Nr. 5724; Braun S. 117 Nr. 3040; Eiselein S. 304; Simrock S. 241 Nr. 4618; GD S. 517 Nr. 250; W II Sp. 562 Nr. 634, III Sp. 1027 Nr. 45; Beyer S. 263; Krauss S. 90.

Pfennige erneuert man, wenn neue Herren kommen. Das Spw. bezieht sich auf das Münzrecht. Von Zeit zu Zeit, in der Regel beim Wechsel des Herrn, wurden alle Münzen eingezogen und neu geprägt. Da die Umprägung oft mit einer Münzverschlechterung verbunden war, warnt das Spw. davor, auch zu anderen Gelegenheiten die Münzen zu erneuern. Ssp. Ldr.II 26 § 1: Penninge scal men vernien, alse nie herren komet. Schwsp. 192a; Dsp. 131 § 1; GD S. 509 Nr. 163; W III Sp. 1272 Nr. 164; Janz, Rechtssprichwörter S. 132–135.

V.: Pfennige verschlägt man, wenn neue Herren kommen. GD S. 509 Nr. 162; W III Sp. 1272 Nr. 167.

Was der Herr mannlich leiht, steht auf des Mannes Treue. Spangenberg S. 226 Nr. 401; GD S. 556 Nr. 7; W II Sp. 566 Nr. 705. Vgl. Der Herr ist wie sein Knecht.

V.: Was ein Herr leiht, darf er nicht brechen. GD S. 558 Nr. 43; W II Sp. 566 Nr. 722.

Wie der Herr ist, so sind seine Untertanen. GD S. 524 Nr. 316.

V.: Wie der Herr, so ist seine Ehre. W II Sp. 577 Nr. 933. Wie der Herr, so der Knecht. Körte S. 209 Nr. 3431; Braun S. 51 Nr. 1299; Simrock S. 240 Nr. 4595; W II Sp. 577 Nr. 934.

Herrendienst

→ Dienst.

Herrendienst erbet nicht. Franck I Bl. 77v; Agricola I S. 216; Conradi S. 9 Nr. 6; Eisenhart S. 55; Simrock S. 242 Nr. 4626; Hillebrand S. 110 Nr. 149; GD S. 41 Nr. 127; W II Sp. 580 Nr. 6; Grundmann/Strich/Richey S. 85 → Dienst, Erbe.

V.: Herrendienste sind kein Ehegelübde. Dazu *Ehehalte* sw. M. ‹Dienstmann, Hausgenosse›, DWB III Sp. 43. Seit dem Ende der Erbhörigkeit standen die *Ehehalten* in einem freien, rein vertragsrechtlich gebundenen Dienstverhältnis. Damit war der Erbe eines Dienstleistenden zur Fortsetzung des Dienstverhältnisses weder berechtigt noch verpflichtet. Pistorius III S. 312 Nr. 53; Hertius S. 399 Nr. 9; Conradi S. 9 Nr. 6; Eisenhart S. 55; Simrock S. 242 Nr. 4625; GD S. 41 Nr. 126; W II Sp. 581 Nr. 17. Herrendienste sind keine Ehegelübde oder Herrendienst erbet nicht. Eisenhart S. 55 → Dienst.

Herrengunst

‹Zustimmung des Grundherrn zur Beleihung mit einem Gut›, DRWB V Sp. 822.

Herrengunst erbet nicht. Nach fränkischem Recht wurde das Lehngut nur auf Lebenszeit des Vasallen vererbt. Starb der Lehnsmann, so fiel das Gut an den Grundherrn zurück (Lehnheimfall, Herrenfall). Erst eine Änderung des Lehnrechts bewirkte, daß nach dem Tod des Lehnsmannes das von ihm bewirtschaftete Gut an den Sohn des Verstorbenen weitervererbt wurde (Lehns-, Mannfall). S. dazu die Spw. Das Kind bricht alle → Gedinge. Der → Herr soll sich mit dem Lehn nicht bereichern. Körte S. 210 Nr. 3447; Braun S. 51 Nr. 1307; Eiselein S. 304; GD S. 195 Nr. 99; W II Sp. 583 Nr. 9; Singer II S. 16 → Lehn, Erblehn.

V.: Herrengüter klimmen nicht. Kamptz 2 S. 457; GD S. 195 Nr. 98; W II Sp. 584 Nr. 1. Herrenhuld erbt nicht. Eiselein S. 304; GD S. 557 Nr. 20; W II Sp. 584.

Herrenhand

Herrenhand reicht in alle Land. In der Regel beschränkte sich die Autorität der Landesherren auf das von ihnen regierte Land; mitunter reichte sie jedoch auch über die Grenzen hinaus. Franck II Bl. 74v; Egenolff S. 66b; Körte S. 211 Nr. 3452; Eiselein S. 304; Braun S. 52 Nr. 1328; Simrock S. 243 Nr. 4651; GD S. 522 Nr. 275; W II Sp. 584 Nr. 1.

Herrschaft

Der Wind gehört der Herrschaft. Das Rspw. bezieht sich auf das Windmühlenregal. Nach einigen Landrechten stand das Privileg, Windmühlen zu errichten, ausschließlich dem Fiskus zu, der es jedoch an Dritte weiterreichen konnte. Conradi S. 14 Nr. 2; Estor I S. 725; Eisenhart S. 186; Runde S. 104 § 105; Eiselein S. 644; Simrock S. 591 Nr. 11659; Hillebrand S. 54 Nr. 76; GD S. 130 Nr. 369; W V Sp. 249 Nr. 49; Fehr, Dichtung S. 168.

V.: Sand und Land gehört der Herrschaft. Estor I S. 725.

Hirte

Niemand darf seinen eigenen Hirten haben. Vieh, das auf der Allmende weidet, soll nur von einem Hirten gehütet werden. Ssp. Ldr.II 54 § 2; Schwsp. 213; Dsp. 164 § 2; Eisenacher Rb. III 54: Nymant sal sundirliche herten habe. GD S. 69 Nr. 53; W II Sp. 683 Nr. 37; Janz, Rechtssprichwörter S. 433–436.

Was der Hirt in seiner Hut verliert, das muß er bezahlen. Ssp. Ldr.II 48 § 1: Swat de herde binnen siner hude verluset, dat scal he gelden. Schwsp. 213; Dsp. 161; Estor I S. 488; Eisenhart S. 394; Simrock S. 249 Nr. 4779; Hillebrand S. 111 Nr. 150; Chaisemartin S. 277 Nr. 27; GD S. 270 Nr. 287; W II Sp. 684 Nr. 49; Janz, Rechtssprichwörter S. 84–88.

V.: Was der Hirt in der Hur verliert, soll er gelten. Körte S. 218 Nr. 3573; Grundmann/Strich/Richey S. 63.

Wenn der Hund wacht, mag der Hirt schlafen. Braun S. 59 Nr. 1518; Eiselein S. 325; GD S. 523 Nr. 293; W II Sp. 867 Nr. 1131.

Hof

Man weist den Hof so frei wie die heilige Kirche. Der → Hausfriede erstreckte sich auch über den Hof. S. o. Binnen → Haus und Hof hat jedermann Friede. → Haus und Hof sind gefreit. Grimm, Weisth. II S. 472; GD S. 497 Nr. 85; W II Sp. 704 Nr. 89 → Schutz und Schirm.

So mancher Hof, so manches Besthaupt. Mhd. *besthoubet* st. N. bezeichnet das ‹beste Stück (in der Regel Vieh, mitunter auch Gewand), das ein Gutseigentümer sich aus der Hinterlassenschaft seines Lehnsmannes nehmen konnte›, Lexer I Sp. 227; DRWB I Sp. 199–200; HRG I Sp. 397–398. Grimm, Weisth. I S. 587: als manich houe, als manich besthaupt. GD S. 50 Nr. 177; W II Sp. 704 Nr. 94.

Hofrecht

Das Hofrecht bezeichnet das im Bereich eines Wirtschaftshofes geltende Recht. Es betraf in erster Linie die Angehörigen einer Grundherrschaft und normierte deren Beziehungen untereinander sowie deren Beziehung zur Herrschaft. HRG II Sp. 213–215.

Solange man Hofrecht nicht gewinnt, kann man es nicht genießen. GD S. 51 Nr. 185; W II Sp. 734 Nr. 3; HRG II Sp. 213–215.

Hofstatt

Die niedere Hofstatt muß der obern den Fried geben. Nach dem Grenzrecht muß die an einer Anhöhe niedriger liegende Hofstätte zur höher liegenden durch einen Zaun abgegrenzt werden. Grimm, Weisth. I S. 134: Item es sol och die nider hofstat der obren frid gen. GD S. 84 Nr. 108; W II Sp. 735 Nr. 1 → ober.

Hofzins

‹Abgabe, z. B. Boden- oder Mietzins›.

Hofzins ist geordnet Lohn. GD S. 76 Nr. 76; W II Sp. 736; DRWB V Sp. 1383.

Höherer

Die Niederen können den Höheren nicht helfen. Zur Zeugenaussage vor Gericht waren nur Standesgleiche oder dem Angeklagten Höhergestellte berechtigt. Leibeigene und Rechtlose wurden nicht geladen. GD S. 456 Nr. 509; W III Sp. 1023 → Niederer.

Holz

Holz steht in den hier aufgeführten Rspw. in der Bedeutung ‹Forst, Wald› und → ‹Allmende›. Anrecht auf Nutzung des Gemeingutes hatten alle, die → Haus und Hof besaßen bzw. einen eigenen → Herd hatten.

Dem reichen Walde wenig schadet, wenn sich ein Mann mit Holz beladet. Grimm, RA II S. 34; Simrock S. 566 Nr. 11166; GD S. 68 Nr. 30; W IV Sp. 1767 Nr. 6.

Holz muß pfleglich gehalten werden. Pistorius V S. 369 Nr. 64; Conradi S. 16 Nr. 3; Simrock S. 254 Nr. 4891; Hillebrand S. 60 Nr. 87; GD S. 130 Nr. 380.

Holz und Unkraut wächst für alle Menschen. Hillebrand S. 60 Nr. 85; GD S. 67 Nr. 23; W II Sp. 753 Nr. 122.

Mein Holz kann mir niemand verbrennen. Wer auf eines andern Grund und Boden abholzt oder erntet, macht sich strafbar. Henisch Sp. 501; Wagener S. 85; Simrock S. 255 Nr. 4899; GD S. 93 Nr. 155; W II Sp. 755 Nr. 170.

hören

Hör auch, was der andere sagt, wenn du hörst, was einer klagt. Vor Gericht sollen immer beide Parteien angehört werden. Simrock S. 294 Nr. 5709; GD S. 433 Nr. 269; Beyer S. 39; s. heute Art. 103 Abs. 1 GG → Mann.

V.: Man muß auch hören, was der andere sagt. W II Sp. 778 Nr. 40. Man muß den einen hören und auch den anderen. Osenbrüggen S. 9; W II Sp. 778 Nr. 47; Liebs S. 32 Nr. 106: Audiatur et altera pars. Mit dem Urteil nicht eile, hör zuvor beide Teile. Braun S. 179 Nr. 4711; Eiselein S. 614; GD S. 433 Nr. 270; W IV Sp. 1498 Nr. 17 → Urteil. Wenn du hörst, was einer klagt, so hör auch, was der andere sagt. Beyer S. 275.

Hörensagen

Man darf niemand das Seine aberkennen auf Hörensagen. Zeugenaussagen müssen auf eigener Beobachtung basieren, sonst sind sie nicht rechtskräftig. Grimm, Weisth. I S. 201: man sol nieman das sin abkennen vf hörsagen. GD S. 457 Nr. 521 → Augenschein, Augenzeuge.

V.: Auf Hörensagen ist nicht gut zu fußen. W II Sp. 781 Nr. 3. Die Augen glauben sich selbst, die Ohren anderen Leuten. Braun S. 6 Nr. 136; Simrock S. 54 Nr. 646; Lohrengel S. 7 Nr. 164; GD S. 457 Nr. 530; W I Sp. 172 Nr. 78. Hörensagen ist halb gelogen. Körte S. 223 Nr. 3685; Braun S. 57 Nr. 1480; Simrock S. 256 Nr. 4946; GD S. 457 Nr. 523; W II Sp. 781 Nr. 7; Singer III S. 95; Beyer S. 276; Fehr, Dichtung S. 167. Man glaubt den Augen mehr als den Ohren. Henisch Sp. 153; Faselius S. 185; GD S. 457 Nr. 531; W I Sp. 174 Nr. 154. Sehen geht über Hören. Simrock S. 480 Nr. 9450; GD S. 457 Nr. 529. Sehen geht vor Hörensagen. Franck II Bl. 94v; Körte S. 411 Nr. 6896; Braun S. 156 Nr. 4068;

Simrock S. 480 Nr. 9451; GD S. 457 Nr. 528; W IV Sp. 504 Nr. 88; Beyer S. 276. Vom Hörensagen kommen die Lügen ins Land. Simrock S. 256 Nr. 4947; W II Sp. 781 Nr. 9; Röhrich 2, S. 738. Vom Hörensagen lügt man viel. Schottelius S. 1136; Conradi S. 25 Nr. 11; Körte S. 223 Nr. 3686–3687; Simrock S. 257 Nr. 4948; W II Sp. 781 Nr. 11; Beyer S. 276. Zeuge vom Hörensagen gilt im Rechte nicht. Simrock S. 614 Nr. 12096; Faselius S. 203; GD S. 457 Nr. 522; W V Sp. 570 Nr. 32; Foth S. 147–155 → Sagwort, sehen.

Hube

→ Hufe.

Hufe

Hufe, *Hube*, mhd. *huobe* st. sw. F. bezeichnet ein Grundstück bestimmter Größe, das den Bauern zur Verfügung stand. Ursprünglich unterschied man zwischen Hufen, der Besitzeinheit, und Mansen, der Wohn- und Wirtschaftsstätte, doch schon im Ostfränkischen bildete sich eine Verbindung von beidem zum bäuerlichen Wirtschaftsgut heraus. DRWB V Sp. 1581–1592, insb. 1588; HRG II Sp. 248–251.

Die Hufen sind des Junkers Eigen und des armen Mannes Erbe. Grimm, Weisth. III S. 478: die hube [sint] myns junghern eyne (eygen) vnd des armen mannes erbe. GD S. 76 Nr. 79; W II Sp. 797 Nr. 1.

Eine halbe Hufe ist ein Wergeld wert. Eine halbe Hufe *(halve huve)* war die Summe, die als Entschädigung für die Tötung eines Menschen an seine Familie gezahlt werden mußte. Ssp. Ldr.I 34 § 1; GD S. 323 Nr. 293; W II Sp. 797 Nr. 2; DRWB V Sp. 1584 → Wergeld.

Heute mein, morgen dein, so teilt man die Huben. Kam der Besitzer eines belasteten Gutes seiner Verpflichtung gegenüber seinem Lehnsherrn nicht nach, so wurde er abgemeiert, d. h. das Gut wurde gepfändet und an einen anderen Lehnsmann verliehen. Pistorius V S. 370 Nr. 65; Simrock S. 246 Nr. 4707; GD S. 50 Nr. 171; W III Sp. 567 Nr. 11.

Huhn

→ Rauchhuhn, Leibhuhn.

hulden

‹Treue geloben›, ‹huldigen› → Landeshuldigung.

Wer zu hulden hat, soll hulden. Zu *hulden* ‹den Treueid schwören›, DRWB VI Sp. 38–41, insb. 39. Wer einen Treueeid geschworen hatte, mußte diesen einhalten. Grimm, Weisth. II S. 676: wer zu hulden hat sall hulden. GD S. 556 Nr. 8; W II Sp. 813 → Herr.

Hungersnot

Hungersnot geht über alle Not. Hatte jemand triftige Gründe für sein widerrechtlich erscheinendes Handeln (z. B. Mundraub) und konnte dieses vor Gericht beweisen, so blieben damit verbundene rechtliche Konsequenzen aus. Reynke de Vos III 4,4615; GD S. 389 Nr. 549; W II Sp. 920 Nr. 5 → Leibesnot.

V.: In Hungersnot gibts kein schlechtes Brot. Beyer S. 280. Leibesnot und Herrengebot ist ausgeschlossen. Grimm, Weisth. I S. 751: leibesnoth und herren gebot [sint] ausgeschlossen. GD S. 389 Nr. 548; W III Sp. 11 Nr. 2.

Hut

Hut bei Schleier, Schleier bei Hut. Grimm, RA I S. 620; Conradi S. 11 Nr. 19; Estor I S. 308; Bücking S. 67; Eisenhart S. 136; Runde S. 613 § 607; Körte S. 232 Nr. 3839; Eiselein S. 339; Simrock S. 266 Nr. 5147; Hillebrand S. 131 Nr. 191; GD S. 153 Nr. 77; W II Sp. 942 Nr. 22 → Schleier.

J

Jahr

Ein Jahr böse, hundert Jahre böse. Besitzt jemand eine Sache seit Jahren unrechtmäßig, so rechtfertigt dies weder sein Verhalten, noch sichert es den weiteren Besitz. Pistorius II S. 242 Nr. 96; Hertius S. 439 Nr. 24; Conradi S. 15 Nr. 26; Estor I S. 20; Eisenhart S. 239; Eiselein S. 346; Simrock S. 268 Nr. 5196; Hillebrand S. 48 Nr. 66; Osenbrüggen S. 35; GD S. 95 Nr. 191; W II Sp. 988 Nr. 62; Beyer S. 286; Foth S. 112–116.

Übers Jahr kann kein Wirt schwören. Schuldete ein Gast dem Wirt die Zeche, so genügte als Beweis der → Eid des Wirts. Das übliche Beweisverfahren wurde erst eingeleitet, wenn der Gast seine Schulden nicht innerhalb eines Jahres beglichen hatte. Bremer Statuten S. 129,CVI: Mer boven en iar ne mach he nicht sweren; GD S. 266 Nr. 254.

Jahr und Tag

Jahr und Tag ist nach mittelalterlichem Recht die Frist von einem Jahr, sechs Wochen und drei Tagen. Nach Ablauf dieser Frist änderte sich in der Regel der bis dahin geltende Rechtszustand. Hardenberg, Jahr und Tag, S. 287–290; Köbler, Juristisches Wb. S. 197; s. a. Röhrich 2 S. 782 → Gewere.

Dreißig Jahr und Tag stehen zu Gewinn und zu Verlust. Die einzelnen Rechtsquellen kennen unterschiedliche Fristen, z. B. Jahr und Tag (ein Jahr, sechs Wochen und drei Tage), aber auch zehn Jahre und dreißig Jahre. Nach Ablauf dieser Fristen erhielt der Zustand rechtliche Gültigkeit. GD S. 95 Nr. 182; W II Sp. 987 Nr. 54.

Ein erstanden Recht muß man in Jahr und Tag einbringen. Altprager Stadtrecht S. 91 Art. 133: Ein erstanden recht sal man in jar vnd tag einbrengen. GD S. 95 Nr. 179; W III Sp. 1524 Nr. 115 → Recht.

Jahr und Tag ist die rechte Gewere. Pistorius V S. 414 Nr. 99; Conradi S. 15 Nr. 27; Sailer S. 254; Eisenhart S. 241; Eiselein S. 346; Simrock S. 268 Nr. 5183; Hillebrand S. 47 Nr. 65; GD S. 94 Nr. 176;

W II Sp. 990 Nr. 109; Grundmann/Strich/Richey S. 68 → Gewere.

Jahr und Tag soll ewig dauern. Etwas, das nach Jahr und Tag Gültigkeit gewonnen hatte, sollte für immer unangefochten bleiben. GD S. 94 Nr. 178; W II Sp. 990 Nr. 110.

V.: Jahr und Tag soll ewig gelten. Lobe S. 38.

Kirchenbuße steht nicht über Jahr und Tag. GD S. 549 Nr. 104; W II Sp. 1346 Nr. 2 → Kirchenbuße.

Versäumt die Herrschaft Jahr und Tag, so ist ihre Gerechtigkeit aus. Die Ansprüche der Gutsherrschaft auf die Abgaben ihrer Vasallen bestanden für Jahr und Tag. Nach Ablauf dieser Frist verfielen sie. GD S. 124 Nr. 344; W II Sp. 597 Nr. 22.

Wiederkauf steht Jahr und Tag. GD S. 105 Nr. 246 → Wiederkauf.

Jahresfrist

Wer da kommt, der Landsmann ist, der nimmt den Kauf in Jahresfrist. Einheimische genossen vor Landesfremden ein Näherrecht beim Erwerb von Ländereien. Blumer I S. 166; GD S. 104 Nr. 227; W II Sp. 1781 Nr. 4.

Jahrgeld

Wer Jahrgeld einnimmt, muß Jahresarbeit tun. Henisch Sp. 98; GD S. 178 Nr. 196; W II Sp. 999 → Arbeit.

Jude

Die angeführten Rspw. beziehen sich auf die rechtliche Sonderstellung der Juden, die (meist gegen ein Schutzgeld) den besonderen Frieden des Königs genossen. Vgl. das Judenprivileg Friedrichs II. von 1236, mit dem die Juden gegen Abgaben an die königliche Kammer (sog. Judensteuer) dem Königsschutz unterstellt wurden → Schutz und Schirm.

Kein Christ bessert Schaden außer den Juden gegenüber. Das Rspw. bezieht sich auf das zinsbare Darlehen, das ein Christ von einem Juden gegen ein Faustpfand aufgenommen hat, bei dem der Besitz an den Gläubiger übertragen wird. Die Kirche verbot die Leihe von Geld gegen Zinsen; der Talmud nur bei Juden, aber nicht bei einem Andersgläubigen. GD S. 268 Nr. 263.

Kein Jude kann weiter Gewähr sein als sein Haus reicht. Alle Verkäufer mußten grundsätzlich die Herkunft und den rechtmäßigen Besitz der zum Verkauf anstehenden Waren nachweisen, ausgenommen die Juden. Folglich war nicht auszuschließen, daß es sich bei den von ihnen angebotenen Waren um Diebesgut handelte. GD S. 261 Nr. 225; W II Sp. 1036 Nr. 61 → Gewähre.

Junge

Das Junge folgt der Mutter. Nach deutschem Recht wird der Ertrag immer demjenigen zuteil, der die Arbeit geleistet hat. Das Spw. kann auch dahingehend gedeutet werden, daß Jungtiere dem Eigentümer des Muttertieres gehören. Liebs S. 151 Nr. 13: Partus sequitur ventrem. GD S. 110 Nr. 253; W II Sp. 1057 Nr. 2.

V.: Wes die Arbeit, des der Lohn → Arbeit.

Jungfrau

Ist der Finger beringt, so ist die Jungfrau bedingt. Zu mhd. *bedingen* sw. V. ‹etwas versprochen erhalten›, ‹verloben›. Das Rspw. bezieht sich auf die Ringgabe des Bräutigams an die Braut, mit der die Verlobung besiegelt wird. Hasslocher S. 38; Hertius S. 339 Nr. 65; Conradi S. 10 Nr. 3; Estor I S. 347; Eisenhart S. 99; Körte S. 105 Nr. 1717; Eiselein S. 170; Simrock S. 139 Nr. 2449; GD S. 141 Nr. 32; W I Sp. 1017 Nr. 26; Grundmann/Strich/Richey S. 79; Fehr, Dichtung S. 175.

Jurist

Juristen sind böse Christen. Estor I S. 21; Hertius S. 255 Nr. 1; Eiselein S. 354; Braun S. 66 Nr. 1710; Simrock S. 277 Nr. 5347; W II Sp. 1082 Nr. 39; HRG II Sp. 481–484 → Christ.

K

Kaiser

Der Kaiser galt im Mittelalter und in der frühen Neuzeit als Träger der höchsten weltlichen Herrschaft und als oberster Richter. Nur der Papst hatte bei Rechtsverstößen des Kaisers gegen das Gesetz das Recht, ihn abzusetzen (vgl. dazu Ssp. Ldr.III 57 § 1) → König. Zum Kaiserrecht s. HRG II Sp. 563–565.

Den Kaiser macht das Heer. Sächsisches Weichbildrecht Sp. 207 Art. 7: den keiser macht daz heer. GD S. 28 Nr. 7; W II Sp. 1093 Nr. 2; HRG II Sp. 518–530, insb. 522; Stengel, Den Kaiser macht das Heer S. 1–110; Volkert S. 121 → Heer.

Der Kaiser hat kein Recht über des Menschen Leib. Kleines Kaiserrecht II cap. 55; GD S. 350 Nr. 375; W II Sp. 1093 Nr. 6.

Der Kaiser hat Macht, Friede und Gnade zu tun. Kleines Kaiserrecht II cap. 69, 3; GD S. 397 Nr. 614; W II Sp. 1093 Nr. 8 → Friede, Gnade.

Der Kaiser ist aller Eltern Vormund. Als Staatsoberhaupt gewährt der Kaiser den Kindern Schutz gegenüber ihren Eltern oder ihrem → Vormund. Henisch Sp. 875; Sailer S. 249; Körte S. 245 Nr. 4057; Simrock S. 277 Nr. 5364; GD S. 172 Nr. 167; W II Sp. 1093 Nr. 10.

Der Kaiser ist dem Mindesten gleich, tut er Unrecht. Für Rechtswidrigkeiten wird der Kaiser wie alle anderen zur Rechenschaft gezogen. Kleines Kaiserrecht II cap. 117: der keiser ist dem minsten gleich, tut er vnrecht. GD S. 286 Nr. 24; W II Sp. 1093 Nr. 13.

Der Kaiser ist ein Vater des Rechts. Eisenacher Rb. II 20, 1: der keisir ist eyn vatir des rechtin. GD S. 17 Nr. 201; W II Sp. 1093 Nr. 15 → Recht.

V.: Der Kaiser ist Vater des Reiches. GD S. 28 Nr. 6; W II Sp. 1093 Nr. 16.

Der Kaiser ist Richter über alle anderen Richter. Die → Richter sind Stellvertreter des Kaisers und urteilen in seinem Namen. Hamburgisches Stadtrecht S. 193 Art. 1; GD S. 28 Nr. 25; W II Sp. 1094 Nr. 19.

Der Kaiser ist über Könige Herr. GD S. 486 Nr. 5; W II Sp. 1093 Nr. 17.

V.: Der Stärkste ist der Kaiser, er ist aller andern Herr. GD S. 486 Nr. 4.

Der Kaiser setzt dem Vogt den Bann. Gemeint ist hier der Gerichtsbann bzw. die Gerichtsgewalt. DRWB I Sp. 1199. Nur wer vom König den Gerichtsbann verliehen bekam, durfte ihn ausüben. Recht der Stadt Straßburg (Gaupp I S. 51,XI); GD S. 28 Nr. 26; W II Sp. 1094 Nr. 20 → Bann, Vogt.

Der Kaiser sitzt an Gottes Statt des Menschen Schirmer. Zu *Schirmherr*. Kleines Kaiserrecht IV cap. 231; GD S. 27 Nr. 2; W II Sp. 1094 Nr. 21 → Herr.

V.: Der Richter sitzt an Kaisers Statt. Kleines Kaiserrecht III cap. 205 → Kaiser.

Der Kaiser soll Kaiser sein, solange er Recht tut. Kleines Kaiserrecht II cap. 117: der keiser sal keiser sin, die wile er recht tut. GD S. 286 Nr. 23; W II Sp. 1094 Nr. 22.

Des Kaisers Recht soll gemein sein. D. h. es soll allgemeingültig sein. Kleines Kaiserrecht II cap. 72: dez keisers recht sal gemein sin. GD S. 17 Nr. 204; W II Sp. 1094 Nr. 26 → Recht, gemeines.

Des Kaisers redlicher Wille ist Recht. Sächsisches Weichbildrecht Sp. 217 Art. 8: des keisers redeliche wille ist eyn recht. GD S. 17 Nr. 199; W II Sp. 1094 Nr. 27.

Die Dienstleute des Reiches sind des Kaisers Genossen. Gemeint sind hier die Landesherren, die die Heere anführen. Kleines Kaiserrecht III cap. 5: dinstlute des riches sint des keisers genozzen. GD S. 32 Nr. 46.

Laßt den Kaiser seines Bildes gewaltig und Gottes Bild gebt Gott. Ssp. Ldr.III 42 § 5: Latet den keiser sines bildes geweldich, unde Goddes bilde gevet Godde. GD S. 43 Nr. 157; W II Sp. 1095 Nr. 36.

V.: Gib dem Kaiser, was des Kaisers, und Gott, was Gottes ist. Simrock S. 277 Nr. 5362.

Läßt der König etwas ungerichtet, so habe ich zum Kaiser Mut. Wer vor Gericht nicht zu seinem Recht kommt, wendet sich an die nächst höhere Instanz. Grimm, Weisth. I S. 511; GD S. 426 Nr. 225; W II Sp. 1487 Nr. 126 → Gericht, König.

Vor dem Kaiser darf man keinen Zweifel rächen. Was der Kaiser für rechtens erklärte, durfte nicht angezweifelt werden. Kleines Kaiserrecht I cap. 4: vor dem keiser sal man kein ding zwifeltig richten. GD S. 479 Nr. 669; W II Sp. 1095 Nr. 41.

Was der Kaiser erlaubt hat, darf man tun. Kleines Kaiserrecht IV cap. 11: was der keiser erleubet hat, daz mag man tun ab man wil. GD S. 17 Nr. 200; W II Sp. 1095 Nr. 42.

Was der Kaiser heißt, hat Vorrang. Zu *heißen* ‹befehlen›. Rechtsangelegenheiten von Personen, die dem Schutz des Kaisers unterstanden (Witwen, Waisen, Priester etc.), oder Staatsangelegenheiten hatten grundsätzlich Vorrang vor anderen Angelegenheiten. Kleines Kaiserrecht IV cap. 11: waz der keiser heizzet, daz hat furgang. GD S. 432 Nr. 257; W II Sp. 1095 Nr. 43.

Was der Kaiser nicht hat, soll niemand haben. Kleines Kaiserrecht IV cap. 8: wes der keiser nit haben sal, daz ensal nieman haben. GD S. 43 Nr. 156; W II Sp. 1096 Nr. 44.

Was der Kaiser Unrechtes weiß, soll er richten ohne Klage. Voraussetzung für die Rechtshängigkeit der Streitsache ist die Erhebung einer Klage. Nur der Kaiser war autorisiert, auch ohne Anklage zu richten. Vgl. Wo kein → Kläger, da kein Richter. Kleines Kaiserrecht III cap. 21; GD S. 425 Nr. 212; W II Sp. 1096 Nr. 45.

V.: Wo der Kaiser die Wahrheit weiß, mag er richten ohne Klage. GD S. 29 Nr. 30; W II Sp. 1097 Nr. 61.

Was der Papst nicht zwingt, soll der Kaiser bezwingen. Das Spw. bezieht sich auf das Zusammenwirken von kirchlichem und weltlichem Recht. Ssp. Ldr. I 1: swat deme pavese wedersta, dat he mit geistlekeme rechte nicht dwingen ne mach, dat is de keiser mit werltlekeme rechte dwinge. Schwsp. Vorrede; GD S. 486 Nr. 10; W III Sp. 1179 Nr. 51 → Gesetz.

Was man ohne den Kaiser tut, bleibt unstet. Unstet meint hier ‹rechtlich ungültig, ohne Bestand›, DWB XI, 3 Sp. 1428–1433, insb. 1431. Veränderungen (z. B. Besitzübertragungen), die ohne Rechtsbeschluß erfolgten, waren nicht rechtskräftig. GD S. 94 Nr. 172; W II Sp. 1096 Nr. 46.

Wen der Kaiser an seine Stelle setzt, der hat des Kaisers Gewalt. Kleines Kaiserrecht III cap. 14: wen der keiser setzet an sin stat, der hat des keisers gewalt. GD S. 404 Nr. 15; W II Sp. 1096 Nr. 49.

Wem das Recht nicht genügt, den soll der Kaiser nicht lassen. Das Rspw. bezieht sich auf die Selbstjustiz. GD S. 424 Nr. 194; W III Sp. 1532 Nr. 283.

Wenn der Kaiser stirbt, setzt sich der König in den Sattel. Schon zu Lebzeiten des Kaisers wurde von den Kurfürsten eine fürstliche Person auserwählt, die nach dem Tod des Regenten dessen Platz einnahm. Pistorius V S. 351 Nr. 48; Conradi S. 26 Nr. 1; Sailer S. 253; Eisenhart S. 624; Körte S. 245 Nr. 4059; Eiselein S. 357; Simrock S. 277 Nr. 5359; Hillebrand S. 240 Nr. 360; Osenbrüggen S. 36; GD S. 486 Nr. 8; W II Sp. 1096 Nr. 52; Grundmann/Strich/Richey S. 29.

Wer des Kaisers Mund hat, mag sich den Genossen wählen. Gemeint sind hier die Schöffenbaren. Kleines Kaiserrecht I cap. 10: wer dez keisers munt hat, der mag sinen genoz kysen. GD S. 415 Nr. 116; W II Sp. 1097 Nr. 54.

Wer Recht tun will, dem darf der Kaiser nicht Unrecht tun. Niemandem darf Rechtshilfe vorenthalten werden. Kleines Kaiserrecht II cap. 108: wer recht wil, dem sal der keiser nit vnrecht tun. GD S. 426 Nr. 223; W III Sp. 1534 Nr. 327.

Wer sich vor dem Kaiser versäumt, kann sich nimmer erholen. Zu *erholen* ‹eine Prozeßhandlung erneut vornehmen›, DRWB III Sp. 205. Wer dreimal eine Ladung vor Gericht versäumt hatte, erhielt eine vierte Ladung nicht mehr; er konnte statt dessen in Abwesenheit verurteilt werden. Vgl. Aller guten → Dinge sind drei. Kleines Kaiserrecht I cap. 18: wer sich vor dem keiser virsumet, der en mag sichs nimmer erholen. GD S. 443 Nr. 357; W II Sp. 1097 Nr. 56.

Wo der Kaiser hinkommt, da steht ihm das Recht offen. Conradi S. 26 Nr. 2; Eisenhart S. 628; Simrock S. 277 Nr. 5358; Hillebrand S. 240 Nr. 361; Chaisemartin S. 535 Nr. 2; Grundmann/Strich/Richey S. 29. S. a. Wo der → König hinkommt, ist das Gericht ledig.

Wo nichts ist, da hat der Kaiser sein Recht verloren. Pistorius I S. 89 Nr. 68; Hertius S. 358 Nr. 89; Conradi S. 24 Nr. 32; Lohrengel

S. 36 Nr. 900; Osenbrüggen S. 11; GD S. 222 Nr. 273; W II Sp. 1097 Nr. 63; Singer II S. 123; Grundmann/Strich/Richey S. 28.

Kalbzeit

Man muß der Kalbzeit ihr Recht lassen. Das Rspw. bezieht sich auf das Jagdrecht und besagt, daß zur Hege- und Brunstzeit das Wildern und Jagen verboten ist. Die Parömie hat auch eine außerrechtliche Bedeutung im Sinne von ‹Jugend will sich austoben› (Beyer S. 296). Conradi S. 14 Nr. 10; Estor I S. 488; Braun S. 67 Nr. 1724; Eiselein S. 359; Simrock S. 278 Nr. 5383; Hillebrand S. 64 Nr. 93; GD S. 131 Nr. 398; W II Sp. 1112 Nr. 1; Grundmann/Strich/Richey S. 38.

Kammerleh(e)n

Das Kammerlehn bezeichnet ein Gut, das zum herrschaftlichen Kammergut gehört. Dabei handelt es sich um kein → Lehn im herkömmlichen Sinn, da das Gut (in der Regel eine bäuerliche Leihe), das den Ertrag liefert, nicht in den Besitz des → Lehnsmannes geht; die Zinszahlung war an die Kammer zu leisten.

Kammerlehn ist nicht recht Lehn. GD S. 558 Nr. 35; W II Sp. 1125 → Lehn.

Kampf

‹Zweikampf›. Der Zweikampf (ursprünglich ein urteilersetzendes Institut neben dem Prozeß) entwickelte sich im Verlauf des MA vom kirchlichen Ordal zu einem eigenständigen Rechtsinstitut, das als Mittel der Beweisfindung im gerichtlichen Prozeß mit eigenen Verfahrensvorschriften anerkannt war. Es diente insbesondere beim Fehlen von Eideshelfern oder Zeugen dem Kläger oder Beklagten als Beweismittel zur Prüfung des Tatbestandes oder der Schuld. DRWB VI Sp. 1014; HRG I Sp. 1769–1773, insb. 1771. Holzhauer, Zweikampf; Hüpper, Zweikampf.

Kampf ist Mutwille. GD S. 351 Nr. 389; W II Sp. 1127 Nr. 9.

V.: Kampf ist Sünde. Sächsisches Weichbildrecht Sp. 333 Art. 35: Kamph ist sunde. GD S. 351 Nr. 390; W II Sp. 1127 Nr. 10.

Kampf verlegt alles Zeugnis. Wer bei einem Verbrechen getötet worden war, konnte durch sieben Eide schuldig gesprochen werden (Klage gegen den toten Mann). Stand jedoch ein Verwandter des Erschlagenen für den Täter ein, so kam es zum Zweikampf (→ Kessel). Ssp. Ldr.I 64: kampe, de verleget allen tuch. Sächsisches Weichbildrecht Sp. 149 Art. 85; GD S. 467 Nr. 566; W II Sp. 1127 Nr. 13; Janz, Rechtssprichwörter S. 272–275.

Mit Kampf wird niemand schuldig als wer sieglos wird. Das Spw. bezieht sich auf die Zeit der Gottesurteile. Kulmisches Recht V,30: Myt camphe wirt nicht me wenne der schuldig der do segelos wirt. GD S. 467 Nr. 572; W II Sp. 1127 Nr. 14.

Kauf

Die Grundregel beim Kauf im mittelalterlichen Recht war der Kauf vor Augen (Besehung, → Auge, sehen), wobei der Käufer die Qualität der Ware vor Ort prüfen konnte. Waren Qualitätsmängel nicht auf den ersten Blick erkennbar, so hatte der Käufer das Recht auf Schadensersatz. Im späten MA wurde der Kaufvertrag erst durch den Gottespfennig oder den → Weinkauf rechtskräftig. Ebel, Kaufmannsrecht S. 9–32; HRG II Sp. 675–686, insb. 678–681 → Handkauf, Wiederkauf.

Augen auf, Kauf ist Kauf. Hamburgisches Stadtrecht S. 36 Art. 27; Wiener Stadtrecht S. 74 Art. 66; Körte S. 28 Nr. 404; Simrock S. 285 Nr. 5520; Hillebrand S. 171 Nr. 239; Osenbrüggen S. 18; GD S. 259 Nr. 201; W I Sp. 169 Nr. 17; Grundmann/Strich/Richey S. 55; HRG II Sp. 675–686; Köbler, Rechtsgeschichte S. 211–212; Schott, «Wer da kauft, der lůg, wie es lauft» S. 244–269, insb. 258; Beyer S. 54; vgl. Liebs S. 37 Nr. 14: Caveat emptor. Vgl. §§ 459–460 BGB → Auge, sehen. Vgl. Wer unrechte → Ware kauft, mag unrechte Ware behalten.

V.: Kauf ist Kauf. Harrebomée I S. 435; GD S. 259 Nr. 200; W II Sp. 1218 Nr. 37. Käufer tu die Augen auf. Beyer S. 54.

Aus erster Hand ist der beste Kauf. Beyer S. 245.

Bieten und Wiederbieten macht den Kauf. Conradi S. 18 Nr. 14; Eisenhart S. 362; Körte S. 49 Nr. 791; Simrock S. 75 Nr. 1091; Hillebrand S. 168 Nr. 236; GD S. 259 Nr. 197; W I Sp. 378 Nr. 3 Grundmann/Strich/Richey S. 58.

V.: Fordern und Bieten macht den Kauf. GD S. 259 Nr. 196; W I Sp. 1088 Nr. 2. Handeln und Bieten macht Kaufleute. Beyer S. 247. Loben und Bieten gehört zum Kauf. GD S. 260 Nr. 215.

Der erste Kauf hat Macht. Mit Abschluß des Kaufvertrages wird der Kauf rechtskräftig. Auch wenn der Verkäufer einen mehrbietenden Interessenten findet, kann er den Vertrag nicht mehr rückgängig machen. GD S. 281 Nr. 333; W II Sp. 1217 Nr. 12.

V.: Der erste Kauf ist der beste. Gruter S. 16; Körte S. 250 Nr. 4151; Simrock S. 285 Nr. 5519; Harrebomée I S. 434; GD S. 281 Nr. 334; W II Sp. 1217 Nr. 11. Der erste Kaufmann ist der beste. *Kaufmann* steht hier in der Bedeutung ‹Käufer›. Franck II Bl. 114r; GD S. 281 Nr. 332; W II Sp. 1227 Nr. 4. Wer den ersten Kauf beweist, behält ihn. GD S. 281 Nr. 335; W II Sp. 1219 Nr. 61.

Die Schwertseite ist näher zum Kauf als die eigene Tochter. Zu *swert* st. N. ‹Verwandte von männlicher, d. h. väterlicher Seite›. Das deutsche Erbrecht begünstigte die Weitergabe des Familiengutes an die männlichen Verwandten. Vgl. Wer ein Gut will → erben, soll von schwerthalben dazu geboren sein. GD S. 104 Nr. 224; W IV Sp. 472 → Schwert, schwerthalben.

Durch Kauf, Fürkauf und Abkauf, böser Münze freien Lauf wird der Arme gefressen auf. GD S. 261 Nr. 229; W II Sp. 1217 Nr. 16.

Es kauft niemand eines andern Kauf und freiet niemand eines andern Weib. Henisch Sp. 487; GD S. 141 Nr. 42; W II Sp. 1221 Nr. 18.

Gekauft ist nicht geschenkt. Beyer S. 496.

Gewinn geht vor Kauf. S. dag. Kauf geht vor Gewinn. Henisch Sp. 1601; GD S. 281 Nr. 323; W I Sp. 1656 Nr. 34 → Gewinn.

Handgeld macht keinen Kauf. GD S. 243 Nr. 120; W II Sp. 333 Nr. 1 → Handgeld.

Kauf bricht Miete. Nach römischem Recht bestand bei einem Wechsel des Eigentümers keine vertragliche Bindung zwischen dem neuen Eigentümer und dem bisherigen Mieter. Demzufolge konnte der neue Eigentümer das bei seiner Übernahme bestehende Mietverhältnis ohne weiteres auflösen. Eisenacher Rb. III 31,1: der kouf tued di mite abe. Liebs S. 63 Nr. 21: Emtio tollit locatum. Anders im deutschen Recht, wo der Mieter Anspruch auf die Erfüllung des von ihm geschlossenen Vertrages hatte. S. Kauf bricht Miete nicht. S. a. → Miete bricht Kauf. Körte S. 250 Nr. 4150; Simrock S. 285 Nr. 5518; Harrebomée I S. 435; Hillebrand S. 104 Nr. 138; Osenbrüggen S. 35; GD S. 280 Nr. 317; W II Sp. 1217 Nr. 30; Grundmann/Strich/Richey S. 56;

Foth S. 79–81; Ebel, Forschungen S. 144–149; Colberg, «Kauf bricht Miete»; HRG IV Sp. 364–367.

V.: Der Tod und die Herrschaft brechen Kauf und Miete. GD S. 237 Nr. 112; W IV Sp. 1233 Nr. 186. Kauf geht vor Miete. Hertius S. 316 Nr. 46; Conradi S. 19 Nr. 31; Eisenhart S. 390; Simrock S. 285 Nr. 5518; GD S. 280 Nr. 316; W II Sp. 1218 Nr. 34. Kauf hebt Miete auf. Eiselein S. 363; W II Sp. 1218 Nr. 35. Kauf treibt die Miete ab. GD S. 280 Nr. 314. Kauf tut die Miete ab. GD S. 280 Nr. 313; W II Sp. 1218 Nr. 41. Kauf treibt die Kuh aus ihrer Miete. Harrebomée I S. 434; GD S. 280 Nr. 319; W II Sp. 1218 Nr. 42. Kauf treibt die Miete ab. GD S. 280 Nr. 314; W II Sp. 1218 Nr. 43.

Kauf bricht Miete nicht. Eisenacher Rb. III 31,2; W II Sp. 1218 Nr. 31; Grundmann/Strich/Richey S. 56. Grundmann/Strich/Richey S. 123; Fehr, Dichtung S. 168; Planitz/Eckhardt, Rechtsgeschichte S. 221; Creifelds S. 784; s. heute § 566 BGB.

V.: Kauf hebt Miete nicht auf. Eisenhart S. 390; Eiselein S. 363; Hillebrand S. 105 Nr. 139; Osenbrüggen S. 35; GD S. 280 Nr. 320. Miete geht vor Kauf. Harrebomée I S. 434; GD S. 281 Nr. 324; W III Sp. 656 Nr. 2. Miete geht vor sich. Hamburgisches Stadtrecht S. 244 Art. 15: hur gheyt vor sick. GD S. 281 Nr. 326; W III Sp. 656 Nr. 4. Miete ist fester als Kauf. GD S. 280 Nr. 322; W III Sp. 656 Nr. 5.

Kauf erfordert Kaufmannsgut. Niemand darf Gegenstände, deren Verkauf verboten ist, veräußern. Estor I S. 92, II S. 527 § 4152; Hillebrand S. 169 Nr. 237; GD S. 252 Nr. 164 → Kaufmannsgut.

V.: Kauf erfordert Kaufmannsgut und Kaufmannsglauben. Conradi S. 18 Nr. 15; Eisenhart S. 367; Simrock S. 285 Nr. 5517; Hillebrand S. 169 Nr. 237; W II Sp. 1218 Nr. 32; Grundmann/Strich/Richey S. 58.

Kauf geht vor Gewinn. Henisch Sp. 1601; GD S. 280 Nr. 315. S. dag. → Gewinn geht vor Kauf.

Schlechte Bezahlung bricht keinen Kauf. Harrebomée I S. 51; GD S. 236 Nr. 81; Grundmann/Strich/Richey S. 55.

V.: Schlechte Bezahlung hebt den Kauf nicht auf. W I Sp. 369 Nr. 2.

So bleibt der Kauf stet, wenn der Richter aufsteht. Stet bedeutet ‹rechtsverbindlich›, ‹in der Zeit unveränderlich›. Der Verkauf von

Grundbesitz war an bestimmte rechtliche Vorschriften gebunden. Als Symbol für den Verzicht auf die → Gewere überreichte der bisherige Eigentümer dem Käufer eine Erdscholle, aus der heraus ein Halm wuchs. Erhob niemand von den anwesenden Zeugen Einspruch, so erklärte der Richter stehend den Vertrag für rechtskräftig und unwiderruflich. GD S. 243 Nr. 124; W II Sp. 1219 Nr. 56.

kaufen

Sehen ist nicht kaufen. GD S. 259 Nr. 195; W IV Sp. 504 Nr. 92.

Ungebunden Getreid, genäßtes Zeug und blutiges Kleid soll niemand kaufen. Der Verkauf dieser Dinge war verboten, zum einen um eine Verteuerung der Lebensmittel (ungebundenes Getreide) zu vermeiden, zum anderen, weil es sich um illegal erworbene Ware (blutiges Kleid) handeln könnte. GD S. 111 Nr. 276; W I Sp. 1640 Nr. 6; Fehr, Dichtung S. 171.

Wer närrisch kauft, muß weislich bezahlen. GD S. 260 Nr. 208; W II Sp. 1224 Nr. 101.

Käufer

Des Verkäufers Recht nützt und schadet dem Käufer. Der Verkäufer kann dem Käufer nicht mehr Rechte an der neuerworbenen Sache übertragen als er selbst daran hatte. Handelt es sich bei der gekauften Ware um Diebesgut, so besitzt der Käufer dieses ebenso zu Unrecht, wie der Verkäufer es besessen hat. GD S. 260 Nr. 221; W IV S. 1556 Nr. 2.

Kaufmann

Richtig zählen, ehrlich messen, darf der Kaufmann nicht vergessen. GD S. 253 Nr. 177; Beyer S. 472, 689 → teuer.

Kaufmannsgut

Verfälschte Ware ist kein Kaufmannsgut. GD S. 253 Nr. 169; W IV Sp. 1714 Nr. 87.

Kaufmannschaft

Brauen ist keine Kaufmannschaft. Die Produkthersteller haben selbst keine kaufmännischen Rechte an ihren Waren. Dies ist allein den Kaufmannsgilden vorbehalten. Estor III S. 165; GD S. 503 Nr. 121; W I Sp. 801 Nr. 20.

V.: Brauwerk ist keine Kaufmannschaft. Conradi S. 9 Nr. 9; Eiselein S. 92.

Eisen und Salz ist keine Kaufmannschaft, sondern königliche Handlung. Der Gewinn und Verkauf von Eisen, Salz und Erz, ebenso der von Produkten und Waren, die aus dem Bergbau, der Fischerei oder Jagd stammten (den sog. Hoheitsrechten), war nicht die Angelegenheit der Kaufmannschaft, sondern die der königlichen Handlung. Estor III S. 165 GD S. 509 Nr. 161; W I Sp. 801 Nr. 20.

Kaufmannschaft leidet keine Freundschaft. Conradi S. 19 Nr. 17; Eisenhart S. 371; Eiselein S. 365; Simrock S. 286 Nr. 5540; Hillebrand S. 167 Nr. 233; Osenbrüggen S. 18; GD S. 252 Nr. 166; W II Sp. 1230 Nr. 7; Grundmann/Strich/Richey S. 58 → Freundschaft.

Kaufmannssohn

Kaufmannssohn hat eine halbe Gilde voraus. Der jüngste Sohn des verstorbenen Kaufmannes erbte mit Zustimmung seiner Brüder die Kaufgelder gegen ein Bekenntnisgeld. GD S. 504 Nr. 186; W II Sp. 1231 → Gilde.

Kaufschatz

‚Ware'.

Dem Kaufschatz ist der Zoll vermeint. Vermeinen bedeutet hier ‹zudenken, zumessen›. Das Rspw. besagt, daß die Entrichtung des Zolls dem Wert der Ware angemessen ist. GD S. 510 Nr. 182; W II Sp. 1231.

Kebskind

Kebskind, mhd. *kebeskint* st. N. ‹uneheliches Kind› von einer *Kebse*, ursprünglich einer unfreien Nebenfrau (im Ssp. Ldr. III 42 § 3 auch als *dirne* bezeichnet). Die Rechtsstellung des Kebskinds hatte sich während des MA unter Einfluß der Kirche so weit verschlechtert, daß eine Verwandtschaft mit dem Vater, teilweise auch mit der Mutter nicht mehr bestand und das Kind damit vom Erbrecht ausgeschlossen war. DRWB VII Sp. 684–686; HRG II Sp. 695–696. Vgl. Uneheliche Kinder haben keine Erbschaft →

Kind. Kein unechter Sohn geht zur → Losung. Unechten gebühret kein → Heergewäte.

Kein Kind ist seiner Mutter Kebskind. Ssp. Ldr.I 51 § 2: Men seget, dat nen kint siner muder keves kint ne si. Das Rspw. spiegelt den Einfluß des römischen Rechts wider, der letztlich zu einer Gleichstellung der unehelichen Kinder der Mutter mit ehelichen Kindern in bezug auf das Erbrecht führte: Keine Mutter trägt einen → Bastard. Rb. nach Distinctionen Buch I, cap. XXI, VI; Sächsisches Weichbildrecht Sp. 71 § 7; Conradi S. 12 Nr. 4; Osenbrüggen S. 27; Chaisemartin S. 363 Nr. 66; GD S. 164 Nr. 134; W II Sp. 1289 Nr. 388; DRWB VII Sp. 685; Janz, Rechtssprichwörter S. 498–505; Schmidt-Wiegand, Wissensvermittlung S. 266.

V.: Keine Mutter kann ein unechtes Kind ziehen. GD S. 164 Nr. 136; W III Sp. 809 Nr. 112. Keine Mutter trägt einen Bastard. Hasslocher S. 2; Pistorius III S. 259 Nr. 11; Hertius S. 259 Nr. 4; Estor I S. 31, III S. 524; Sailer S. 255; Eisenhart S. 154; Körte S. 329 Nr. 5490; Eiselein S. 56; Simrock S. 59 Nr. 747; Harrebomée I S. 32; Hillebrand S. 23 Nr. 32; GD S. 164 Nr. 135; W III Sp. 809 Nr. 114.

kehren

Jeder weiß, wo er kehren und wenden soll. Jeder sollte wissen, welche Rechte und Pflichten er hat. Lüning I Sp. 1994 Tit. 34; GD S. 22 Nr. 249.

Kerker

Der Kerker quält, aber er zahlt nicht. Versäumte jemand seine Zahlungspflicht und wurde mit Freiheitsentzug bestraft, so entband ihn das nicht von seiner Zahlungspflicht. Pistorius V S. 355 Nr. 51; Hertius S. 361 Nr. 91; Conradi S. 20 Nr. 59; Estor II S. 380; Eisenhart S. 440; Eiselein S. 370; Hillebrand S. 102 Nr. 135b; GD S. 480 Nr. 686; W II Sp. 1245 Nr. 1 Grundmann/Strich/Richey S. 69.

Kessel

Das Wort *Kessel* steht hier für die Kesselprobe, auch Kesselfang genannt, ein Gottesurteil, bei dem der Beschuldigte seine Hand in kochendes Wasser hineinlegen oder sogar einen Gegenstand aus dem siedenden Wasser herausholen mußte. Verbrannte die Hand, so bewies das seine Schuld. Schild, Gerichtsbarkeit S. 22.

Kessel und Kampf entscheiden alle Notzucht. GD S. 351 Nr. 398; W II Sp. 1257 Nr. 30 → Kampf, Notzucht.

Kind

Die hier genannten Spw. beziehen sich vorrangig auf den sozialen Status des Kindes und auf das damit verbundene Erbrecht. Bezüglich der Standeszugehörigkeit des Kindes aus ungleichen Ehen waren grundsätzlich vier Möglichkeiten gegeben: Die Folge nach dem Stand des Vaters (Welches Kind ist frei und echt, das behält des Vaters Recht), dem Stand der Mutter (Das Kind folgt dem Busen), dem des freien Elternteiles (Das Kind geht nach der besseren Hälfte) und dem des unfreien Elternteiles (Das Kind fällt zur ärgern Hand) → Erbe.

Allzeit steht das Kind zu seines Vaters Statt. Bezogen auf das Erbrecht. Kamptz 3 S. 381; GD S. 194 Nr. 75 → Erbe.

Das älteste Kind berät das jüngste. Wird das bäuerliche Gut, um eine Zerstückelung des Hofes zu verhindern, nur an einen Sohn vererbt, so bekommen die anderen Söhne Recht auf eine Abfindung. Doch ist es nicht in allen Rechten der Erstgeborene, an den das Gut fällt. S. Wo Brüder sind, da besitzt der Jüngste den Herd → Bruder. GD S. 216 Nr. 222; W II Sp. 1272 Nr. 52.

V.: Der Bauer hat nur ein Kind. Hillebrand S. 151 Nr. 212; GD S. 215 Nr. 218. Der Älteste behält das Feld. Henisch Sp. 249; GD S. 129 Nr. 363; W V Sp. 748 Nr. 1 → Bauer, alt, Erbe.

Das jüngste Kind folgt dem Vater. Nach einigen Rechten war es auch dann frei, wenn alle früher geborenen Kinder wegen der Unfreiheit der Mutter eigen waren. S. dag. Das Kind folgt dem → Busen. Grimm, RA I S. 451; GD S. 59 Nr. 234; W II Sp. 1272 Nr. 54.

Das Kind fällt zur ärgern Hand. Grimm, RA I S. 449; Hertius S. 398 Nr. 6; Conradi S. 12 Nr. 3; Estor I S. 26; Eisenhart S. 151; Eiselein S. 373; Simrock S. 288 Nr. 5575; Faselius S. 193; Hillebrand S. 20 Nr. 30; GD S. 58 Nr. 218; W II Sp. 1273 Nr. 63; Grundmann/Strich/Richey S. 79; HRG I Sp. 218–220; Foth S. 41–52; Janz, Rechtssprichwörter S. 233, 364–370 → Hand.

Das Kind folgt dem Busen. Der Geburtsstand des Kindes richtete sich nach dem der → Mutter. S. dag. Das Kind fällt zur ärgern → Hand. Grimm, RA I S. 449; Faselius S. 193; Wiegand S. 73 Nr. 1020: Partes sequitur ventrem. Hillebrand S. 21 Nr. 31; Kindlinger S. 693 Nr. 215; GD S. 58 Nr. 224; W II Sp. 1273 Nr. 65; Foth S. 41–52 → Busen.

V.: Das Kind büsert. Grimm, RA I S. 449; GD S. 58 Nr. 225; W II Sp. 1273 Nr. 57. Das Kind fällt (wieder) in der Mutter Schoß. Pistorius I S. 105 Nr. 80; Conradi S. 16 Nr. 3; Eisenhart S. 277; Runde S. 695 § 684; Körte S. 255 Nr. 4231; Braun S. 72 Nr. 1845; Eiselein S. 376; Hillebrand S. 157 Nr. 219; Simrock S. 288 Nr. 5574; GD S. 194 Nr. 78; W II Sp. 1273 Nr. 62; Fehr, Dichtung S. 170. Das Kind folgt seiner Mutter. Kindlinger S. 193 Nr. 47; GD S. 58 Nr. 222; W II Sp. 1274 Nr. 66. Die Mutter zieht die Kinder nach sich. Grimm, Weisth. I S. 312–313; GD S. 58 Nr. 223; W III Sp. 806 Nr. 55. Das Kalb folgt der Kuh. Henisch Sp. 1171; Körte S. 245 Nr. 4062; Braun S. 67 Nr. 1725; Simrock S. 278 Nr. 5370; GD S. 59 Nr. 231; W II Sp. 1100 Nr. 18; Grundmann/Strich/Richey S. 79 → Mutter. Nicht mehr hierher gehören dürfte: Wer die → Kuh kauft, hat das Kalb.

Das Kind geht nach der besseren Hälfte. In einigen Rechten richtet sich der Geburtsstand des Kindes nach dem des freien Elternteils. S. a. Ein freies → Weib kann kein eigenes Kind haben. S. dag. Das Kind folgt der ärgern → Hand. Das Kind folgt dem → Busen. GD S. 58 Nr. 212; W II Sp. 1274 Nr. 67; Grundmann/Strich/Richey S. 76.

V.: Kinder folgen dem Freigebornen. GD S. 58 Nr. 213; Grundmann/Strich/Richey S. 76.

Das Kind ist beider Eltern Kind. D. h. das Kind ist berechtigt, beide Elternteile zu beerben. GD S. 194 Nr. 68; W II Sp. 1274 Nr. 70.

Das Kind ist das Nächste. Kinder sind Abkömmlinge ersten Grades und stehen damit in der Erbfolge an erster Stelle. Rb. nach Distinctionen Buch I, cap. VI, I: Daz kint ist daz neste. GD S. 193 Nr. 61; W II Sp. 1274 Nr. 71; s. heute § 1924 BGB → Erbe, Blut.

V.: Die Kinder sind das erste Blut. GD S. 200 Nr. 108; W II Sp. 1277 Nr. 163.

Das Kind kann dem Kind Gut leihen. Kinder sind lehnsfähig, d. h. sie können Lehn nehmen und weiterverleihen. Ssp. Lnr. 58 § 1: Kint mach kinde gut lien. Dsp. 162; GD S. 559 Nr. 60; W II Sp. 1274 Nr. 75; Janz, Rechtssprichwörter S. 245–247.

Das Kind stirbt auf die Mutter. Auf etwas sterben bedeutet hier ‹durch Todesfall in einen anderen Besitz übergehen›. DWB X, 2 Sp. 2428. D. h. die Mutter beerbt ihr Kind (Schoßfall). Sächsisches Weichbildrecht Sp. 379 Art. 67; GD S. 194 Nr. 77; W II Sp. 1275 Nr. 88.

V.: Kindesgut stirbt auf die Mutter. Sächsisches Weichbildrecht Sp. 409 Art. 93: des kindes gut stirbit uff dy muter. GD S. 194 Nr. 81 → Gut.

Dem Kind schadet der Mutter Bruch nicht. Kinder können nicht für die Straftaten der Eltern zur Verantwortung gezogen werden. GD S. 300 Nr. 127; W II Sp. 1276 Nr. 120. S. a. Der → Sohn antwortet für den Vater nicht.

V.: Der Mutter Missetat schadet nicht dem unschuldigen Kind. Sächsisches Weichbildrecht Sp. 409 Art. 93: der muter missetat schat nicht dem unschuldigen kinde. GD S. 300 Nr. 128; W III Sp. 804 Nr. 17.

Der Bauer hat nur ein Kind. Wiegand S. 201; Hillebrand S. 151 Nr. 212; GD S. 215 Nr. 218; W I Sp. 257 Nr. 57. S. a. Der älteste behält das Feld → alt. → Bauer.

Der Kinder nächster Vatermag ist ihr Vogt. Vatermag zu *mag* sw. M. ‹Verwandter allgemein und außerhalb des Familienkreises stehende blutsverwandte Person›, DRWB VIII Sp. 1574. Der nächste männliche Verwandte ist Vormund *(Vogt)* der verwaisten Kinder. S. a. Der gemachte → Vormund geht vor der geborenen Mundschaft. Recht der Stadt Winterthur (Gaupp I S. 146, 23): der kinde nehster vattermag, der iro vogist solte sin. GD S. 172 Nr. 171; W II Sp. 1276 Nr. 135 → Freund, Vogt.

Der Vater erbt das Kind. Erben sw. V. bedeutet hier ‹beerben, etwas durch Erbschaft erhalten›. Das Erbe eines Kindes, das keine Nachkommen hat, fällt an die Eltern (Schoßfall) zurück. S. a. Ein Kind soll seinen Vater erben, wie es von ihm geerbt ist. Dreyer III 1377; GD S. 194 Nr. 74; W IV Sp. 1505 Nr. 27 → Erbe.

Die letzten Kinder nehmen der Mutter Brautschatz. Das Spw. bezieht sich auf die Kollationspflicht, das Ausgleichen von Vorempfängen beim Erbe. Hatte die Frau z. B. Kinder aus verschiedenen Ehen, so mußten die Kinder aus erster Ehe sich anrechnen lassen, was ihre Mutter mit in die Ehe gebracht hatte; die Töchter aus zweiter Ehe erhielten der Mutter Brautschatz (Mitgift, Aussteuer) zuvor. S. dazu auch Lübisches Recht S. 254 Art. 15; GD S. 216 Nr. 235; W II Sp. 1278 Nr. 173 → Brautschatz, Mutter.

V.: Die Töchter müssen einbringen, was die Mutter ausbrachte. GD S. 216 Nr. 234; W IV Sp. 1220 Nr. 24.

Die Mutter ist schuldig, ihre Kinder zu versorgen. S. o. → Kostgeld schreit vor aller Welt. GD S. 164 Nr. 144; W III Sp. 805 Nr. 47 → Mutter.

Ein Kind soll seinen Vater erben, wie es von ihm geerbt ist. S. o. Der Vater erbt das Kind. GD S. 205 Nr. 159; W II Sp. 1281 Nr. 247 → Erbe.

Ein Kind und zwei gelten gleich. Kinder erben zu gleichen Teilen. Blumer I S. 492; GD S. 216 Nr. 233; W II Sp. 1281 Nr. 250; § 1924 Abs. 4 BGB → Erbe.

V.: Jedes Kind erbt für seinen Teil und für sein Haupt. GD S. 216 Nr. 224; W II Sp. 1288 Nr. 382.

Junge Kinder bleiben bei alten Gnaden. Gnade bezeichnet hier die Vorteile, die den Frauen zum Schutz ihres Vermögens (z. B. → Morgengabe, → Musteil) zugesichert wurden. Mitunter wurden diese Privilegien auch den Kindern zugestanden. Stadtrecht von München S. 294 Nr. 100; GD S. 155 Nr. 118; W II Sp. 1288 Nr. 386 → Gnade.

Kein Kind soll des Vaters Schuld entgelten. S. o. GD S. 222 Nr. 277; W II Sp. 1289 Nr. 390 → Sohn.

Kinder und Erben antworten nicht zu der Festung. Zu mhd. *vervestunge* st. F. ‹Ächtung, Verfestung›, DRWB III Sp. 519. GD S. 443 Nr. 374; W II Sp. 1295 Nr. 553 → Festung.

Man darf den Kindern nicht zum Pfleger geben, der ihres Vaters Todfeind war. Mit *Pfleger* ist hier → 'Vormund' gemeint. GD S. 172 Nr. 178; W II Sp. 1302 Nr. 702 → Pfleger.

Meines Paten Kind nehm ich nicht mit Recht. Das Spw. bezieht sich auf das Ehehindernisrecht. Von dem Recht der Eheschließung ausgenommen waren Taufpate und Patenkind sowie deren Kinder, da sie aus kirchlicher Sicht geistliche Verwandte waren. Erst die Reformation hat das Ehehindernis bei geistlichen Verwandten abgeschafft. GD S. 550 Nr. 114. Aber: Meines Gevatters Kind nehm ich wohl. GD S. 141 Nr. 45, S. 550 Nr. 115; W II Sp. 1642 Nr. 9; HRG III Sp. 1531–1532. S. a. Der → Taufstein scheidet.

Uneheliche Kinder haben keine Erbschaft. Sie waren vom → Erbe ausgeschlossen. GD S. 210 Nr. 184; W II Sp. 1306 Nr. 807. S. a. Kein unechter Sohn geht zur → Losung. Unechten gebühret kein → Heergewäte. → Bastard, Kebskind.

Welches Kind ist frei und echt, das behält des Vaters Recht. Der Geburtsstand des Kindes richtet sich bei diesem Spw. nach dem Stand des Vaters. Doch gibt es auch die Möglichkeiten, daß sich die Standeszugehörigkeit nach der Mutter oder nach der schlechter gestellten Person, der ärgeren Hand, richtet. S. dazu Das Kind folgt dem → Busen. Das Kind folgt der ärgern → Hand. Ssp. Ldr.I 16 § 2: Swar it kint is vri unde echt, dar behalt it sines vader recht. Schwsp. 12; Dsp. 16 § 2; Chaisemartin S. 24 Nr. 2; GD S. 57 Nr. 204; W II Sp. 1311 Nr. 897; Fehr, Dichtung S. 84; Janz, Rechtssprichwörter S. 233–235, 364–370; dies. «Dan nach Sprichwortten pflegen die Bauren gerne zu sprechen.» S. 87–88. S. a. Das → Heerschild kommt vom Vater. Der Sohn behält seines Vaters Schild. → frei.

V.: Jedes Kind behält seines Vaters Recht. Ficker S. 41 Art. 16: Ein isleich eleich chint behaltet seines vater recht. GD S. 57 Nr. 205, S. 163 Nr. 123; W II Sp. 1288 Nr. 380. Jedes Kind ist seines Vaters. Eiselein S. 373; Simrock S. 288 Nr. 5579; GD S. 163 Nr. 122; W II Sp. 1288 Nr. 383.

Wenn das Kind geboren ist, so ist das Gut schon vererbt. Zum Erbe war man bereits durch die Geburt berechtigt. GD S. 204 Nr. 153; W II Sp. 1312 Nr. 908 → Erbe.

V.: Wenn das Kind geboren ist, so ist das Testament schon gemacht. Körte S. 255 Nr. 4229; Braun S. 71 Nr. 1840; Simrock S. 288 Nr. 5577; Hillebrand S. 165 Nr. 230; GD S. 204 Nr. 152; W II Sp. 1312 Nr. 907; Foth S. 190–191.

Wenn das Kind sich selber kann vorstehen, so kann es auch seinen Mündeln wohl vorstehen. Mit der Mündigkeit erlangt das Kind nicht nur das eigene Bestimmungs- und Entscheidungsrecht, sondern auch die Vormundschaft über die noch nicht mündigen

Familienmitglieder . Ssp. Ldr.I 42 § 2: went als he sek selven mut verstan, alse mut he sine mundelen wol verstan. GD S. 173 Nr. 185; W II Sp. 1312 Nr. 922; Janz, Rechtssprichwörter S. 307–311.

Wer die Mutter bessert, bessert auch das Kind. Wer die Frau, mit der er ein Kind gezeugt hatte, heiratete, verbesserte damit sowohl den Stand der Frau als auch den des Kindes. GD S. 164 Nr. 138; W III Sp. 813 Nr. 183; Grundmann/Strich/Richey S. 76 → Mutter.

Wohin die Kinder von Geburt gehören, da sollen sie bleiben. Es war nicht möglich, den Geburtsstand zu wechseln. Grimm, Weisth. III S. 525: wuo die kinde von gepurd hin gehoren, sollen sie pleiben. GD S. 57 Nr. 203; W II Sp. 1319 Nr. 1076.

Kindergut

Kindergut ist eisern Gut. Das vom Vormund verwaltete Gut darf von diesem nicht gemindert werden. GD S. 172 Nr. 182; W II Sp. 1328. Vgl. → Weibergut.

Kindeskind

Kindeskind ist halbes Kind. Die Kindeskinder erben nicht gleichberechtigt mit den Kindern des Erblassers, sondern sie teilen, was die Eltern geerbt haben. GD S. 216 Nr. 232; W II Sp. 1333 Nr. 3 → Erbe.

Kindeskind ist näher als Bruder- und Schwesterkind. D. h. sie stehen näher in der Erbfolgeordnung. Hamburgisches Stadtrecht S. 118 Art. 11: kindeskynt is negher erfname dan soster edder broder kint. GD S. 194 Nr. 70; W II Sp. 1333 Nr. 4 → Erbe.

Kirche

Ebenso wie das Haus (→ Hausfriede) war die Kirche ein Ort, an dem ein besonderer Friede herrschte. Die Kirche gewährte Hilfsbedürftigen Schutz und galt damit auch als Zufluchtstätte für Verfolgte.

Die Kirche dürstet kein Blut. Die Kirche übte keine Blutsgerichtsbarkeit aus. GD S. 549 Nr. 92; Foth S. 170–171; Liebs S. 61 Nr. 8: Ecclesia non sitit sanguinem. → Kirchenbuße.

V.: Die Kirche vergießt kein Blut. GD S. 549 Nr. 93; W II Sp. 1338 Nr. 46. Das geistliche Schwert richtet nicht über Blut. GD S. 549 Nr. 94; W IV Sp. 466 Nr. 7 → Schwert.

Die Kirche hört nie auf, Erbe zu sein. Was einmal in den Besitz der Kirche gelangt ist, bleibt für immer in den Händen der Kirche. Lüning I Sp. 246; GD S. 543 Nr. 43; W II Sp. 1337 Nr. 32 → Erbe.

Jede Kirche ist in Gottes eigenem Frieden. GD S. 497 Nr. 90; W II Sp. 1341 Nr. 102 → Gottesfriede.

Niemand soll der Kirche geben und sein Kind enterben. GD S. 543 Nr. 44; W II Sp. 1342 Nr. 115 → Erbe.

Wenn die Kirche fertig ist, gehört sie dem Priester. D. h. sie darf nur für religiöse Zwecke genutzt werden. Harrebomée I S. 393, II S. 200; GD S. 537 Nr. 40; W II Sp. 1343 Nr. 129.

Wer die Kirche hat, der hat auch den Kirchhof. Die Gerichtsbarkeit unterstand demjenigen, dem die Kirche gehörte. Conradi S. 26 Nr. 4; Sailer S. 253; Eisenhart S. 658; Eiselein S. 377; Simrock S. 292 Nr. 5676; Hillebrand S. 245 Nr. 368; GD S. 548 Nr. 88; W II Sp. 1343 Nr. 139; Grundmann/Strich/Richey S. 34.

Wer in der Kirche Übel tut, den schirmt die Kirche nicht. GD S. 497 Nr. 94; W II Sp. 1343 Nr. 142.

Kirchenbuße

Die Kirchenbuße wurde über Kirchenmitglieder verhängt, die gesündigt hatten. Dabei handelte es sich oftmals um Verstöße gegen Sittlichkeits- und Moralvorstellungen. Sie war nicht identisch mit der → Strafe *(poena)*. HRG II Sp. 750–752.

Kirchenbuße ist kein Staupbesen. Das Stäupen, Schlagen mit dem Staupbesen, war eine Strafe, die ehrlos machte. Da nur weltliche Vergehen mit dem Staupenschlag gebüßt wurden, hieß es: Kirchenbuße ist kein Staupbesen. D. h. sie machte nicht ehrlos. Pistorius I S. 69 Nr. 52; Sailer S. 253; Eisenhart S. 674; Eiselein S. 377; Simrock S. 292 Nr. 5679; Hillebrand S. 247 Nr. 373; GD S. 549 Nr. 103; W II Sp. 1346 Nr. 1 → Staupenschlag.

Kirchenbuße steht nicht über Jahr und Tag. Die für eine Sünde zu zahlende Geldbuße verfiel nach → Jahr und Tag (ein Jahr, sechs Wochen und drei Tage), sofern sie nicht vorher eingeklagt wurde. GD S. 549 Nr. 104; W II Sp. 1346 Nr. 2.

Kirchengut

‹der Kirche gehörendes Vermögen›.

Kirchengut hat Adlersklauen. S. o. Kirchenbesitz bleibt immer in den Händen der Kirche. An dritte Personen, die außerhalb der Kirche stehen, wird es nicht weitervererbt. Körte S. 256 Nr. 4254; Braun S. 72 Nr. 1856; Simrock S. 292 Nr. 5681; Faselius S. 220; Hillebrand S. 45 Nr. 60; Osenbrüggen S. 19; GD S. 543 Nr. 46; W II Sp. 1347 Nr. 4; Grundmann/Strich/Richey S. 32; DRWB VII Sp. 872–874; Fehr, Dichtung S. 169.

V.: Kirchengut hat eiserne Zähne. Estor I S. 39; Conradi S. 14 Nr. 3; Sailer S. 254; Eisenhart S. 191; Körte S. 256 Nr. 4254; Eiselein S. 377; Simrock S. 292 Nr. 5680; Faselius S. 220; Harrebomée I S. 394; Hillebrand S. 44 Nr. 59; Osenbrüggen S. 19; GD S. 543 Nr. 47; Grundmann/Strich/Richey S. 32. Kirchengut hat eiserne Zähne, frißt eines nach dem anderen hin und bringt dem dritten Erben keinen Gewinn. Hertius S. 405 Nr. 19; Eiselein S. 378; Faselius S. 220; Hillebrand S. 46 Nr. 63; GD S. 543 Nr. 48; W II Sp. 1347 Nr. 5; Grundmann/Strich/Richey S. 81. Kirchengut kommt nicht auf den dritten Erben. Simrock S. 292 Nr. 5682; Faselius S. 220; Hillebrand S. 46 Nr. 62; Osenbrüggen S. 19; GD S. 543 Nr. 49; W II Sp. 1347 Nr. 7.

Kirchhof

Der Kirchhof, der Platz um die Kirche herum, war ein befriedeter Raum, für den Sonderregelungen galten.

Von Pfaffen und Kirchhöfen nimmt das Volk keinen Frieden. Geistliche genossen einen ganz besonderen Frieden. Wer ein Verbrechen an einem Geistlichen oder an einem geweihten Ort (Kirchhof, Kirche, Altar) beging, verstieß nicht gegen den Volksfrieden, sondern gegen den → Gottesfrieden und wurde mit kirchlichen Sanktionen verfolgt. GD S. 536 Nr. 29; W III Sp. 1235 Nr. 239. S. a. → Gottesfriede ist aller vorzüglichster Friede.

Klage

Die Erhebung einer Klage ist im mittelalterlichen Recht Voraussetzung für die Rechtshängigkeit der Streitsache. Damit ist die Klage, mhd. *klage* urspr. ‹Wehklage, Jammern› (vgl. das → Gerüfte), später ‹das Anrufen richterlicher Hilfe›, der Beginn des Gerichtsverfahrens. Wandte der Kläger sich nicht an eine gerichtliche Instanz, konnte kein Prozeß eingeleitet werden (s. Wo kein → Kläger, da kein Richter). Auf diese Weise wurde ausgeschlossen, daß Richter sich durch erzwungene Prozesse Einnahmequellen verschaffen und sich durch Straf- und Bußgelder bereichern konnten. Lediglich der → Kaiser war autorisiert, auch ohne Klageerhebung einen Prozeß einzuleiten. HRG II Sp. 837–845.

Das kann keine Klage heißen, da kein Richter bei Gericht ist. Rechtswirksam war eine Klage nur dann, wenn sie vor Gericht vorgebracht wurde. Vgl. Wo kein → Kläger, da kein Richter. GD S. 441 Nr. 334; W II Sp. 1360 Nr. 1.

Der Richter kann niemanden von seiner Klage weisen. Jeder Staatsbürger hat Anspruch auf einen ordentlichen Prozeß. Sächsisches Weichbildrecht Sp. 107 Art. 32; GD S. 426 Nr. 219; W III Sp. 1671 Nr. 19 → gleich.

Des Richters Besetzung ist ein Beginn der Klage. Zu *besetzen* ‹in Besitz nehmen, beschlagnahmen›, DRWB II Sp. 135. Für Ausländer galt eine Sonderregelung: Der umstrittene Gegenstand (z. B. Diebesgut) konnte schon vor der → Ladung beschlagnahmt werden. Auf diese Weise konnte der Rechtsstreit anhängig gemacht werden. Kulmisches Recht II,47: dy besitzunge des richteres ist eyn begynnen der clage. GD S. 445 Nr. 400; W III Sp. 1671 Nr. 29.

Erste Klage hat keine Buße. Grimm, Weisth. III S. 730: chain erste chlag hat nit puesz. GD S. 442 Nr. 351; W II Sp. 1360 Nr. 3 → Buße.

Im Salz liegt die Klage, solang der Kläger taugt. ‹Schuldverhältnisse verjährten nicht›. GD S. 230 Nr. 66; W III Sp. 1849 Nr. 8.

Ist die Klage vernachtet, so sollst du einen betagen. Zu *betagen* ‹vorladen, vor Gericht ziehen, anklagen›, DRWB II Sp. 208–210. GD S. 441 Nr. 330; W II Sp. 1361 Nr. 4.

Ist man über See und Sand, so ist man seiner Klage unversäumt. Hatte der Vorgeladene einen triftigen Grund für sein Fernbleiben von der Gerichtsverhandlung (z. B. durch einen Aufenthalt in einem anderen Land), so war sein Fehlen entschuldigt. S. dag. Dem → Kläger kann seine Ausfahrt nicht zu Hilfe kommen. GD S. 444 Nr. 387; W IV Sp. 488 Nr. 14.

Klagen sind Wehr und Waffen der Kläger. GD S. 442 Nr. 338; W II Sp. 1361 Nr. 6.

Niemand soll, noch mag sein Richter in eigener Klage. Ofner Stadtrecht S. 128 Art. 224: Keyn richter schol nāch mag seyn selbs richter yn kainer sach seyn. GD S. 433 Nr. 277. S. o. In einer Sache kann man nicht zwei Ämter führen → Amt.

V.: Niemand kann Richter in eigener Sache sein. GD S. 433 Nr. 276; W III Sp. 1675 Nr. 80; Grundmann/Strich/Richey S. 134; Beyer S. 472; Liebs S. 131 Nr. 56: Nemo judex in sua causa. S. a. Der Richter kann kein → Kläger sein. → Richter.

Stirbt der Mann, so stirbt auch seine Klage. Sächsisches Weichbildrecht Sp. 425 Art. 116: Wenn der man stirbet, so stirbt ouch syne clage. GD S. 301 Nr. 136; Fehr, Dichtung S. 167.

Wer die erste Klage bezeugen kann, gewinnt dem andern den Kampf an. Das Rspw. bezieht sich auf den Zweikampf als Gottesurteil. Wer bei Friedensbrüchen zuerst Klage erhob, zwang seinen Gegner zum Zweikampf. GD S. 467 Nr. 562; W II Sp. 1361 Nr. 10 → Kampf.

Wo dem Vogt keine Klage geschieht, da wird ihm keine Buße. GD S. 322 Nr. 272; W IV Sp. 1676 Nr. 9 → Vogt.

Wo Klage ist, muß Antwort sein. Beyer S. 44 → Antwort.

klagen

Besser, daß der Mann Leib und Gut währt, als daß er danach klagt. GD S. 390 Nr. 564; W III Sp. 364 Nr. 77.

V.: Besser gewahrt, als geklagt. GD S. 390 Nr. 563.

Was man dem Richter nicht klagt, das darf er nicht richten. S. o. Rb. nach Distinctionen Buch IV, cap. XLV, XII: Waz man deme richter nicht claget, daz en darf her nicht richten. GD S. 425 Nr. 206; W III Sp. 1676 Nr. 103. Vgl. Wo kein → Kläger, da kein Richter.

Wer klagen will, der klage fest. Pistorius V S. 349 Nr. 46; Conradi S. 23 Nr. 11; Eisenhart S. 528; Eiselein S. 379; Simrock S. 293 Nr. 5706; Hillebrand S. 219 Nr. 316; GD S. 444 Nr. 389; W II Sp. 1362 Nr. 20.

Kläger

Dem Kläger gebührt der Beweis. Der Kläger hat einen Beweis für die von ihm aufgestellte Behauptung zu erbringen, während der

Beklagte dieses bestreiten kann. Grundmann/Strich/Richey S. 134.

V.: Der Richter sagt: Der Ankläger muß beweisen. Thesaurus proverbiorum S. 153.

Dem Kläger kann seine Ausfahrt nicht zu Hilfe kommen. Eine Reise in ein anderes Land rechtfertigt das Fernbleiben vor Gericht nicht. S. dag. Ist man über See und Sand, so ist man seiner → Klage unversäumt. Stadtrecht von München S. 36; Kulmisches Recht III,147: ym kan syne vsvart nicht tzu hulfe komen. GD S. 444 Nr. 388; W II Sp. 1363 Nr. 5.

Der Richter kann kein Kläger sein. D. h. er kann nicht gleichzeitig Beteiligter im Prozeß sein und den Prozeß als Richter führen. GD S. 433 Nr. 275; W III Sp. 1671 Nr. 18; Beyer S. 472; vgl. → Amt. S. o. Niemand soll noch mag sein, Richter in eigener → Klage sein. Niemand kann → Richter in eigener Sache sein.

V.: Kein Richter kann Richter und Kläger zugleich sein. Ssp. Ldr.III 53 § 2: de richtere ne mach beide klegere unde richtere nicht sin. Schwsp. 121a; Dsp. 289; GD S. 434 Nr. 279; W III Sp. 1674 Nr. 78; Janz, Rechtssprichwörter S. 327–329.

Ein Kläger ist kein Richter. Beyer S. 472.

Klägers und Antworters Recht sollen gleich sein. Beide Parteien sollen vor Gericht zu Worte kommen. GD S. 432 Nr. 246; W II Sp. 1363 Nr. 18 → gleich.

Nach dem toten Mund muß der Kläger seine Klage wider den Erben beweisen. Starb der Beklagte, nachdem der Kläger von ihm einen → Eid gefordert hatte, so mußte der Kläger sich um andere Beweismittel zur Begründung seiner Klage bemühen. Denn er konnte von den Erben nicht verlangen, daß sie den Eid anstelle des verstorbenen Beklagten leisteten. Hertius S. 293 Nr. 34; Conradi S. 24 Nr. 26; GD S. 221 Nr. 269; W III Sp. 770 Nr. 132.

Wer dem Kläger entgeht, gibt dem Pfänder keinen Lohn. Bei Freispruch kann der Pfänder nichts einfordern. Stadtrecht von München Art. 114; GD S. 479 Nr. 675; W II Sp. 1364 Nr. 23.

Wo kein Kläger, da kein Richter. Das auf dem Sachsenspiegel beruhende Spw. verbietet dem Richter, ohne Klageerhebung einen Prozeß einzuleiten. Hierdurch sollte eine Bereicherung des

Richters durch erzwungene Gerichtsverfahren vermieden werden. Auch heute noch wird erst durch die Erhebung der Klage die Rechtshängigkeit der Streitsache begründet. Ssp. Ldr. I 62 § 1; Sächsisches Weichbildrecht Sp. 310 Art. 26: wo kein cleger ist, do ist ouch kein richter. Kulmisches Recht II,64; Hertius S. 278 Nr. 16; Conradi S. 23 Nr. 6; Eisenhart S. 520; Kirchhofer S. 226; Körte S. 256 Nr. 4264; Eiselein S. 379; Simrock S. 293 Nr. 5704; Harrebomée II S. 214; Lohrengel S. 36 Nr. 896; Hillebrand S. 218 Nr. 315; Osenbrüggen S. 11; Günther S. 87; GD S. 425 Nr. 208; W II Sp. 1364 Nr. 26; Kaufmann, Wo kein Kläger, ist kein Richter S. 182–184; Köbler, Klage S. 1–20; HRG II Sp. 853–855, IV Sp. 2020; Beyer S. 472; Janz, Rechtssprichwörter S. 450; Liebs S. 145 Nr. 166: Nullo actore nullus judex. S. heute § 261 ZPO → Richter. S. a. Erst → anklagen, dann richten.

V.: Kein Kläger, kein Richter. Braun S. 72 Nr. 1864; GD S. 425 Nr. 209; W II Sp. 1363 Nr. 17. Kein Richter ohne Kläger. Liebs S. 131 Nr. 57: Nemo judex sine actore. Wird nicht geklagt, so gibt es keine Buße. GD S. 322 Nr. 271; W II Sp. 1362 Nr. 21. Wo ein Kläger ist, muß auch ein Richter sein. GD S. 426 Nr. 218; W II Sp. 1364 Nr. 25. Wo niemand klagt, darf niemand richten. Rb. nach Distinctionen Buch IV, cap. XLV, XII; GD S. 425 Nr. 204; W II Sp. 1362 Nr. 22.

Kloster

Da einer ins Kloster fuhr, erbt er keinen Pfennig. Das Rspw. bezieht sich auf die Erbunfähigkeit der Mönche. Während der Weltgeistliche ebenso wie der Laie erbberechtigt war, verlor der Mönch mit seinem Eintritt ins Kloster die Erbberechtigung. GD S. 210 Nr. 196; W II Sp. 1399 Nr. 1 → Klostermönch, Mönch.

Das Kloster währt allzeit den Abt aus. Henisch Sp. 8; GD S. 536 Nr. 35; W II Sp. 1400 Nr. 7.

V.: Das Kloster währt länger als der Abt. Körte S. 259 Nr. 4301; Eiselein S. 382; Braun S. 73 Nr. 1895; Simrock S. 296 Nr. 5762; GD S. 536 Nr. 34; W II Sp. 1399 Nr. 2.

Der Tod und das Kloster geben nichts zurück. Braun S. 173 Nr. 4543; GD S. 543 Nr. 45; W IV Sp. 1233 Nr. 185; Grundmann/Strich/Richey S. 33. S. a. → Kirchengut hat eiserne Zähne.

V.: Kein Pfaffe gibt ein Opfer wieder. Pistorius I S. 92 Nr. 69; Hertius S. 430 Nr. 10; Eisenhart S. 423; Simrock S. 398 Nr. 7765;

Hillebrand S. 46 Nr. 63a; Osenbrüggen S. 19; W III Sp. 1229 Nr. 132 → Opfer.

Je näher dem Kloster, je ärmer der Bauer. Das Rspw. bezieht sich auf die Abgaben, die von den Bauern an das Kloster zu entrichten waren. Braun S. 73 Nr. 1894; Eiselein S. 382; Simrock S. 296 Nr. 5761; GD S. 52 Nr. 199; W II Sp. 1401 Nr. 35; Grundmann/Strich/Richey S. 32.

Klostermönch

→ Mönch.

Klostermönch geht aus seiner Verwandtschaft. S. o. Der Mönch ist vom Erbrecht ausgenommen. GD S. 536 Nr. 31; W II Sp. 1405 → Erbe.

Knecht

Knechte schlagen, wenn sie nicht zagen. Den Knechten, als den Niedrigsten in der sozialen Rangfolge, schrieb man schlechte Eigenschaften wie z. B. Feigheit zu. GD S. 32 Nr. 44; W II Sp. 1426 Nr. 96.

Stiehlt der Knecht, so zahlt der Bauer. Grundsätzlich haftet niemand für den anderen. Handelt der Dienstmann jedoch im Auftrag seines Vorgesetzten widerrechtlich, so soll nicht der Dienstmann, sondern sein Herr zur Verantwortung gezogen werden. GD S. 300 Nr. 129; W IV Sp. 800 Nr. 69; Grundmann/Strich/Richey S. 70; Beyer S. 558, 689.

Lehen nehmen die Knechte voraus. Knecht steht hier für das männliche Geschlecht bezogen auf die Erbrangfolge. Das Lehn fiel nach dem Tod des Lehnsmannes an die nächsten männlichen Verwandten. Frauen waren vom Erbrecht am Lehn ausgenommen. Eine Ausnahme bildete das Frauenlehen. Sächsisches Weichbildrecht Sp. 408 Art. 93: Das lehen nemen die knechte zuvor. GD S. 559 Nr. 62; W II Sp. 1878 Nr. 8 → Lehn.

König

Der König steht an der Spitze der Rechtsordnung. Seine Amtsgewalt erstreckt sich über die Institutionen des → Königsbannes, des Königsschutzes (z. B. des Schutzes über Kirchen, Witwen und Waisen, den *minus potentes)* und des Königsgerichtes. In der Lehnspyramide stand der König an oberster Stelle → Kaiser, Lehn.

Alle Vorstrande sind des Königs. Die Vorstrande (Meeresufer) gehörten dem König. GD S. 129 Nr. 350; W IV Sp. 1703.

V.: Sand und Land gehört der Herrschaft. Estor I S. 725; GD S. 129 Nr. 349.

Das ist Recht, was der König sagt. GD S. 17 Nr. 205; W III Sp. 1518 Nr. 18 → Recht.

Das lebendige Gesetz ist der König. GD S. 17 Nr. 202; W I Sp. 1613 Nr. 16; vgl. Liebs S. 108 Nr. 19: Lex facit regem.

Der König ist gemeiner Richter überall. Ssp. Ldr.III 26 § 1: De koning is gemene richtere over al. Schwsp. 286a; Dsp. 238; Sächsisches Weichbildrecht S. 214 Art. 8; Gaupp S. 289; GD S. 28 Nr. 21; W II Sp. 1482 Nr. 34; Janz, Rechtssprichwörter S. 107–111 → Recht, gemeines.

Könige haben lange Hände. Das Spw. will sagen, daß Macht und Einfluß der Könige grenzenlos sind. Körte S. 262 Nr. 4356; Braun S. 75 Nr. 1934; Eiselein S. 388; GD S. 522 Nr. 272; W II Sp. 1486 Nr. 117.

V.: Fürsten haben lange Hände und viele Ohren. Grundmann/Strich/Richey S. 30. Große Herren haben lange Hände. Grundmann/Strich/Richey S. 30. Könige haben lange Arme. Lohrengel S. 446 Nr. 18; Simrock S. 300 Nr. 5831.

Könige lassen Kirchen gründen und Bauern vollenden. Die Könige gaben Befehl bzw. Erlaubnis, Kirchen zu erbauen, doch die Bauarbeiten wurden von den Bauern geleistet. GD S. 537 Nr. 39; W II Sp. 1487 Nr. 119.

Könige verrichten das Land mit Recht. GD S. 486 Nr. 16; W II Sp. 1487 Nr. 123, verrichten ‘in Ordnung bringen’.

Vor dem König muß jeder antworten. Ssp. Ldr.III 33 § 2: Iewelk man mut ok antwarden vor deme koninge in allen steden na sime rechte. GD S. 28 Nr. 22; W II Sp. 1488 Nr. 138.

Wo der König hinkommt, ist das Gericht ledig. Zu *ledig* Adj. ‹frei, verfügbar›. Der König hatte zahlreiche Rechtsvertreter, die an seiner Stelle richteten. Sobald der König jedoch selbst erschien, verloren die Richter ihre Autorität. Damit bezieht sich das Spw. auf die Bindung des Königsgerichtes an die Person des Königs oder Kaisers.

Ssp. Ldr.III 60 § 2: in swelk lant he kumt, dar is eme ledich dat gerichte. Schwsp. 133; Dsp. 310; GD S. 28 Nr. 23; W II Sp. 1490 Nr. 183; Janz, Rechtssprichwörter S. 320–323 → ledig.

V.: Wo der Kaiser hinkommt, da steht ihm das Recht offen. Eisenhart S. 628; Simrock S. 277 Nr. 5358; Hillebrand S. 240 Nr. 361; Chaisemartin S. 535 Nr. 2 → Kaiser. Wo der König ist, ist sonst kein Richter. GD S. 28 Nr. 24; W II Sp. 1490 Nr. 184.

Königsbann

‹Königliche Gerichtsgewalt›, → Bann.

Königsbann ist Königszwang. GD S. 29 Nr. 27; W II Sp. 1491 Nr. 1.

Königsbann kann niemand leihen als der König selber. Ssp. Ldr.III 64 § 5: Koninges ban ne mut neman lien wan de koning selven. Dsp. 319 § 3; GD S. 558 Nr. 50; W II Sp. 1491 Nr. 2; Janz, Rechtssprichwörter S. 111–115.

Kopf

Wenn der Kopf ein Vater ist, muß es der ganze Leib entgelten. Kopf und *Leib* stehen hier symbolisch für Staatsoberhaupt und Volk. Simrock S. 628 Nr. 12362; GD S. 523 Nr. 288.

V.: Wenn der Kopf schmerzt, leiden alle Glieder. W II Sp. 1515 Nr. 378. Wenn der Kopf schwindelt, so wackeln auch die Füße. Harrebomée I S. 325; W II Sp. 1515 Nr. 380. Wenn der Kopf verrückt ist, so gehen auch die Beine schief. W II Sp. 1515 Nr. 381. Wenn der Kopf wird zum Narren, hat jeder Finger auch 'nen Sparren. W II Sp. 1515 Nr. 384.

Wer den Kopf hat, schiert den Bart. Das Erbrecht war so geregelt, daß der überlebende Ehepartner am Besitz des verstorbenen Partners voll erbberechtigt war. Gruter S. 105; Pistorius I S. 13 Nr. 8; Conradi S. 17 Nr. 11; Estor I S. 308; Eisenhart S. 293; Simrock S. 301 Nr. 5858; Hillebrand S. 130 Nr. 189; GD S. 153 Nr. 82; W II Sp. 1516 Nr. 421 → Erbe.

Kost(en)

‹Aufwand, Unkosten, Bezahlung›.

Wem die Kost frommt, der zahlt sie billig. Zu *frommen* ‹bestellen, nützen›, *gefrümbt recht* ‹besonders beantragtes, bestelltes Gericht›, DRWB III Sp. 963–964. Wer einen Gerichtsprozeß in Gang setzt, hat mitunter auch die Kosten zu tragen, doch ist es in der Regel der Verlierer, der zur Zahlung verpflichtet wird. S. u. Wer an der Sache fällt, zahlt die Kosten. GD S. 426 Nr. 234; W II Sp. 1552 Nr. 20; Janz, «Dan nach Sprichwortten pflegen die Bauren gerne zu sprechen.» S. 86–87.

Wer an der Sache fällt, zahlt die Kosten. S. o. Sächsisches Weichbildrecht Sp. 141 Art. 73: wer an der sachen vellet, der sal dy koste gelden. GD S. 427 Nr. 239; W III Sp. 1797 Nr. 237; s. Liebs S. 219 Nr. 23: Victus victori in expensis est condemnandus. S. § 91 Abs. 1 ZPO. Vgl. Wer gewinnt, genieße, wer verliert, der büße → gewinnen. Wer der Zeugen bedarf, muß ihnen die Kost bezahlen → Zeuge. Der Besetzer lohnt den → Vorlader.

V.: Wer in Unrecht fällt, bezahlt die Kost. Holländischer Ssp. Art. 28; GD S. 427 Nr. 242; W IV Sp. 1471 Nr. 103. Wer Unrecht gewinnt, zahlt die Kosten. Recht der Stadt Colmar (Gaupp I S. 116,7): swer da unreht gewinnet, der sol die coste gelten die daruf gat. GD S. 427 Nr. 240; W IV Sp. 1472 Nr. 109.

Kostgeld

Kostgeld ist das aufgrund verschiedener rechtlicher Verpflichtungen für oder statt Verköstigung gezahlte Entgelt. DRWB VII Sp. 1362–1364.

Kostgeld geht vor allen Schulden. D. h. gegenüber anderen Schulden muß zunächst das Kostgeld beglichen werden. Vgl. Spw. wie → Brautschatz geht vor allen Schulden. → Lidlohn soll man vor allen Schulden bezahlen. → Miete geht vor allen Schulden. Conradi S. 20 Nr. 52; Eisenhart S. 429; GD S. 164 Nr. 143; W II Sp. 1555 Nr. 1; Grundmann/Strich/Richey S. 63 → Schulden.

Kostgeld schreit vor aller Welt. Starb der Vater, so ging die Pflicht des Vaters, die Kinder zu ernähren, auf die Mutter über. Hierzu durfte sie mitunter sogar in großer Not das unveräußerliche Eigen des Kindes verkaufen. S. o. Die Mutter ist schuldig, ihre Kinder zu versorgen → Kind. Braun S. 76 Nr. 1966; Eiselein S. 391; GD S. 164 Nr. 142; W II Sp. 1555 Nr. 2; Grundmann/Strich/Richey S. 63 → Mutter.

Krämergewicht

Krämergewicht muß wie Silbergewicht sein. D. h. im Handel muß besonders genau gewogen werden. Rb. nach Distinctionen Buch

V, cap. IX, XXII: Cramergewichte schol glich silbergewichte sin. GD S. 253 Nr. 176; W II Sp. 1574 → Kaufmann.

Krieg

Ein Krieg ist köstlich Gut, der auf den Frieden winkt, ein Fried' ist schändlich arg, der neues Kriegen bringt. Das Bischofs- und Dienstmannenrecht der Stadt Basel S. 65 Art. 133; GD S. 529 Nr. 343; Fehr, Dichtung S. 178.

Krieg bringt Fried'. GD S. 529 Nr. 342; W II Sp. 1621 Nr. 110.

Krieg zerstört, Friede ernährt. Beyer S. 695.

Wer den Krieg erhebt, der ist schuldig. Kleines Kaiserrecht II cap. 78: wer den krieg erhebit, der ist der schuldig. GD S. 305 Nr. 148; W II Sp. 1625 Nr. 200.

Krummstab

Der *Krummstab*, Amtsinsignie des Bischofs, ist ein langer Stab, der aus Spitze, Schaft, Knauf und Krümme besteht, das Krummstabslehn, das von einer geistlichen Person verliehene Lehn. DRWB VIII Sp. 15–16; HRG II Sp. 1237–1242 → Stab.

Krummstab schließt die Weiber aus. Das Ausschließen bezieht sich hier auf das Frauenlehn. GD S. 560 Nr. 80 → Lehn.

Krummstab schließt niemand aus. Hertius S. 406 Nr. 20; Conradi S. 27 Nr. 5; Eisenhart S. 686; Körte S. 271 Nr. 4491; Braun S. 78 Nr. 2040; Eiselein S. 398; Simrock S. 307 Nr. 5995; Hillebrand S. 80 Nr. 108; GD S. 560 Nr. 79; W II Sp. 1649 Nr. 2.

Kufe

Kufe, mhd. *kuofe* sw. M. ‹gerundeter Behälter für Salz oder Getränke›, DRWB VIII Sp. 38–39.

Was einmal in der Kufe war, darf man nicht wieder zum Kessel tragen. Das Rspw. verbietet jede Form der Betrügerei, so z. B. das nachträgliche Färben von minderwertigen Pelzen. GD S. 253 Nr. 170; W II Sp. 1662 Nr. 2.

Kuh

Es ist niemand schuldig, die Kuh mit dem Kalbe zu behalten. Das Spw. läßt verschiedene Interpretationen zu. Zum einen kann es bedeuten, daß kein Ehemann verpflichtet ist, die Ehe mit einer

Frau, die bereits vor der Eheschließung von einem anderen Mann geschwängert worden war, aufrecht zu erhalten. Zum anderen kann es besagen, daß der Ehemann sich mit seiner Heirat nicht verpflichtet, Kinder aus früheren Ehen der Frau als seine eigenen anzuerkennen. Pistorius IV S. 231 Nr. 52; Conradi S. 11 Nr. 7; Estor I S. 347, 488; Eisenhart S. 109; Eiselein S. 400; Simrock S. 309 Nr. 6022; Faselius S. 194; Hillebrand S. 118 Nr. 160; GD S. 164 Nr. 139; W IV Sp. 372 Nr. 7; Grundmann/Strich/Richey S. 69.

Küsters Kuh darf auf dem Kirchhof grasen. Mit dem Besitz bestimmter Ämter war oft die Nutzung ihrer Vorteile verbunden. Braun S. 79 Nr. 2053; Eiselein S. 401; GD S. 517 Nr. 246; W II Sp. 1675 Nr. 248.

V.: Küsters Kuh weidet auf dem Kirchhof in Ruh'. GD S. 517 Nr. 245; W II Sp. 1675 Nr. 249.

Niemand kann eine Kuh länger ausleihen, als sie lebt. Wer ein Tier entlieh, haftete dafür. Starb das Tier, solange es im Besitz des Entleihers war, mußte dieser den Eigentümer entschädigen. Gleichzeitig wurde der Leihevertrag gelöst. GD S. 269 Nr. 277; W II Sp. 1677 Nr. 298; vgl. Stirbt der → Fuchs, so gilt der Balg. Stirbt ein → Pferd, so bringt man die Haut.

Kunst

Kunst erbt nicht. Gemeint sind Talent und Geschick. GD S. 504 Nr. 160; W II Sp. 1714 Nr. 132.

Kutte

→ Mönch.

L

Laden

Offener Laden erbt auf die Kinder. Offener Laden bezeichnet das Geschäft/Handwerk. GD S. 504 Nr. 157; W II Sp. 1753 Nr. 4 → Kaufmannssohn, erben.

Ladung

Die an bestimmte Formalitäten gebundene rechtsförmliche Handlung der Vorladung bildet den Ausgangspunkt eines gerichtlichen Verfahrens. Man unterscheidet die *mannitio*, die einseitige Vorladung durch den Kläger, von der *bannitio*, der Ladung durch einen Amtsträger. Seit dem 13. Jh. erfolgte die Aufforderung durch eine richterliche Verfügung. Schon nach dem Edictum Theoderici (453–466) mußte der Angeklagte mindestens dreimal vorgeladen werden, bevor Sanktionen ergriffen werden konnten. HRG II Sp. 1336–1350 → Ding, drei, Klage, Gericht.

Die Ladung bringt das Geleit mit sich. Auf dem Wege vom und zum Gericht wurde den Vorgeladenen zum Schutz ihrer Person Geleit zugesichert. S. a. Alle Gerichtsstätten haben das → Geleit. Conradi S. 23 Nr. 12; Eisenhart S. 530; Eiselein S. 223; Simrock S. 182 Nr. 3361; GD S. 442 Nr. 345; W II Sp. 1753 Nr. 2.

V.: Ladung trägt das Geleit auf dem Buckel. Estor II S. 1113; GD S. 442 Nr. 346.

Die Ladung ist der Sache Beginn. GD S. 442 Nr. 342; W II Sp. 1753 Nr. 3 → Sache.

V.: Die Ladung zieht den Menschen vor Gericht. GD S. 442 Nr. 344; W II Sp. 1753 Nr. 4.

Geht die Sonne zu Rest, so hat die Ladung keine Kraft. Urteil und Ladung, die nach Sonnenuntergang ausgesprochen wurden, hatten keine Rechtskraft. S. a. Wenn die Sonne unten ist, tut man den → Bann auf. Urteil sprechen und → Eid schwören darf man nicht länger als bis die Sonne untergeht. GD S. 404 Nr. 25; W V Sp. 1735 Nr. 362.

lähmen

Gemeint ist das Lahmschlagen als strafbare Körperverletzung, DRWB VIII Sp. 303.

Wie ein Mann den andren lähmt, so soll man ihm wieder tun. Ruprecht von Freising II cap. 8: wie er jn lembt das sol man jm hinwider tuen. GD S. 337 Nr. 307; W III Sp. 435 Nr. 1648 → Auge, Bahre, Hand. Vgl. → Wie du mir, so ich dir.

Land

Deich und Land gehört zusammen. GD S. 130 Nr. 373; W V Sp. 1122 Nr. 7 → Deich.

Land kann man nicht als Geschenk nehmen. Das Rspw. bezieht sich auf das Verbot der Vergabe von Liegenschaften (im Gegensatz zur → Fahrnis). Der einzig rechtmäßige Weg des Besitzerwechsels war der Erbgang. GD S. 103 Nr. 216; W II Sp. 1769 Nr. 140.Vgl. → Landprang hat Fortgang, Landkauf hat Rücklauf. → Erbe.

Sand um Sand, Land um Land. Das Eigentumsrecht an dem vom Fluß oder Meer angeschwemmten Land richtete sich nach dem Näherrecht. D. h. derjenige, an dessen Grund und Boden der Sand sich am dichtesten abgelagert hatte, konnte Anspruch darauf erheben. S. a. Wes → Gestade näher ist, dem ist der Werder. GD S. 103 Nr. 209; W III Sp. 1861 Nr. 15.

Sobald Feuer aufs Land kommt, sinkt es nicht mehr. GD S. 94 Nr. 163; W I Sp. 1000 Nr. 214 → Feuer.

Wer außer Landes ist, den kann niemand verlustig machen. Die gesetzlich festgelegten Verjährungsfristen galten nicht für Leute, die sich außerhalb des Landes aufhielten oder auf See waren. Kleines Kaiserrecht II cap. 91; GD S. 96 Nr. 203; W II Sp. 1772 Nr. 204.

Wer wissentlich eines andern Land errt, verliert seine Arbeit. Zu mhd. *erren* sw. V. ‹ackern, pflügen›. Wer fremden Acker bebaut, hat keinen Anspruch auf die Ernte. Holländischer Ssp. Art. 25: Wie wetende eret eens anders lant, die verlieset synen arbeyt. GD S. 75 Nr. 68; W II Sp. 1773 Nr. 222 → wissentlich. S. a. Wer fremden → Acker baut, teilt sein Gut.

Land und Leute

Land und Leute, seit dem 12. Jh. bezeugt in der Zwillingsformel *liute unde lant* steht für ‹Herrschaft›, ‹Lebens- und Rechtsgemeinschaft›. Schmidt-Wiegand, Mit Hand und Mund S. 288; Röhrich 2 S. 925; HRG II Sp. 1361–1363; Simon, Land und Leute S. 1205–1213.

Ehr' und Eid gilt mehr als Land und Leut. Eiselein S. 133; Simrock S. 110 Nr. 1812; GD S. 374 Nr. 477; W I Sp. 736 Nr. 98 → Eid, Ehre.

V.: Lieber Land und Leut verloren, als falschen Eid geschworen. Simrock S. 114 Nr. 1898; Braun S. 82 Nr. 2144.

Mit Recht und Gericht erhält man Land und Leute. Ohne Rechtssystem mit Konsequenzen könnten Ordnung und Gerechtigkeit nicht aufrecht erhalten werden. GD S. 3 Nr. 48; W III Sp. 1527 Nr. 179; Röhrich 2 S. 925 → Gericht.

Wo Recht und Sitte wenden, wendet auch der Herr mit Land und Leuten. GD S. 13 Nr. 168; W III Sp. 1536 Nr. 360 → Recht und Sitte.

Landesbrauch

Landesbrauch bezeichnet hier das aufgrund von Traditionen, Sitte und Brauch erwachsene mündliche Gewohnheitsrecht im Gegensatz zum kodifizierten, meist römischen Recht → Brauch.

Landesbrauch ist Landesrecht. Braun S. 82 Nr. 2133; W II Sp. 1775; Beyer S. 93, 341 → Landrecht.

Landesgemeinde

Was die Landesgemeinde erkennt, soll kein Recht abtun. Blumer II S. 171; GD S. 488 Nr. 42; W II Sp. 1775 Nr. 2.

Landesgewohnheit

Landesgewohnheit, Landesehre. GD S. 12 Nr. 162.

V.: Landesart, Landessitte. Beyer S. 341. Landesgewohnheit ist des Landes Ehr'. Henisch Sp. 1608; W II Sp. 1775. Landessitte, Landesehre. Franck II Bl. 183v; Henisch Sp. 816; Braun S. 82 Nr. 2140; Eiselein S. 409; Simrock S. 316 Nr. 6151; GD S. 12 Nr. 160; W II Sp. 1776 Nr. 1; Beyer S. 341. Landesweise, Landesehre. Schottelius S. 1142; Conradi S. 7 Nr. 5; Sailer S. 251; GD S. 12 Nr. 161; W II Sp. 1776.

Landeshuldigung

Landeshuldigung ist das von den Untertanen dem Landesherrn zu leistende Treuegelöbnis, das neben der → Mannschaftsleistung die

Vasallitätsbindung begründete. DRWB VIII Sp. 467–468 → hulden.

Wer Landesherr ist, dem gebührt auch die Landeshuldigung. Conradi S. 26 Nr. 6; Eisenhart S. 637; Simrock S. 316 Nr. 6171; GD S. 487 Nr. 33.

V.: Wer Landesherr ist, dem gebührt auch die Erb- und Landeshuldigung. Pistorius IV S. 285 Nr. 91; Sailer S. 254; Eisenhart S. 637; Eiselein S. 409; W II Sp. 1776 Nr. 2 → Herr.

Landeskind

Landeskinder soll man vor andern fördern. Estor I S. 49; Simrock S. 316 Nr. 6172; GD S. 518 Nr. 261; W II Sp. 1776. S. dag. Zu Ämtern braucht man nicht Landeskinder, sondern Männer → Amt, Ämter.

Landkauf

Landkauf kann man nur einmal widersprechen. Wird beim Verkauf eines Gutes eine Rückkaufsfrist gesetzt, so kann nur innerhalb dieser Frist Widerspruch gegen das Rechtsgeschäft eingelegt werden. GD S. 105 Nr. 244; W II Sp. 1777.

Landprang

Landprang zu dän. *prange* ‹Handel› bedeutet ‹Grundstückstausch›. DRWB VIII Sp. 539.

Landprang hat Fortgang, Landkauf hat Rücklauf. Der Grundstückstausch (Landprang) war im friesischen Recht grundsätzlich verboten. Einzig rechtmäßiger Besitzerwechsel bei liegendem Gut war der Erbgang. Dreyer I S. 10; GD S. 103 Nr. 215; W II Sp. 1778. Vgl. → Land kann man nicht als Geschenk nehmen. → Erbe.

Landrecht

Landrecht ist im Hoch- und Spätmittelalter das für die ländliche Bevölkerung geltende allgemeine Recht im Gegensatz zum → Stadt- oder → Lehnrecht. Ausgangspunkt ist das Stammes- oder Volksrecht, das zunächst mündlich überliefert worden ist. Zwischen 1200 und 1500, in der Zeit der Verschriftlichung des Rechts, entstanden zahlreiche Rechtsbücher (z. B. Sachsenspiegel, Schwabenspiegel, Kleines Kaiserrecht, etc.), die das Landrecht deutlich vom Lehnrecht trennten. HRG II Sp. 1527–1535.

Bedingen bricht Landrecht. Zu *bedingen* ‹vereinbaren›, *bedingt recht* ‹vereinbartes Recht›, DRWB I Sp. 1355. Eiselein S. 63; Simrock S. 65 Nr. 870; GD S. 25 Nr. 267; W I Sp. 288 Nr. 1 → bedingen, Gedinge. S. a. → Stadtrecht bricht Landrecht. → Willkür bricht Landrecht.

V.: Bedingt Recht bricht Landrecht. Körte S. 357 Nr. 4968; Simrock S. 422 Nr. 8243; GD S. 25 Nr. 268; W III Sp. 517 Nr. 9.

Ein Eigenwille ist kein Landrecht. GD S. 3 Nr. 46; W I Sp. 775 Nr. 5; DRWB II Sp. 1353 → Eigenwille, Willkür.

V.: Wille ist nicht Landrecht. Beyer S. 341, 674.

Gedinge bricht Landrecht und Stadtrecht. S. o. Conradi S. 7 Nr. 1; Estor I S. 21; Eisenhart S. 1; Körte S. 133 Nr. 1823; Eiselein S. 214; Simrock S. 172 Nr. 3133; GD S. 24 Nr. 258; W I Sp. 1400 Nr. 3 → Gedinge, Stadtrecht.

Landrecht hebt gemeines Recht auf. GD S. 25 Nr. 270; W II Sp. 1779 Nr. 2; Foth S. 69–70; Velidedeoglu, Das Problem der Rezeption S. 382–388, insb. 386 → Recht, gemeines.

Um Schaftes lang und Schildes breit muß man ein volles Landrecht tun. Wer in einer anderen Gemeinde als in der, in der er lebte, liegendes Gut besaß, mußte auch zu den dort anfallenden Gemeindelasten beitragen. Dies galt auch dann, wenn das Gut in seiner Größe noch nicht einmal die Länge eines Schaftes und die Breite eines Schildes überstieg. Dreyer III S. 31; GD S. 502 Nr. 107; W IV Sp. 77.

Wer sein Lehnrecht verliert, den weist man ins Landrecht. Richtsteig Lnr. 16 § 3: Wente, we sin lenrecht vorlust also desse, den wiset men in dat lantrecht. GD S. 556 Nr. 5; W II Sp. 1880 Nr. 4 → Lehnrecht.

Landtage

‹durch den Landesherrn berufene Versammlungen der Landesstände zum Zweck der außerordentlichen Steuerbewilligungen›, DRWB VIII Sp. 650–654, insb. 652; Volkert S. 150–151.

Landtage sind Geldtage. Hillebrand S. 242 Nr. 364; GD S. 498 Nr. 105; W II Sp. 1782 Nr. 1.

Langfasten

Um Langfasten ruhen alle Klagen. Während der Fastentage fanden keine Gerichtsverhandlungen statt. GD S. 405 Nr. 33; W II Sp. 1787.

Lasse

Lasse, mhd. *lazze* sw. M. bezeichnet den zinshörigen Bauern, der eine Erbberechtigung an seinem Gut hatte. Der *Lasse (Lassite, Lassbauer)*, im Ssp. *lantsete* (Ldr.I 2 § 4), nimmt in der Struktur des Bauerntums eine Mittelstellung ein zwischen den freien Bauern und den Erbuntertänigen. DRWB VIII Sp. 717–719; HRG II Sp. 1627.

Der Lasse ist frei, so lange er lebt. Das Nutzungsrecht des Lassen war sehr eingeschränkt. Denn er besaß weder Mitspracherecht bei der Wahl des Hoferben, noch durfte er das von ihm bewirtschaftete Gut veräußern. Oft war das Nutzungsrecht nicht einmal erblich, sondern endete mit dem Tod des Lassen. GD S. 43 Nr. 161; W II Sp. 1795.

ledig

Zu mhd. *ledec* Adj. ‹frei, verfügbar›.

Ist kein Gut da, so sind die Erben ledig. Schwsp. 20; GD S. 222 Nr. 272; W II Sp. 194 Nr. 190 → Erbe.

Wer bezahlt hat, ist ledig. Altprager Stadtrecht S. 105 Art. 10: dye golden haben, dy sind ledig. GD S. 236 Nr. 84; W V Sp. 988 Nr. 48 → bezahlen.

V.: Zahlen macht ledig. GD S. 236 Nr. 83; W V Sp. 482 Nr. 26; Grundmann/Strich/Richey S. 68 → zahlen.

Wo der König hinkommt, ist das Gericht ledig. Ssp. Ldr.III 60 § 2: in swelk lant he kumt, dar is eme ledich dat gerichte. Schwsp. 133; Dsp. 310; GD S. 28 Nr. 23; W II Sp. 1490 Nr. 183; Janz, Rechtssprichwörter S. 320–323 → König.

Leh(e)n

Im mittelalterlichen und frühneuzeitlichen deutschen Recht ist ein Lehn ein Gut, das der Lehnsherr gegen Dienste (persönliche, militärische Dienste, Hofdienste) und → Treue (Treuegelöbnis) dem Lehnsmann zur Nutzung für eine bestimmte Zeit, meist auf

Lebenszeit, überließ. Lehnsfähig war jeder, der den → Heerschild besaß, womit Frauen und Geistliche lehnsunfähig waren. Starb der Lehnsmann, so fiel das Gut an den Grundherrn zurück (Lehnheimfall, Herrenfall; s. a. das Spw. → Herrengunst erbet nicht). Erst eine Änderung des Lehnrechts bewirkte, daß nach dem Tod des Lehnsmannes das von ihm bewirtschaftete Gut an den Sohn des Verstorbenen weitervererbt wurde (Lehns-, Mannfall). Starb der Lehnsherr, so mußte der Vasall innerhalb einer bestimmten Frist bei dessen Nachfolger um Lehnserneuerung (Mutung) bitten (vgl. Der → Herr kann seinen Mann nicht niedern). Köbler, Juristisches Wb. S. 231 → Mannschaft, Treue, Eid, Herr, Erblehn, Schildlehen.

Angefälle ist kein Lehn. Ssp. Lnr. 26 § 7: An anevelle n'is nen lenrecht. Schwsp. 51a; Dsp. 81 § 1; GD S. 560 Nr. 81; W V Sp. 765; HRG II Sp. 1750–1752; Janz, Rechtssprichwörter S. 247–249 → Angefälle.

Eine Vogtei ist kein Lehn. Sie ist eine Schutz- und → Schirmgerechtigkeit. GD S. 557 Nr. 34; W IV Sp. 1676 → Schutz und Schirm.

Geteilt Lehn erstirbt dem Reiche. Zu *ersterben* ‹im Erbweg an jemanden fallen›. Kleines Kaiserrecht III cap. 12: geteilt lehen sal dem riche ersterben. GD S. 560 Nr. 70; W II Sp. 1878 Nr. 3.

V.: Geteilt Lehn fällt zum Reiche. Kleines Kaiserrecht III cap. 25; GD S. 560 Nr. 69; W II Sp. 1878 Nr. 4.

In die vierte Hand kann kein Lehn kommen. Das Rspw. bezieht sich auf das Gerichtslehn, das nicht öfter als zweimal weiterverliehen werden konnte. Ssp. Ldr. III 52 § 3: An de virden hant ne scal nen len komen. Schwsp. 132b; Dsp. 287; Rb. nach Distinctionen Buch VI, cap. IX, VIII: In dy firden hand sal keyn man len komen. GD S. 559 Nr. 55; W II Sp. 303 Nr. 216; Janz, Rechtssprichwörter S. 465–468 → Hand, Gericht.

Kammerlehn ist nicht recht Lehn. GD S. 558 Nr. 35; W II Sp. 1125 → Kammerlehn.

Lehen fallen nicht auf die Spindel. Frauen waren grundsätzlich vom Erbe am Lehnrecht ausgeschlossen. Eine von mehreren Ausnahmen bildete z. B. das Frauenlehn. Conradi S. 27 Nr. 4; Eisenhart S. 684; Eiselein S. 416; Simrock S. 321 Nr. 6280; Hillebrand S. 78 Nr. 107; GD S. 560 Nr. 76; W II Sp. 1878 Nr. 7; Janz, Frauen und

Recht S. 121–131, insb. 126–128. Vgl. Keine Frau hat → Lehnshand. Lehen nehmen die → Knechte voraus. → Spindel.

Lehen tragen keine Schulden. Der Lehnsmann durfte das geliehene Gut nicht verpfänden, wohl aber seine Erträge (Ernte). Den umgekehrten Fall meint das Spw. ‹Lehen tragen Schulden›. Simrock S. 321 Nr. 6281; Hillebrand S. 85 Nr. 113; GD S. 557 Nr. 27; W II Sp. 1878 Nr. 9. S. dag. Lehen tragen Schulden.

Lehen tragen Schulden. Dieses Rspw. beinhaltet einen Ausnahmefall im Gegensatz zu dem grundsätzlichen Prinzip, das besagt: Lehen tragen keine Schulden. S. o. Pistorius IV S. 286 Nr. 92; Hertius S. 462 Nr. 43; Conradi S. 27 Nr. 8; Eisenhart S. 699; Hillebrand S. 84 Nr. 112; GD S. 557 Nr. 28; W II Sp. 1878 Nr. 10; Grundmann/Strich/Richey S. 62.

Lehn erben und sterben auf den Nächsten im Blut und Ältesten auf der Straße, Mann vor Weib. Das Spw. betrifft die Erbfolgeordnung im Lehnrecht. Harrebomée II S. 13; GD S. 559 Nr. 64; W II Sp. 1878 Nr. 5 → Erbe.

V.: Lehn vererbt man auf das nächste Blut, dem Ältesten auf der Straße, dem Mann vor der Frau. Kamptz 2 S. 483: leen vererft op dat naeste bloed, de oudste op strate, man voor vrouw. GD S. 559 Nr. 65; W II Sp. 1879 Nr. 21. Lehen fallen auf den nächsten Leib, den Ältesten auf der Straße, Mann vor Weib. GD S. 559 Nr. 63; W II Sp. 1878 Nr. 6.

Lehn gibt kein Eigentum. GD S. 557 Nr. 26; W II Sp. 1878 Nr. 13.

Lehn höht des Mannes Adel. GD S. 33 Nr. 78; W II Sp. 1878 Nr. 12 → Adel.

Lehn ist von Gnaden. Lehn wurden häufig nach Gunst und Gnade verliehen. GD S. 557 Nr. 17; W II Sp. 1878 Nr. 14.

Lehn kann nicht Satzung sein. GD S. 558 Nr. 36; W II Sp. 1878 Nr. 15 → Satzung.

V.: Satzung kann nicht Lehn sein. GD S. 558 Nr. 38; W IV Sp. 6 Nr. 4.

Lehn muß lauter Lehn sein. Nicht nur Pfand- und Nutzungsrecht, auch das Gut selbst muß bei der Lehnsvergabe verliehen werden. GD S. 558 Nr. 37; W II Sp. 1879 Nr. 17.

Lehn soll nicht gespalten werden. Lüning II Sp. 1050 Tit. 93,14: dat Lehn soll nit gespleten werden. GD S. 560 Nr. 68.

Niemand kann Lehn verlieren, der bei Nutz und Gewere sitzt. Verlieren bezieht sich hier auf die gewaltsame Wegnahme. GD S. 557 Nr. 33; W II Sp. 1879 Nr. 22 → Gewere.

Was der Mann nicht mit Mannschaft empfängt, ist mit Recht kein Lehn. GD S. 556 Nr. 6; W III Sp. 427 Nr. 1484 → Mannschaft.

Lehngut

Lehngut ist Halbgut. GD S. 557 Nr. 18.

V.: Lehngut ist Halbgut, Erbgut – Verderbgut. Henisch Sp. 906; W II Sp. 1879 Nr. 1.

Lehnrecht

Der Begriff *Lehnrecht* umfaßt die Gesamtheit der das → Lehn betreffenden Rechtsregeln sowie die Berechtigung an einem Lehn.

Alle die belehnt werden, haben Lehnrecht. GD S. 556 Nr. 2.

V.: Lehn ohne Lehnrecht kann nicht bestehen. GD S. 556 Nr. 3. Lehnrecht ohne Gewere ist kein Lehn. Lüning I Sp. 345 Tit. 58,2: Lehenrecht ohn Gewär ist nicht Lehen. GD S. 557 Nr. 29.

Pfaffen und Frauen sollen Lehnrechts darben. Darben ‹entbehren, nicht besitzen›. Hartknoch S. 560; GD S. 560 Nr. 77; W III Sp. 1233 Nr. 198. S. o. Keine Frau hat → Lehnshand. → Lehen fallen nicht auf die Spindel.

Um edler Leute willen ist Lehnrecht gegeben. Richtsteig Lnr. 1 § 1; GD S. 556 Nr. 1; W II Sp. 1880 Nr. 2.

Wer sein Lehnrecht verliert, den weist man ins Landrecht. Konnte dem Lehnsmann die Vernachlässigung seiner Lehnspflicht nachgewiesen werden, so verlor er jeden Anspruch auf das Lehnrecht und seine Angelegenheit wurde vor den nächst geringeren Gerichtsstand, das Landrecht, gebracht. Richtsteig Lnr. 16 § 3; GD S. 556 Nr. 5; W II Sp. 1880 Nr. 4 → Landrecht.

Lehnsbrief

‹Urkunde über die Vergabe oder Erneuerung eines Lehns›, DRWB VIII Sp. 904–905 → Brief.

Neuer Lehnsbrief macht kein neues Lehn. Durch einen neuen Lehnsbrief können einzelne Konditionen geändert werden, das Lehn bleibt jedoch grundsätzlich bestehen. Lüning III Sp. 555 Tit. 65, 10: ein neuer Lehen-Brieff [macht] kein neues Lehen. GD S. 557 Nr. 24; W II Sp. 1880 → Lehn.

Lehnschaft

Lehnschaft zieht keine Untertänigkeit nach sich. Hillebrand S. 78 Nr. 106; Simrock S. 322 Nr. 6283; GD S. 556 Nr. 10; W II Sp. 1880.

Lehnshand

Keine Frau hat Lehnshand. S. Ssp. Lnr. 2 § 1; GD S. 560 Nr. 75; W I Sp. 1128 Nr. 490. S. o. Pfaffen und Frauen sollen Lehnrechts darben → Lehnrecht.

Lehnsherr

→ Herr

Lehnsmann

Der Lehnsmann muß sein Lehn verdienen. Voraussetzung für die Vergabe von Lehn, das als Ritterssold betrachtet werden kann, ist ein Treue- und Dienstverhältnis zwischen Lehnsmann und Lehnsherrn. GD S. 558 Nr. 41; W II Sp. 1879 Nr. 1.

Leib

Leib steht in einigen der folgenden Spw. im Blick auf die Leibesstrafe, die häufig als → spiegelnde Strafe verhängt wurde. D. h. Abschlagen der → Hand bei Verwundung, Herausreißen der → Zunge bei → Meineid etc. Im MA war die Strafe zum Teil durch Entrichtung einer Geldbuße ablösbar. HRG IV Sp. 1761–1763; His, Strafrecht I S. 356–357.

Des Leibes Straf' hebt alle Geldstraf' auf. Weingarten II fol. 391; GD S. 341 Nr. 344; W III Sp. 5 Nr. 26 → Strafe.

Leib an Leib, Gut an Gut. Bei ehelicher Gütergemeinschaft fällt das gesamte Erbe an den überlebenden Ehepartner, der damit Alleinerbe ist. Grimm, RA I S. 620; Hasslocher S. 41; Pistorius IV S. 205 Nr. 33; Hertius S. 343 Nr. 69; Conradi S. 11 Nr. 20; Estor I S. 307; Sailer S. 251; Eisenhart S. 137; Runde S. 613 § 607;

Körte S. 273 Nr. 3748; Eiselein S. 417; Simrock S. 322 Nr. 6294; Hillebrand S. 122 Nr. 169; GD S. 153 Nr. 70; W III Sp. 6 Nr. 70; Beyer S. 237, 355 → Gut, Schopf. Vgl. Hut bei → Schleier, Schleier bei → Hut. S. a. Mann und Weib haben kein gezweites → Gut zu ihrem Leib. Ein → Mann – ein Weib, zwei Seelen und ein Leib. Mann und Weib sind in gleicher → Gewere.

V.: Leib an Leib, Gut an Gut; wem ich meinen Leib gönn', dem gönn' ich auch mein Gut. Grundmann/Strich/Richey S. 73. Leib und Gut gehen miteinander. Grundmann/Strich/Richey S. 73.

Leib für Leib. GD S. 336 Nr. 294; W III Sp. 7 Nr. 72.

V.: Leib für Leib, Glied für Glied. GD S. 336 Nr. 295; W III Sp. 7 Nr. 73.

Leib und Lähmung muß man mit Land besetzen. Bei kleineren Verbrechen konnte der Straftäter sich in der Regel von der Haft befreien, indem er einen → Bürgen stellte. Bei schweren Verbrechen (Körperverletzung etc.) forderte man Bürgschaften oftmals in Form von liegendem Gut. GD S. 300 Nr. 118; W III Sp. 7 Nr. 78 → lähmen.

Leib und Leben

Die Paarformel *Leib und Leben* ist als Tautologie zu verstehen und bedeutet ‹Leben›. Röhrich 2 S. 948.

Wer Leib und Leben wagen will, ist zollfrei. Das Rspw. spricht sich gegen die Pflicht des Zollgeleites aus, indem es Zollfreiheit postuliert. Dabei schließt der Rechtssatz ein, daß, wer kein → Geleit beansprucht und damit kein Schutzgeld entrichtet, das Risiko an *Leib und Leben* selber trägt. Ssp. Ldr.II 27 § 2: mit rechte si he geleides vri, swar he sines gudes oder ‹sines› lives genenden wel. Schwsp. 194; Dsp. 134 § 1; Pistorius I S. 136 Nr. 99; Eisenhart S. 648; Körte S. 273 Nr. 3749; Braun S. 85 Nr. 2211; Simrock S. 323 Nr. 6303; GD S. 510 Nr. 172; W III Sp. 8; Grundmann/Strich/Richey S. 41; Janz, Rechtssprichwörter S. 135–137 → zollfrei, Zoll.

Leibesnot

Leibesnot meint die Gefahr für das Leben und das körperliche Wohlbefinden, insbesondere im Zusammenhang mit der Rechtfertigung für das Überschreiten von Recht und Gesetz.

Leibesnot bricht das Recht. Reynke de Vos III 4,4616; GD S. 389 Nr. 539; W III Sp. 11 Nr. 1; vgl. heute § 227 BGB → Not.

Leibesnot und Herrengebot ist ausgeschlossen. Grimm, Weisth. I S. 751: leibesnoth und herren gebot [sint] ausgeschlossen. GD S. 389 Nr. 548; W III Sp. 11 Nr. 2 → Hungersnot.

Leibgedinge

Leibgedinge, mhd. *lîpgedinge* st. N., auch → Leibzucht, bezeichnet das durch → Gedinge begründete und auf Lebenszeit beruhende Nutzungsrecht an einer fremden Sache. Im Ehegüterrecht diente es in der Regel dem Lebensunterhalt der → Witwe bis zu ihrem Tod. DRWB VIII Sp. 1076–1081 → Leibgut, Morgengabe, Wittum.

Leibgedinge folgt dem Manne nicht. GD S. 154 Nr. 102; W III Sp. 11 Nr. 1.

Leibgedinge geht wieder an des Mannes Erben. GD S. 154 Nr. 103, S. 195 Nr. 94; W III Sp. 12 Nr. 2; HRG II Sp. 1805–1810, insb. 1808 → Erbe. S. a. → Widerlage falle nieder.

Leibgedinge ist der Frauen Lehn. GD S. 154 Nr. 101; W III Sp. 12 Nr. 3.

Leibgut

Nach dem Tod des Ehemannes hatte die Witwe die Wahl zwischen Leibgut und Brautschatz (Hauptgut). Entschied sie sich für den Brautschatz, so verlor sie den Anspruch auf das Leibgedinge; entschied sie sich jedoch für das Leibgedinge, so verfiel ihr Anspruch auf den → Brautschatz. HRG I Sp. 809–833, insb. 812 → Leibgedinge, Leibzucht.

Leibgut gewinnt Hauptgut. Eiselein S. 418; W III Sp. 12 Nr. 1.

Leibgut schwindet Hauptgut. Hertius S. 407 Nr. 22; Conradi S. 12 Nr. 23; Eisenhart S. 143; Runde S. 600 § 596; Simrock S. 322 Nr. 6297; GD S. 155 Nr. 113; W III Sp. 12 Nr. 2.

Leibhuhn

‹Jährlicher Tribut des Leibeigenen an den Herrn› (→ Herr) → Huhn, Rauchhuhn, Henne.

Leibhuhn folgt dem Unfreien allenthalben. Dreyer III S. 1313; GD S. 60 Nr. 251; W III Sp. 12.

Leibzucht

Leibzucht, mhd. *lipzuht* st. F. aus *lip* und *zuht* ‹Lebensunterhalt besonders der Witwe›; Lexer I Sp. 1935 → Leibgedinge.

An Eigen ist rechte Leibzucht der Frauen. Nach dem Tod des Ehemannes ging das Gut (Eigen) in den Besitz der Verwandten des verstorbenen Mannes über, während die Frau Nutzungsrecht genoß. Ssp. Ldr.III 75 § 1: An egene is recht lifgetucht der vrowen. GD S. 155 Nr. 109; W I Sp. 770 Nr. 1; Janz, Rechtssprichwörter S. 258–262. Vgl. → Leibgedinge geht wieder an des Mannes Erben.

Leibzucht kann den Frauen niemand brechen. Ssp. Ldr.I 21 § 2: Liftucht ne kan den vrowen neman breken. Schwsp. 21; Chaisemartin S. 339 Nr. 46; GD S. 154 Nr. 105; Janz, Rechtssprichwörter S. 260.

Leihe

Wenn sich der Pfennig mindert, so mindert sich auch die Leihe. Sank der Ertrag des Lehngutes ohne Verschulden des Lehnsmannes, so verringerte sich entsprechend die Erbpacht. GD S. 76 Nr. 80; W III Sp. 1273 Nr. 191.

leihen

Wem man etwas leiht, von dem muß man es wieder erwarten. Ofner Stadtrecht S. 184 Art. 343: Wem man eynn dingk leicht, vonn dem selbigenn schol man seyn geworten. GD S. 270 Nr. 291; W III Sp. 26 Nr. 19. Vgl. → Hand wahre Hand. Die → Hand muß gelöst werden, wo sie gebunden ist. Wo einer seinen → Glauben gelassen, da muß er ihn wieder suchen.

Lied

Wes Brot ich ess', des Lied ich sing. Franck I Bl. 162v; Agricola II S. 79; Henisch Sp. 523; Pistorius III S. 278 Nr. 27; Sailer S. 116; Eisenhart S. 538; Kirchhofer S. 97; Körte S. 55 Nr. 734; Braun S. 12 Nr. 274; Eiselein S. 97; Simrock S. 85 Nr. 1330; Hillebrand S. 225 Nr. 328; Osenbrüggen S. 7; W I Sp. 480 Nr. 303; Grundmann/Strich/Richey S. 21; Beyer S. 371 → dienen.

V.: Des Brot ich esse, des Wort ich spreche. Henisch Sp. 523.

Li(e)dlohn

Liedlohn, mhd. *lidlôn, litlôn* st. M. N., seit dem 14. Jh. primär in den Weistümern bezeugt, bedeutet zunächst ‹Gesindelohn› bzw. ‹Dienstbotenlohn›. Später galt es als Bezeichnung für das Entgelt der unselbständigen Dienstleistung. Hier erlangte es rechtliche Bedeutung. HRG II Sp. 2005; Schmidt-Wiegand, Lidlohn S. 171–203 → Lohn.

Lidlohn soll man vor allen Schulden bezahlen. D. h. gegenüber anderen Schulden muß zunächst der Lidlohn beglichen werden. Vgl. Spw. wie → Brautschatz geht vor allen Schulden. → Kostgeld geht vor allen Schulden. → Miete geht vor allen Schulden. Blumer III S. 110; GD S. 178 Nr. 199 → Schulden.

Verdienter Lidlohn schreit zu Gott im Himmel. Simrock S. 333 Nr. 6516; GD S. 178 Nr. 198; W III Sp. 186.

V.: Verdienter Lohn schreit für Gott im Himmel. Conradi S. 20 Nr. 53.

Lohn

S. a. → Lidlohn.

Arbeit und Lohn müssen immer gleichston. GD S. 266 Nr. 240; W I Sp. 117 Nr. 60.

V.: Danach Lohn, danach Arbeit. W III Sp. 229 Nr. 2. Danach Werk, danach Lohn. Franck II Bl. 96r; GD S. 265 Nr. 239; W V Sp. 196 Nr. 14. Die Arbeit trägt den Lohn auf dem Rücken. Doppelte Arbeit, doppelter Lohn. Gleiche Arbeit, gleicher Lohn → gleich. Jede Arbeit trägt (verdient) ihren Lohn. Beyer S. 375. Lohn, danach Arbeit. Gruter S. 64; W III Sp. 230 Nr. 16. So verdient, so gelohnt. Beyer S. 375. So sie mehr Arbeit haben, mögen sie auch mehr Lohn haben. Wie die Arbeit, so der Lohn. Beyer S. 375. Wie einer arbeitet, so wird ihm gelohnt. Wie der Lohn, so der Dienst. Beyer S. 375. Wie der Lohn, so die Arbeit. Beyer S. 45.

Klein Lohn, klein Arbeit. W III Sp. 230 Nr. 14.

Niemand kann den Lohn vorausfordern. W III Sp. 230 Nr. 19.

Niemand kann mit dem Lohn entlaufen. Wer im voraus entlohnt wird, ist zur Arbeitsleistung verpflichtet. Hamburgisches Stadtrecht S. 180 Art. 22: Nemant mach myt dem lone entlopen by der galghen. GD S. 266 Nr. 245; W III Sp. 230 Nr. 20.

Verdienten Lohn muß man bezahlen oder binnen Jahres mahnen. GD S. 178 Nr. 200; W III Sp. 230 Nr. 24.

Wer um Lohn gewonnen ist, dem soll man nicht unrecht tun. Kleines Kaiserrecht II cap. 28: wer umb lon gewunnen ist, dem ensal man nit vnrecht tun. GD S. 178 Nr. 190; W III Sp. 231 Nr. 35.

Los

Das Los stillt den Hader. Gemeint ist das Losordal (Gottesurteil) als Mittel der Wahrheitsfindung. Simrock S. 337 Nr. 6605; Schulze S. 77; GD S. 215 Nr. 204; W III Sp. 234 Nr. 2.

Was das Los einem gibt, das soll er nehmen. Das Rspw. bezieht sich auf die Erbteilung. Bamberger Recht S. 91 § 318: was das loss einem gibt, das soll er nemen. GD S. 215 Nr. 203; W III Sp. 234 Nr. 7 → Erbe.

Losung

Allweg soll des Mannes Kind vorgehen in die Losung. Bezogen auf die Erbfolgeordnung. GD S. 189 Nr. 33 → Erbe.

Kein unechter Sohn geht zur Losung. Uneheliche Kinder waren vom → Erbe ausgeschlossen. GD S. 210 Nr. 183; W IV Sp. 594 Nr. 41. Uneheliche Kinder haben keine Erbschaft → Kind. Unechten gebühret kein → Heergewäte. → Bastard, Kebskind.

Luft

Die hier genannten Spw. beinhalten zwei gegensätzliche Rechtsauffassungen zu dem öffentlich-rechtlichen Status unfreier Personen, die sich über → Jahr und Tag in einem anderen Herrschaftsgebiet aufhielten. In vielen Städten galt der Grundsatz ‹Stadtluft macht frei›, der besagt, daß ein unfreier Einwanderer, der sich in einer Stadt niederließ, ohne von seinem Herrn angesprochen zu werden, die persönliche Freiheit erwarb. Anders der Rechtssatz ‹Luft macht eigen›, nach dem der Zugewanderte auch unangesprochen in die Leibeigenschaft des neuen Herrn überging. Rörig, Luft macht eigen S. 51–78; Gellinek, Stadtluft mach frei S. 306–310; Brunner, Luft macht frei S. 366 ff.; HRG I Sp. 882, 1266–1270, insb. 1268, III Sp. 92–98 → eigen, frei.

Luft macht eigen. Grimm, RA I S. 452; Hertius S. 401 Nr. 12; Eisenhart S. 74; Braun S. 91 Nr. 2399; Osenbrüggen S. 37; GD

S. 59 Nr. 242; HRG III Sp. 92–98. Vgl. Zwei Nächte → Gast, dritte Nacht eigener Hausdiener.

V.: Die Luft macht leibeigen. Pistorius I S. 75 Nr. 56; Conradi S. 9 Nr. 16; Körte S. 287 Nr. 3956; Braun S. 91 Nr. 2399; Eiselein S. 435; Simrock S. 338 Nr. 6625; Hillebrand S. 16 Nr. 25; W III Sp. 249 Nr. 11; Grundmann/Strich/Richey S. 21.

Luft macht frei. Grimm, RA I S. 466; Hillebrand S. 27 Nr. 35; Osenbrüggen S. 37; GD S. 59 Nr. 246; W III Sp. 249 Nr. 12. S. dag. Keine → Henne fliegt über die Mauer.

V.: Stadtluft macht frei nach Jahr und Tag. Wb. der Mediävistik S. 780–781.

Lügner

Gegen den Lügner gibt es keine Redlichkeit. GD S. 373 Nr. 475; W III Sp. 279 Nr. 38.

M

Macht

Alle Macht kommt von Gott. Tengler, Laienspiegel S. 13; GD S. 486 Nr. 1; W III Sp. 305 Nr. 1.

Die Macht gehört den Obersten. Lübisches Recht S. 383 Art. 13: de macht horet den ouersten. GD S. 486 Nr. 2; W III Sp. 305 Nr. 4.

V.: Die Macht steht bei dem Rate. Lübisches Recht S. 437 Art. 179: de macht steit to deme rade. GD S. 515 Nr. 203; W III Sp. 305 Nr. 5.

Macht geht vor Recht. Osenbrüggen S. 34; Beyer S. 381 → Recht.

Macht ist nicht Recht. Beyer S. 381 → Recht.

Wer die Macht hat, der hat auch das Recht. Bezogen auf die → Willkür. Beyer S. 381 → Recht.

mächtig

Jeder ist seines Gutes mächtig. Vorausgesetzt, er besitzt es rechtmäßig. Ruprecht von Freising I cap. 137; Pistorius V S. 395 Nr. 87; GD S. 93 Nr. 154; W II Sp. 194 Nr. 196.

Mage

Zu mhd. *mâc* st. M., *mâge* sw. M. ‹blutsverwandte Person in der Seitenlinie›. Nach der Parentelordnung hatten die männlichen Verwandten in der Erbfolgeordnung vor den weiblichen bis zum vierten Grad Vorrang → Erbe.

Ein jeder Mensch ist seines Mages Gutserb. GD S. 204 Nr. 156; W III Sp. 606 Nr. 354.

Ist Vatermag dem Muttermag gleich, zieht Vatermag das Erbe hin. GD S. 189 Nr. 35; W V Sp. 1519 Nr. 1.

Vatermag soll erben vor Muttermag bis aufs vierte Glied. Blumer I S. 518; GD S. 189 Nr. 34; W IV Sp. 1519 Nr. 2.

mahlen

Wer zuerst kommt, mahlt zuerst. S. o. Prior tempore potior jure. Henisch Sp. 931; Eiselein S. 445; Simrock S. 124 Nr. 2127; Faselius

S. 209; Schmeller 1/2 Sp. 1583; Günther S. 94; GD S. 25 Nr. 286; W V Sp. 617; Singer I S. 147, II S. 61; Grundmann/ Strich/Richey S. 135; Beyer S. 383; Liebs S. 162 Nr. 98: Prior tempore potior jure. Foth S. 186–188; Wacke, Wer zuerst kommt, mahlt zuerst S. 94–98. Schmidt-Wiegand, Sprichwörter S. 285; Ek, Den som kommer först till kvarns S. 64. Noch heute bekannt im Patentrecht §§ 5 Abs. 2 u. im Pfandrecht 1208–1209 BGB → erst.

V.: Wer zuerst zur Mühle kommt, soll zuerst mahlen. Ssp. Ldr.II 59 § 4: De ok erst to der molen kumt, de scal erst over gan. Schwsp. 221; Zwickauer Rb. I 5,II; Altprager Stadtrecht S. 170; Pistorius VI S. 745 Nr. 55; Körte S. 324 Nr. 5414; Simrock S. 366 Nr. 7136; Hillebrand S. 12 Nr. 19; Chaisemartin S. 245 Nr. 95; Janz, Rechtssprichwörter S. 89–93; GD S. 25 Nr. 283; W II Sp. 1473 Nr. 191. Wer zuvor kommt, mahlt eher. Franck I Bl. 23v; GD S. 25 Nr. 285.

mahnen

Michael mahnt und Martin zahlt. Das Spw. bezieht sich auf die Zahlung des Pachtvertrages, die in der Regel zwischen dem St. Michaelis- (29. September) und dem St. Martinstag (11. November) erfolgen mußte.

Mann

Der Mann ist der Frauen Meister. GD S. 171 Nr. 160; W III Sp. 375 Nr. 338.

V.: Der Mann ist des Weibes Haupt. 1 Kor. 11,3; Eph. 5,23; Krauss S. 132. Der Mann ist des Weibes Vogt und Meister. Ruprecht von Freising I 8; Schwsp. 9; GD S. 171 Nr. 161; W III Sp. 375 Nr. 341. Der Mann ist des Weibes Vormund zu Hand, da sie ihm angetrauet wird. Ssp. Ldr.III 45 § 3: De man is ok vormunde sines wives, to hant alse se eme getruwet is. Dsp. 283 § 3; GD S. 171 Nr. 162; W III Sp. 376 Nr. 342; Janz, Rechtssprichwörter S. 75–83 → Vormund.

Der Mann ist schuldig sein Weib zu verhegen. Zu *verhegen* ‹in Unversehrtheit bewahren›, DRWB V Sp. 548–554, insb. 553; GD S. 140 Nr. 21; W III Sp. 376 Nr. 351.

V.: Der Mann muß seine Frau führen und fassen. Hillebrand S. 121 Nr. 166; GD S. 140 Nr. 24; W III Sp. 377 Nr. 367.

Der Mann muß seine Frau tun bis auf den Kirchhof. Die Ehefrau stand unter der Vormundschaft ihres Mannes. Dafür mußte der Mann bis ans Lebensende für sie sorgen. Grundmann/Strich/Richey S. 74; GD S. 140 Nr. 25; Hillebrand S. 120 Nr. 165 → Frau.

Der Mann verhindert der Frau die Ehe. Das Ehehindernisrecht enthält verschiedene Bedingungen, unter denen eine Heirat nicht vollzogen werden kann. Hierher gehört z. B. die Eheschließung mit einer bereits verheirateten Frau (heute § 171 StGB). Weitere Bedingungen, die eine Heirat verhindern, enthalten die Spw. Meines Paten → Kind nehm ich nicht mit Recht. → Heirat ins Blut tut selten gut. GD S. 550 Nr. 110.

Der mieselsüchtige Mann empfängt weder Lehn noch Erbe. Zu *miselich* Adj. ‹aussätzig›. Ebenso wie der Zwitter ist auch der Aussätzige nach dem Sachsenspiegel vom Erbrecht ausgeschlossen. Ssp. Ldr.I 4: De meselseke man ne untvet weder len noch erve. S. a. Auf → Allzuviel und Zwerge folgt weder Lehn noch Erbe. GD S. 210 Nr. 193; W III Sp. 378 Nr. 397; Janz, Rechtssprichwörter S. 356–359 → Zwitter, Zwerg.

Die den Mann traut, die traut der Schuld. Der Volksmund sagt: Eine → Frau, die einen Mann heiratet, heiratet auch seine Schulden. Dahinter steht folgendes Rechtsprinzip: Das Gesamtgut haftet für alle Schulden, also auch für die, die der Ehemann vor seiner Heirat gemacht hatte. Conradi S. 11 Nr. 16; Estor I S. 308; Sailer S. 251; Eisenhart S. 129; Runde S. 612 § 606; Eiselein S. 601; Simrock S. 469 Nr. 9244; GD S. 152 Nr. 62; W III Sp. 380 Nr. 433.

Ehelich Mann und ehelich Weib nehmen unehelichen Mannes Erbe nicht. Das Spw. bezieht sich auf die Erbunfähigkeit der Kinder eines unehelich geborenen Vaters. Der wegen unehelicher Geburt Rechtlose bekam zwar eheliche Kinder, diese konnten ihn jedoch nicht beerben. Ssp. Ldr.I 51 § 1: Echt man noch echt wif ne nimt ok unechtes mannes erve nicht. GD S. 210 Nr. 187; W III Sp. 381 Nr. 464; Janz, Rechtssprichwörter S. 472–474 → rechtlos.

Ein jedes Weib hat ihres Mannes halb Buß- und Wergeld. Das im Falle des Totschlags einer Frau zu zahlende Bußgeld, entsprach nur der Hälfte des Geldes, das für die Ermordung eines Mannes zu entrichten war. Ssp. Ldr.III 45 § 2: Iewelk wif hevet eres mannes halve bute unde wergelt. Schwsp. 310; Dsp. 283 § 2; GD S. 323

Nr. 288; W V Sp. 20 Nr. 453; Janz, Rechtssprichwörter S. 388–390 → Weib, Wergeld.

Ein Mann, ein Wort. Sachße, Beitrag zu den deutschen Rechtssprichwörtern S. 87–132; Günther S. 94; Beyer S. 386, 685. Vgl. Röhrich 2 S. 994. Mannes Wort ist Mannes → Ehre.

V.: Des Mannes Wort, des Mannes Ehre. Beyer S. 385, 684. Ein Mann ein Wort; ein Wort ein Mann. Körte S. 307 Nr. 5134; Braun S. 97 Nr. 2531; Eiselein S. 446; Simrock S. 603 Nr. 11888a; Hillebrand S. 95 Nr. 126; GD S. 227 Nr. 13; Grundmann/Strich/Richey S. 36. Ein Mann ist nicht besser als ein Wort. Harrebomée II S. 480. Ein Wort ein Wort, ein Mann ein Mann. Hertius S. 265 Nr. 8; Conradi S. 18 Nr. 5; Körte S. 519 Nr. 8767; Eiselein S. 446; Simrock S. 603 Nr. 11888; Hillebrand S. 96 Nr. 126a; GD S. 227 Nr. 12; W V Sp. 406 Nr. 167; Grundmann/Strich/Richey S. 63. Ein Wort muß ein Wort sein. Hillebrand S. 96 Nr. 127; GD S. 227 Nr. 15; Woeste S. 93. Mann ein Mann, Wort ein Wort. GD S. 227 Nr. 11 → Wort.

Ein Mann hat soviel Recht als der andere. Vor dem Recht sind alle gleich (Gleichheitsgrundsatz). GD S. 432 Nr. 245; Liebs S. 110 Nr. 34: Lex non distinguit. Art. 3 Abs. 1 GG → gleich.

Ein volljähriger Mann kann mit seiner Rechten all sein Recht verwetten und mit seiner Zunge versprechen. GD S. 236 Nr. 78; W III Sp. 400 Nr. 864.

Eines Mannes Red ist eine halbe Red, man verhör sie alle bed. Im Gerichtsprozeß sollen immer beide Parteien, die angeklagte ebenso wie die klagende, erhört werden, bevor die Schuldfrage geklärt wird. Franck I Bl. 104r, II Bl. 68v, 165v; Conradi S. 23 Nr. 7; Liebs S. 32 Nr. 106: Audiatur et altera pars. Fehr, Dichtung S. 178. S. heute Art. 103 Abs. 1 GG. S. a. Alle Urteile kommen von Klage und Antwort → Urteil. → hören.

V.: Eines Mannes Rede hab' ich nun gehört, hören wir auch des andern Wort. GD S. 433 Nr. 268; W III Sp. 406 Nr. 996. Eines Mannes Rede ist eine schöne halbe Rede. Harrebomée II S. 63; GD S. 432 Nr. 266; W III Sp. 406 Nr. 998. Eines Mannes Rede ist keine Rede, man soll sie hören alle beede. Hasslocher S. 33; Eisenhart S. 522; Simrock S. 116 Nr. 1947; Körte S. 307 Nr. 5135; Harrebomée II S. 53b; Hillebrand S. 217 Nr. 313; Osenbrüggen S. 10; Beyer S. 386. Eines Mannes Rede ist keines Mannes Rede, man soll sie billig hören beede. Beyer S. 275. Man höre auch den andern Teil. Grundmann/Strich/Richey S. 109; Beyer S. 275, 580.

Es tut einem ehrlichen Mann eine Wunde nicht so weh wie eine Ohrfeige. Eiselein S. 473; GD S. 352 Nr. 417.

Kein Mann darf Recht verkaufen. Das Rspw. spricht sich gegen die Bestechung der Richter aus. GD S. 410 Nr. 78; W III Sp. 416 Nr. 1230. S. a. Alle, die falsch → Urteil finden, soll der Teufel ewig binden.

Kein Mann mag des andern Haus anzünden, ohne daß er Mordbrenner hieße. GD S. 365 Nr. 469; W III Sp. 416 Nr. 1234.

Mann und Weib sind ein Leib. Conradi S. 11 Nr. 12; Osenbrüggen S. 13; Grundmann/Strich/Richey S. 73; Beyer S. 387 → Gut.

Nimmt der Mann Manneslos, nimmt das Weib Weibeslos. Bezogen auf das → Heergewäte, das an die männlichen Erben fiel, und die → Gerade, die an die Frauen weitervererbt wurde. GD S. 216 Nr. 242; W III Sp. 423 Nr. 1380.

Stirbt der Mann ohne Kind, sein Vater sein Erbe nimmt. Ssp. Ldr.I 17 § 1: Stirft de man ane kint, sin vader nimt sin erve. Schwsp. 14; Dsp. 18 § 1; GD S. 194 Nr. 76; W III Sp. 425 Nr. 1425; Fehr, Dichtung S. 176; HRG I Sp. 959–962; Janz, Rechtssprichwörter S. 412–417 → Kind, Erbe.

Verfesteter Mann ist allerorten verfestet. Zu *verfesten* ‹verhaften, festsetzen›, DWB XII, 1 Sp. 330–331. GD S. 443 Nr. 369; W III Sp. 425 Nr. 1440.

Was der Mann auf sich trägt, davon gibt er nichts. Für die Last, die der Mann auf seinem Rücken trug, mußte er keinen → Zoll entrichten. GD S. 510 Nr. 181; W III Sp. 427 Nr. 1478.

Was der Mann gelobt, ist er schuldig mit Recht. Kleines Kaiserrecht II cap. 86: waz der man gelobet daz ist er schuldig mit rechte. GD S. 141 Nr. 33; W III Sp. 427 Nr. 1479.

Was der Mann kann, zeigt das Amt an. Der Mann war durch seine Geburt einem sozialen Stand zugeordnet, der Voraussetzung sein konnte, in ein bestimmtes → Amt berufen zu werden. Franck Bl. 77v; Schottelius S. 1128; Harrebomée II S. 63; GD S. 33 Nr. 66; W III Sp. 427 Nr. 1476 → Geburt.

V.: Was der Mann kann, zeigt seine Red an. Simrock S. 349 Nr. 6813.

Was der Mann überwintert, das mag er auch übersommern. Um eine gerechte Nutzung des gemeinsamen Weidelandes (→ Allmende) zu ermöglichen, galt die Faustregel: Jeder durfte soviel Vieh auf die gemeine Weide lassen, wie er während des Winters in seinen Stallungen unterbringen konnte. Grimm, Weisth. I S. 166: was der man gewintren mag vff dem sinen, das sol er ouch ane geuerde sumren. GD S. 69 Nr. 46; W III Sp. 428 Nr. 1486. S. a. Was jeder erzielt in seinem → Haus, das hat das Recht und die Eckern.

Wes sich der Mann verbindet, des bleibt er verbunden. Verträge, die man unterzeichnet, muß man einhalten. Kleines Kaiserrecht II cap. 33; GD S. 229 Nr. 52; W III Sp. 434 Nr. 1623; Liebs S. 150 Nr. 3: Pacta sunt servanda.

Wo der Mann hinfällt, fällt auch die Buße hin. An dem gleichen Ort, an dem die Tat begangen worden war, mußte sie auch gebüßt werden, denn der entheiligte Ort mußte gesühnt werden. Grimm, Weisth. I S. 491: wo dann der mann hyne fiele, do fyle auch die buße hyne. GD S. 437 Nr. 309; W III Sp. 436 Nr. 1668.

Manngeld

Manngeld, auch → Wergeld vom toten Hals, bezeichnet die Geldbuße, die für die Tötung oder Verletzung eines Menschen gezahlt werden mußte → Blutgeld, Mord.

Wergeld ist Manngeld vom toten Hals. GD S. 323 Nr. 286; W V Sp. 195.

Mannschaft

Die Mannschaft *(homagium*, auch *hulde* genannt) ist neben dem Treueid (→ Treue, Eid) ein Teil des Formalaktes bei der Begründung eines Lehnsverhältnisses. Der Ablauf der Mannschaftsleistung bestand u. a. in der *immixtio manuum*, dem sog. Handgang. Hierbei legte der knieende Lehnsmann seine gefalteten Hände in die des Herrn und schwor ihm Treue, indem er dreimal seine Mannschaft anbot. (Ssp. Lnr. 22 § 1). Der Lehnskuß erfolgte als Zeichen der gegenseitigen Treue. Blieb der Kuß aus, so war die Mannschaft und damit das Lehn nicht rechtskräftig (s. Richtsteig Lnr. 22 § 5). HRG II Sp. 225–228 → Hand, Herr.

Bann leiht man ohne Mannschaft. Ssp. Ldr.III 64 § 5: Ban liet men ane manscap. GD S. 558 Nr. 52; W V Sp. 897 Nr. 5; Janz, Rechtssprichwörter S. 115–118 → Bann.

Wahrheit ist Mannschaft. Mannschaft meint hier die Bürgschaft von Eideshelfern. GD S. 468 Nr. 587; DRWB IX, Hft. 1/2, Sp. 154–158, insb. 158. Vgl. Die sechs Sibbesten wahren den Siebenten → sibbest.

Was der Mann nicht mit Mannschaft empfängt, ist mit Recht kein Lehn. Lüning I Sp. 360 Tit. 115: Wellich Gut dem Mann ohn Mannschafft geliehen wird, das heisst nicht recht Lehen. GD S. 556 Nr. 6; W III Sp. 427 Nr. 1484.

Mark

Mark, mhd. *marc* st. F. ‹Grenze, Grenzland, abgegrenzter Landteil›.

Was der Ochs mit dem Horne nicht biegen kann, das weist man für Mark. Der Ochs steht hier als Schiedsrichter darüber, was Privateigentum und was → Allmende sein soll, denn das Land, das nicht bestellt worden war, fiel wieder an die Gemeinde zurück und der Besitzer verlor jeden Anspruch darauf. GD S. 68 Nr. 27; W III Sp. 1103 Nr. 243.

Die Nachbarn müssen die Marken berichtigen. GD S. 84 Nr. 102; W III Sp. 824 Nr. 26.

Markstein

‹Grenzstein›.

Alte Marksteine soll man nicht verrücken. Die Verrückung der Marksteine galt als Straftat und zog Sanktionen nach sich. Simrock S. 350 Nr. 6828; GD S. 12 Nr. 143; W III Sp. 463 Nr. 1.

Marktkorn

Pachtkorn ist kein Marktkorn. Für den → Zins genügte mittlere Güte als Qualitätsanspruch. Estor III S. 352; GD S. 268 Nr. 259; W III Sp. 1166.

Markweide

Sichel und Sense gehen nicht auf die gemeine Markweide. Da es oft an Weideland fehlte, durfte auf der → Allmende niemand Gras schneiden. Grimm, RA II S. 43; GD S. 68 Nr. 41; W IV Sp. 549 Nr. 6.

Maß

Das Maß, das der Kaiser gab, soll man nicht mehren. Die Landesherren, die die Abgaben eintrieben, mußten sich an die vom Kaiser festgelegten Bestimmungen halten. GD S. 511 Nr. 189; W III Sp. 488 Nr. 15 → Kaiser.

Mit dem Maß, so man ausmißt, wird man wieder gemessen. Heute ist das Spw. als Warnung vor zu viel Geiz und Selbstgerechtigkeit zu verstehen. Matt. 7,2; Luk. 6,38; Pistorius IV S. 262 Nr. 74; Simrock S. 352 Nr. 6869; GD S. 337 Nr. 324; W III Sp. 490 Nr. 60; Beyer S. 389; Krauss S. 135.

V.: Mit welchem Maß ihr meßt, wird man euch wieder messen.

Maut

Maut, mhd. *mûte* st. F. zu ahd. *mezzan* ‹messen› ist eine Bezeichnung des südostdeutschen Sprachraumes für ‹Zoll, Mautstätte›. Noch heute hat sie sich in den Alpen als Bezeichnung für Straßen- und Brückenzölle erhalten. HRG III Sp. 399–400 → Brükkengeld, Schleusenzoll, Zoll.

Wer die Maut hat, soll die Brücken machen. Gengler S. 412 Art. 12: Wer ouch die mäwte hat, der sol die pruken machen. GD S. 510 Nr. 173; W III Sp. 551.

Meineid

Meineid zu mhd. *mein* ‹falsch› im Sinne des vorsätzlich falschen Schwurs vor Gericht, gilt noch heute als Straftat, die schwere Sanktionen nach sich zieht. Im MA machte der Falscheid den Meineidigen unglaubwürdig; dieses bedeutete nach den meisten Rechten die Eidesunfähigkeit und konnte völlige Rechtlosigkeit nach sich ziehen. HRG III Sp. 447–458.

Den Meineidigen hängt man über alle Diebe. GD S. 374 Nr. 494; W III Sp. 568 → hängen.

meineidig

Wer im Zweifel schwört, ist meineidig. Sächsisches Weichbildrecht Sp. 244 Art. 14: wer in zwivil sweret, der ist meyneidig. GD S. 374 Nr. 484.

Meintat

Mit der Meintat gleicht man falschen Zeugen. Falsches Zeugnis in fremder Sache machte ebenso strafbar wie die Meintat, die Unwahrhaftigkeit des Eides in eigener Sache. Kleines Kaiserrecht II cap. 3: mit der meintat gelichet man dem falschen gezuge. GD S. 374 Nr. 495; W III Sp. 575.

meist

Gemeint ist das Majoritätsprinzip, das überall dort gilt, wo eine Gruppe kollektiv über etwas bestimmt, z. B. beim Wahlrecht oder im Gerichtsverfahren bei der Urteilsfindung. Schon der Ssp. kennt das Mehrheitsprinzip beim Besitzzeugnis der Umsassen (Ssp. Ldr. III 21 § 1).

Die meisten Stimmen gelten. Agricola I S. 507; Egenolff S. 289r; Simrock S. 502 Nr. 9909; Harrebomée II S. 304; GD S. 415 Nr. 125; W IV Sp. 861 Nr. 1. Heute z. B. § 1038 ZPO.

V.: Das Mehr gilt. Kirchhofer S. 335; Simrock S. 355 Nr. 6931a; GD S. 415 Nr. 124; W III Sp. 563 Nr. 2; Grundmann/Strich/Richey S. 67; Foth S. 75–78. Wer die meisten Stimmen hat, der hat das meiste Recht. Conradi S. 13 Nr. 3; GD S. 75 Nr. 56. Die Mehrheit geht vor, die Minderheit zurück. GD S. 415 Nr. 129; W III Sp. 564. Was der Mehrteil der Einung tut, dem soll der Minderteil folgen. GD S. 75 Nr. 55.

Meistersohn

Meistersohn bringt das Recht mit sich. Hatte der Sohn eines Meisters das Handwerk seines Vaters erlernt, so wurde er in der gleichen Zunft bevorzugt behandelt. Braun S. 102 Nr. 2673; Eisenhart S. 68; GD S. 504 Nr. 155; Hillebrand S. 39 Nr. 51a.

melden

Wer einen zu unrecht meldet, der soll in seine Fußstapfen treten. Blumer III S. 24; GD S. 375 Nr. 500.

Mensch

Man soll nur einen Menschen wider den andern töten. Ruprecht von Freising II cap. 5: Man sol auch nur ain menschnn wider den andernn töttnn. GD S. 337 Nr. 317; W III Sp. 619 Nr. 646 → Auge um Auge, Zahn um Zahn.

Miete

Mhd. *miete, miet* st. sw. F. ‹Lohn, Belohnung, Vergeltung› bezeichnet im modernen Recht ein Schuldverhältnis, das auf entgeltlicher und zeitlich begrenzter Nutzung einer Sache beruht. Der vor 1900 verwendete Begriff war sehr viel weiter gefaßt. Er umfaßte neben der Nutzung einer Sache für eine bestimmte Zeit auch die entgeltliche Nutzungsüberlassung der Arbeitskraft einer Person. Köbler, Juristisches Wb. S. 244; HRG III Sp. 536–542.

Miete bricht Kauf. Hamburgisches Stadtrecht S. 244 Art. 15; GD S. 281 Nr. 327; W III Sp. 655 Nr. 1 → Kauf.

V.: Miete geht vor Kauf. Kamptz 2 S. 316; Harrebomée I S. 434.

Miete geht vor anderen Schulden. D. h. gegenüber anderen Schulden muß zunächst die Miete beglichen werden. Vgl. Spw. wie → Brautschatz geht vor allen Schulden. → Kostgeld geht vor allen Schulden. → Lidlohn soll man vor allen Schulden bezahlen. GD S. 115 Nr. 287; W III Sp. 656 Nr. 3 → Schulden.

Wer die erste Miete beweist, behält sie. Der ältere Vertrag hat oft Vorrang vor dem jüngeren. Eisenacher Rb. III 39: wer di erstin mite bewisen mag, der behelt si. GD S. 281 Nr. 338; W III Sp. 656 Nr. 6 → alt, Brief.

Zins und Miete schlafen nicht. Körte S. 530 Nr. 8934; Simrock S. 616 Nr. 12123; GD S. 268 Nr. 257; Grundmann/Strich/Richey S. 54.

Milde

Die Strenge hat oft schon gereut, die Milde nie. Beyer S. 399, 566.

Strenges Recht verlangt viel Milde. GD S. 4 Nr. 71; W III Sp. 1531 Nr. 261; Beyer S. 399, 566 → recht und billig, Minne, Recht, strenges.

Minne

Mhd. *minne* st. sw. F. ‹freundliches Gedenken›, ‹Liebe, Freundschaft›, ‹göttliches Übereinkommen›.

Die Minne beut der Weise, das Recht, wenn es sich heischet. Hinter der Formel *Minne und Recht* als Ausdruck der Zweigleisigkeit des Verfahrens verbirgt sich auf der einen Seite die gütliche Übereinkunft, der Vergleich im Schiedsgericht, auf der anderen Seite die Strenge des Rechts mit Urteilsspruch (vgl. → Gnade). Von hier aus gesehen enthält das Spw. den Rat, daß der Klügere erst dann rechtlich gegen jemanden vorgehen soll, wenn eine interne und gütliche Lösung von beiderseitigem Verständnis nicht möglich ist. GD S. 423 Nr. 168; W III Sp. 664 Nr. 1; HRG III Sp. 582–588.

Mißbrauch

Mißbrauch ist allen guten Brauches Rost. Körte S. 320 Nr. 5337; Braun S. 104 Nr. 2725; Harrebomée II S. 88; GD S. 13 Nr. 180; W III Sp. 666 Nr. 6; Grundmann/Strich/Richey S. 35; Fehr, Dichtung S. 171.

Mißbrauch ist keine Gewohnheit. Conradi S. 7 Nr. 9; Sailer S. 251; Eisenhart S. 9; Körte S. 320 Nr. 5335; Braun S. 104 Nr. 2723; Eiselein S. 467; Simrock S. 361 Nr. 7028; Hillebrand S. 9 Nr. 9; GD S. 13 Nr. 184; W III Sp. 666 Nr. 7; Beyer S. 399; Grundmann/Strich/Richey S. 45.

Mißbrauch lehrt den rechten Brauch. Körte S. 320 Nr. 5336; Braun S. 104 Nr. 2724; Eiselein S. 466; Simrock S. 361 Nr. 7029; GD S. 13 Nr. 183; W III Sp. 666 Nr. 8.

Missetat

Wer eines anderen Missetat richtet, muß selbst ohne Missetat sein. Das Spw. besagt, daß ein Richter nicht vorbestraft sein darf. Sächsisches Weichbildrecht Sp. 263 Art. 18: wer eynes andern missetat richten sal, der sal selber ane missetat sien. GD S. 408 Nr. 36; W III Sp. 669 Nr. 8.

mitbüßen

→ büßen.

Mitgesündigt, mitgebüßt. Simrock S. 362 Nr. 7046; GD S. 306 Nr. 166; W III Sp. 681; s. heute § 25 StGB → hängen.

mithängen

→ hängen.

mitraten

Wer nicht miträt, der nicht mittät. Gesetzesänderungen konnten nur mit Zustimmung der Länder wirksam werden. GD S. 498 Nr. 103; W III Sp. 681 Nr. 1.

V.: Wo wir nicht mitraten, wollen wir nicht mittaten. Bamberger Recht S. 497; Hillebrand S. 242 Nr. 365; GD S. 498 Nr. 102; W III Sp. 681 Nr. 2.

Mönch

Die Kutte macht keinen Mönch. Eiselein S. 405; Braun S. 81 Nr. 2114; Simrock S. 314 Nr. 6124; GD S. 536 Nr. 37; W II Sp. 1738 Nr. 1; Beyer S. 401 → Kloster, Klostermönch.

Mord

Das Wort *Mord* in seiner ursprünglichen Bedeutung ‹heimliche Tötung› gehört zur ältesten Schicht der germanischen Rechtssprache. Das distinktive Merkmal zwischen Mord und → Totschlag bestand zunächst im altdeutschen Recht in der Heimlichkeit der Tötung. Die geplante heimliche Tötung hatte eine härtere Strafe zur Folge, da das Opfer in der Regel überrascht wurde und sich somit nicht wehren konnte. Tötete hingegen jemand seinen Gegner im offenen Kampf (Fehde), so galt dies nicht als Mord, da beide auf den offenen Angriff vorbereitet waren und sich entsprechend wehren konnten. Heute fällt unter Mord die vorsätzliche Tötung (Totschlag, Tötung auf Verlangen, Kindestötung etc.). HRG III Sp. 673–675; Schmidt-Wiegand, Mord und Totschlag S. 47–84; Köbler, Juristisches Wb. S. 249; Creifelds S. 1186–1187.

Ein Messer ist ein dieblich Mord. Sächsisches Weichbildrecht Sp. 401 Art. 82: das messer [ist] eyne diepliche were. GD S. 350 Nr. 380; W III Sp. 641 Nr. 24.

Es bleibt kein Mord verschwiegen. Franck I Bl. 88r; Simrock S. 364 Nr. 7086; GD S. 350 Nr. 381; W III Sp. 721 Nr. 3.

V.: Es bleibt kein Mord ungerochen. Reynke de Vos 5278; Harrebomée II S. 102; W III Sp. 721 Nr. 2.

Es ist kein Ort, er verrät den Mord. Franck I Bl. 151v; Schottelius S. 1143; Sailer S. 72; Körte S. 349 Nr. 5854; Braun S. 121 Nr. 3170; Simrock S. 394 Nr. 7690; W III Sp. 1153 Nr. 20.

Den Mord muß man mit Mord gelten und den Frieden nach dem Mord sühnen. GD S. 337 Nr. 313; W III Sp. 721 Nr. 1. S. Blutrache → Blut.

V.: Mord muß man mit Mord bessern. GD S. 337 Nr. 310; W III Sp. 722 Nr. 5. Mord muß man mit Mord kühlen. GD S. 337 Nr. 311; W III Sp. 722 Nr. 6. Mord muß man mit Mord zahlen. GD S. 337 Nr. 312; W III Sp. 722 Nr. 7.

Unter Feinden wird kein Mord begangen. Stadtrecht von Brünn S. 244 Art. 526: Mortificatio non committitur inter inimicos. GD S. 350 Nr. 379; W I Sp. 971 Nr. 146.

Mordgeschrei

→ Gerüfte.

»Ich bitte dich« ist ein Mordgeschrei. Franck I Bl. 22v; Henisch Sp. 401; GD S. 523 Nr. 298; W I Sp. 389 Nr. 19. Hierher gehört auch die Redensart *Zeter und Mordio schreien.* Röhrich 3 S. 1769.

Morgen

Mhd. *morgen* st. M. ‹Ackermaß, Morgen›.

Ein Morgen gibt wie der andere. Unabhängig davon, ob der Vasall arm oder reich war, hatte er seine Abgaben an den Herrn zu entrichten. Grimm, Weisth. III S. 448: Item ein morgen gibet als der ander uf die zinstage. GD S. 122 Nr. 316; s. Alle → Acker geben → Zehnt.

Morgengabe

Die Morgengabe als eine Zuwendung bezeichnet das freiwillige Geschenk, das der Ehemann seiner Frau zu ihrer sozialen Absicherung am Morgen nach der Hochzeitsnacht überreichte. Starb der Mann, so gelangte die Morgengabe, die nicht zum Erbe im engeren Sinne gehörte, in den Besitz der Witwe. Auch nach dem Tod der Ehefrau fiel das Geschenk nicht an die Erben des Mannes zurück, sondern wurde von ihr weitervererbt. HRG III Sp. 678–683 → Gabe, Ehegeld, Leibgedinge.

Morgengabe mag eine Frau wohl behalten auf den Heiligen ohne Zeugen. Ssp. Ldr.I 20 § 9: Morgengave mut en wif wol op den hilgen behalden ane tuch. Chaisemartin S. 338 Nr. 45; GD S. 155 Nr. 111; W III Sp. 729; Janz, Rechtssprichwörter S. 56–61.

Morgengabe soll man auf die Erde legen. Die Morgengabe sollte, nachdem sie überreicht worden war, auf die Erde gelegt werden, damit sie der Eigentümerin ebenso sicher erschien wie liegendes Gut. Stadtrecht von München S. 74 Art. 192; GD S. 155 Nr. 110; W III Sp. 729 Nr. 3.

Mühe

Wer da hat die Müh, hat billig auch die Küh. Pistorius V S. 327 Nr. 24; GD S. 517 Nr. 244; W III Sp. 750 Nr. 52 → Acker, säen.

V.: Der da hat die Kühe, der hab' auch die Mühe. Beyer S. 404.

Mühle

Die Mühle hat besseres Recht als andere Häuser. Als öffentliche Einrichtung mit großer ökonomischer Bedeutung galt für die Mühle ein besonderer Mühlenfriede. Dieser äußerte sich einerseits darin, daß einem Verbrecher in der Mühle vorübergehend Asyl gewährt werden durfte, andererseits darin, daß Friedensbrüche, die innerhalb der Mühle begangen wurden, härtere Strafen nach sich zogen. Ssp. Ldr.III 2; GD S. 497 Nr. 87; W III Sp. 752 Nr. 20; HRG III Sp. 716–722, insb. 720 → Hausfriede, mahlen.

Müller

Was im Lauf bleibt, ist des Müllers. Im Jahre 1346 erteilte das Rechtsbuch des Kaisers Ludwig eine Bestimmung, nach der das Mehl, das beim Auffüllen im Lauf blieb, rechtlich dem Müller gehörte. GD S. 110 Nr. 261; W II Sp. 1809 Nr. 3.

Mund

Nach dem toten Mund muß der Kläger seine Klage wider den Erben beweisen. Hertius S. 293 Nr. 34; GD S. 221 Nr. 269; W III Sp. 770 Nr. 132 → Kläger.

Musteil und Morgengabe

Musteil, zu mhd. *muos* st. N. ‹Speise›, besonders auch ‹gekochte, breiartige Speise› bezeichnet den Speisevorrat. Nach dem Tod des Mannes fiel das von ihm eingebrachte Gut an die männlichen Erben, ausgenommen die → Morgengabe, die der Witwe zustand, und das Musteil, das zwischen den Erben und der Witwe geteilt wurde. *Musteil und Morgengabe*, erscheint als Paarformel *musdele unde morgengave* schon im Sachsenspiegel (Ldr.III 38 § 3). HRG III Sp. 798–799.

Musteil und Morgengabe nimmt kein Weib bei ihres Mannes Leib. Ssp. Ldr.III 38 § 3: Musdele unde morgengave ne erft nen wif bi eres mannes live, se ne hebbe se untvangen na eres mannes dode. GD S. 184 Nr. 19; W III Sp. 795; Janz, Rechtssprichwörter S. 150–153 → Morgengabe.

Mutschierung

Mutschierung, mhd. *muotschar, muotscharunge* st. F. ‹Teilung von Gesamteigentum› zu *muoten* ‹begehren›. Im Lehnrecht ist die Mutschierung eine Ertragsteilung bei Lehen, die zu gesamter Hand (→ Gesamthand) verliehen worden waren. HRG III Sp. 804–806.

Mutschierung bricht keine Gesamthand. Teilten die Belehnten untereinander und starb einer von ihnen, ohne Erben zu hinterlassen, so fiel dessen Teil an den Lehnsherrn zurück. Teilten sie allerdings nur die Verwaltung des Lehns, so fand der Rückfall nicht statt. Estor II S. 252; Eisenhart S. 695; Eiselein S. 480; Simrock S. 371 Nr. 7217; Hillebrand S. 83 Nr. 110a; GD S. 560 Nr. 74; W III Sp. 803 → Gesamthand.

Mutter

Anfall stirbt der Mutter in den Schoß. GD S. 194 Nr. 79; Schröder/Künßberg, Rechtsgeschichte S. 822; HRG IV Sp. 1485–1486 → Anfall, Erbe.

V.: Vater und Mutter erben vor Schwester und Bruder. Rb. nach Distinctionen Buch I, cap. VI, II: Vater unde muter nemen erbe vor swester unde bruder. GD S. 194 Nr. 73; W IV Sp. 1510 Nr. 139 → Vater.

Die Mutter ist allzeit gewiß. Im Gegensatz zur Vaterschaft, die mitunter nachgewiesen werden muß (Filiatio non potest probari. Liebs S. 75 Nr. 33), ist Mutterschaft eindeutig. GD S. 164 Nr. 137; W III Sp. 805 Nr. 45; Liebs S. 118 Nr. 26: Mater semper certa est; pater est, quem nuptiae demonstrant.

V.: Die Mutter sagt es, der Vater glaubt es, ein Narr zweifelt daran. Pistorius I S. 121 Nr. 90; Conradi S. 12 Nr. 1; Sailer S. 255; Körte S. 329 Nr. 5488; Eiselein S. 480; Simrock S. 371 Nr. 7229; GD S. 164 Nr. 128; W III Sp. 806 Nr. 50; Grundmann/Strich/Richey S. 43, 77; Beyer S. 409, 706.

Die Mutter ist schuldig, ihre Kinder zu versorgen. S. a. → Kostgeld schreit vor aller Welt. GD S. 164 Nr. 144; W III Sp. 805 Nr. 47 → Kind.

Die Mutter zieht die Kinder nach sich. S. Das → Kind folgt dem → Busen. Grimm, Weisth. I S. 312–313; GD S. 58 Nr. 223; W III Sp. 806 Nr. 55. S. dag. Das → Kind fällt zur ärgern → Hand.

V.: In welchem Recht die Mutter ist, in dem sind auch die Kinder. Eisenacher Rb. II, 38: in welchime rechten di mutir [...] ist, in dem selben rechten sint ouch di kint. Ficker S. 67 Art. 61; Ruprecht von Freising I cap. 47; GD S. 58 Nr. 226.

Die Tochter frißt die Mutter. Mutter steht hier metaphorisch für Darlehn, *Tochter* für die dadurch fälligen Gebühren. Zahlt man langfristig Zinsen, so kann der für das Darlehn erbrachte Zins ebenso hoch werden, wie der geliehene Betrag. Pistorius I S. 119 Nr. 88; Hertius S. 330 Nr. 56; Conradi S. 20 Nr. 41; Eisenhart S. 409; Eiselein S. 597; Simrock S. 525 Nr. 10344; Hillebrand S. 112 Nr. 152; Osenbrüggen S. 25; GD S. 77 Nr. 93; W IV Sp. 1219 Nr. 16; Grundmann/Strich/Richey S. 80.

Die Töchter müssen einbringen, was die Mutter ausbrachte. S. Die letzten Kinder nehmen der Mutter Brautschatz. GD S. 216 Nr. 234; W IV Sp. 1220 Nr. 24 → Kind.

Söhne und Töchter gehören nach der Mutter. S. o. GD S. 58 Nr. 221; W IV Sp. 595 Nr. 56 → Busen. S. dag. Der → Sohn behält des Vaters Recht, die Tochter das der Mutter.

Keine Mutter kann ein unechtes Kind ziehen. GD S. 164 Nr. 136; W III Sp. 809 Nr. 112 → Kebskind.

V.: Keine Mutter trägt einen Bastard. Hasslocher S. 2; Pistorius III S. 259 Nr. 11; Hertius S. 259 Nr. 4; Estor I S. 31, III S. 524; Sailer S. 255; Eisenhart S. 154; Körte S. 329 Nr. 5490; Eiselein S. 56; Simrock S. 59 Nr. 747; Harrebomée II S. 91; Hillebrand S. 23 Nr. 32; Osenbrüggen S. 27; GD S. 164 Nr. 135; W III Sp. 809 Nr. 114; Grundmann/Strich/Richey S. 75 → Bastard.

Mutung, Muter

Mutung, mhd. *muotunge* st. F. ‹Begehren› zu *muoten* ‹etwas begehren, verlangen› bezeichnet im Bergrecht bis zum Jahre 1980 den Antrag auf Verleihung des Bergwerkeigentums. Im Lehnrecht (→ Lehen) bedeutet Mutung das Gesuch auf Lehnserneuerung, das nach dem Tod des Lehnsherrn innerhalb von → Jahr und Tag von dem Lehnsmann persönlich gestellt werden mußte. HRG III Sp. 808–810; Köbler, Juristisches Wb. S. 250.

Der erste Finder ist auch der erste Muter. Welcher Schürfer als erster im Bergbau einen Gang entdeckte, hatte damit das Vorrecht auf Belehnung. Pistorius IV S. 260 Nr. 72; Conradi S. 15 Nr. 17; Eisenhart S. 218; Eiselein S. 169; Simrock S. 139 Nr. 2438; Hillebrand S. 56 Nr. 80; GD S. 129 Nr. 362; W I Sp. 1016; Grundmann/Strich/Richey S. 61; Wacke, Wer zuerst kommt, mahlt zuerst S. 95.

V.: Nicht die Mutung, sondern die Findung eines Ganges erlangt das Alter im Felde. Conradi S. 15 Nr. 18; Simrock S. 371 Nr. 7216; Hillebrand S. 57 Nr. 81; GD S. 129 Nr. 364.

N

Nachbar

Ein Nachbar ist dem anderen einen Brand schuldig. Schlagen beim Hausbrand Flammen auf die Nachbarhäuser über, so wurde der Eigentümer des Hauses, in dem der Brand entstanden war, hierfür nicht zur Verantwortung gezogen. Egenolff S. 47b; Pistorius V S. 335 Nr. 31; Hertius S. 283 Nr. 22; Conradi S. 22 Nr. 21; Sailer S. 252; Eisenhart S. 282; Körte S. 331 Nr. 5513; Braun S. 110 Nr. 2864; Eiselein S. 90; Simrock S. 373 Nr. 7251; GD S. 84 Nr. 96; W III Sp. 826 Nr. 54; Grundmann/Strich/Richey S. 42.

Ein Nachbar muß dem anderen helfen. Lübisches Recht S. 391 Art. 41; GD S. 84 Nr. 95; W III Sp. 826 Nr. 52.

Kaufe deines Nachbarn Rind und freie deines Nachbarn Kind. Das Rspw. bezieht sich auf eine Regel im Ulmer Stadtrecht, die besagt, daß vor den landes- und stadtfremden Töchtern zunächst die einheimischen Mädchen geheiratet werden sollen. Heute in der Bedeutung: ‹Was man genau kennt, enttäuscht einen nicht›. Pistorius II S. 188 Nr. 47; Estor I S. 344 § 807; Körte S. 331 Nr. 5520; Braun S. 110; Nr. 2866; Eiselein S. 482; Hillebrand S. 119 Nr. 162; GD S. 141 Nr. 38; Grundmann/Strich/Richey S. 78; Beyer S. 410.

V.: Kaufe deines Nachbarn Rind und freie deines Nachbarn Kind, so weißt du, was sie wert sind. Simrock S. 372 Nr. 7238; W III Sp. 828 Nr. 79. Wer nicht will sein betrogen, der kaufe des Nachbarn Rind und freie des Nachbarn Kind. Hillebrand S. 119 Nr. 162.

Liebe deinen Nachbarn, reiß aber den Zaun nicht ein. Braun S. 110 Nr. 2859; Eiselein S. 482; Simrock S. 372 Nr. 7242; GD S. 85 Nr. 116; W III Sp. 828 Nr. 84; Beyer S. 410 → Zaun.

V.: Liebe deinen Nächsten, aber reiße den Zaun nicht nieder. Beyer S. 412, 691. Zaun ist Friedensstifter unter den Nachbarn. GD S. 85 Nr. 114; W V Sp. 510 Nr. 82; Grundmann/Strich/Richey S. 45; Beyer S. 410. Zwischen Nachbarsgarten ist ein Zaun gut. Simrock S. 372 Nr. 7241; GD S. 84 Nr. 113.

Mit dem Nachbarn hebt man den Zaun auf. Für dieses Spw. gibt es zwei Deutungsmöglichkeiten. Zum einen kann es besagen, daß eingestürzte Zäune gemeinsam wieder aufgebaut werden müssen, zum anderen mag es beinhalten, daß jeder Haus- und Grundstücksbesitzer seinem Nachbarn Zutritt zu dessen Feld gewähren muß, falls es keine andere Zufahrt gibt. Agricola I S. 430; Egenolff S. 241b; Schottelius S. 1138a; Pistorius I S. 88 Nr. 67; Sailer S. 286; Simrock S. 372 Nr. 7240; Hillebrand S. 87 Nr. 119; GD S. 85 Nr. 117; W III Sp. 829 Nr. 99 → Zaun.

V.: Mit den Nachbarn hebt man Stadel und Scheuern auf. Franck II Bl. 86v. Mit guten Nachbarn hebt man den Zaun auf. Körte S. 330 Nr. 5505; Eiselein S. 482; Grundmann/Strich/Richey S. 68; Beyer S. 410, 691.

Mit Nachbarn ist gut Stadel bauen. Mhd. *stadel* st. M. bedeutet ‹Scheune, Herberge, Wohnung›. Gruter S. 69; Simrock S. 372 Nr. 7243; GD S. 85 Nr. 120; W III Sp. 829 Nr. 101.

V.: Mit Nachbarn ist gut Scheuern bauen. Körte S. 330 Nr. 5511; Braun S. 109 Nr. 2856. Mit den Nachbarn richtet man Stadel oder Scheuern auf. Franck II Bl. 86r.

Unsere Nachbarn bringen ihr Recht mit sich. S. Ein → Fremder bringt sein Recht mit sich. GD S. 25 Nr. 275; W III Sp. 830 Nr. 122.

Was in des Nachbars Garten fällt, ist sein. → Garten.

Nachbarschaft

Satzung geht vor Nachbarschaft. GD S. 115 Nr. 281; W IV Sp. 6 Nr. 2 → Satzung.

Nachlaß

Jeder Nachlaß fällt an die nächste Hand. GD S. 200 Nr. 115; W III Sp. 837 → Hand, Erbe.

nächst

Das fernste zuerst, das nächste zuletzt. Bei der Reihenfolge der Aufteilung mehrerer Erbgüter galt, zunächst die regional entferntest gelegenen Güter zu vergeben. GD S. 215 Nr. 211; W I Sp. 984 → Erbe.

Der sibbeste ist der nächste Käufer. Das Spw. bezieht sich auf das Vorkaufsrecht (Näherrecht), das in erster Linie den Blutsverwandten vorbehalten war. Waren keine Verwandten da, so trat an deren Stelle der → Sibbeste, d. h. der nächste → Freund. GD S. 104 Nr. 221. Vgl. Wer den ersten → Zug hat, dem können die Nachgehenden nicht abziehen.

Der Vater ist der nächste Vorständer. Er ist Vormund seiner Familie. GD S. 172 Nr. 164; W IV Sp. 1505 Nr. 31 → Vater, Vormund.

Es erbt das Erbe allweg vor sich auf den nächsten. Rb. nach Distinctionen Buch I, cap. IV,: Also erbet daz erbe allewege vor sich uf den nesten. GD S. 193 Nr. 57; W I Sp. 830 Nr. 4 → Erbe, Blut.

V.: Es erbt das nächste Blut. GD S. 200 Nr. 106. Wer mit dem Maß der nächste ist, der fährt mit dem Erbe vor. Grimm, Weisth. I S. 88; GD S. 201 Nr. 132.

Nacht

Die Nacht ist keines Menschen Freund. Bezogen auf die Gefahren. Körte S. 332 Nr. 5541; Braun S. 110 Nr. 2875; Eiselein S. 483; Simrock S. 374 Nr. 7275; Lohrengel S. 7 Nr. 174; GD S. 382 Nr. 521; W III Sp. 845 Nr. 41.

Nadel

Was die Nadel beging, das ist Gerade. Ssp. Ldr.I 24 § 3: Al laken ungesneden [...] dat ne horet den vrowen nicht. GD S. 184 Nr. 11; W III Sp. 858 Nr. 26 → Gerade.

Näherkauf

Unter Näherkauf bzw. Näherrecht, auch *Zugrecht* oder *Retraktrecht* genannt, fällt das Vorzugsrecht an einer veräußerten Sache. Meldeten mehrere zum Näherkauf Berechtigte (Nachbarn, Verwandte und Freunde etc.) gleichzeitig Ansprüche an, so entschied das gesetzliche Rangverhältnis über den Käufer. HRG III Sp. 827–831.

Der Nächste über dem Graben, der nimmt mit Näherkauf. S. o. GD S. 104 Nr. 229; W III Sp. 842 Nr. 11. S. a. Die nächsten Freunde haben den nächsten → Kauf.

Nahrung

Nahrung ist kein Erbe. Schottelius S. 1135b; Conradi S. 17 Nr. 14; Eisenhart S. 302; Simrock S. 375 Nr. 7303; Hillebrand S. 162 Nr. 226; GD S. 184 Nr. 15; W III Sp. 869 Nr. 13; Grundmann/Strich/Richey S. 82 → Erbe.

Narr

Niemand ist der Narr umsonst. Umsonst meint hier ‹unentgeltlich›. Somit besagt das Spw., daß von niemandem Arbeitsleistung verlangt werden kann, wenn er nicht entlohnt wird. GD S. 265 Nr. 233; W III Sp. 917 Nr. 912.

nehmen

Wo man uns nichts nimmt, wollen wir auch nichts nehmen. GD S. 530 Nr. 357; W III Sp. 983 Nr. 70.

Wer Recht hat zu nehmen, der hat auch Recht zu behalten. Beyer S. 422.

Niederer

Die Niederen können den Höheren nicht helfen. GD S. 456 Nr. 509; W III Sp. 1023 → Höherer.

niedern

Es ist nicht recht, daß man jemand niedere mit seinem Gute. Ssp. Lnr. 25 § 1: dat n'is nicht recht, dat men iemande nedere mit sime gude. GD S. 558 Nr. 45; Janz, Rechtssprichwörter S. 336–338. Vgl. Der → Herr kann seinen Mann nicht niedern.

niederwärts

Die Niederwärts nehmen der Aufwärts Erbe. GD S. 193 Nr. 52; W III Sp. 1024 Nr. 1; vgl. Liebs S. 82 Nr. 7: Hereditas numquam ascendit. Heute dag. § 1925–1929 BGB → Erbe.

V.: Erbgut erbt sich niederwärts und nicht aufwärts. Stadtrecht von Lüneburg S. 70 Art. 64: Erve guth erveth sik ihn der ersten Linien nedderwat und nicht upwart. W I Sp. 831 Nr. 3. Es stirbt kein Gut zurück, sondern vorwärts. Eisenhart S. 271; Simrock S. 501 Nr. 9885; Hillebrand S. 156 Nr. 218; GD S. 193 Nr. 49; Grundmann/Strich/Richey S. 83; Janz, Rechtssprichwörter S. 139 Anm. 416. Dem Niedertum gebührt das Erbe. GD S. 193 Nr. 53; W III Sp. 1024. Man erbt niederwärts und nicht aufwärts. GD S. 193 Nr. 50; W I Sp. 830 Nr. 8. Was niederwärts kommt, das geht, was aufwärts kommt, das steht. GD S. 193 Nr. 51; W III Sp. 1024 Nr. 2; Fehr, Dichtung S. 176. Wer will zu dem Erbe stehen, muß in den Linien sein, die niederwärts gehen. GD S. 193 Nr. 55; W I Sp. 829 Nr. 27.

Niet und Nagel

Zum Haus gehört, was Niet und Nagel begreift. Schauberg I S. 307/106; GD S. 64 Nr. 12 → Haus.

Niftel

sw. F. ‹weibliche Verwandte›, ‹Schwestertochter, Nichte›.

Die Gerade an die nächste Niftel, das Heergewäte an den nächsten Schwertmag. Ssp. Ldr.I 27 §§ 1–2: er rade an er naesten nichtelen, [..] dat herwede in den naesten swertmach. GD S. 184 Nr. 10; W I Sp. 1559 Nr. 2; Janz, Rechtssprichwörter S. 402–412 → Gerade, Heergewäte, Schwertmag.

V.: Die nächste Niftel erbt die Gerade. Conradi S. 17 Nr. 11; Eisenhart S. 293; Eiselein S. 147; Simrock S. 387 Nr. 7549; Chaisemartin S. 392 Nr. 10; Hillebrand S. 160 Nr. 223. Nehmen die Schwertmagen das Heergewäte, so nehmen die Gespinnen die Gerade. Gemeint sind die ‹Spindelmagen›, ‹die Verwandten der Frau›. Sächsisches Weichbildrecht Sp. 298 Art. 25: wenne dy swertmagin nemen daz hergewete, zo nemen die gespynnen die gerade. GD S. 216 Nr. 241; W IV Sp. 471 → Heergewäte, Schwertmagen, Spindel.

Jede Niftel nehm den Mann nach ihrem Mut. In der neueren Sprache wird *Mut* gewöhnlich durch *Herz* ersetzt. Stadtrecht von Brünn S. 361 Art. 78: igleich tochter oder niftel nem ein man nach irem muet wen si wil. GD S. 140 Nr. 28; W III Sp. 1030 Nr. 2.

Not

‹Notwehr› → Gegenwehr.

Die Not dient dem Menschen und bricht das Gesetz. Notwehr und Notstand sind weder rechtswidrig noch strafbar. Henisch Sp. 698; GD S. 389 Nr. 542; W III Sp. 1046 Nr. 33; s. heute §§ 227 Abs. 1 BGB u. 32 Abs. 1 StGB.

V.: Liebe und Not hat kein Gebot. Beyer S. 431. Not bricht Eisen. Franck II Bl. 131v; Pistorius IV S. 206 Nr. 34; Braun S. 118 Nr. 3068; Simrock S. 388 Nr. 7575; Faselius S. 159; Lohrengel S. 22 Nr. 548; Wiegand S. 34 Nr. 475; Günther S. 49; GD S. 389 Nr. 535; Beyer S. 431. Not bricht Recht. GD S. 389 Nr. 536; W III Sp. 1052 Nr. 161. Not hat kein Gebot. Franck II Bl. 131v; Conradi S. 21 Nr. 6; Simrock S. 388 Nr. 7559; Pistorius IV S. 206 Nr. 34; Lohrengel S. 22 Nr. 549; Hillebrand S. 188 Nr. 268; GD

S. 388 Nr. 527; DRWB VII Sp. 906. Not hat kein Gesetz. Hertius S. 416 Nr. 4; GD S. 388 Nr. 534; DRWB VII Sp. 906. Not hat keine Ordnung oder Gesetz. GD S. 388 Nr. 528. Not hat scharfe Zähne. Beyer S. 431. Not kennt kein Gebot. Franck II Bl. 131v; Braun S. 118 Nr. 3075; Faselius S. 159; Wiegand S. 7 Nr. 95; Hillebrand S. 188 Nr. 268; Osenbrüggen S. 21–24; Günther S. 49; GD S. 388 Nr. 532; W III Sp. 1054 Nr. 217; Singer II S. 25; Beyer S. 431. Not leidet kein Gebot. Hertius S. 416 Nr. 4; GD S. 388 Nr. 533; W III Sp. 1056 Nr. 246. Not, Person, Zeit machen Gesetze eng und weit. Simrock S. 190 Nr. 3528; GD S. 388 Nr. 526. Not und Tod hat kein Gebot. Simrock S. 388 Nr. 7560; Hillebrand S. 191 Nr. 269; GD S. 388 Nr. 529; W III Sp. 1057 Nr. 289.

Not sucht Brot. Franck II Bl. 153v.

V.: Not sucht Brot, wo es sich findet. Hillebrand S. 191 Nr. 270; Simrock S. 388 Nr. 7563; GD S. 389 Nr. 550; W III Sp. 1051 Nr. 151.

Not und Zwang bricht Eid und Treue. Reynke de Vos III 4,4615; GD S. 389 Nr. 540; W III Sp. 1057 Nr. 293.

Not, echte

Echte Not muß man sogleich beweisen. Die echte Not *(ehafte not)* im Sinne von ‹gesetzlich, rechtlich›, ein Begriff, der im MA an Stelle von *sunnis* trat und seine besondere Bedeutung im Verfahrensrecht entwickelte, rechtfertigt ein passives Verhalten, welches sonst für die säumige Partei nachteilige Folgen haben konnte. Die nachteiligen Rechtsfolgen konnten jedoch nur vermieden werden, wenn die säumige Partei frühzeitig einen Boten entsandte, der die echte Not bekannt machte, mitunter durch Eid bewies. GD S. 444 Nr. 392; W III Sp. 1046 Nr. 51; HRG III Sp. 1040–1042. → Ladung.

Notsachen

‹Notfälle, dringende Sachen/Angelegenheiten›.

Alle Notsachen muß man mit Kampf beschlagen. GD S. 467 Nr. 564; W III Sp. 1064 Nr. 1.

Notsachen sind stärker als das Recht. GD S. 389 Nr. 541; W III Sp. 1064 Nr. 2 → Kampf.

Notschlag

Ein Notschlag, kein Totschlag. S. o. Hillebrand S. 193 Nr. 276; GD S. 390 Nr. 574; W III Sp. 1064; Beyer S. 432 → Totschlag.

Notwehr

Gegen Notwehr gibt es keine Notwehr. In Notwehr handeln kann immer nur der Angegriffene, nicht der Angreifer. Hillebrand S. 192 Nr. 274; GD S. 390 Nr. 575; W III Sp. 1064 Nr. 1.

Notwehr ist keinem verboten. Simrock S. 389 Nr. 7594; Hillebrand S. 191 Nr. 271; GD S. 390 Nr. 569; W III Sp. 1064 Nr. 4. S. heute §§ 227 Abs. 1 BGB u. 32 Abs. 1 StGB.

Wer seine vier Pfähle wehrt, tut Notwehr wie der, der seinen Leib rettet. GD S. 381 Nr. 511; W III Sp. 1243 Nr. 15 → Haus, Hausfriede, Pfahl.

Notzucht

Notzucht, auch mhd. *notnunft*, bezeichnet den sexuellen Mißbrauch bzw. die sexuelle Nötigung einer Frau. Notzucht zog eine schwere Buße nach sich.

Keine Frau kann mehr bezeugen als Notzucht und Ehe. Rb. der Stadt Mühlhausen S. 8; Lübisches Recht S. 571 Art. 48; GD S. 456 Nr. 507; W I Sp. 1128 Nr. 491 → Frau.

Kessel und Kampf entscheiden alle Notzucht. Kessel und → Kampf, Wasserprobe und Zweikampf waren Gottesurteile, durch die auch die Schuldfrage bei Notzucht entschieden werden konnte. Bei der Kesselprobe, auch Kesselfang genannt, mußte der Beschuldigte seine Hand in kochendes Wasser hineinlegen oder sogar einen Gegenstand aus dem siedenden Wasser herausholen. Verbrannte die Hand, so bewies das seine Schuld. GD S. 351 Nr. 398; W II Sp. 1257 Nr. 30; Schild, Gerichtsbarkeit S. 22 → Kampf, Kessel.

nüchtern

→ trunken.

O

Obacht

Niemand kann eines anderen Gut mehr in Obacht nehmen als sein eigenes. GD S. 270 Nr. 285; W II Sp. 196 Nr. 232 → Gut.

ober

Die niedere Hofstatt muß der obern den Fried geben. Grimm, Weisth. I S. 134: Item es sol och die nider hofstat der obren frid gen. GD S. 84 Nr. 108; W II Sp. 735 Nr. 1 → Hofstatt.

offenbar

Gegen den, der Offenbares anführt, gibt es keinen Widerspruch. Offenbares meint hier Begründetes, Nachweisbares. GD S. 454 Nr. 458; W III Sp. 1122.

Opfer

Kein Pfaffe gibt ein Opfer wieder. Was einmal an ein Kloster verschenkt wird, kann nicht zurückgefordert werden. Hertius S. 430 Nr. 10; Conradi S. 20 Nr. 49; Eisenhart S. 423; Pistorius I S. 92 Nr. 69; Simrock S. 398 Nr. 7765; Hillebrand S. 46 Nr. 63a; Osenbrüggen S. 19; W III Sp. 1229 Nr. 132; Grundmann/Strich/Richey S. 30; Foth S. 142–145 → Kirchengut, Kloster, Pfaffe.

Ortsgeschworene

Die Ortsgeschworenen bezeugen, was die Landesgeschworenen sprechen. Zwar besaßen die Gemeinden im MA durch ihre Ortsgeschworenen Selbstverwaltungsrecht, doch richtete sich der Rat der Ortsgeschworenen nach dem Landesrecht. Dreyer II S. 1021; GD S. 488 Nr. 43; W III Sp. 1154.

P

Pankratius

Pankratius holt seine Tuffel wieder. Tuffeln ‹Pantoffeln›. Das Spw. besagt: Mit Heiligen ist nicht zu spaßen. Nimmt man ihnen etwas, so verlangen sie es mit Zinsen zurück. Simrock S. 395 Nr. 7707; GD S. 543 Nr. 52; W III Sp. 1170 Nr. 4.

Papst

Es kann nur einer Papst sein. Braun S. 122 Nr. 3184; Simrock S. 395 Nr. 7696; GD S. 535 Nr. 14; W III Sp. 1178 Nr. 38.

Jeder Bischof ist Papst in seinem Sprengel. D. h. in seinem Amtsbezirk. DWB X 2,1 Sp. 26. GD S. 535 Nr. 13.

V.: Jeder Bischof ist Papst in seinem Sprengel und jeder Pfaff Bischof in seiner Parochie. Sailer S. 254; Eiselein S. 79; Simrock S. 75 Nr. 1103; W I Sp. 384 Nr. 10.

Partei

Keine Partei ist der andern vor. Vor Gericht werden beide Parteien erhört. Grimm, Weisth. I S. 737; GD S. 432 Nr. 247; W III Sp. 1185 Nr. 2. S.a Vor → Gericht ist eine Partei der anderen gleich.

Pein

Pein, mhd. *pîn* st. M. ‹Strafe, Leibesstrafe›.

Die Pein setzt nicht der Richter, sondern das Recht. GD S. 314 Nr. 212; W III Sp. 1203 Nr. 6.

Pein ist gesetzt für Buße. GD S. 322 Nr. 268; W III Sp. 1203 Nr. 12 → Buße.

Pfaffe

Die Geistlichen unterstanden nicht dem weltlichen Gericht, sondern hatten ihren besonderen Gerichtsstand → Geistliche.

Der Pfaffe lebt ein Jahr nach seinem Tode. Die Bezüge eines Geistlichen mußten nach seinem Tod noch ein ganzes Jahr an seine Familie weitergezahlt werden. Eisenhart S. 670; Braun S. 123

Nr. 3217; Eiselein S. 505; Simrock S. 397 Nr. 7747; GD S. 544 Nr. 68; W III Sp. 1225 Nr. 30.

V.: Ein Priester lebt ein Jahr nach seinem Tod. Grundmann/Strich/Richey S. 32; Fehr, Dichtung S. 167.

Der Pfaff teilt mit dem Bruder, aber nicht der Mönch. Ssp. Ldr.I 25 § 1: De pape delet mit deme brudere, unde nicht de monik. Das Rspw. bezieht sich auf die erbrechtliche Sonderstellung des Weltgeistlichen. GD S. 211 Nr. 197; W III Sp. 1225 Nr. 36; Janz, Rechtssprichwörter S. 168–172. Vgl. Der Pfaff' und die Tochter sind gleich nahe, teilbar → Erbe zu nehmen.

Pfaffen geben einander keinen Zehnt. Simrock S. 397 Nr. 7748; Faselius S. 46; Harrebomée I S. 51; GD S. 123 Nr. 329; W III Sp. 1231 Nr. 167; Liebs S. 39 Nr. 35: Clericus clericum non decimat. → Zehnt.

Pfaffen und Laien sind verschiedenen Gesetzes; was den einen angeht, berührt den anderen nicht. Denn jeder Stand hatte seine besonderen Rechte. GD S. 22 Nr. 243; W III Sp. 1233 Nr. 202.

Pfaffen und Pilgrime geben keinen Zoll. Sie sind vom Zoll befreit. GD S. 510 Nr. 179; W III Sp. 1233 Nr. 207.

Pfahl

Binnen meinen vier Pfählen muß ich sicher sein. S. Binnen → Haus und Hof hat jeder Mann Friede. Estor III S. 645; GD S. 497 Nr. 80; W III Sp. 1243 Nr. 4.

Wer seine vier Pfähle wehrt, tut Notwehr wie der, der seinen Leib rettet. GD S. 381 Nr. 511; W III Sp. 1243 Nr. 15 → Haus, Hausfriede, Notwehr.

Pfandschaft

Pfandschaft wird für fahrende Habe gehalten. GD S. 115 Nr. 278; W III Sp. 1246 → Fahrnis.

pfarren

Wo man hinpfarrt, wird man verscharrt. Man wird immer in der Pfarrgemeinde beigesetzt, in der man Gemeindemitglied ist. Braun S. 124 Nr. 3234; Eiselein S. 508; Simrock S. 400 Nr. 7788; GD S. 549 Nr. 89; W III Sp. 1250 → Filialist.

Pfennig

Der Pfennig war die wichtigste Münze um 1300.

Geliehene und gewertete Pfennige können nicht verloren gehen. Das Geld mußte nach dem Wert, nach dem es ausgezahlt oder geliehen wurde, zurückgezahlt werden. GD S. 269 Nr. 274; W III Sp. 1270 Nr. 128.

Mein Pfennig ist deines Pfennigs Bruder. Das Spw. bezieht sich auf die Gleichheit (→ gleich) und Pflichten aller. Sailer S. 115; Braun S. 125 Nr. 3265; Simrock S. 401 Nr. 7815; GD S. 282 Nr. 351; W III Sp. 1271 Nr. 152; Grundmann/Strich/Richey S. 57.

V.: Pfennig ist des andern Gevatter. Gruter S. 75. Pfennig ist Pfennig gleich. Hamburgisches Stadtrecht S. 86 Art. 34: pennynghe pennynghe lyk. GD S. 282 Nr. 352; W III Sp. 1272 Nr. 161. Pfennig ist Pfennigs Bruder. Agricola I S. 58; Egenolff S. 37b; Schottelius S. 1129b; Eiselein S. 509; Simrock S. 401 Nr. 7814; GD S. 282 Nr. 350; W III Sp. 1272 Nr. 171.

Pferd

Das Pferd hat Recht wie das Vieh. Bei Flurbeschädigungen ist das Pferd ebenso dem Pfändungsrecht unterworfen wie anderes Vieh. Grimm, Weisth. I S. 758; GD S. 116 Nr. 300; W III Sp. 1282 Nr. 69.

Stirbt ein Pferd, so bringt man die Haut. Starb ein geliehenes Tier ohne fremdes Verschulden in der Obhut des Entleihers, so mußte dem Eigentümer nur die Haut des Tieres zurückgegeben werden. GD S. 269 Nr. 278; W III Sp. 1306 Nr. 617 → Fuchs. Vgl. Niemand kann eine → Kuh länger ausleihen, als sie lebt.

Pfleger

Man darf den Kindern nicht zum Pfleger geben, der ihres Vaters Todfeind war. GD S. 172 Nr. 178; W II Sp. 1302 Nr. 702 → Kind, Vormund.

Pflicht

Die Pflichten bleiben bei der Wehr und ihrer Zubehör. Wechselte ein Grundstück seinen Besitzer, so blieben die darauf ruhenden Lasten (Abgaben, Steuern etc.) erhalten. GD S. 122 Nr. 308; W III Sp. 1330 Nr. 1. S. a. Man fordert auf die Were → Gewere.

Pflug

Eines Mannes wegen bleibt kein Pflug stehen. Körte S. 307 Nr. 5138; Braun S. 97 Nr. 2540; Simrock S. 117 Nr. 1951; GD S. 516 Nr. 230; W III Sp. 406 Nr. 1001.

Was den Pflug errt, das soll er brechen. Zu mhd. *erren* sw. V. hier «stören, hindern». Reichen die Wurzeln eines Grenzbaumes bis auf das Nachbargrundstück, so darf jeder der Nachbarn die Wurzeln beseitigen. GD S. 85 Nr. 133; W III Sp. 1332 Nr. 23; Schmeller I S. 98; s. §923 Abs. 2 BGB.

Was den Pflug hält, treibt die Ochsen. Holländischer Ssp. Art. 27: Die die ploech houdet hy dryft die ossen. GD S. 32 Nr. 49; W III Sp. 1332 Nr. 38.

Pfund

Ein Pfund soll soviel tun als das andere. GD S. 511 Nr. 191; W III Sp. 1338 Nr. 4.

Q

Quinquenell

Quinquenellen kommen aus der Höllen. Der Landesfürst konnte die Gläubiger durch Erteilung eines Anstandsbriefes dazu zwingen, ihrem Schuldner fünf Jahre *(quinquennale spatium)* Nachsicht zu gewähren. Pistorius I S. 95 Nr. 72; Estor II S. 377; Eisenhart S. 441; Eiselein S. 517; Simrock S. 413 Nr. 8041; GD S. 480 Nr. 680. Vgl. → Zins.

V.: Quinquenell ist vom Teufel in der Höll'. GD S. 480 Nr. 681; W III Sp. 1441 Nr. 1.

R

Rache

Mhd. *rache* ‹Vergeltung› meint hier die ‹private Vergeltung einer Unrechtshandlung durch den Geschädigten›. HRG IV Sp. 126–127. Vgl. → Auge um Auge, Zahn um Zahn. → Blut.

Einer Rache gebührt die andere. Sailer S. 174; Simrock S. 413 Nr. 8059; GD S. 424 Nr. 193; W III Sp. 1451 Nr. 10.

V.: Rache bleibt nicht ungerochen. Sailer S. 174; Körte S. 364 Nr. 6102; Braun S. 131 Nr. 3403; Simrock S. 413 Nr. 8058; GD S. 424 Nr. 192; W III Sp. 1451 Nr. 14.

Rache ist neues Unrecht. Sailer S. 174; Körte S. 364 Nr. 6104; Braun S. 131 Nr. 3402; Simrock S. 413 Nr. 8056; GD S. 424 Nr. 189; W III Sp. 1451 Nr. 15; Beyer S. 614 → Unrecht.

V.: Rache macht ein kleines Recht zum großen Unrecht. Körte S. 364 Nr. 6103; Braun S. 131 Nr. 3404; Simrock S. 413 Nr. 8057; GD S. 424 Nr. 190; W III Sp. 1452 Nr. 24.

Wer das Recht vollführt, hat keine Rache. Blumer I S. 491; GD S. 424 Nr. 186 → Recht.

Rat

→ Vogt, Schöffenbare → Schöffen.

Wenn der König schläft, schläft auch der Rat. GD S. 523 Nr. 294; W II Sp. 1488 Nr. 152 → König.

Räter

Mhd. *ræter* st. M. ‹Ratgeber›.

Der schlechte Räter und der schlechte Täter werden mit gleicher Pein gepeinigt. Das Spw. bezieht sich auf die Beihilfe im Strafrecht. Nach heutigem Recht erhält der Gehilfe eine mildere Strafe als der Täter: § 49 StGB. GD S. 305 Nr. 146; W III Sp. 1488 Nr. 2; s. heute § 27 Abs. 1 StGB → Hehler, Stehler, Dieb.

V.: Räter und Täter haben gleiche Pein. GD S. 305 Nr. 143.

Ratgeber

Wer das Urteil findet, ist des Richters Ratgeber. GD S. 414 Nr. 107; W IV Sp. 1499 Nr. 34 → Urteil, Schöffen.

Ratleute

Was Ratleute und Vogt bestätigen, das bleibt. GD S. 454 Nr. 463; W III Sp. 1490 Nr. 4 → Vogt.

Ratmann

Solang ein Mann den Rat sucht, kann sein Sohn nicht Ratmann sein. D. h. solange jemand einen Rechtsstreit führt, dürfen seine Verwandten nicht im Rat sitzen. GD S. 504 Nr. 153; W III Sp. 424 Nr. 1418.

Raub

Der Raub zählt im Ssp. zu den schwersten Delikten (Ssp. Ldr. II 4). → Diebstahl meint die heimliche, Raub die offene widerrechtliche Wegnahme einer beweglichen Sache (Des Nachts ist es → Diebstahl, des Tags ist es Raub). Noch heute ist der Raub unter Anwendung von Gewalt oder Drohung ein Sonderdelikt, das schwerer wiegt als Diebstahl: § 249 StGB. Köbler, Juristisches Wb. S. 81, 293.

Tausch ist kein Raub. Gemeint ist der gewaltsam erzwungene → Tausch. Zwang ein Entflohener einen Reisenden auf der Straße zum Tausch der Kleider, so galt dieses Delikt nicht als Raub, sondern als erzwungener Tausch. Hertius S. 367 Nr. 97; Estor II S. 994; Sailer S. 256; Eisenhart S. 470; Eiselein S. 588; Simrock S. 513 Nr. 10126; Hillebrand S. 213 Nr. 307; GD S. 364 Nr. 462; W IV Sp. 1050 Nr. 8 → Tausch.

rauben

Stehlen ist viel gemeiner und größer als Rauben. GD S. 365 Nr. 465; W IV Sp. 799 Nr. 54 → Dieb, stehlen.

Räuber

Es antwortet niemand als Räuber, als wer selbst geraubt hat. Eine → Strafe kann immer nur von dem Verurteilten und nicht von einer anderen Person abgegolten werden. Holländischer Ssp. Art. 51; GD S. 300 Nr. 121; W III Sp. 1496 Nr. 1.

V.: Es antwortet niemand als Räuber oder Dieb, denn der selbst geraubt oder gestohlen hat. GD S. 300 Nr. 122; W III Sp. 1496 Nr. 2.

Jeder Räuber ist ein Dieb. Brant, Richterlicher Klagespiegel S. 8; GD S. 365 Nr. 467; W III Sp. 1497 Nr. 15 → Dieb.

Rauchhuhn

Das Wort *Rauchhuhn* (auch *Herdhuhn*, ebenso wie → *Feuer und Flamme* eine symbolische Bezeichnung für den selbständigen → Haushalt) steht als pars pro toto für die Abgabe des Leibeigenen an den Herrn (→ Herr). Wer einen eigenen → Herd und damit einen eigenen Haushalt hatte, war zur Abgabe verpflichtet. HRG IV Sp. 193–194 → Leibhuhn, Huhn, Henne, Haus.

Wer das Rauchhuhn im Hof hat, hat Setzung und Entsetzung. Grimm, Weisth. III S. 232; Haltaus Sp. 1509; GD S. 488 Nr. 46; W III Sp. 1505 → Setzung.

Rechnung

Richtige Rechnung macht gute Freundschaft. Braun S. 134 Nr. 3471; Harrebomée II S. 216; Lohrengel S. 23 Nr. 568; GD S. 237 Nr. 100; W III Sp. 1515 Nr. 18 → Freundschaft.

Recht

Das mittelalterliche Recht ist eine Ordnung, an deren Anfang Gott steht. Das göttliche Eingreifen in das irdische Rechtsverfahren fand seinen sichtbaren Ausdruck in den Gottesurteilen, z. B. im Zweikampf (→ Kampf), im → Los, in der Biß-, Bahr- oder Kesselprobe (→ Kessel) etc. Bis zur ersten Hälfte des 12. Jahrhunderts handelte es sich um ungeschriebenes Gewohnheitsrecht, das auf mündlicher Tradition, Brauch und Sitte beruhte. Der Nachweis hohen Alters galt als Legitimation von Rechtsgrundsätzen. Als gutes Recht galt altes Recht. Rechtserneuerung war nicht möglich. In der Zeit vom 12. bis zum 15. Jahrhundert, der Zeit der Kodifizierung, vollzog sich ein Wandel. An Stelle der *traditio* trat die *ratio*. Die Begründung subjektiver Rechte verdrängte das objektive Recht. Damit ist das Grundschema des Rechts erreicht, wie es sich bis heute darstellt. Die hier aufgeführten Rechtssprichwörter gehen teilweise auf die Zeit der Rechtsbücher zurück. Sie spiegeln allgemeine Rechtsgrundsätze wider wie: ‹Strenges Recht verlangt viel Milde› (Richten nach

→ Gnade als spezielle Form des mittelalterlichen Gnadenrechts); ‹Das Recht ist für jedermann›; ‹Jeder muß sein Recht wissen›. Neben diesen allgemeinen sprichwörtlich gewordenen Rechtssätzen, zeigen andere Rechtssprichwörter besondere Rechtsfälle auf, z. B. ‹Der Sohn behält des Vaters Recht, die Tochter das der Mutter› oder ‹Um altes Geld klagt man nach alten Rechten› → Recht. HRG IV Sp. 224–232 → Gesetz, Unrecht, Landrecht, Stadtrecht, Lehnrecht.

Alles, was das Recht erlaubt, tut man mit Recht. Sächsisches Weichbildrecht Sp. 334 Art. 35: alles das, das recht irloubt, das tut man wol mit rechte. GD S. 285 Nr. 6; W III Sp. 1517 Nr. 1.

V.: Das ist Recht, was recht ist. GD S. 2 Nr. 20; W III Sp. 1518 Nr. 19.

Das äußerste Recht ist selten recht. Henisch Sp. 957; GD S. 4 Nr. 78; W III Sp. 1518 Nr. 12.

V.: Eng Recht ist ein weites Unrecht. Henisch Sp. 893; Simrock S. 420 Nr. 8204; GD S. 4 Nr. 77; Grundmann/Strich/Richey S. 18; Beyer S. 614, 667. Recht ohne Gnade ist Unrecht. Grimm, Weisth. III S. 171: recht sunder gnaden ist unrecht. GD S. 397 Nr. 600; W III Sp. 1530 Nr. 238 → Gnade. Strenges Recht ist nicht freundlich. Estor III S. 1366; Haltaus Sp. 491; GD S. 4 Nr. 70; W III Sp. 1531 Nr. 260 → Recht, strenges. Zuviel Recht ist Unrecht. Franck I Bl. 23r, II Bl. 187v; Egenolff S. 268a; Conradi S. 7 Nr. 7; Sailer S. 240; Eisenhart S. 19; Körte S. 370 Nr. 6216; Braun S. 134 Nr. 3492; Faselius S. 245; Hillebrand S. 4 Nr. 2; Osenbrüggen S. 10; GD S. 4 Nr. 73; W III Sp. 1536 Nr. 368; Foth S. 173–174; Beyer S. 614; Liebs S. 204 Nr. 79: Summum jus summa injuria.

Das größere Recht hebt das mindere auf. Treffen auf einen Rechtsstreit verschiedene Gesetze zu, so gilt jeweils das neueste. GD S. 25 Nr. 273; W III Sp. 1518 Nr. 15 → Satzung.

V.: Das neue Recht beginnt, wo es das alte gelassen hat. GD S. 18 Nr. 218; W III Sp. 1518 Nr. 20. Ein neues Recht legt ein älteres nieder. GD S. 18 Nr. 232; W III Sp. 1524 Nr. 117; Foth S. 171–172. Wo ein Recht über das andere gegeben wird, muß das ältere weichen. Sächsisches Weichbildrecht Sp. 182 Art. 1: wo denn eyn recht ober eyn andir recht gegeben wird, do muz das eldiste wichen. GD S. 18 Nr. 234; W III Sp. 1536 Nr. 353; Grundmann/Strich/Richey S. 49.

Das Recht beschirmt die Unschuld. GD S. 6 Nr. 105; W III Sp. 1518 Nr. 24; Grundmann/Strich/Richey S. 43.

Das Recht dünkt selten gut, wenn es uns schaden tut. Reimvorrede zum Ssp.; GD S. 446 Nr. 419; W III Sp. 1519 Nr. 27.

Das Recht hat eine wächserne Nase. Gemeint ist hier, daß das Recht einen Ermessensraum hat. Agricola II S. 87; Egenolff S. 34a; Estor I S. 19; Körte S. 369 Nr. 6208; Lohrengel S. 5 Nr. 115; Latendorf S. 9; Hillebrand S. 10 Nr. 13a; GD S. 446 Nr. 421; W III Sp. 1519 Nr. 36; Fehr, Dichtung S. 169.

Das Recht hilft dem, der sich selbst nicht helfen kann. GD S. 5 Nr. 104; W III Sp. 1519 Nr. 37.

Das Recht ist alt und hergekommen manchen Tag. GD S. 10 Nr. 115; W III Sp. 1520 Nr. 41.

Das Recht ist für jedermann. Hillebrand S. 12 Nr. 18; GD S. 3 Nr. 44; W III Sp. 1520 Nr. 53; Grundmann/Strich/Richey S. 42.

Das Recht ist viel gelinder als die Richter. Sächsisches Weichbildrecht Sp. 260: daz recht ist vil barmherziger, wenn der richter ymmer mag gesien. GD S. 4 Nr. 79; W III Sp. 1521 Nr. 61; Grundmann/Strich/Richey S. 20 → Richter.

Das Recht kann niemand zu mehr zwingen als er hat. GD S. 480 Nr. 687; W III Sp. 1521 Nr. 63.

Das Recht überwindet alle Gewohnheit. Eine Rechtsregel, die im nachhinein als widerrechtlich erkannt wird, kann jederzeit aufgehoben werden. GD S. 14 Nr. 195; W III Sp. 1522 Nr. 84; Grundmann/Strich/Richey S. 43.

Der Sohn behält des Vaters Recht, die Tochter das der Mutter. Nach dieser Rechtsregel richtete sich die Standeszugehörigkeit der Kinder je nach dem Geschlecht des Kindes nach Vater- oder Mutterseite. Ssp. Ldr.III 73 § 2: de sone behilt des vader recht unde de dochter der muder. Chaisemartin S. 81 Nr. 33; GD S. 59 Nr. 235; W IV Sp. 593 Nr. 10; Janz, Rechtssprichwörter S. 233–235 → Kind, Mutter, Vater.

Du kommst oder nicht, das Recht geht seinen Gang. Erschien der Angeklagte auch nach der dritten Vorladung (→ Ladung) nicht, so wurde er in Abwesenheit verurteilt. GD S. 444 Nr. 383. S. a. Aller guten → Dinge sind → drei.

V.: Es komme jemand oder nicht, so wird geschehen, was recht ist. Grimm, Weisth. III S. 552: es kome jemants ader nit, so werdt geschehen souil als recht sey. GD S. 444 Nr. 385. Ihr kommt oder nicht, das Recht gewinnt seinen Fortgang. GD S. 444 Nr. 384.

Durch das Recht sind alle Rechte gefunden. GD S. 2 Nr. 14; W III Sp. 1524 Nr. 111.

Eben Recht ist weder eng noch weit. Zu mhd. *eben* Adj. ‹gleichmäßig, gerecht›. Braun S. 134 Nr. 3494; Simrock S. 420 Nr. 8203; GD S. 4 Nr. 76; W III Sp. 1524 Nr. 112.

Eben und gerecht, das ist des Reiches Recht. Eben s. o. GD S. 17 Nr. 211; W I Sp. 717 Nr. 2; Fehr, Dichtung S. 174 → gerecht, Gerechtigkeit.

V.: Recht ist wahr. GD S. 2 Nr. 25; W III Sp. 1529 Nr. 222; Grundmann/Strich/Richey S. 42. Recht ist Wahrheit, Wahrheit ist Recht. GD S. 2 Nr. 26; W III Sp. 1529 Nr. 223; Grundmann/Strich/Richey S. 42. Recht muß ehrlich sein. GD S. 3 Nr. 34 → Wahrheit.

Ein erstanden Recht muß man in Jahr und Tag einbringen. Einbringen erscheint hier in der Bedeutung ‹eintreiben (z. B. von Schulden oder Zinsen), einziehen, erheben›. Altprager Stadtrecht S. 91 Art. 133; GD S. 95 Nr. 179; W III Sp. 1524 Nr. 115 → Jahr und Tag.

Geschieht einem sein Recht nicht, so geschieht ihm Unrecht. GD S. 314 Nr. 211; W III Sp. 1525 Nr. 135; Beyer S. 614.

Gewalt geht für Recht. Agricola II S. 86; GD S. 528 Nr. 330; W I Sp. 1644 Nr. 29 → Gewalt.

V.: Gewalt ergeht vor Recht. Krauss S. 71. Gewalt geht vor Recht. Pistorius V S. 415 Nr. 100; Braun S. 32 Nr. 780; Simrock S. 192 Nr. 3567; GD S. 390 Nr. 566; Grundmann/Strich/Richey S. 19; Beyer S. 216.

Gott ist selbst Recht, drum ist ihm lieb das Recht. Ssp. Prolog: Got is selve recht, dar umme is em recht lef. GD S. 1 Nr. 3; Fehr, Dichtung S. 165; Janz, Rechtssprichwörter S. 344–347; Gott ist selber Recht S. 9–30.

Gut Recht bedarf oft recht guter Hilfe. Auch wenn jemand von seinem Recht überzeugt ist, bedarf er guter Anwälte, um dies vor Gericht zu beweisen. Franck II Bl. 188r; Sailer S. 249; Körte

S. 369 Nr. 6215; Braun S. 134 Nr. 3491; Eiselein S. 521; Simrock S. 421 Nr. 8225; GD S. 418 Nr. 143; W III Sp. 1525 Nr. 143.

V.: Recht hat manchmal Hilfe nötig. GD S. 418 Nr. 144; W III Sp. 1529 Nr. 207.

Gute Gewohnheit, gut Recht. Kulmisches Recht V,53; GD S. 12 Nr. 147; W I Sp. 1682 Nr. 82; Beyer S. 218 → Gewohnheit.

Jeder bringt sein Recht mit sich. Machte sich jemand in einem fremden Land strafbar, so wurde er dennoch nach dem in seinem Heimatland geltenden Gesetz verurteilt. GD S. 25 Nr. 277.

V.: Ein Fremder bringt sein Recht mit sich. GD S. 25 Nr. 276; W I Sp. 1159 Nr. 5 → Fremder.

Jeder muß dem Recht geruhen. Geruhen ‹einwilligen›. GD S. 5 Nr. 84; W III Sp. 1526 Nr. 153.

Jeder muß sein Recht fordern. Harrebomée II S. 214; W III Sp. 1526 Nr. 154.

Jeder muß sein Recht wissen. GD S. 22 Nr. 247; Foth S. 66–69.

V.: Unwissenheit hilft nicht, denn jeder muß sein Recht wissen. Kamptz 3 S. 32; GD S. 22 Nr. 250; W IV Sp. 1491 Nr. 3 → unwissend, Unwissenheit. S. dag. Das Recht entschuldigt das → Weib in der Unwissenheit.

Jeder soll sich mit dem Recht begnügen. Er soll die Entscheidung des Richters akzeptieren. GD S. 424 Nr. 187; W III Sp. 1526 Nr. 155.

Jeder Unterschied bricht Recht und macht Recht. Sächsisches Weichbildrecht Sp. 278 Nr. 22: allir undirscheit bricht recht unde macht recht. GD S. 5 Nr. 82; W IV Sp. 1481 Nr. 15 → Unterschied.

Kein besser Recht als Gegenrecht. Simrock S. 422 Nr. 8241; GD S. 337 Nr. 316; W III Sp. 1526 Nr. 157 → Gegenrecht.

Keiner hat mehr Recht als der andere. Das Spw. bezieht sich auf die Abgabepflicht der Lehnsleute. Schauberg I S. 169/4; GD S. 123 Nr. 327; W III Sp. 1526 Nr. 164 → Freiheit.

Keiner der Unsern soll ein Recht vor andere ziehen. Der Richter darf nur in seinem Bezirk seines Amtes walten. Grimm, Weisth. III S. 899: Item so soll kainer der vnser kain recht für ander herrschaft nicht ziehen. GD S. 436 Nr. 283; W III Sp. 1526 Nr. 163.

Keinerlei Recht hat keiner auf niemandes Gut. Aus fremdem Besitz wirtschaftliche Erträge zu erzielen ist illegal. GD S. 94 Nr. 170;

W III Sp. 1527 Nr. 165. Vgl. Wer fremden → Acker baut, teilt sein Gut. Wer wissentlich eines andern → Land errt, verliert seine Arbeit.

Krumme Wege beschädigen Recht. GD S. 2 Nr. 22; W IV Sp. 1849 Nr. 169; Grundmann/Strich/Richey S. 49 → Unrecht.

Man soll sich zu Recht sprechen, nicht sich selbst Recht nehmen. GD S. 424 Nr. 188; W III Sp. 1527 Nr. 173.

Mit Recht verfolgen, das ist fest. Mhd. *vest* Adj. bedeutet hier ‹beständig, sicher›. Grimm, Weisth. III S. 261; GD S. 425 Nr. 201; W III Sp. 1527 Nr. 178.

Mit Rechten und Kriegen gewinnt niemand viel. Das Spw. ist als Warnung vor zu schnellem Prozessieren gedacht. Franck II Bl. 148v; Sailer S. 286; Simrock S. 421 Nr. 8231; GD S. 423 Nr. 163; W III Sp. 1545 Nr. 5.

Niemand kann anderes Recht erwerben, als ihm angeboren ist. Ssp. Ldr. I 16 § 1: Nemant ne mach irwerven ander recht, wan alse en angeboren is. Dsp. 16 § 1; Schwsp. 12; GD S. 57 Nr. 202; W III Sp. 1528 Nr. 187; Janz, Rechtssprichwörter S. 359–363.

Ohne Recht mag der Richter niemand zwingen. Nicht das Rechtsempfinden des Richters entscheidet darüber, was Recht ist und was nicht, sondern das vorgegebene Gesetz. GD S. 286 Nr. 8; W III Sp. 1528 Nr. 189. Vgl. Die → Gesetze strafen und nicht der → Richter.

Recht bleibt allzeit und ewig Recht. GD S. 5 Nr. 92; W III Sp. 1528 Nr. 191.

V.: Recht bleibt Recht, wenn man's nicht verdreht. Eiselein S. 521; Braun S. 134 Nr. 3493; GD S. 5 Nr. 91; W III Sp. 1528 Nr. 194. Recht muß Recht bleiben. Psalmen 94, 15; Sailer S. 240; Simrock S. 421 Nr. 8222; Hillebrand S. 4 Nr. 1; Osenbrüggen S. 34; GD S. 3 Nr. 37; W III Sp. 1530 Nr. 233; Grundmann/Strich/Richey S. 27; Krauss S. 165.

Recht darf nirgends wenden. GD S. 5 Nr. 94; W III Sp. 1528 Nr. 197.

Recht findet allzeit seinen Knecht. Gruter S. 76; Körte S. 369 Nr. 6211; Braun S. 134 Nr. 3484; Simrock S. 419 Nr. 8187; GD S. 5 Nr. 90; W III Sp. 1528 Nr. 199.

V.: Recht findet sich. Agricola I S. 53; Egenolff S. 33b; Schottelius S. 1129a; Körte S. 369 Nr. 6212; Simrock S. 419 Nr. 8183; GD S. 5 Nr. 86; W III Sp. 1528 Nr. 200. Recht muß Recht finden. Sailer S. 141; Simrock S. 419 Nr. 8185; GD S. 5 Nr. 87; W III Sp. 1530 Nr. 236. Recht muß seinen Gang haben. GD S. 5 Nr. 88; W III Sp. 1530 Nr. 231.

Recht hört man gern. Grimm, Weisth. II S. 470: recht hort man gern. GD S. 6 Nr. 107; W III Sp. 1529 Nr. 209.

Recht ist der Lande Widerhall. GD S. 3 Nr. 49; W III Sp. 1529 Nr. 210.

Recht ist Friedensstifter unter Brüdern. GD S. 1 Nr. 12; W III Sp. 1529 Nr. 214.

Recht ist gerade. Estor I S. 19; GD S. 3 Nr. 35; W III Sp. 1529 Nr. 216.

Recht ist gesetzt, damit es kein Machtwort breche. GD S. 3 Nr. 54; W III Sp. 1529 Nr. 217; Grundmann/Strich/Richey S. 35.

Recht ist, was gilt. GD S. 5 Nr. 99; W III Sp. 1530 Nr. 225.

V.: Was das Recht sagt, hat statt. Brant, Richterlicher Klagespiegel S. 36; GD S. 3 Nr. 50; W III Sp. 1532 Nr. 270.

Recht kann nicht Unrecht werden. GD S. 5 Nr. 89.

Recht mag den Leuten allen kaum wohlgefallen. Ficker S. 32: Daz recht mag den laevten allen chavm wohl gevallen. GD S. 6 Nr. 108; W III Sp. 1530 Nr. 228.

Recht sagt ein Mann dem anderen. GD S. 11 Nr. 122; W III Sp. 1530 Nr. 240; Grundmann/Strich/Richey S. 39.

Recht scheidet, aber es freundet nicht. Körte S. 370 Nr. 6220; Braun S. 135 Nr. 3496; Simrock S. 421 Nr. 8232; GD S. 423 Nr. 174; W III Sp. 1530 Nr. 242.

V.: Recht scheidet, der Vergleich sühnt. GD S. 423 Nr. 176; W III Sp. 1530 Nr. 241.

Recht und Bräuche scheiden die Lande. GD S. 13 Nr. 167; W III Sp. 1531 Nr. 246.

So geht das Recht, wie es den Zug hat. Der Rechtszug geht vom Niedergericht zum Hochgericht. GD S. 11 Nr. 121; W III Sp. 1531 Nr. 262.

Um altes Geld klagt man nach alten Rechten. Stadtrecht von München Art. 40; GD S. 18 Nr. 219; W I Sp. 1505 Nr. 882.

Wäre kein Recht im Lande, so hätte jeder, was er erwischt. GD S. 3 Nr. 55; W III Sp. 1532 Nr. 269.

V.: Wäre kein Recht im Lande, so hätte das Meiste, wer das Meiste nehmen könnte. GD S. 3 Nr. 56; W III Sp. 1532 Nr. 268.

Was einem das Recht gibt, das kann ihm niemand nehmen. GD S. 479 Nr. 665; W III Sp. 1532 Nr. 273.

Weis mir den Mann, ich weise dir das Recht. Das Spw. stammt aus einer Zeit, in der für die verschiedenen Stände verschiedene Rechte galten. Harrebomée II S. 214; GD S. 31 Nr. 37; W III Sp. 429 Nr. 1512.

Was mit Recht nicht übereinträgt, ist immer Unrecht. GD S. 3 Nr. 36; W III Sp. 1532 Nr. 278 → Unrecht.

Wer andern nicht Recht gönnen will, soll kein Recht genießen. GD S. 529 Nr. 354; W III Sp. 1533 Nr. 293.

Wer Gott liebt, der liebt das Recht. Ficker S. 35: Swer got minnet der minnet reht. GD S. 1 Nr. 5; W II Sp. 89 Nr. 2162.

Wer Recht nicht will leiden, darf über Gewalt nicht klagen. Körte S. 369 Nr. 6201; Braun S. 134 Nr. 3485; Simrock S. 421 Nr. 8237; GD S. 337 Nr. 308; W III Sp. 1533 Nr. 297.

V.: Wer das Recht nicht will leiden, darf über Unrecht nicht klagen. Simrock S. 545 Nr. 10745. Wer Recht nicht will leiden, dem geschieht durch Gewalt nicht Unrecht. W III Sp. 1534 Nr. 323 → Unrecht.

Wer sich vor dem Recht verbirgt, der läßt sich finden. Kleines Kaiserrecht I cap. 30: wer sich birget vor dem rechten, der leszt sich finden. GD S. 425 Nr. 217; W III Sp. 1535 Nr. 336.

Wer zweierlei Recht hat, ist besser als wer nur einerlei hat. Wer sowohl von Vaters und Mutters Seite erbberechtigt ist, hat größeren Anspruch auf das Erbe, als der, der nur von einer Seite erbberechtigt ist. GD S. 201 Nr. 140; W III Sp. 1535 Nr. 341 → Erbe.

V.: Zweierlei Recht ist stärker Recht. Hamburgisches Stadtrecht S. 257 Art. 8: Wor nu twyerley recht ysz, dae ysz starcker recht alse dar enerley recht ysz. GD S. 201 Nr. 142.

Wo das Recht endet, kann unser Wille nicht statthaben. GD S. 3 Nr. 45; W III Sp. 1535 Nr. 347.

Wo einer Recht fordert, da soll er Recht pflegen. Ssp. Ldr. I 60 § 3: Swar de man recht vordere, dar scal he rechtes plegen unde helpen. Dsp.

84; Conradi S. 23 Nr. 4; GD S. 438 Nr. 319; W III Sp. 1536 Nr. 354; Grundmann/Strich/Richey S. 42; Janz, Rechtssprichwörter S. 129–132; Dies., «Dan nach Sprichwortten pflegen die Bauren gerne zu sprechen.» S. 88–90.

V.: Wo der Mann Recht fordert, da soll er auch Recht nehmen. Schwsp. 95; GD S. 438 Nr. 319; W III Sp. 436 Nr. 1670 → Mann.

Wo dieselbe Sache ist, ist auch dasselbe Recht. Sächsisches Weichbildrecht Sp. 422 Art. 113: wo die selbie sache ist, do ist ouch das selbie recht. Glosse zum Ssp. Ldr. 20 § 2; GD S. 477 Nr. 621; W III Sp. 1800 Nr. 287 → Sache.

Wo drei darin rieden, hat jeder das Recht zu weiden. Mhd. *riet* st. N. ‹ausgereuteter Grund, Ansiedelung darauf› zu *rieten* st. V. ‹ausrotten, vernichten›. Grimm, Weisth. I S. 461: wann drey darin rieden, so hat yederman recht da zu weiden. GD S. 68 Nr. 43; W I Sp. 693 Nr. 66 → Allmende.

Wo man das Recht einging, soll man das Unrecht suchen. Grimm, Weisth. I S. 416: do man da recht in git, so sol man daz unrecht suchen. GD S. 437 Nr. 314; W III Sp. 1536 Nr. 356.

Recht, gemeines

Der Begriff *gemeines Recht* (ius commune, im Ssp. Ldr.III 79 § 2 *gemenes lantrecht)* zu *gemein* Adj. ‹allgemein› bezeichnet das allen Bürgern einer Gemeinschaft zustehende gemeinsame Recht im Gegensatz zum Partikularrecht, das in einzelnen Gebieten oder für einzelne Stände geltende Recht. DRWB IV Sp. 103–106; HRG I Sp. 1506–1510 → gemein.

Des Kaisers Recht soll gemein sein. Kleines Kaiserrecht II cap. 72: dez keisers recht sal gemein sin. GD S. 17 Nr. 204; W II Sp. 1094 Nr. 26 → Kaiser.

Kaiser und Könige haben das gemeine Recht gemacht. Kulmisches Recht V,53: Dy keyser vnd dy konynge haben daz gemeyne recht gemacht. Zöpfel II S. 414; GD S. 17 Nr. 203; W II Sp. 1095 Nr. 34 → Kaiser, König.

Sitte und Brauch hebt gemeines Recht auf. GD S. 12 Nr. 152; W IV Sp. 578 Nr. 41; Grundmann/Strich/Richey S. 50. Vgl. → Wahrheit und Recht hebt Sitte und Brauch auf.

Recht, gesetztes

Der Ausdruck *gesetztes Recht* steht im Gegensatz zu den Begriffen *natürliches Recht* und *Gewohnheitsrecht* und bezeichnet das von Menschen festgesetzte Recht. DRWB IV Sp. 520.

Gesetzt Recht kann natürlich Recht nicht widerlegen. Natürliches Recht meint das von der Natur vorgegebene Recht. Kamptz 3 S. 38; GD S. 2 Nr. 16; W III Sp. 1525 Nr. 138; HRG III Sp. 933–940 → Satzung.

V.: Kein gesetzt Recht verdrückt natürlich Recht. GD S. 2 Nr. 17; W III Sp. 1526 Nr. 159.

Recht, strenges

Ist das Recht zu streng, so suche Erleichterung beim König. GD S. 397 Nr. 613; W III Sp. 1526 Nr. 149.

Strenges Recht ist oft das größte Unrecht. Simrock S. 420 Nr. 8205; Hillebrand S. 5 Nr. 3; GD S. 4 Nr. 74; W III Sp. 1531 Nr. 258. S. o. Das äußerste → Recht ist selten recht. → Unrecht, Milde.

Strenges Recht verlangt viel Milde. GD S. 4 Nr. 71; W III Sp. 1531 Nr. 261; Beyer S. 399, 566 → recht und billig, Minne, Milde.

recht

Der Stärkste hat recht. Das Spw. bezieht sich auf das Gottesurteil des Zweikampfes. Franck II Bl. 140v; Braun S. 163 Nr. 4253; Simrock S. 498 Nr. 9825 → Kampf.

V.: Wer den anderen überwältigt, hat das Recht gewonnen. Das Spw. bezieht sich auf den Zweikampf. Hartknoch S. 549; GD S. 467 Nr. 567; W IV Sp. 1400 Nr. 2.

Es kann niemand einem andern besser Recht lassen, als er selber hat. Mit dem Erbgut hinterließ der Verstorbene dem Erben auch sein Recht. Harrebomée II S. 214; GD S. 486 Nr. 12; W III Sp. 1525 Nr. 129.

Niemand richtet recht nach seiner Meinung (seinem Wahn). Zu mhd. *wân* st. M. Sächsisches Weichbildrecht Sp. 243 Art. 14: is richtit nymand recht nach sinem whan adir dunken. GD S. 409 Nr. 64; W III Sp. 1668 Nr. 7.

Recht tun hat keinen Bann. Zu mhd. *ban* st. M. ‹Gebot unter Strafandrohung›. Schauberg S. 191; GD S. 5 Nr. 101 → Bann.

Was nicht recht ist, soll man recht machen. Grimm, Weisth. II S. 605: wat nicht reicht en ist sal man reicht machen. GD S. 409 Nr. 45; W III Sp. 1541 Nr. 73.

Wer recht hat, behält den Sieg. Eiselein S. 521; Simrock S. 420 Nr. 8208; GD S. 467 Nr. 569; W III Sp. 1534 Nr. 315.

V.: Wer recht hat, wird doch endlich siegen. GD S. 418 Nr. 151; W III Sp. 1534 Nr. 320.

Wer recht hat, dem sollst du recht tun. GD S. 409 Nr. 46; W III Sp. 1542 Nr. 98.

Wer recht tut, der ist wohlgeboren. Henisch Sp. 790; Simrock S. 420 Nr. 8193; GD S. 33 Nr. 75; Grundmann/Strich/Richey S. 39.

V.: Wer recht tut, der ist edel genug geboren. Eiselein S. 521; W III Sp. 1542 Nr. 107.

Wer recht tut, wird es finden, wer Unrecht tut, wird es auch finden. Agricola I S. 73; GD S. 409 Nr. 48; W III Sp. 1534 Nr. 329.

V.: Wer Recht tut, wird Recht finden. Braun S. 134 Nr. 3481; GD S. 409 Nr. 47.

Wie sehr ein Mann recht hat, er kann es vermutwillen. Vermutwillen bedeutet ‹durch Mutwillen beschädigen›. GD S. 236 Nr. 77; W III Sp. 435 Nr. 1654.

recht und billig

Die Paarformel *recht und billig*, heute in der Bedeutung ‹angemessen, den allgemeinen Rechtsgrundsätzen entsprechend›, steht in der mittelalterlichen Rechtssprache als Ausdruck für ‹Gerechtigkeit›. Schmidt-Wiegand, Sprichwörter S. 292; Röhrich 2 S. 1233–1234 → Billigkeit.

Was billig und recht ist, das ist Gott lieb. Pistorius I S. 98 Nr. 74; Estor I S. 19; Simrock S. 75 Nr. 1094; GD S. 1 Nr. 4; W I Sp. 379 → Billigkeit.

Was dem einen recht ist, das ist dem andern billig. Franck II Bl. 87r; Eiselein S. 521; Simrock S. 420 Nr. 8199; Hillebrand S. 12 Nr. 16; Lohrengel S. 28 Nr. 706; GD S. 3 Nr. 42; W III Sp. 1541 Nr. 69; Grundmann/Strich/Richey S. 48; Beyer S. 39.

V.: Was dem einen recht ist, achtet der andere billig. GD S. 3 Nr. 43. Was einem recht ist, ist allen recht. Simrock S. 420 Nr. 8200; Hillebrand S. 12 Nr. 17; GD S. 3 Nr. 40; Grundmann/Strich/Richey S. 42. Was dem einen recht ist, das muß dem andern nicht unrecht sein. Beyer S. 613. Was dem Reichen recht ist, das ist auch dem Armen recht. GD S. 381 Nr. 508. Was einem recht ist, ist dem andern kein Unrecht. GD S. 3 Nr. 41; W III Sp. 1541 Nr. 70; Grundmann/Strich/Richey S. 42. Was einem recht ist, ist dem Nachbar billig. W III Sp. 1541 Nr. 72. Was einer Recht und Freiheit hat, das haben die andern auch. GD S. 496 Nr. 68; W III Sp. 1532 Nr. 275.

Recht und Sitte

Wo Recht und Sitte wenden, wendet auch der Herr mit Land und Leuten. GD S. 13 Nr. 168; W III Sp. 1536 Nr. 360 → Land und Leute.

rechten

Rechten zu mhd. *rehten, rahten* sw. V. ‹prozessieren, beilegen, schlichten›.

Rechten ist recht, aber unfreundlich. Franck II Bl. 178r; Gruter S. 76; Körte S. 370 Nr. 6223; Eiselein S. 521; Simrock S. 421 Nr. 8233; GD S. 423 Nr. 175; W III Sp. 1545 Nr. 8.

V.: Rechten ist fechten. Körte S. 370 Nr. 6221; Simrock S. 421 Nr. 8228; W III Sp. 1545 Nr. 6.

Rechten kostet Geld. W III Sp. 1545 Nr. 10.

Rechten und Borgen macht Kummer und Sorgen. Körte S. 371 Nr. 6225; Simrock S. 421 Nr. 8235; Braun S. 135 Nr. 3498; GD S. 424 Nr. 177; W III Sp. 1545 Nr. 14; Fehr, Dichtung S. 178 → borgen.

Rechtfertigung

Im Turm gebührt sich die Rechtfertigung. Grimm, Weisth. II S. 426: in dem thurn gepurt sich die rechtfertigungh. GD S. 445 Nr. 402; W IV Sp. 1202 Nr. 10.

rechtlos

Der Begriff der Rechtlosigkeit ist eng verbunden mit dem Begriff der Ehrlosigkeit *(rechtlos und ehrlos)* und hatte im MA eine ganz besondere Bedeutung. Denn mit der Rechtlosigkeit verbunden war der Verlust der Gerichtsfähigkeit, der Eidesleistung und der Lehnsfähigkeit. Wer rechtlos war, wurde damit zum gesellschaftlichen Außenseiter. Häufig war die Rechtlosigkeit mit der Ausübung bestimmter Berufe verknüpft (z. B. Scharfrichter/→ Henker, Gaukler, Bader, Spielleute) und wurde auch auf die Nachfahren übertragen. Von der völligen Rechtlosigkeit insbesondere für den Friedlosen (→ Acht) und den verurteilten Missetäter unterscheidet man die Rechtsminderung, d. h. die teilweise Rechtsfähigkeit.

Es ist mancher Mann rechtlos, der nicht ist echtlos. Zu *echtlos* Adj. ‹rechtsunfähig›. Ein Rechtloser (Gerichtsunfähiger) konnte durchaus eine Familie gründen und eheliche Kinder zeugen, die dann erbbrechtigt waren, vorausgesetzt er war nicht echtlos. Ssp. Ldr.I 51 § 1: It is manich man rechtlos, de nicht is echtlos. Fehr, Dichtung S. 84; Janz, Rechtssprichwörter S. 262–267.

Regel

Ein Exempel macht keine Regel. Körte S. 97 Nr. 1575; Simrock S. 129 Nr. 2235; W I Sp. 909 Nr. 6; Beyer S. 465.

Keine Regel ohne Ausnahme. ‹Nulla regula sine exeptione›. Körte S. 372 Nr. 6261; Braun S. 136 Nr. 3522; Eiselein S. 523; Simrock S. 424 Nr. 8285; GD S. 4 Nr. 65; W III Sp. 1575 Nr. 6; Beyer S. 57, 465. In der Gegenwartssprache häufig vertreten ist auch das Spw. Ausnahmen bestätigen die Regel. Beyer S. 465. Vgl. Liebs S. 65 Nr. 40: Exceptio firmat regulam (in casibus non exceptis).

Reich

Wer die Ehe des Reiches nicht achtet, soll ohne die Ehe des Reiches sterben. Zu *ehe* aus ahd. *êwa* ‹Gesetz, Recht›. Wer gegen die im Land geltenden Rechte verstieß, durfte sie auch nicht für sich in Anspruch nehmen, wenn ihm Unrecht getan wurde. Kleines Kaiserrecht II cap. 51; GD S. 314 Nr. 213; W I Sp. 728 Nr. 65.

Reichsstraße

Reichsstraße im weitesten Sinne bezeichnet jede → Straße (urspr. jede Fernstraße), die durch das Reich führt. Im engeren Sinne ist die Reichsstraße eine Straße, an der dem Reich besondere Rechte (z. B. Zölle → Zoll, Geleitgeld → Geleit) zustanden. In fränkischer Zeit unterstanden die Reichsstraßen einem besonderen Frieden, dem Königsfrieden. HRG IV Sp. 778–781 → Friede.

Jedes fließende Wasser heißt Reichsstraße. Die Flüsse durften ebenso wie die Straßen von jedem genutzt werden. Ein Zoll war hierfür nicht zu entrichten. Görlitzer Rb. I Art. 20; GD S. 510 Nr. 169; W IV Sp. 1809 Nr. 220.

richten

Außer Landes darf niemand richten. GD S. 436 Nr. 284; W II Sp. 1763 Nr. 13. S. a. Ein → Richter ist nirgends Richter als in seinem Gerichte.

Find' ich dich, so richt' ich dich. GD S. 425 Nr. 216; W I Sp. 1014 Nr. 11.

V.: Wie ich dich finde, so richte ich über dich. Kleines Kaiserrecht IV cap. 1: als ich dich finde, als richte ich vber dich. GD S. 409 Nr. 49.

Niemand kann sich selber richten. GD S. 425 Nr. 199; W III Sp. 1668 Nr. 6.

Wer dich richtet, ist dein Herr. Denn der Richter ist ein Mitglied der Obrigkeit. Eisenhart S. 512; Eiselein S. 528; GD S. 488 Nr. 50; W III Sp. 1669 Nr. 33.

Wer einmal gerichtet wird, ist danach immer gerichtet. Eine endgültig entschiedene Sache kann niemals wiederholt Gegenstand eines Rechtsstreits sein. Grimm, Weisth. I S. 359: war einest gericht wirt, dar sol darnach allwegen gericht sin. GD S. 479 Nr. 671; W III Sp. 1669 Nr. 34.

Richter

Im germanisch-fränkischen Prozeß erfolgte die Urteilsfindung durch die → Schöffen. Der Richter erfragte von ihnen das → Urteil und verkündete es dann. War die Rechtslage eindeutig, so war die Rechtsfindung durch die Schöffen entbehrlich. HRG IV Sp. 1033–1040 → König, Kaiser. Altensleben, Rathausinschrift.

Dem Richter allein steht nicht zu, alles zu glauben. Hamburgisches Stadtrecht S. 196 Art. 5; GD S. 417 Nr. 132; W III Sp. 1670 Nr. 4.

Den König wählt man zum Richter. Als Stellvertreter Gottes war der Richter ebenso wie Gott die Personifikation der Gerechtigkeit. Ssp. Ldr.III 52 § 2: Den koning kuset men to richtere. GD S. 28 Nr. 20; W II Sp. 1481 Nr. 18.

Der ist Richter, der die Sache scheidet. GD S. 414 Nr. 105; W III Sp. 1670 Nr. 9 → Sache.

Der Richter darf niemand kennen. Der Richter darf mit der streitenden Partei weder befreundet noch verwandt sein. GD S. 408 Nr. 42. S. a. Es können nicht zwei Brüder an einem → Urteil sitzen.

V.: Der Richter darf kein Vetter sein. W III Sp. 1670 Nr. 11.

Der Richter gibt den Tag, und der Büttel lädt ihn vor. Der Richter bestimmte den Tag des Prozesses, und der Gerichtsdiener überbrachte die Vorladungen. Ruprecht von Freising I cap. 72; GD S. 418 Nr. 135; W III Sp. 1670 Nr. 13.

V.: Der Richter muß ein Richter sein, kein Fronbote. GD S. 410 Nr. 73; W III Sp. 1671 Nr. 22.

Der Richter ist nicht barmherzig, der einen Bösewicht freiläßt. Holländischer Ssp. Art. 20: Een richter en is niet bermhertich die enen bosen verlost. GD S. 409 Nr. 57; W III Sp. 1670 Nr. 16.

Der Richter kann niemand zur Klage zwingen. Ssp. Ldr.I 62 § 1: Men ne scal nemande to nener klage dwingen. Rb. nach Distinctionen Buch IV, cap. XXXI, I; Kulmisches Recht II,64; Harrebomée II S. 215; GD S. 425 Nr. 203; W III Sp. 1671 Nr. 20; Janz, Rechtssprichwörter S. 449–452 → Klage.

Der Richter muß allen Leuten ein gleicher Richter sein. Gleich bedeutet hier ‹gerecht›. Ssp. Ldr.III 30 § 2: De richtere scal gelik richtere sin allen luden. Rb. nach Distinctionen Buch IV, cap. XLV, I; GD S. 408 Nr. 40; W III Sp. 1671 Nr. 21; Janz, Rechtssprichwörter S. 318–320.

Der Richter muß sitzen. Bei der Urteilsfindung mußten der Richter und die → Schöffen sitzen. Ssp. Ldr.III 69 § 2: Sittene scolen se ordel vinden. GD S. 410 Nr. 71 → Schöffen.

V.: Der Richter muß sitzen auf seinem Stuhl wie ein grießgrämiger Löwe und ein Bein über das andere schlagen. W III Sp. 1671 Nr. 24; Schild, Der griesgrimmige Löwe S. 12 ff. Sitzend muß man Urteil finden. GD S. 410 Nr. 72 → Urteil.

Der Richter richtet mit Urteil. GD S. 425 Nr. 197 → Urteil.

V.: Der Richter muß richten, wie ihm erteilt wird. W III Sp. 1671 Nr. 23 → Schöffen.

Der Richter sitzt an Gottes Statt. Sächsisches Weichbildrecht Sp. 372 Art. 53: alle richtere sizen an gotis stat. GD S. 403 Nr. 4; W III Sp. 1671 Nr. 25.

Der Richter soll der Frauen Vormund sein. Ruprecht von Freising I cap. 39; GD S. 172 Nr. 163; W III Sp. 1671 Nr. 26 → Frau.

Ein Richter ist nirgends Richter als in seinem Gerichte. GD S. 454 Nr. 467; W III Sp. 1672 Nr. 49. S. a. Außer Landes darf niemand → richten.

Kein Richter darf seine Gerechtigkeit verkaufen. GD S. 410 Nr. 77; W III Sp. 1674 Nr. 75.

Kein Richter kann recht richten, er wisse denn, was Recht sei. Nur wer die notwendigen Rechtskenntnisse hat, kann das Richteramt ausüben. GD S. 409 Nr. 62; W III Sp. 1674 Nr. 77.

Kein Richter ohne Kläger. Gerichte werden nur auf Anklagen (→ Klage) hin einberufen. Liebs S. 131 Nr. 57: Nemo judex sine actore. S. Wo kein → Kläger, da kein Richter.

Man kann keinen Tag haben ohne den Richter. Gemeint ist der Gerichtstag. Denn ohne die Anwesenheit des Richters kommt keine Gerichtsverhandlung zustande. GD S. 442 Nr. 343; W IV Sp. 1007 Nr. 361 → Tag.

Nichts ist böser als der ungerechte Richter. Kleines Kaiserrecht I cap. 9: Ez en ist nit boser, dan der vnrecht richter. GD S. 409 Nr. 59.

Niemand kann Richter in eigener Sache sein. GD S. 433 Nr. 276; W III Sp. 1675 Nr. 80; Grundmann/Strich/Richey S. 134; Beyer S. 472; Liebs S. 131 Nr. 56: Nemo judex in sua causa. S.a. Niemand soll, noch mag sein, Richter in eigener → Klage sein.

Richter haben Schultheißenohren. Schulzen genießen den Ruf, daß sie auf dem einen Ohr besser hören als auf dem anderen. Ebenso sagt man über Richter, die eigentlich unparteiisch sein sollten, daß sie stets einer Aussage mehr Glauben schenken. GD S. 432 Nr. 256; W III Sp. 1675 Nr. 85 → Schultheiß, Schulze.

V.: Richter sollen zwei gleiche Ohren haben. Franck I Bl. 6v; Braun S. 138 Nr. 3587; GD S. 408 Nr. 41. Richter sollen große Ohren und kleine Hände haben. W III Sp. 1675 Nr. 88.

Sichere Vermutung läßt den Richter allzeit Urteil finden. GD S. 455 Nr. 475; W IV Sp. 1572 Nr. 1 → Urteil.

Wer auf den Richter zieht, soll mit ihm vollkommen. Das Zeugnis des Richters gilt über alle Maße. GD S. 454 Nr. 460; W III Sp. 1676 Nr. 108.

Wer da will ein Richter sein, soll gerecht auch selber sein. GD S. 408 Nr. 35; W III Sp. 1676 Nr. 109.

Wie der Richter einnimmt, so soll er ausgeben. Sein Urteil muß dem Spruch der Schöffen entsprechen. GD S. 415 Nr. 115; W III Sp. 1676 Nr. 117.

Wie der Richter, so das Urteil. Beyer S. 472, 617 → Gnade.

Ritter

Man soll den Ritter ehren mit des Reiches Kronen. Kleines Kaiserrecht III cap. 4: man sal den ritter kronen van wirdigen mit des riches kronen. GD S. 34 Nr. 82; W III Sp. 1697 Nr. 20.

Ritters Weib trägt keinen Bastard. Kinder von Eltern unterschiedlicher Gesellschaftsschichten erhielten, wenn der Vater Ritter war, dessen Herrenstand. Estor I S. 297; GD S. 58 Nr. 209; W III Sp. 1697 Nr. 23; Fehr, Dichtung S. 165 → Bastard.

Wer Ritter ist, hat Ritters Recht. Das Rspw. bezieht sich auf die besonderen Privilegien der Ritter. GD S. 34 Nr. 88; W III Sp. 1697 Nr. 30 → Ritterrecht.

V.: Wer Ritters Recht hat, ist von Ritters Art. GD S. 34 Nr. 89; W III Sp. 1698 Nr. 31. Ritters Weib hat Rittersrecht. Pistorius I S. 100 Nr. 76; Hertius S. 398 Nr. 7; Conradi S. 11 Nr. 14; Estor I S. 297; Sailer S. 254; Eisenhart S. 122; Eiselein S. 530; Simrock S. 433 Nr. 8479; Hillebrand S. 31 Nr. 40; GD S. 140 Nr. 14; W III Sp. 1699; Grundmann/Strich/Richey S. 73 → Weib.

Ritterrecht

Ritterrecht ist anders als Bauernrecht. GD S. 31 Nr. 34; W III Sp. 1699.

Ritterschaft

An Ritterschaft ist Frommen und Freiheit. Nach mittelalterlicher Auffassung galt der Ritter stets als edelmütig. GD S. 32 Nr. 40; W III Sp. 1698 Nr. 1 → Adel.

Geborene Ritterschaft ist ehrlicher als gewählte. Sächsisches Weichbildrecht Sp. 216 Art. 8; GD S. 34 Nr. 83; W III Sp. 1699 Nr. 3.

Rüge

Zu mhd. *rüege* st. F. gerichtliche ‹Anklage, Anzeige, Tadel, Rüge›.

Keiner hat Klage gegen wahre Rüge. Eine Verleumdungsklage ist nur möglich, wenn es sich um unbegründetes Gerede handelt. GD S. 352 Nr. 409; W III Sp. 1763 Nr. 1 → Klage.

rügen

Im ersten Jahr rügen, im zweiten strafen, im dritten gar ausweisen. Kam der Besitzer eines zinspflichtigen Gutes seiner Zahlungspflicht nicht nach, so wurde er zunächst ermahnt, dann bestraft und schließlich aufgefordert, das Gut zu verlassen. Grimm, Weisth. II S. 283: zum ersten jahr rügen, zum zweytten jahr straffen, zum dritten jahr gar ausweisen. GD S. 76 Nr. 89; W II Sp. 989 Nr. 96.

S

Saat

Die Saat ist dem, dem der Acker ist. W III Sp. 1785 Nr. 4; Grundmann/Strich/Richey S. 70, 123 → Acker.

Die Saat verzehntet man auf dem Felde, das Vieh im Dorf. Dementsprechend unterschied man den ‹Zehnt zu Feld› und den ‹Zehnt zu Dorf›. Die Zehntübergabe im Dorf geschah jeweils im Haus desjenigen, dessen Vieh Junge bekommen hatte. Ssp. Ldr.II 48 § 4: De sat vertegedet men oppe'n velde, dat ve in'me dorpe in iewelkes mannes huse, dar dat ve geworpen wert. GD S. 123 Nr. 332; W III Sp. 1786 Nr. 7; Janz, Rechtssprichwörter S. 194–197 → Zehnt.

Sache

Mhd. *sache* st. F. ‹Verfolgung, Streit, Krieg, Prozeß› zu ahd. *sahhan* ‹(vor Gericht) streiten›, urspr. eine Nebenform von *suchen*, ahd. *suohhen* ‹eine (Rechts-)Spur verfolgen›. Der Rechtsbegriff erfuhr eine semantische Erweiterung von ‹Rechtshandel, Rechtsstreit› über ‹Grund des Streits, Ursache› zu ‹Tatbestand, Vergehen› und allgemein ‹Gegenstand›. HRG IV Sp. 1216–1218 → Hauptsache.

Es gibt keine Sache, es gehört auch ein Recht dazu. GD S. 5 Nr. 83; W III Sp. 1791 Nr. 63.

Jeder soll seine Sache selber suchen. GD S. 418 Nr. 139. W III Sp. 1794 Nr. 160.

Mit eines andern Sachen muß man behutsamer umgehen als mit den eigenen. Conradi S. 18 Nr. 11; Estor II S. 470; Eisenhart S. 352; Simrock S. 151 Nr. 2689; GD S. 269 Nr. 283; W III Sp. 1795 Nr. 185; Grundmann/Strich/Richey S. 60; Foth S. 81–89. S. dag. Niemand kann eines anderen → Gut mehr in Obacht nehmen als sein eigenes.

Wem es an Zeugnis gebricht, der ist in der Sache gefallen. Goslarische Statuten S. 95: Weme tüghes borst wert, de is in der sake ghevallen. GD S. 453 Nr. 432; W V Sp. 570 Nr. 5 → Zeugnis.

Wo die Sache begonnen wurde, soll man sie beenden. Das → Gericht, vor dem man eine → Klage erhob, blieb zuständig für das gesamte Verfahren. GD S. 437 Nr. 315; W III Sp. 1800 Nr. 286. Vgl. Wer sich vor ein → Gericht verbindet, bleibt verbunden.

Sack

Teuer in den Sack, teuer wieder heraus. Forderte die → Witwe nach dem Tod des Mannes ihr eingebrachtes Heiratsgut (→ Frauengut) zurück, so mußte ihr dieses nach dem Wert ausgehändigt werden, den es zum Zeitpunkt der Teilung hatte. War der Wert im Laufe der Jahre gestiegen, so hatte sie vollen Anspruch auf diesen Vorteil, ebenso wie sie einen möglichen Verlust in Kauf nehmen mußte. Hasslocher S. 45; Hertius S. 345 Nr. 73; Conradi S. 12 Nr. 24; Eisenhart S. 144; Eiselein S. 537; Simrock S. 520 Nr. 10255; GD S. 154 Nr. 88; W III Sp. 1814 Nr. 131; Grundmann/Strich/Richey S. 67. S. dag. Einer Ehefrau Gut soll hinter ihrem Mann weder wachsen noch schwinden → Frau.

Wer den Sack aufhebt, ist so schlimm, wie der, der hinschaut. Kirchhofer S. 264; Simrock S. 442 Nr. 8655; Hillebrand S. 205 Nr. 294; GD S. 306 Nr. 172; Fehr, Dichtung S. 171 → Hehler, Stehler, Räter, Täter.

säen

Wer den Acker sät, der mäht. Ssp. Ldr.II 58 § 2; Eiselein S. 13; Simrock S. 440 Nr. 8613; Grundmann/Strich/Richey S. 70; Beyer S. 27, 383; Liebs S. 120 Nr. 43: Messis sementem sequitur. Wacke, Wer sät, der mäht S. 286–288 → Acker. S. dag. Der eine sät, der andere erntet. ‹Wer die Mühe mit etwas hat, ist nicht immer der, der auch die Vorteile genießt›. Joh. 4, 37; Beyer S. 39, 480; Krauss S. 176. Wacke, Rechtsvergleichung.

V.: Wer sät, der mäht. Conradi S. 15 Nr. 21; Sailer S. 124; Eisenhart S. 225; Körte S. 385 Nr. 6431; Hillebrand S. 52 Nr. 74; Simrock S. 440 Nr. 8613; Chaisemartin S. 207 Nr. 66; GD S. 75 Nr. 60; W III Sp. 1828 Nr. 63. Wer früh sät, der früh mäht. Beyer S. 383. Wer nicht sät, der nicht mäht. Beyer S. 383. Wie man aussät, scheuert man ein. Beyer S. 57.

Wer einsammelt, soll auch aussäen. Henisch Sp. 855; GD S. 75 Nr. 64.

Sagwort

Sagwort bezeichnet in dem hier angeführten Spw. ‹Worte, die man vom Sagen, d. h. durch zweite oder dritte hört›. Heute bezeichnet das Sagwort eine Sonderform des Sprichwortes, das sog. Beispielsprichwort, auch Wellerismus genannt.

Niemand soll zeugen von Sagworten. Zu *zeugen* ‹eine Zeugenaussage machen›. GD S. 457 Nr. 520; W V Sp. 570 Nr. 4 → Augenzeuge, Hörensagen.

Satzung

Satzung bezeichnete im MA eine rechtsverbindliche Bestimmung oder Regel, die sich eine Gemeinschaft selbst gab. Dadurch unterschied sie sich vom göttlichen und natürlichen → Recht. Sie hob sich jedoch auch von den Regeln ab, die vom Herrscher (→ Kaiser, König) gesetzt worden sind. HRG IV Sp. 1305–1310. Köbler, Juristisches Wb. S. 320.

Eine neue Satzung vertreibt ein altes Recht. GD S. 18 Nr. 231; W IV Sp. 6 Nr. 1.

Königs Satzung, die ist Recht. GD S. 17 Nr. 198; W II Sp. 1487 Nr. 124.

V.: Königs Satzung ist vortrefflich. GD S. 17 Nr. 197; W II Sp. 1487 Nr. 125.

Satzung geht vor Nachbarschaft. Das Recht des Gläubigers ist beim Kauf stärker als das Recht der Verwandten, Freunde und Nachbarn. GD S. 115 Nr. 281; W IV Sp. 6 Nr. 2 → Nachbarschaft. Vgl. → Gläubiger gehen vor den nächsten Freunden in den Kauf.

Satzung kann kein natürliches Recht verdrängen. GD S. 2 Nr. 15; W IV Sp. 6 Nr. 3; Grundmann/Strich/Richey S. 27.

Satzung kann nicht Lehn sein. GD S. 558 Nr. 38; W IV Sp. 6 Nr. 4. S. → Lehn kann nicht Satzung sein.

V.: Satzung kann niemand leihen. Spangenberg S. 227, 402; GD S. 558 Nr. 39; W IV Sp. 6 Nr. 5. S. a. → Lehn kann nicht Satzung sein. GD S. 558 Nr. 36; W II Sp. 1878 Nr. 15.

Seele

Bann schadet der Seele und nimmt noch niemandem den Leib. Ssp. Ldr. III 63 § 2: Ban scadet der sele unde ne nimt doch niemanne den lif. Sächsisches Weichbildrecht Sp. 71 Art. 1; Rb. nach Distinctionen Buch VI, cap. XVII, I (zu 4); Dsp. 317 § 1; GD S. 549 Nr. 98; W V Sp. 897 Nr. 6 → Bann.

Es kann niemand auf des andern Seel' oder Beutel votieren. Jeder ist für seine Tat verantwortlich. Man kann andere (z. B. Bürgen) nicht für eigene Vergehen zur Verantwortung ziehen. GD S. 300 Nr. 115; W IV Sp. 490 Nr. 1. S. a. Jeder ersterbe um seine eigene → Schuld.

sehen

Besser einer vom Sehn als vom Hören zehn. GD S. 457 Nr. 525; W IV Sp. 501 Nr. 6 → Auge, Augenschein, Augenzeuge, hören, Hörensagen.

V.: Besser einer, der's gesehen, als zwei, die's gehört. Beyer S. 275. Besser gut gesehen als schlecht gehört. Beyer S. 275. Ein Sehen ist besser als zehn Hören. Simrock S. 480 Nr. 9452; W IV Sp. 502 Nr. 27. Einmal sehen ist besser als zehnmal hören. Braun S. 156 Nr. 4069; GD S. 457 Nr. 526. Sehen geht über Hören. Henisch Sp. 1428; Körte S. 411 Nr. 6896; Simrock S. 480 Nr. 9450; GD S. 457 Nr. 528; W IV Sp. 504 Nr. 88. Sehen geht über Hörensagen. Franck II Bl. 94v; Beyer S. 276.

sein

Jedem das Seine. In Anlehnung an das Gerechtigkeitsprinzip. Beyer S. 294; Liebs S. 205 Nr. 89: Suum cuique. → Gerechtigkeit.

V.: Jedem das Seine ist nicht zuviel. Beyer S. 294.

Jeder mag das Seine frei brauchen und besitzen. GD S. 93 Nr. 152; W IV Sp. 525 Nr. 16; Grundmann/Strich/Richey S. 68.

selber

Wer sich selber anklagt, hat kein Recht zu hoffen. GD S. 445 Nr. 413; W I Sp. 93 Nr. 4.

selbst

Wer selbst tut, der hab auch selbst. Jeder muß für seine Taten einstehen. GD S. 298 Nr. 85; W IV Sp. 535 Nr. 81.

V.: Selber tun, selber haben. Simrock S. 481 Nr. 9493; W IV Sp. 530 Nr. 13.

Selbstrecht

→ Recht, Unrecht.

Selbstrecht ist Unrecht. Grundmann/Strich/Richey S. 20; Beyer S. 614.

Sequester

Die Sequestration ist die abgesonderte Verwaltung eines Gegenstandes, im heutigen Verfahrensrecht die Verwaltung einer → Sache durch einen dritten (Sequester). Köbler, Juristisches Wb. S. 331.

Sequester macht leere Nester. Das Spw. richtet sich gegen die Sequestration. Conradi S. 18 Nr. 12; Sailer S. 255; Braun S. 157 Nr. 4089; Eiselein S. 567; Simrock S. 482 Nr. 9509; GD S. 480 Nr. 682; W IV Sp. 544; Grundmann/Strich/Richey S. 14.

Setzung

Wer das Rauchhuhn im Hof hat, hat Setzung und Entsetzung. Grimm, Weisth. III S. 232: wer dat rohkhon im have hefft, derselbige hatt settinge undt entsettinge daranne. Haltaus Sp. 1509; GD S. 488 Nr. 46; W III Sp. 1505 → Rauchhuhn.

sibbest

Mhd. *sibbest* ‹nächster Freund, Blutsverwandter› → nächst, Freund.

Der nächste Nachbar ist der sibbeste Freund. Grimm, Weisth. I S. 88; Harrebomée I S. 105; GD S. 201 Nr. 130; W III Sp. 824 Nr. 13 → Freund.

Der Sibbeste ist der nächste Käufer. GD S. 104 Nr. 221; W IV Sp. 576 → nächst.

Die sechs Sibbesten wahren den siebten. Bei bürgerlichen oder peinlichen Sachen (→ Sache) schwor der Angeklagte zum Beweis seiner Unschuld mit sechs Eideshelfern, denn man sagt: Sechs Eide (→ Eid) halten den siebten aufrecht. GD S. 468 Nr. 585; W IV Sp. 548.

sieben

Im siebten Grad endet die Sippe. Die Erbfolge reichte nach der Parentelordnung bis zum siebten → Grad, sog. Nagelmagen. Ssp. Ldr.I 3 § 3; Conradi S. 13 Nr. 1; Eiselein S. 569; Simrock S. 483

Nr. 9518a; Hillebrand S. 147 Nr. 207; Chaisemartin S. 387 Nr. 7; GD S. 201 Nr. 129; W II Sp. 120 Nr. 1; Grundmann/Strich/Richey S. 82; Foth S. 121–124; Janz, Rechtssprichwörter S. 160–168 → Erbe, Grad, Sippe.

Sieben Jahr ein Kind. Die Kindheit endete nach römischem Recht mit dem siebten Lebensjahr. Das deutsche Recht hingegen kennt andere Altersgrenzen. Conradi S. 8 Nr. 1; Estor I S. 26; Eisenhart S. 26; Hillebrand S. 13 Nr. 20; W II Sp. 992 Nr. 145; Grundmann/Strich/Richey S. 65; Foth S. 56.

V.: Zehn Jahr ein Kind. Zwanzig Jahre ein Jüngling. Dreißig Jahre ein Mann. Vierzig Jahre wohl getan. Fünfzig Jahre geht's Alter an. Sechzig Jahre stille stahn. Siebzig Jahre ein Greis. Achtzig Jahre nimmer weiß. Neunzig Jahre der Kinder Spott. Hundert Jahre Gnade Gott. Conradi S. 8 Nr. 2; Grundmann/Strich/Richey S. 48.

Sieben Zeugen sind sicherer als zwei. GD S. 468 Nr. 586; W V Sp. 569 Nr. 23; Beyer S. 695 → Zeuge.

Sieben Zeugen soll man eher glauben als gesiegeltem Brief. Der → Eid von sieben Männern war ebenso sicher wie eine → Urkunde. GD S. 459 Nr. 556; W V Sp. 569 Nr. 24 → Brief, Zeuge.

V.: Wo sieben die Hand recken, da ist ein Insiegel. Grimm, Weisth. III S. 146: waer die seuene de hande reicket, dat is ein insiegel. Kindlinger S. 112 Nr. 30; GD S. 459 Nr. 555; W IV Sp. 553 Nr. 19.

Siechtum

Siechtum muß ein Mann beweisen. Wer aufgrund einer Krankheit nicht zum Prozeß erscheint, muß diese durch ein Attest nachweisen. GD S. 444 Nr. 391; W IV Sp. 556 Nr. 3.

Siechtum verlegt die Ladung. Erscheint eine Partei aus Krankheitsgründen nicht vor Gericht, so wird die Verhandlung verschoben (vgl. → Not, echte). GD S. 444 Nr. 390; W IV Sp. 556 Nr. 4 → Ladung.

Siegel

Alle Adligen genossen die Siegelmäßigkeit. D. h. sie waren befugt, Wappen und Siegel zu führen, und genossen damit das Privileg, Urkunden auszustellen. Im 13. Jahrhundert erlangte das Siegel eine weite Verbreitung, da mit besiegelten Urkunden (→ Urkunde) der → Beweis vor → Gericht geführt werden konnte. Volkert S. 222–223 → Brief und Siegel.

Mein Wort ist mein Siegel. Harrebomée II S. 481, 496; GD S. 228 Nr. 20; W V Sp. 416 Nr. 424 → Wort.

Sein Siegel kann niemand leugnen. Estor II S. 366; GD S. 458 Nr. 543; W IV Sp. 558 Nr. 2.

Sippe

Die Sippe, mhd. *sippe* st. F. umfaßt den um eine Stammfamilie gruppierten Verwandtschaftsverband. Zur Sippe im engeren Sinne gehörte die agnatische Familie, die Blutsverwandten (→ Blut), im weiteren Sinne die kognatische Familie, die die Verschwägerten mit einbezog. Kroeschell, Die Sippe im germanischen Recht S. 1–25.

Doppelsippe überwindet einfache Sippe. Doppelsippe steht hier für Vollgeburt, einfache Sippe für Halbgeburt. In der Erbrangfolge stehen die Vollgeschwister vor den Halbgeschwistern. GD S. 201 Nr. 137 → Erbe, Halbbruder, Grad. Vgl. Halb ans → Blut, halb ans → Gut. Halbe Sippe tritt einen → Grad zurück.

V.: Doppelsippe überwindet eine hohe Sippe. W V Sp. 1183. Doppelt Band bindet besser als einfach Band. GD S. 202 Nr. 146. Vollsippe verfängt alle Sippe an Leib und Erbe. GD S. 201 Nr. 139; W IV Sp. 1687 Nr. 1. Vollsippe verfängt Halbsippe. GD S. 201 Nr. 138.

Im siebten Grad endet die Sippe. S. o. Ssp. Ldr.I 3 § 3; Conradi S. 13 Nr. 1; Eiselein S. 569; Simrock S. 483 Nr. 9518a; Hillebrand S. 147 Nr. 207; Chaisemartin S. 387 Nr. 7; GD S. 201 Nr. 129; W II Sp. 120 Nr. 1; Foth S. 121–124 → sieben, Grad.

Sippschaft

Der Nächste zur Sippschaft, der Nächste zur Erbschaft. Eisenhart S. 282; Hillebrand S. 146 Nr. 206; GD S. 201 Nr. 125; W III Sp. 842 Nr. 12; Grundmann/Strich/Richey S. 81 → Blut, Erbe.

Sohn

Mhd. *sun* st. M. ‹Sohn›.

Der Sohn antwortet für den Vater nicht. Starb der Vater, so konnte dem erbberechtigten Sohn aus Vergehen, die der Vater vor seinem Tod begangen hatte, kein Schaden entstehen. S. a. Dem → Kind schadet der Mutter Bruch nicht. Ssp. Ldr.II 17 § 1: De sone ne antwardet vor den vader nicht. Schwsp. 178a; Dsp. 118 § 1; Ruprecht von Freising I cap. 115; Henisch Sp. 530; Chaisemartin S. 423 Nr. 35; GD S. 222 Nr. 279, S. 300 Nr. 123; W IV Sp. 593 Nr. 8; Grundmann/Strich/Richey S. 75; Janz, Rechtssprichwörter S. 172–176, 419 → Bruder, Vater, Dieb.

V.: Man soll den Sohn um des Vaters Schuld nicht schlagen. GD S. 300 Nr. 126; W IV Sp. 595 Nr. 46.

Der Sohn behält des Vaters Recht, die Tochter das der Mutter. Bezogen auf die Zugehörigkeit der Kinder aus ungleichen Ehen. Dieses Rspw. basiert auf dem Grundsatz: Vaternachfolge für den Sohn, Mutternachfolge für die Tochter. Ssp. Ldr.III 73 § 2: de sone behilt des vader recht unde de dochter der muder. Chaisemartin S. 81 Nr. 33; GD S. 59 Nr. 235; W IV Sp. 593 Nr. 10; Janz, Rechtssprichwörter S. 233–235. S. dag. Das → Kind folgt dem → Busen. Die → Mutter zieht die Kinder nach sich. Söhne und Töchter gehören nach der → Mutter. Das → Kind fällt zur ärgern → Hand. Das → Kind geht nach der besseren Hälfte.

V.: Die Söhne nach dem Vater, die Töchter nach der Mutter. GD S. 59 Nr. 236; W IV Sp. 594 Nr. 25; Grundmann/Strich/Richey S. 79.

Der Sohn ist adeliger als der Vater. Je älter Adel ist, desto fester ist er. Henisch Sp. 789; GD S. 34 Nr. 98; W IV Sp. 593 Nr. 17; Grundmann/Strich/Richey S. 82 → Vater.

V.: Die Söhne sind adeliger als die Väter, denn sie zählen ein Glied mehr. Hillebrand S. 33 Nr. 43; Simrock S. 29 Nr. 92; GD S. 34 Nr. 99; W IV Sp. 594 Nr. 26.

Speer

Kauf den Speer dir von der Seite oder trag ihn. Die Fehde zwischen zwei Familien dauerte so lange, bis der Familie, die eine Beleidigung erfahren hatte, das verlangte → Wergeld bezahlt worden war. Somit besagt das Spw., daß man entweder den Speer zur Fehde führen oder den Speer von der Seite kaufen,

d. h. das Wergeld bezahlen muß. GD S. 42 Nr. 137; W IV Sp. 679 Nr. 1.

Speerhand

→ Schwertmagen.

Speerhand verfängt Spindelhand. Zu mhd. *vervâhen*, *vervân* ‹etwas (z. B. ein fremdes Gut) als Eigentum in Anspruch nehmen oder gewinnen›. Bezogen auf die Erbrangfolge, in der männliche Verwandte stets Vorrang hatten vor weiblichen. GD S. 189 Nr. 31; W IV Sp. 680 Nr. 2. Vgl. Der → Bruder verfängt die Schwester. S. dag. → Schwert und Spindel erben gleich. → Erbe, Spindel.

Spiel

Brett- und Würfelspiele nahmen im mittelalterlichen Alltag eine große Stellung ein.

Kein Doppler verliert mehr als er zum Spiele bringt. Zu *Doppler*, mhd. *topelære* st. M. ‹Würfelspieler›. GD S. 228 Nr. 36; W I Sp. 675.

Spielgeld

Um Spielgeld hilft man keines Rechts. Altprager Stadtrecht S. 12 Art. 18; GD S. 229 Nr. 39; W IV Sp. 711.

Spindel

Mhd. *spindel* st. sw. F. ‹Verwandte von weiblicher Seite und die von ihnen abstammenden Männer›; *spindelmâc*, *spilmâc* ist eine Bezeichnung, die vornehmlich im Erbrecht Bedeutung hat. Das Wort *Spindel (Spindelmagen)* hat seine Entsprechung in dem Wort → *Schwert (Schwertmagen)* → Niftel.

Lehen fallen nicht auf die Spindel. Eisenhart S. 684; Eiselein S. 416; Simrock S. 321 Nr. 6280; Hillebrand S. 78 Nr. 107; GD S. 560 Nr. 76; W II Sp. 1878 Nr. 7. Vgl. Keine Frau hat → Lehnshand. Lehen nehmen die → Knechte voraus. → Erbe, Lehen.

Schwert und Spindel erben gleich. GD S. 189 Nr. 42; W IV Sp. 469 Nr. 67 → Erbe, Schwert.

Sprache

Freie Sprache, freie Antwort. Bezogen auf den Gerichtsprozeß. GD S. 432 Nr. 250; W IV Sp. 735 Nr. 10 → Gericht.

Sünde

Sünd für Sünd, Schand für Schand. Gleiches soll mit Gleichem vergolten werden. Henisch Sp. 828; GD S. 337 Nr. 314; W IV Sp. 964 Nr. 121 → Auge.

Ohne Wissen, ohne Sünde. Körte S. 511 Nr. 8627; Simrock S. 594 Nr. 11714; GD S. 291 Nr. 40; W V Sp. 295 Nr. 158 → unwissend, Unwissenheit.

Sünder

Jeder Sünder ist sein eigener Henker. GD S. 314 Nr. 215; W IV Sp. 969 Nr. 9.

supplizieren

Supplizieren und Appellieren ist niemandem verboten. Supplizieren veraltet für ‹flehentlich bitten› und → *appellieren* ‹Berufung einlegen› ist jedem gestattet. Conradi S. 24 Nr. 29; Eisenhart S. 567; Eiselein S. 585; Simrock S. 509 Nr. 10043; Hillebrand S. 231 Nr. 340; GD S. 477 Nr. 636; W IV Sp. 980 Nr. 1. S. a. Jedermann kann → Urteil strafen.

Sch

Schaden

Mhd. *schade* sw. M. ‹Schaden, Schädigung›, ‹Verlust, Nachteil›. Heute ist der Schaden die unfreiwillige Einbuße an rechtlich geschützten Gütern aufgrund eines bestimmten Ereignisses. Köbler, Juristisches Wb. S. 320.

Niemand hilft dem andern seinen Schaden gelten. Zu *gelten* ‹eine schuldige Leistung entrichten, etwas vergüten›, DRWB IV Sp. 26. Grimm, Weisth. III S. 804: nemant hilfft dem anderen synen schaden gelden. GD S. 222 Nr. 278; W IV Sp. 46 Nr. 110.

V.: Niemand hilft dem andern seinen Schaden tragen. GD S. 277 Nr. 308.

Unsichtbaren Schaden kann man nicht schätzen. GD S. 453 Nr. 434; W IV Sp. 47 Nr. 135.

Wer den Schaden gesteht, schuldet ihn auch. DRWB II Sp. 190. Wer gesteht, jemandem Schaden zugefügt zu haben, ist verpflichtet, den Schaden zu vergüten. GD S. 276 Nr. 297; W IV Sp. 48 Nr. 152.

V.: Wer Schaden tut, muß Schaden bessern. Simrock S. 448 Nr. 8802; Hillebrand S. 202 Nr. 289; GD S. 276 Nr. 293; W IV Sp. 50 Nr. 174; Grundmann/Strich/Richey S. 64, 126; Harrebomée II S. 240; Beyer S. 78, 490 → bessern. Wer den Schaden tut, soll ihn widerlegen. GD S. 276 Nr. 294; W IV Sp. 49 Nr. 160. Wer Schaden zu verhüten hindert, muß den Schaden belegen. Lappenberg S. 179 Art. 5; GD S. 276 Nr. 298; W IV Sp. 50 Nr. 178.

Wer Schaden stiftet und Schaden tut, sind beide gleich gut. Henisch Sp. 1647; GD S. 305 Nr. 140 → Dieb, Hehler, Stehler, Räter, Täter.

V.: Wer Schaden tut, muß Schaden wenden. Beyer S. 668. Wer Schaden tut und Schaden stiftet, ist einer so gut als der andere. W IV Sp. 50 Nr. 176.

Schadensbesserung

Schadensbesserung ist rechtlich. GD S. 276 Nr. 292; W IV Sp. 53.

Schanze

Wer das andere überlebt, zeucht die Schanze gar. Zu mhd. *schanze* st. F. ‹Glücksfall, Wagnis›. Das Rspw. bezieht sich auf die Anwachsung, ein Prinzip im Erbrecht, nach dem keine Teilung zwischen dem überlebenden Ehepartner und den Verwandten des Verstorbenen erfolgte. Estor I S. 308 § 729; Hillebrand S. 130 Nr. 188; GD S. 153 Nr. 80. S. Längst Leib, längst → Gut.

Schatz

Mhd. *schaz* st. M. ‹Schatz Reichtum›.

All Schatz gehört in das Reich. Schatz steht hier für den ‹Schatzfund›. Im MA versteckten die Menschen ihre Besitztümer (z. B. Schmuck) oft in Gefäßen und vergruben diese. GD S. 129 Nr. 352; W IV Sp. 109 Nr. 1.

V.: All Schatz tiefer als ein Pflug geht, gehört in das Reich. Ssp. Ldr. I 35 § 1: Al scat, under der erde begraven deper den en pluch geit, horet to der koningleker gewalt. Simrock S. 453 Nr. 8901; GD S. 129 Nr. 353; W IV Sp. 109 Nr. 2; Janz, Rechtssprichwörter S. 99. All Schatz unter der Erde, tiefer als der Pflug geht, ist Regale. Conradi S. 15 Nr. 19; Simrock S. 453 Nr. 8901; Hillebrand S. 55 Nr. 78.

Wes das Erdreich ist, des ist auch der Schatz. GD S. 129 Nr. 354; W I Sp. 837 Nr. 2.

Scheffel

Mhd. *scheffel, schepfel* st. M. ‹Getreidemaß›.

Unter einem Scheffel gibt man nichts. Der → Zoll richtete sich nach dem Wert der Ladung. Wer weniger als einen Scheffel mit sich führte, brauchte hierfür nichts zu entrichten. Schreiber I S. 235; GD S. 510 Nr. 183; W IV Sp. 116 Nr. 11.

scheinen

Scheinen sw. V. bedeutet hier ‹sichtbar werden›.

Was nicht scheint, gilt nicht. Nicht die Absicht, sondern die Tat ist strafbar. Henisch Sp. 1622; Eiselein S. 546; Simrock S. 454 Nr. 8915; GD S. 453 Nr. 435; W IV Sp. 121 Nr. 9; Beyer S. 495. S. a. Die → Tat tötet den Mann.

schelten

Mhd. *schelden* st. V. ‹schelten, tadeln, schmähen› → Urteil.

Schelten und Schlagen hat kein Recht. Beyer S. 496, 503 → schlagen.

Wer einen schilt, der es verdient hat, bleibt ungestraft. Henisch Sp. 698; GD S. 352 Nr. 411.

schenken

Bei der Schenkung als einem unentgeltlichen Geschäft haftet der Veräußerer nur eingeschränkt → Gaul.

Einem geschenkten Gaul, schaut man nicht ins Maul. Gruter S. 43; Hertius S. 329 Nr. 54; Conradi S. 15 Nr. 30; Bücking S. 209; Eisenhart S. 247; Kirchhofer S. 293; Braun S. 26 Nr. 638; Simrock S. 168 Nr. 3058; Faselius S. 166; Lohrengel S. 13 Nr. 313; Hillebrand S. 103 Nr. 136; GD S. 253 Nr. 171; W I Sp. 1362 Nr. 25; Singer I S. 134; Grundmann/Strich/Richey S. 123–124; Beyer S. 191, 211; Röhrich 1 S. 511; Foth S. 174–175; Knef, Der geschenkte Gaul. Wacke, Schenken; v. Olberg, Gebe.

V.: Geschenktem Gaul sieh nicht ins Maul. Körte S. 135 Nr. 2200; Eiselein S. 210; GD S. 253 Nr. 172. Geschenktem Pferd/Roß schau nicht ins Maul. Franck I Bl. 88r, II Bl. 21v, 184r.

Geschenkt ist geschenkt, wiederholen ist gestohlen. Beyer S. 496, 558, 673.

Warten ist nicht schenken. Beyer S. 497.

Schiff

Die auf dem Schiff zur See sind, sind alle gleich reich. Gerät ein Schiff in Seenot, so ist das Leben aller Schiffspassagiere gleich viel wert, und jeder hat gleiches Recht auf Rettung, unabhängig davon, wie reich er ist. Hasslocher S. 20; Hertius S. 296 Nr. 37; Conradi S. 20 Nr. 44; Eisenhart S. 417; Braun S. 149 Nr. 3859; Eiselein S. 548; Simrock S. 458 Nr. 9007; Hillebrand S. 191 Nr. 273; GD S. 277 Nr. 306; W IV Sp. 167 Nr. 28; Grundmann/Strich/Richey S. 41.

Man weist das Schiff wasserwärts. Bei einem Schiffsunglück ohne Fremdverschulden kann niemand zur Haftung herangezogen werden. Lappenberg S. 83 Art. 24; GD S. 276 Nr. 303; W IV Sp. 170 Nr. 102.

Was ohne des Schiffers Versäumnis geschieht, geht über Schiff und Gut. Das Spw. stammt aus dem Seerecht und bezieht sich auf den Schadensausgleich bei Seewurf. Muß in Seenot ein Teil der Ladung zur Rettung von Schiff, Besatzung und übriger Ladung über Bord geworfen werden, so wird der gesamte durch den Seewurf entstandene Schaden gleichmäßig auf Schiff und Gut verteilt, vorausgesetzt, den Schiffer (Kapitän) trifft keine Schuld an dem Unglück. Auf diese Weise hat niemand einen Vorteil. GD S. 277 Nr. 305; W IV Sp. 175 Nr. 35 → Bodmerei.

Schild

→ Heerschild.

Schildlehen

Mhd. *schiltlêhen* st. N. ‹Schildlehen›, ‹Lehen, für das der Belehnte Kriegsdienste leisten muß› → Lehen.

Schildlehen hat ein Ende, wenn der Herr den Schild wieder nimmt. GD S. 557 Nr. 21; W IV Sp. 180.

Schinder

Schinder, mhd. *schindære* st. M. ‹Schlächter, Abdecker, Peiniger› zu mhd. *schinden, schinten* st. V. ‹die Haut oder Rinde abziehen, enthäuten›, war urspr. die Bezeichnung für den Abdecker, der den toten Tieren die Haut abzog; später wurde sie auf den Henkersknecht und Scharfrichter übertragen. HRG IV Sp. 1409–1410 → Henker.

Schäfer und Schinder sind Geschwisterkinder. Das Spw. verlor seine Gültigkeit mit dem Erscheinen der Polizeiordnungen des 16. Jahrhunderts. Denn die Polizeiordnungen legalisierten den Beruf des Schäfers, während der Beruf des Schinders nach wie vor als unehrlich galt. Hertius S. 425 Nr. 3; Conradi S. 10 Nr. 7; Estor I S. 427; Eisenhart S. 93; Körte S. 390 Nr. 6545; Braun S. 145 Nr. 3756; Simrock S. 449 Nr. 8823; Hillebrand S. 39 Nr. 51; GD S. 42 Nr. 131; W IV Sp. 72 Nr. 26; Grundmann/Strich/Richey S. 23.

Schirmgerechtigkeit

Schutz- und Schirmgerechtigkeit bezeichnet das Recht, schutzbedürftige Personen, Sachen, Gebäude oder Plätze vor Gewalt oder Pfändung zu schützen. Die Landeshoheit oder die eigene Gerichtsbarkeit war nicht in jedem Fall mit der Schutz- oder Schirmgerechtigkeit verbunden.

Schirmgerechtigkeit macht keine Untertänigkeit. GD S. 488 Nr. 48; W IV Sp. 191 → Schutz und Schirm.

V.: Schutz und Schirmgerechtigkeit gibt keine Obrigkeit. Conradi S. 26 Nr. 7; Eisenhart S. 639; GD S. 488 Nr. 47. Schutz- und Schirmgerechtigkeit gibt keine Landeshoheit. Simrock S. 471 Nr. 9292.

schlagen

Mhd. *slagen, slân* st. V. ‹einen Schlag geben, schlagen›; gemeint ist das Schlagen als Delikt.

Schlagen hat kein Recht. Simrock S. 460 Nr. 9052; GD S. 351 Nr. 388; W IV Sp. 214 Nr. 35 Grundmann/Strich/Richey S. 27 → schelten.

V.: Schlagen ist verboten, aber das Wehren nicht. Beyer S. 503, 661. Schlagen ist verboten, Wiederschlagen nicht. Simrock S. 460 Nr. 9054; GD S. 390 Nr. 573; W IV Sp. 214 Nr. 36. Wiederschlagen ist nicht verboten. Beyer S. 619, 673.

Wer andere schlägt, schadet sich selber. Henisch Sp. 73; GD S. 299 Nr. 97; W IV Sp. 215 Nr. 51.

Wer schlägt, der bricht. Zu *brechen* ‹sich schuldig machen›. Henisch Sp. 495; Simrock S. 460 Nr. 9053a; W IV Sp. 215 Nr. 61 → brechen.

V.: Wer schlägt ist unrecht. W IV Sp. 215 Nr. 62.

Wer schlägt, der trägt sein Haupt feil und wird wieder geschlagen. Henisch Sp. 1047; GD S. 299 Nr. 98.

Schleier

Der Schleier hatte seine Bedeutung in den Hochzeitsbräuchen, wenn der Bräutigam z. B. seinen → Hut, die Braut ihren Schleier auf den Altar niederlegte. Dieses Zeremoniell war ein Symbol dafür, daß der überlebende Ehepartner, wenn die Ehe kinderlos geblieben war, alleiniger Erbe war. Justiz in alter Zeit S. 496.

Hut bei Schleier, Schleier bei Hut. Grimm, RA I S. 620; Estor I S. 307; Bücking S. 67; Eisenhart S. 136; Runde S. 613 § 607; Körte S. 232 Nr. 3839; Eiselein S. 339; Simrock S. 266 Nr. 5147; Hillebrand S. 131 Nr. 191; GD S. 153 Nr. 77; W II Sp. 942 Nr. 22 → Hut.

Schleusenzoll

‹Zoll› → Maut.

Von Schleusenzoll ist niemand frei. Estor I S. 909; GD S. 510 Nr. 174; W IV Sp. 238 → Brückengeld, Zoll, zollfrei.

schmähen

Was einmal geheiligt ist, kann nicht wieder geschmäht werden. GD S. 537 Nr. 41.

Schöffen

Der Schöffe, mhd. *schephe* sw. M. zu *schepfen* sw. V. ‹schöpfen› in der Rechtssprache ‹zwischen den Parteien durch Urteil Ordnung schaffen›, ist der beisitzende Urteilsfinder im Gerichtsprozeß. An das Schöffenamt (→ Amt) waren gewisse Qualifikationen und Voraussetzungen wie Ehrbarkeit und Gottesfurcht gebunden. Häufig wurde für die Ausübung des Schöffenamtes ein Mindestalter von 25 Jahren vorausgesetzt. HRG IV Sp. 1463–1469.

An den Schöffen liegt Gewinn und Verlust des Rechts. Kleines Kaiserrecht I cap. 22: an den scheffen liget der gewin vnd die virlust dez gerichtes. GD S. 414 Nr. 110; W IV Sp. 312 Nr. 1.

V.: Was der Schöffe findet, wird Recht. Sächsisches Weichbildrecht Sp. 255 Art. 16; GD S. 414 Nr. 112; W IV Sp. 313 Nr. 8. Was die Schöffen urteilen, soll der Richter richten. Kleines Kaiserrecht I S. 7 Art. 8; GD S. 414 Nr. 111. Wem die Schöffen das Recht geben, der soll es haben. GD S. 479 Nr. 667; W IV Sp. 313 Nr. 12. Wie die Schöffen, so das Urteil. Beyer S. 514 → Richter, Urteil.

Die jüngsten Schöffen fällen das Urteil. Einigen Rechtsbüchern zufolge sollten die Schöffen nach Altersstufen befragt werden. Harrebomée II S. 246; GD S. 415 Nr. 131; W IV Sp. 313 Nr. 5 → Urteil.

Die Schöffen können nicht mehr bezeugen, als was vor den vier Bänken geschieht. Die Schöffenbank besteht in der Regel aus vier Bänken (*binnen die vier benke*, Röhrich 1 S. 141). Das Spw. besagt, daß die

Schöffen nur in ihrem Gerichtsbezirk Zeugnis ablegen konnten. GD S. 454 Nr. 468; W IV Sp. 313 Nr. 6.

Unzeitlich Gebot erkennt der Schöffe nicht für Recht. Unzeitlich Gebot meint ‹unrechtes Gebot›, DWB XI, 3 Sp. 2283. Grimm, Weisth. II S. 674: unzeitlich gepott erkent der scheffen nit fur recht. GD S. 6 Nr. 112; W I Sp. 1386 Nr. 15.

V.: Unzeitlich Gebot weist man nicht für Recht. Grimm, Weisth. II S. 677, 679, 736; GD S. 6 Nr. 111; W I Sp. 1386 Nr. 16.

Was der Schöffe weist, ist von Alter hergekommen. Von Alter bezieht sich auf das althergebrachte → Recht. Grimm, Weisth. II S. 140: was der scheffen wist als ist von alder her komen. GD S. 10 Nr. 116; W IV Sp. 313 Nr. 9.

V.: Wie es der Schöffe zu Recht weist, dabei soll es bleiben. Grimm, Weisth. I S. 471; GD S. 479 Nr. 664; W IV Sp. 313 Nr. 13.

schöffenbar

Das Adj. *scepenbâr, schepenbâr* erscheint immer im Zusammenhang mit *vrî* ‹frei›, *vrîheit* ‹Freiheit›. *Schöffenbar* bedeutet ‹zum Schöffenamt geboren›. Im Ssp. wird von einem eigenen Stand der Schöffenbarfreien gesprochen.

Schöffenbare Freiheit adelt keinen schnöden Mann. Schnöde bedeutet hier ‹verächtlich, unwürdig›. GD S. 34 Nr. 85 → Adel.

V.: Schöffenbare Freiheit ist die genügendste Freiheit. Sächsisches Weichbildrecht Sp. 253 Art. 16: schepfinbare vryheit ist die genugiste friheit. GD S. 41 Nr. 130.

Schöffenhaus

Schöffenhaus ist frei. Frei bedeutet hier ‹öffentlich, allgemein›, DRWB III Sp. 696–699, DWB IX Sp. 4445; GD S. 497 Nr. 86; W IV Sp. 313 → Haus, Hausfriede, Mühle.

Schöffenstuhl

Mhd. *scheffenstuol* st. M. ‹Schöffenstuhl, Schöffenbank› bezeichnet eine festgelegte Anzahl von Schöffen, die als beisitzende Urteilsfinder im Gerichtsprozeß fungierten → Gericht, Stuhl.

Wer den Schöffenstuhl besitzt, mag den Genossen kiesen. Zu mhd. *kiesen/küren* ‹wählen›. Starb ein Schöffe, ohne stuhlfähige Erben zu hinterlassen, so wählte nicht der → Richter einen neuen

Schöffen, sondern die Schöffenbank, gemeint ist das Spruchkollegium. GD S. 415 Nr. 117; W IV Sp. 313 → erben.

Schöffentum

Schöffentum erbt nur vaterwärts. Es wurde vom Vater auf den Sohn vererbt. Waren keine Söhne da, so ging es an den nächsten → Schwertmagen. Grimm, Weisth. I S. 701: Die scheffeltum erbet ouch nuwent vatterhalp. GD S. 415 Nr. 118; W IV Sp. 313. S. a. Den → Stuhl vererbt der Vater auf den Sohn.

Schöffenurteil

Schöffenurteil kann niemand vernichten. GD S. 478 Nr. 655; W IV Sp. 313 → Schöffen, Urteil.

Wer missetut, soll nichts aufheben als Schöffenurteil. GD S. 299 Nr. 106 → Schöffen, Urteil.

Schopf

Schopf um Schopf. Das Spw. bezieht sich auf die eheliche Gütergemeinschaft. Hillebrand S. 123 Nr. 172; GD S. 153 Nr. 72; W IV Sp. 325 Nr. 2. S. a. → Leib an Leib, → Gut an Gut.

Schragenholz

Schragenholz zu mhd. *schrage* sw. M. ‹geschichtetes Holz› dient beim Verkauf als Maß. DWB IX Sp. 1624.

Schragenholz bleibt beim Stammkauf. Das Holz, auf dem der gekaufte Stamm gelagert wurde, blieb beim Eigentümer. Eiselein S. 554; Simrock S. 466 Nr. 9184; GD S. 65 Nr. 20; W IV Sp. 331.

schreiben

Was man schreibt, das bleibt. Henisch Sp. 414; Conradi S. 24 Nr. 20; Eisenhart S. 20; Braun S. 153 Nr. 3973; Osenbrüggen S. 11; W IV Sp. 335 Nr. 29; Grundmann/Strich/Richey S. 49; Fehr, Dichtung S. 178.

V.: Was man schreibt, das verbleibt. Simrock S. 467 Nr. 9188; Eiselein S. 555; GD S. 458 Nr. 538. Wer schreibt, der bleibt. Beyer S. 518.

Schuld

Schuld, mhd. *schulde, schult* st. F. im Sinne von ‹Geldschuld› und in der strafrechtlichen Bedeutung als Bewertung eines bestimmten Verhaltens ‹Schuld, Verfehlung, Vergehen›. Im heutigen Recht zieht jede Schuld eine Haftung nach sich. Köbler, Juristisches Wb. S. 324.

Alle Schuld muß man bezahlen. Ssp. Ldr. I 65 § 4: Alle scult mut men wol gelden. GD S. 236 Nr. 90; W IV Sp. 364 Nr. 1 → bezahlen.

Des Gutsherrn Schuld geht vorweg. GD S. 282 Nr. 348; W II Sp. 215. S. Herren und Heilige gehen über alles → Herr.

Die Schuld tötet den Mann. Simrock S. 469 Nr. 9229; GD S. 299 Nr. 95; W IV Sp. 362 Nr. 7; Beyer S. 387, 520. Vgl. Die → Tat tötet den Mann.

Gleiche Schuld, gleiche Strafe. Beyer S. 520, 564 → Strafe.

Je schwerer die Schuld, desto schwerer die Strafe. Liebs S. 81 Nr. 13: Graviore culpa gravior poena → Strafe.

Jeder ersterbe um seine eigene Schuld. D. h. jeder haftet für seine eigene Tat. GD S. 299 Nr. 102; W I Sp. 850. S. a. Es kann niemand auf des andern Seel' oder Beutel votieren → Seele.

Keine Schuld hemmt die andere. GD S. 237 Nr. 109; W IV Sp. 366 Nr. 27.

V.: Es hemmt keine Schuld die andere. Simrock S. 469 Nr. 9236. Schuld kann man mit Schuld nicht stützen. GD S. 237 Nr. 107. Schuld läßt sich nicht auf Schuld weisen. Simrock S. 469 Nr. 9235; GD S. 237 Nr. 106.

Schuld zahlen macht Hauptgeld. Hertius S. 331 Nr. 57; Conradi S. 20 Nr. 50; Eisenhart S. 425; Eiselein S. 556; Simrock S. 469 Nr. 9237; GD S. 269 Nr. 272; W IV Sp. 366 Nr. 37 → Hauptgeld.

Verheißen macht Schuld. Zu mhd. *verheizen* ‹versprechen, geloben›, DWB XII, 1 Sp. 554. Simrock S. 550 Nr. 10858; GD S. 227 Nr. 2; W IV Sp. 1552 Nr. 10.

Wer durch eigene Schuld fällt, klagt umsonst. Beyer S. 520, 608.

Wer Unschuld zur Schuld machen will, den soll man richten nach der Schuld. Kleines Kaiserrecht II cap. 21; GD S. 375 Nr. 499; W IV Sp. 1475 Nr. 20 → Unschuld, Unrecht.

Schulden

Allererst die Schulden, dann die Almosen. Lübisches Recht S. 262 Art. 31; GD S. 221 Nr. 267; W IV Sp. 364 Nr. 2. S. a. Schulden sind der nächste → Erbe.

Brautschatz geht vor allen Schulden. Dieses und die folgenden als Varianten aufgeführten Rspw. drücken aus, daß die jeweils von ihnen behandelte Klasse von Schulden der anderen im Konkurs des Schuldners vorangeht. Michelsen, Lübeck S. 174 Art. 87: brudschat [...] geit vor alle schulde. GD S. 282 Nr. 349; W V Sp. 1048 Nr. 4; Foth S. 132–140 → Brautschatz.

V.: Kostgeld geht vor allen Schulden. Eisenhart S. 429; GD S. 164 Nr. 143; W II Sp. 1555 Nr. 1 → Kostgeld. Lidlohn soll man vor allen Schulden bezahlen. Blumer III S. 110; GD S. 178 Nr. 199 → Lidlohn. Miete geht vor anderen Schulden. GD S. 115 Nr. 287; W III Sp. 656 Nr. 3 → Miete. In diesen Zusammenhang gehört auch das Spw. Des Gutsherrn → Schuld geht vorweg.

Niemand zahlt Schulden nach seinem Tod weiter als sein Gut reicht. GD S. 222 Nr. 271; W IV Sp. 366 Nr. 33.

Schulden bleiben Schulden. Blumer III S. 110; GD S. 230 Nr. 61; W IV Sp. 367 Nr. 39.

V.: Schulden liegen und faulen nicht. Grimm, RA II S. 160; Tristan und Isolde Vers 5458; Eiselein S. 556; Simrock S. 469 Nr. 9232; GD S. 230 Nr. 65; W IV Sp. 365 Nr. 13. Schulden wachen auf. Grimm, RA II S. 160; GD S. 230 Nr. 62; W IV Sp. 368 Nr. 69.

Wer das Erbe nimmt, der soll die Schulden entgelten. S. o. Grundmann/Strich/Richey S. 84 → Erbe.

Zu allen Schulden gehört nicht einerlei Widerrede. GD S. 441 Nr. 336; W IV Sp. 370 Nr. 112.

schuldig

Schuldig, mhd. *schuldec, schuldic* Adj. ‹verpflichtet (zu zahlen oder etwas zu leisten)›, schuldig (eines Vergehens)'.

Besser der Schuldige bleibe am Leben, als daß man einen Unschuldigen verderbe. GD S. 301 Nr. 135; W IV Sp. 373 Nr. 1.

V.: Besser zehn Schuldige lossprechen als einen Unschuldigen verdammen. Simrock S. 470 Nr. 9264; W IV Sp. 373 Nr. 2. Man soll den Schuldigen lassen gehn, damit man den Unschuldigen nicht verderbe. Kleines Kaiserrecht II cap. 60: man sal den schuldigen lazzen gen, daz der vnschuldig icht verderbe. GD S. 301 Nr. 134.

Flüchtig Mann, schuldig Mann. Egenolff S. 224a; Schottelius S. 1144a; Henisch Sp. 1161; Pistorius II S. 194 Nr. 53; Hertius S. 380 Nr. 108; Sailer S. 183; Eisenhart S. 601; Körte S. 308 Nr. 5156; Simrock S. 144 Nr. 2554; GD S. 443 Nr. 363; W III Sp. 411 Nr. 1110; Beyer S. 521; s. a. Liebs S. 73 Nr. 18: Fatetur facinus, qui judicium fuit → fliehen.

Niemand ist schuldig, um eigenen Lohn zu dienen. GD S. 517 Nr. 238; W IV Sp. 372 Nr. 13 → Dienst, Lohn.

Wem man nichts gelobt, dem ist man nichts schuldig. Sächsisches Weichbildrecht Sp. 276 Art. 22; GD S. 227 Nr. 6.

Wer den Schuldigen losläßt, verurteilt den Unschuldigen. Beyer S. 614, 635.

Wer schuldig ist, der muß bezahlen. Beyer S. 521 → bezahlen.

Wie man schuldig wird, wird man los. Lappenberg S. 203, 27; GD S. 235 Nr. 73; W IV Sp. 373 Nr. 26.

Schuldner

Der Schuldner wird zuerst betagt, bevor man über Bürgen klagt. Der Bürge wird erst dann zur Zahlung verpflichtet, wenn der Schuldner dieser Pflicht nicht nachkommt. Harrebomée I S. 81; GD S. 244 Nr. 129; W IV Sp. 375 Nr. 8 → Bürge.

Schultheiß

Mhd. *schultheize* sw. M. ‹Schultheiß, Schulze› aus *schult* ‹Schuld› und *heizen* ‹befehlen› bezeichnet denjenigen, der einem Untertan aufgrund seines Amtes eine Verpflichtung auferlegt. Der Schultheiß oder Schulze wurde von dem Landesherrn (→ Herr) eingesetzt (vgl. Ssp. Ldr.III 52 §§ 2–3). Seine Aufgabe bestand darin, mit den → Schöffen Gericht zu halten (→ Ding) und als öffentlicher Ankläger bei verschiedenen Rechtsverstößen wie Friedensbruch (→ Haus, Hausfriede, Friede) oder Eigentumsverstößen zu fungieren. HRG IV Sp. 1519–1521.

Der Schultheiß ist des Königs Vogt. GD S. 517 Nr. 249; W IV Sp. 386 Nr. 1 → König, Vogt.

Was dem Schultheißen geschah, ist dem Herrn geschehen. Das Spw. bezieht sich auf die Stellung des Schultheißen in seiner Funktion als Vertreter des Landesherrn. GD S. 404 Nr. 16; W IV Sp. 387 Nr. 8.

Was der Schultheiß richten kann, dazu bedarf man des Vogts nicht. Grimm, Weisth. II S. 223: waz der schultheis gerichten kan, da bedarff der nit faits zu. GD S. 436 Nr. 296; W IV Sp. 387 Nr. 9 → Vogt.

Schulze

→ Schultheiß.

Einer kann nur Schulze sein im Dorf. Schambach II S. 30, 115; GD S. 516 Nr. 225; W IV Sp. 389 Nr. 12; Beyer S. 522 → Dorf.

schürfen

Schürfen bezeichnet im Bergrecht ‹einen Schurf, d. h. eine Grube graben, womit man einen Gang bzw. ein Erzlager zu entdecken versucht›. DWB IX Sp. 2041; Veith S. 431–432.

Es hat jedermann freies Schürfen. Freies Schürfen stand jedem zu, der einen Schürfschein besaß. Conradi S. 15 Nr. 16; Eisenhart S. 216; Runde S. 160 § 166; Simrock S. 471 Nr. 9283; Eiselein S. 557; Hillebrand S. 56 Nr. 79; GD S. 129 Nr. 360; W IV Sp. 391.

Schutz und Schirm

Schutz und Schirm ist eine seit dem 14. Jahrhundert weit verbreitete Zwillingsformel. Sie umfaßt in erster Linie die Rechte und Pflichten des Lehnsherrn (→ Herr) wie z. B. bewaffneter Schutz vor Gewalt und unbefugter Pfändung gegenüber den Vasallen. Die Formel *Schutz und Schirm* läßt sich jedoch auch auf alle schutzbedürftigen Personen (Ehefrauen → Frau, Juden → Jude, Kleriker und Ordensleute) sowie auf bestimmte Gebäude und Plätze (Mühlen → Mühle, Burgen, Häuser → Haus und Hof, Kirchen und Klöster → Kirche, Kloster, etc.) übertragen → Geleit, Schirmgerechtigkeit.

Schutz und Schirmgerechtigkeit gibt keine Obrigkeit. S. o. GD S. 488 Nr. 47.

Schwägerschaft

Wenn die Frau tot ist, hat die Schwägerschaft ein Ende. Mit dem Tod des Ehepartners wird die Schwägerschaft und damit das Verbot der Eheschließung aufgehoben. Conradi S. 13 Nr. 5; Estor I S. 347; Eisenhart S. 172; Simrock S. 473 Nr. 9325; Eiselein S. 561; Hillebrand S. 117 Nr. 159; GD S. 141 Nr. 47; W I Sp. 1133 Nr. 607; Grundmann/Strich/Richey S. 76; Foth S. 119–121.

schweigen

Schweigen ist nicht allweg gut. Franck I Bl. 49v; Egenolff S. 320a; Schottelius S. 1125; Eiselein S. 563; GD S. 105 Nr. 240; W IV Sp. 440 Nr. 120.

V.: Stillschweigen ist nicht immer gut. Grundmann/Strich/Richey S. 107.

Schweigendem Mund ist nicht zu helfen. Simrock S. 476 Nr. 9382; GD S. 105 Nr. 241. Beyer S. 526.

Schweigst du still, so ist's dein Will. Pistorius II S. 170 Nr. 30; Conradi S. 18 Nr. 7; Eisenhart S. 344; Körte S. 408 Nr. 6855; Eiselein S. 563; Simrock S. 475 Nr. 9358; Faselius S. 236; Hillebrand S. 96 Nr. 128; Osenbrüggen S. 24, 35; GD S. 105 Nr. 239; W IV Sp. 442 Nr. 156; Beyer S. 562, 674. Dag. heute: Schweigen ist nicht einwilligen. Beyer S. 527.

V.: Keine Antwort ist auch eine Antwort. Franck I Bl. 81r; Agricola II S. 41; Egenolff S. 285b; Pistorius II S. 169 Nr. 30; Schonheim S. 202 Nr. 17; Hertius S. 263 Nr. 7; Conradi S. 10 Nr. 2; Bücking S. 135 Nr. 81; Eisenhart S. 98; Braun S. 4 Nr. 89; Simrock S. 42 Nr. 369; Volkmar S. 352 Nr. 199; Hillebrand S. 97 Nr. 131; W I Sp. 103 Nr. 9; Foth S. 72; Beyer S. 44; Wacke, Keine Antwort ist auch eine Antwort S. 184–185; Thesaurus proverbiorum S. 158 Nr. 47–49. Schweigen ist auch eine Antwort. Beyer S. 44, 527. Schweigen ist so viel wie eingestehen. W IV Sp. 440 Nr. 124. Wer schweigt, bejaht. Körte S. 407 Nr. 6840; Braun S. 155 Nr. 4039; Simrock S. 475 Nr. 9359; Hillebrand S. 97 Nr. 130; GD S. 444 Nr. 382; W IV Sp. 444 Nr. 189; Foth S. 71; Beyer S. 527. Wer schweigt, der willigt. Agricola II S. 57. Wer schweigt, sagt auch etwas. Beyer S. 527. Wer schweigt, sagt ja. Singer II S. 98. Wer schweigt, stimmt zu. Beyer S. 527; Krampe, Qui tacet, consentire videtur S. 367–380; Liebs S. 177 Nr. 80: Qui tacet, consentire videtur (ubi loqui potuit et debuit). S. heute z. B. §§ 568, 625, 663 BGB → Antwort, antworten.

Schwert

Mhd. *swert* st. N. 1. ‹Sinnbild der weltlichen bzw. geistlichen Gewalt›, 2. ‹Kampfschwert›, 3. ‹Verwandte von männlicher Seite›. Das Wort *Schwert* (→ *Schwertmagen)* hat seine Entsprechung in dem Wort → *Spindel (Spindelmagen)*. Gleichzeitig gilt die Bezeichnung *Schwert* ‹Schwertwaffe› als Sinnbild der Macht und der gerichtsherrlichen Gewalt. Symbolische Bedeutung hatte das Schwert bei der Eidesleistung, Belehnung und Hinrichtung *(richten zu blutiger Hand),* mitunter auch bei der Eheschließung → schwerthalben. HRG IV Sp. 1570–1574; Justiz in alter Zeit S. 496 → Schwertmage.

Das geistliche Schwert richtet nicht über Blut. Die Kirche vergießt kein Blut (zu 1). GD S. 549 Nr. 94; W IV Sp. 466 Nr. 7. S. a. Die → Kirche dürstet kein Blut.

Das Schwert geht vor. Bezogen auf das Vorzugsrecht der männlichen Verwandten (Vatermagschaft) beim Erbe (zu 3). GD S. 188 Nr. 24; W IV Sp. 466 Nr. 10; Grundmann/Strich/Richey S. 83; Fehr, Dichtung S. 173 → Erbschaft. S. dag. Schwert und Spindel erben gleich.

Die Feder regiert das Schwert. Der Gedanke geht der Tat voraus. Deshalb sollte Staatsführung nicht auf dem Feld, sondern auf dem Papier vollzogen werden (zu 2). GD S. 529 Nr. 349; W I Sp. 950 Nr. 16; Grundmann/Strich/Richey S. 23; Beyer S. 149.

V.: Die Feder auf den Hut, das Schwert an die Seite. Simrock S. 134 Nr. 2321. Die Feder regiert das Schwert, darum steckt man sie auf den Hut. Eiselein S. 162; W I Sp. 950 Nr. 17. Die Feder regiert das Schwert, drum steckt man sie auf den Hut. Franck I Bl. 147r; Simrock S. 134 Nr. 2322.

Schwert und Spindel erben gleich. (zu 3) GD S. 189 Nr. 42; W IV Sp. 469 Nr. 67 → Erbe, Spindel. S. dag. Das Schwert geht vor.

Wo kein Schwert vorhanden, da erbt die Spindel. Waren keine männlichen Erben da, so traten die weiblichen an ihre Stelle in der Erbfolge (zu 3). GD S. 189 Nr. 37; W IV Sp. 470 Nr. 96; Fehr, Dichtung S. 168 → Erbe, Spindel.

schwerthalben

Mhd. *swerthalben* Adv. ‹von männlicher, d. h. väterlicher Seite (in der Verwandtschaft)› → Schwert, Schwertmage.

Wer ein Gut will erben, soll von schwerthalben dazu geboren sein. GD S. 188 Nr. 23; W II Sp. 200 Nr. 328 → erben.

Schwertmage

Mhd. *swertmâc, swertmâg(e)* st. sw. M. ‹männlicher Verwandter aus dem Stamm des Mannes›. Das Wort *Schwert(magen)* hat seine Entsprechung in dem Wort → *Spindel(magen)*. HRG IV Sp. 1577–1579 → Schwert, schwerthalben.

Die Gerade an die nächste Niftel, das Heergewäte an den nächsten Schwertmag. Ssp. Ldr.I 27 §§ 1–2: er rade an er naesten nichtelen, [...] dat herwede in den naesten swertmach. GD S. 184 Nr. 10; W I Sp. 1559 Nr. 2; Janz, Rechtssprichwörter S. 402–412 → Gerade, Heergewäte, Niftel.

Schwertseite

Die Spw. beziehen sich auf den Vorzug der männlichen Verwandten beim Kauf (→ Näherkauf) und → Erbe im Gegensatz zu den weiblichen Verwandten → Bruder, Schwester.

Die Schwertseite ist näher zum Kauf als die eigene Tochter. GD S. 104 Nr. 224; W IV Sp. 472 → Kauf.

Erbgut erbt bei der Schwertseite. GD S. 189 Nr. 26; W I Sp. 831 Nr. 2 → erben.

Schwester

Der Bruder nimmt zwei Teile, die Schwester den dritten. GD S. 189 Nr. 41, S. 191.

V.: Der Bruder nimmt mit zwei Händen, die Schwester nur mit einer. GD S. 189 Nr. 40; W I Sp. 486 Nr. 9 → Bruder.

Der Bruder verfängt die Schwester. Zu mhd. *vervâhen, vervân* ‹etwas (z. B. ein fremdes Gut) als Eigentum in Anspruch nehmen oder gewinnen›. GD S. 189 Nr. 30; W V Sp. 1067 Nr. 53. S. a. → Speerhand verfängt Spindelhand. → Bruder.

Zwei Schwestern gegen einen Bruder. Das Spw. bezieht sich auf die Benachteiligung der Frauen im Erbrecht. GD S. 189 Nr. 39; W IV Sp. 473 Nr. 16.

schwören

Ein jeder soll schwören nach seinem Gewissen. Lüning I Sp. 262: eyn jeder soll schweren nach seinem gewissen. GD S. 374 Nr. 479; W IV Sp. 481 Nr. 4.

Wer einmal geschworen, darf danach nimmer schwören. Grimm, Weisth. I S. 706: Item wer auch einmal geschwört, der darf danach nicht me schwören. GD S. 470 Nr. 611; W IV Sp. 482 Nr. 19.

Wer schlecht schwört, fällt von der Sache. Wer sich bei der ritualisierten Eidesleistung versprach oder einen Formalfehler beging, der fiel von → Eid und → Sache, d. h. Eid und Prozeß verfielen. Denn der Fehler konnte nicht wiedergutgemacht *(erholt)* und der Eid nicht wiederholt werden. GD S. 469 Nr. 601; W IV Sp. 483 Nr. 24 → Eid.

St

St. Jürgen

Auf St. Jürgen soll man die Kühe von den Wiesen schürgen. Zu *schürgen* sw. V. ‹schieben, stoßen, treiben›. Wiesen, die mit Weide- oder Hutgerechtigkeiten versehen waren, mußten für eine bestimmte Zeit, vom St. Jürgenstag (Georg, 23. April) an, hiervon befreit sein, damit der Bauer seine Ernte einfahren konnte. Pistorius I S. 133 Nr. 96; Hillebrand S. 87 Nr. 118; Simrock S. 185 Nr. 3414; GD S. 69 Nr. 51; W II Sp. 1080 Nr. 1.

V.: Die Wiese geht ins Heu zu St. Georgentag. Pistorius I S. 132 Nr. 96; Conradi S. 16 Nr. 2; Sailer S. 356; Eisenhart S. 258; Eiselein S. 642; Simrock S. 589 Nr. 11602; Hillebrand S. 87 Nr. 117; W V Sp. 231 Nr. 8; Wb. der deutschen Volkskunde S. 272. Um Georgi gehen die Wiesen ins Heu. GD S. 69 Nr. 50.

St. Martin

St. Martin führt die Schlüssel zu jeder Seele auf dem Pfad zum letzten Urteil. Das Spw. bezieht sich auf die großen Gerichtszeiten, das echte, ungebotene → Ding, das im Frühling, Herbst und zu St. Martin (11. November) abgehalten wurde. GD S. 404 Nr. 30; W III Sp. 472 Nr. 34. Vgl. Ein → Gericht bei Gras, das andere bei Stroh.

St. Michael

→ mahnen.

St. Urban

Am St. Urbanstag ist Baum- und Weingarten verdienet. St. Urban gilt als Patron der Weinbauern. Mit dem St. Urbanstag (25. Mai) erlangte der Winzer nach altem Brauch das Recht auf den Ertrag. Doch ließ sich zu diesem Zeitpunkt noch nicht absehen, ob die Ernte ertragreich wurde oder nicht. Ssp. Ldr.II 58 § 2: In sante Urbanes dage sint wingarden unde bomgarden verdenet. GD S. 75 Nr. 65; Wb. der deutschen Volkskunde S. 847.

V.: An St. Urban setzt die Frucht die Körner an. W V Sp. 1786 Nr. 41. Auf St. Urban ist das Korn weder geraten noch verdorben.

Henisch Sp. 1506; Eiselein S. 613; Simrock S. 547 Nr. 10792; W IV Sp. 1493 Nr. 4. Danket St. Urban dem Herrn, er bringt dem Getreide den Kern. W IV Sp. 1493 Nr. 6. St. Urban ist auch ein Weinheld. Simrock S. 547 Nr. 10793; W IV Sp. 1493 Nr. 14.

Stab

Der Stab, eines der ältesten Rechtssymbole, ist Wahrzeichen der Macht gewesen. Seine Funktion zeigte sich in verschiedenen Bereichen, bei der Amtsübergabe, bei Rechtsgeschäften, bei der Bischofsweihe (→ Krummstab) etc. Stabträger konnten Kaiser, Könige, Herzöge, Fürsten und Landesherren (→ Kaiser, König, Fürst, Herr) sein. Seine weitaus größte Bedeutung erlangte der Stab im → Gericht. Der → Richter trug ihn als Wahrzeichen richterlicher Gewalt. Die Eidesleistung war im Prozeß mit dem Berühren des Stabes verbunden. Hierher stammt *staben* ‹die Eidesformel vorsprechen›, auch bekannt als *an den Stab geloben.* Ist die rechtliche Bedeutung des Stabes auch heute verlorengegangen, so hat sich das Stabbrechen, bei dem der Richter nach dem Urteilsspruch den Stab über den Kopf des zum Tode Verurteilten zerbrach, in der Redensart *den Stab über jemanden brechen* noch bis auf den heutigen Tag erhalten. Liebermann, Stabbrechen S. 382; HRG IV Sp. 1838–1844, 1844–1846; Justiz in alter Zeit S. 497; Röhrich 3 Sp. 1520–1521 → Eid.

Soweit der Stab zu gebieten hat, ist ein rechtes Gericht. GD S. 436 Nr. 287; W IV Sp. 757 Nr. 12.

Wen der Stab begreift, der wird antworten. Bezogen auf die Pflicht des Vorgeladenen, sich vor dem Gericht einzufinden. Grimm, Weisth. I S. 415; GD S. 437 Nr. 297; W IV Sp. 758 Nr. 14.

Stadtbuch

Dem Stadtbuch steht zu glauben wie den Stadtbriefen. Die ältesten Urkunden hatten meist Briefform. Ofner Stadtrecht S. 56 Art. 55; GD S. 459 Nr. 553; W IV Sp. 764 Nr. 1 → Brief.

Stadtrecht

Das Stadtrecht, das sich seit der Mitte des 12. Jahrhunderts entwickelte, galt im Gegensatz zum → Landrecht für Bürger, die in den mittelalterlichen Städten lebten. Die Rechtsordung basierte meist auf Privilegien aus älterem Kaufmannsrecht → Willkür.

Stadtrecht bricht Landrecht. Im 16. Jahrhundert wurden die Landesgesetze zugunsten der Stadtrechte aufgehoben. Hillebrand S. 11 Nr. 15; Simrock S. 497 Nr. 9803; GD S. 25 Nr. 269; Singer II S. 92 → Landrecht, Willkür.

V.: Stadtrecht bricht Landrecht, Landrecht bricht gemeines Recht. Körte S. 423 Nr. 7112; W IV Sp. 766 Nr. 1.

Stadtrecht ist weltlich Recht. Lappenberg S. 101 Art. 21; GD S. 22 Nr. 246; W IV Sp. 766 Nr. 2.

Stammler

Der Stammler darf sich wohl erholen. Zu *erholen* ‹eine Prozeßhandlung erneut vornehmen›, DRWB III Sp. 205. Um keine Formfehler im Prozeß zu begehen, ließen sich die Gerichtsparteien oft von Vorsprechern (→ Fürsprecher) unterstützen. Anders die Stammler. Sie durften, wenn sie sich versprachen, ihr Anliegen erneut vortragen. Ssp. Ldr.I 61 § 3: De stamerende man, of he misse sprikt, he mut sek wol irhalen. GD S. 469 Nr. 603; W IV Sp. 771 Nr. 1; Janz, Rechtssprichwörter S. 445–448.

Staupenschlag

Der Staupenschlag (stäupen) war eine entehrende Leibesstrafe mit Hilfe von Ruten oder Stöcken (Staupbesen), die öffentlich, häufig am Pranger, vollzogen wurde. Schild, Gerichtsbarkeit S. 208.

Staupenschlag ist die Einweihung zum Galgen. Nicht immer wurde der Delinquent gleich bei der ersten Straftat zum Tod durch Erhängen verurteilt. Kleine Delikte wurden häufig mit Ehren- oder Leibesstrafen gebüßt. Simrock S. 498 Nr. 9834; GD S. 342 Nr. 363; W IV Sp. 786; Fehr, Dichtung S. 168 → Galgen.

stehlen

Es stiehlt sich am besten, wenn man nicht weit hinlangen muß. Beyer S. 558, 667. S. a. Gelegenheit macht Diebe → Dieb, Diebstahl.

Stehlen ist bei Hängen verboten. Generell stand auf Diebstahl Todesstrafe. Pistorius III S. 305 Nr. 48; Hillebrand S. 211 Nr. 301;

GD S. 341 Nr. 351; W IV Sp. 799 Nr. 47; Grundmann/Strich/Richey S. 88 → Dieb, Diebstahl.

Stehlen ist viel gemeiner und größer als Rauben. GD S. 365 Nr. 465; W IV Sp. 799 Nr. 54 → Raub.

Stiehlst du nicht, so hängst du nicht. Beyer S. 248, 558 → hängen.

Wer einen Pfennig stiehlt, stiehlt auch wohl einen Gulden. Beyer S. 559.

Wer bei Nacht stiehlt, wird bei Tage gehängt. Beyer S. 413, 558.

Wer für andere stiehlt, wird für sich gehangen. Beyer S. 39, 559.

Wer zum Stehlen rät, ist mitverleumdet das erste Mal. W IV Sp. 802 Nr. 115; GD S. 305 Nr. 142 → Dieb, Hehler, Räter, Täter.

Stehler

Der Hehler ist nicht besser als der Stehler. GD S. 307 Nr. 186; W II Sp. 457 Nr. 6; s. § 259–260a StGB → Dieb, Hehler, Räter, Täter.

V.: Es ist eins, wenn der eine stiehlt und der andere den Sack aufhält. Beyer S. 51, 558. Stehlen und Sackaufheben ist eins wie das andere. Grimm, RA II S. 195; Conradi S. 21 Nr. 9; Sailer S. 256; Eisenhart S. 464; Simrock S. 498 Nr. 9840; Eiselein S. 577; Hillebrand S. 205 Nr. 293; GD S. 306 Nr. 171; W IV Sp. 799 Nr. 56. Stehler, Hehler und Befehler sind drei Diebe. Beyer S. 255.

Stein

Der Mann kommt an den Galgen, die Frau unter den Stein. Als typische Männerstrafen galten das Hängen, Rädern und Enthaupten. Frauen hingegen wurden verbrannt, lebendig begraben, gesteinigt oder ertränkt. Ofner Stadtrecht S. 148; Grimm, RA II S. 264; GD S. 341 Nr. 347; W III Sp. 376 Nr. 358; His, Strafrecht I S. 359–360 → Galgen.

Steinhaus

Alles ist gleich: das Steinhaus und das Holzhaus. Bezogen auf den Hausfrieden, der grundsätzlich für jedes Haus gilt. GD S. 381 Nr. 504 → Haus, Hausfriede.

V.: Das Steinhaus ist gleich dem Holzhaus. W IV Sp. 824.

steuern

Wer nicht erben kann, soll auch nicht steuern. Zu *steuern* ‹Steuern bezahlen›. Blumer III S. 198; GD S. 221 Nr. 262; W I Sp. 831 Nr. 16.

Stimme

Eine Stimme ist soviel wie keine und wäre es ein geschworener Richter. GD S. 455 Nr. 487; W IV Sp. 861 Nr. 15 → Zeugnis.

Strafe

Die Strafe *(poena)* wurde im MA als Antwort auf die Störung des Friedens (→ Friede) verhängt. Dementsprechend war ihr oberstes Ziel nicht die Bestrafung des Täters, sondern die Wiederherstellung des Friedens. Um dieses zu erreichen, verfügte das MA über einen umfangreichen Strafenkatalog. Hierzu gehörten Ehrenstrafen (→ Ehre), peinliche Strafen an *Haut und Haar,* spiegelnde Strafen, in der Regel Verstümmelungsstrafen, und Todesstrafen, die sog. Strafen an Leib und Leben wie Erhängen, Enthaupten, Ertränken, Steinigen, Rädern etc. (→ Galgen, Strang, Schwert, Stein), aber auch Vermögens- und Freiheitsstrafen. Dabei war die Strafe grundsätzlich ablösbar. His, Strafrecht I S. 342–671; HRG IV Sp. 2011–2029, HRG V, Sp. 10–17; zu den Strafen im Ssp. s. Scheele, di sal man alle radebrechen, insb. S. 52–229 → Leib, Pein, Unwissenheit.

Die Strafe soll nicht größer sein als die Schuld. Beyer S. 564.

Die Zeit beschwert die Strafe. Umstände und Bedingungen, unter denen eine Straftat verübt wird, nehmen auf das Ausmaß der Straftat erheblichen Einfluß. GD S. 381 Nr. 518; W V Sp. 527 Nr. 92.

Je schwerer die Schuld, desto schwerer die Strafe. Liebs S. 81 Nr. 13: Graviore culpa gravior poena. → Schuld.

Keine Strafe ohne Gesetz. Liebs S. 144 Nr. 161: Nulla poena sine lege. HRG IV Sp. 2021; § 1 StGB: Keine Strafe ohne Gesetz. Hierzu s. a. Die Gesetze strafen und nicht der Richter → Gesetz. Ohne → Recht mag der Richter niemand zwingen.

Keine Strafe ohne Schuld. Die Strafe setzt eine Schuld des Täters voraus nach dem Prinzip: Nulla poena sine culpa. Liebs S. 144 Nr. 160, s. a. S. 198 Nr. 37: Sine culpa, nisi subsit causa, non est aliquis puniendus.

Niemand soll zwei Strafen zahlen von einer Sache. Für ein Delikt muß man nur einmal einstehen. GD S. 314 Nr. 221; W IV Sp. 886 Nr. 19; Liebs S. 125 Nr. 6: Ne bis in idem (crimen judicetur). S. Art. 103 Abs. 3 GG.

V.: Niemand wettet um eine Sache zweimal. Ssp. Ldr. I 53 § 4: Neman ne weddet um ene sake twies. GD S. 322 Nr. 280; W V Sp. 209 Nr. 2; Janz, Rechtssprichwörter S. 461–464 → Gewette.

Wie das Verbrechen, so die Strafe. Die Strafe muß dem Verbrechen angemessen sein. Heute: Falsche Nachsicht schadet. Beyer S. 564, 620.

V.: Wie die Sünde, so die Strafe. GD S. 313 Nr. 197; W IV Sp. 967 Nr. 195; Grundmann/Strich/Richey S. 86. Wodurch man sündigt, dadurch wird man gebüßt. GD S. 340 Nr. 335; W IV Sp. 971 Nr. 25.

Strang

→ Galgen.

Der Strang ist mit fünf Gulden bezahlt. S. o. → Strafe. Hillebrand S. 197 Nr. 283; Simrock S. 504 Nr. 9950; GD S. 364 Nr. 457; W IV Sp. 891 Nr. 3. Hierzu s. a.: Wer kein → Geld hat, zahlt mit der Haut. Man hängt keinen → Dieb, der sich vom Galgen kaufen kann.

V.: Mit fünf Dukaten ist der Strang bezahlt. W I Sp. 702 Nr. 8.

Wohin der Dieb mit dem Strang, dahin gehört der Hirsch mit dem Fang. Zu *vanc* st. M. ‹Tierfang›. Wer die Gerichtsbarkeit innehatte, hatte auch Jagdrecht, was nicht hieß, daß er damit auch gleichzeitig das Recht hatte, über Wilddiebe zu richten. Hertius S. 403 Nr. 16; Conradi S. 14 Nr. 8; Estor I S. 1006; Sailer S. 254; Eisenhart S. 199; Simrock S. 98 Nr. 1584; Hillebrand S. 61 Nr. 88; GD S. 131 Nr. 399; W I Sp. 593 Nr. 239; Fehr, Dichtung S. 175. S. dag. Soweit das Strafgericht, soweit geht auch der → Forst.

Straße

Die Straßen von lat. *strata* ‹gepflasterter Weg› gehörten zum Gemeingut und mußten deshalb jederzeit passierbar sein → Reichsstraße, Maut, Zoll.

Straßen muß man pflegen. GD S. 509 Nr. 166; W IV Sp. 894 Nr. 34.

Straßen müssen allzeit offen sein. GD S. 509 Nr. 164; W IV Sp. 894 Nr. 35; HRG V, Sp. 35–37, insb. 35. S. a. Der → Strom muß frei sein zu allen Zeiten.

Streit

Streit muß man grüßen bei Sonnenaufgang. Zu mhd. *grüezen* ‹jemanden zu einer lautlichen Äußerung veranlassen›. Gerichtssitzungen fanden nur nach Sonnenaufgang und vor Sonnenuntergang statt. GD S. 404 Nr. 21; W IV Sp. 906 Nr. 36. S. a. Urteil sprechen und → Eid schwören darf man nicht länger als bis die Sonne untergeht. Geht die Sonne zu Rest, so hat die → Ladung keine Kraft. Wenn die Sonne unten ist, tut man den → Bann auf.

Um Streit kein Recht. Wer Streit anzettelt, kann sich nicht auf das Recht berufen. GD S. 351 Nr. 386; W IV Sp. 906 Nr. 40 → Recht.

Wo Streit sein soll, da muß gefochten werden. Streit meint hier nicht das Wortgefecht, sondern die → Gewalt. GD S. 351 Nr. 392; W IV Sp. 906 Nr. 56.

Strom

Der Strom muß frei sein zu allen Zeiten. Flüsse gehören ebenso wie Straßen zum Gemeingut und müssen jederzeit passierbar sein. GD S. 130 Nr. 372; W IV Sp. 921 Nr. 6. S. a. Straßen müssen allzeit offen sein → Straße.

Stuhl

→ ‹Schöffenstuhl›, HRG V, Sp. 63–65.

Den Stuhl vererbt der Vater auf den Sohn. Das Spw. bezieht sich auf die Vererbung des Schöffenamtes. Ssp. Ldr.III 26 § 3: Dissen stul erft de vader op sinen eldesten sone. Schwsp. 286b; GD S. 415 Nr. 119; W IV Sp. 936 Nr. 5; Janz, Rechtssprichwörter S. 374–379. S. a. → Schöffentum erbt nur vaterwärts → erben.

Wer zu den Bänken nicht geboren ist, soll um den Stuhl bitten. In der Regel wurde das → Schöffentum vom Vater auf den Sohn vererbt. Wer nicht durch den Erbgang zum Schöffen bestimmt war, jedoch gerne das Schöffenamt ausüben wollte, mußte um Erlaubnis fragen. GD S. 415 Nr. 120; W V Sp. 896 Nr. 64. S. o. Den → Stuhl vererbt der Vater auf den Sohn.

T

Tag, gebundener

An den gebundenen Tagen, Donnerstag bis Montag, und an den kirchlichen Feiertagen fanden grundsätzlich keine Gerichtsverhandlungen statt. HRG I Sp. 1424–1426 → handhaft.

Binnen gebundenen Tagen darf man nicht schwören. Ssp. Ldr.II 10 § 3: Binnen bundenen dagen ne mut men nicht sweren. Schwsp. 113a; Dsp. 105 § 1; GD S. 404 Nr. 31; W IV Sp. 993 Nr. 63; Janz, Rechtssprichwörter S. 455–457; Dies., «Dan nach Sprichwortten pflegen die Bauren gerne zu sprechen.» S. 94–96.

V.: Binnen gebundenen Tagen soll man nicht richten. Ssp. Ldr.II 11 § 4: Binnen bundenen dagen ne mut men nicht dingen. Rb. nach Distinctionen Buch IV, cap. XXV, V; GD S. 405 Nr. 32; W IV Sp. 993 Nr. 64.

Handhaft schirmt der gebundene Tag nicht. GD S. 441 Nr. 323; W II Sp. 334 → handhaft.

V.: Wer den Frieden binnen den gebundenen Tag bricht, den schirmen die gebundenen Tage nicht. Ssp. Ldr.II 10 § 4: Swe den vrede brikt binnen gebundenen dagen, den ne bescermet de gebundenen dage nicht. GD S. 382 Nr. 523; W I Sp. 1210 Nr. 120 → Friede.

tagen

Tagen und Bestellen sind Mittel, um zum Recht zu gelangen. Mhd. *tagen, tegen* sw. V. meint ‹einen Tag (Gerichtstag) anberaumen›, ‹Gericht halten, vor Gericht verteidigen›; mit *bestellen* sw. V. ‹besetzen, als Eigentum zuweisen›, ist die Beschlagnahme eines Gutes gemeint. GD S. 445 Nr. 399; W IV Sp. 1020 Nr. 2.

Tat

→ handhaft.

Böse Tat bleibt nicht verborgen. Beyer S. 619.

Die Tat tötet den Mann. Das Rspw. bezieht sich auf das Prinzip der Erfolgshaftung. Strafbar war nur die vollbrachte Tat, nicht jedoch Versuch, Anstiftung oder Beihilfe als unselbständiges Delikt. Simrock S. 519 Nr. 10240; Günther S. 48; GD S. 292 Nr. 64; Beyer S. 386, 578; Fehr, Dichtung S. 168; Köbler, Rechtsgeschichte S. 180; Schröder/Künßberg, Rechtsgeschichte S. 89; Planitz/Eckhardt S. 60; Schild, Mittelalter S. 517. Vgl. Die → Schuld tötet den Mann.

Gelindigkeit der Strafe gibt oft Ursache zur Tat. GD S. 314 Nr. 220; W I Sp. 1537 Nr. 3; Grundmann/Strich/Richey S. 88 → Strafe.

Jeder ist schuldig, seine eigene Tat zu büßen und zu bessern. GD S. 299 Nr. 103; W IV Sp. 372 Nr. 10 → bessern, Buße, büßen, schuldig.

Man kann den falschen Mut nicht sehen, die Tat sei denn dabei. GD S. 292 Nr. 71. S. o. Fürs Denken kann man niemand → hängen.

Man kann keine Tat ungeschehen machen. ‹Getan ist Getan.› Beyer S. 600, 610.

Niemand kann seine vollbrachte Tat vernichten. GD S. 397 Nr. 595; W IV Sp. 1140 Nr. 74.

Wer Böses pflügt, erntet übel Tat. Henisch Sp. 465; GD S. 299 Nr. 101; W I Sp. 438 Nr. 79.

Täter

Der schlechte Räter und der schlechte Täter werden mit gleicher Pein gepeinigt. GD S. 305 Nr. 146; W III Sp. 1488 Nr. 2 → Hehler, Stehler, Täter.

Der Täter reinigt die Stätte. Das Spw. basiert auf der Vorstellung, daß der Ort, an dem das Verbrechen geschehen ist, gereinigt wird, wenn der Täter seine Tat an gleicher Stelle büßt. GD S. 437 Nr. 307; W IV Sp. 1142 Nr. 2. S. a. Wo man den → Totschlag tut, muß man ihn bezahlen.

Taube

Die Taube ist gemein. Zu *gemein* Adj. ‹allgemein, gemeinschaftlich›. Das Spw. richtet sich an das gemeine Recht (→ Recht, gemeines). Außerhalb von → Haus und Hof durfte jeder eine frei herumfliegende Taube ergreifen und zu seinem Eigentum machen. Altprager Stadtrecht S. 140 Art. 134: Dy taube ist auch gemein. GD S. 130 Nr. 383; W IV Sp. 1041 Nr. 10; HRG V, Sp. 127–129. Vgl. Die → Ente hat ihr Recht auf dem Buckel. Die Gänse sollen einen Hirten haben oder einen Stall → Gans.

V.: Tauben haben keine Gall und sind der Leute überall. Conradi S. 14 Nr. 12; Eisenhart S. 206; Hillebrand S. 65 Nr. 95; Simrock S. 512 Nr. 10109; Grundmann/Strich/Richey S. 38. Tauben und Pfauen haben gleiches Recht. GD S. 130 Nr. 385; W IV Sp. 1043 Nr. 50. Wo Tauben sind, da fliegen Tauben zu. Simrock S. 512 Nr. 11110.

taufen

Ist das Kind nicht getauft, so erbt es nicht. Das Spw. bezieht sich auf den Einfluß, den die Kirche auf das Recht ausübte. GD S. 210 Nr. 190; W II Sp. 1287 Nr. 370 → Kind, erben.

Taufstein

Der Taufstein scheidet. Nach kirchlichem Recht bestand ein Ehehindernis zwischen Täufling und Taufpate. Conradi S. 11 Nr. 9; Sailer S. 251; Eisenhart S. 115; Eiselein S. 588; Simrock S. 513 Nr. 10123; Hillebrand S. 118 Nr. 161; GD S. 141 Nr. 43; W IV Sp. 1048; Grundmann/Strich/Richey S. 77; Foth S. 127–129. S. a. Meines Paten → Kind nehm ich nicht mit Recht.

Tausch

Der Tausch ist ein Schuldvertrag über das Umsetzen von → Ware gegen Ware. Eine Sonderform des Tausches ist der → Kauf. HRG V, Sp. 131–133.

Tausch hat keinen Zug. Tausch meint hier ‹Vertauschung›. Bei Vertauschung setzte das → Näherrecht (Zugrecht) nicht ein. GD S. 105 Nr. 249; W IV Sp. 1050 Nr. 7; HRG III Sp. 827–831.

Tausch ist edler als Kauf. Ebel, «Tausch ist edler als Kauf» S. 210–224 → Kauf.

Tausch ist kein Raub. Hertius S. 367 Nr. 97; Conradi S. 21 Nr. 12; Sailer S. 256; Eisenhart S. 470; Eiselein S. 588; Simrock S. 513 Nr. 10126; Hillebrand S. 213 Nr. 307; GD S. 364 Nr. 462; W IV Sp. 1050 Nr. 8; Grundmann/Strich/Richey S. 64; Beyer S. 580 → Raub.

Teil

Brüderliche Teile müssen unverschmitzt sein. Das Spw. fordert entgegen vieler bereits genannter Rspw. (→ Bruder, Erbe), daß das brüderliche Erbe so gerecht wie möglich aufgeteilt sein soll. GD S. 215 Nr. 209; W IV Sp. 1145 Nr. 2.

Wo einer keinen Teil hat, da soll er auch um keinen Teil kriegen. Wurde das Gemeindegut an die Markgenossen verteilt, so hatten hierauf nur diejenigen Anspruch, deren Güter und Höfe mit vollem Gemeinderecht zur Gemeinschaft gehörten. GD S. 68 Nr. 37; W IV Sp. 1145 Nr. 22 → Allmende.

Teilung

Kinder gehen zur gleichen Teilung. Bezogen auf die Teilung des Erbes. Kamptz 3 S. 380; GD S. 216 Nr. 229; W II Sp. 1290 Nr. 428 → Erbe.

Teilung bricht Erbe. Da bei der Teilung eines Lehens der Charakter eines *feudum paternum* verlorenging, hatten die Verwandten des verstorbenen Lehnsmannes keinen Anspruch auf abgeteilte Lehen. Vgl. Geteilt → Lehn erstirbt dem Reiche. Homeyer S. 461; GD S. 560 Nr. 71; W IV Sp. 1147 Nr. 3 → Erbe.

Teilung bricht Gesamthand. Führte Streit um den gemeinsamen Lehnbesitz zur Teilung, so galt jedes abgeteilte Lehen als *feuda nova* mit reiner Sohnesfolge. Eisenhart S. 690; Simrock S. 187 Nr. 3460; Hillebrand S. 81 Nr. 110; GD S. 560 Nr. 72; W IV Sp. 1147 Nr. 4 → Gesamthand.

Wo keine Gemeinschaft ist, das ist auch keine Teilung. Faselius S. 166; GD S. 68 Nr. 36; W I Sp. 1547 Nr. 6.

Testament

Das Testament zu lat. *testis* ‹Zeuge›, *testamentum* ‹Bezeugtes›, ist eine letzte Verfügung, der sog. Letzte Wille. HRG V, Sp. 152–165 → Erbe, Geschäft, Wille.

Das ist ein stummer Mensch, der kein Testament macht. Das Rspw. entstammt einer Zeit, in der das Erbrecht nicht mehr streng nach der verwandtschaftlichen Nähe zum Erblasser erfolgte. Vgl. dag. die Erläuterung bei Fehr, Dichtung S. 166. GD S. 205 Nr. 173[sic!]; W III Sp. 591 Nr. 46.

Wenn das Kind geboren ist, so ist das Testament schon gemacht. Nach altdeutschem Recht bedurfte es zu der Bestimmung der Erbfolge keines Testaments. Der Erbe war «geboren», und der Tod setzte ihn in den Besitz des Gutes. Körte S. 255 Nr. 4229; Braun S. 71 Nr. 1840; Simrock S. 288 Nr. 5577; Hillebrand S. 165 Nr. 230; GD S. 204 Nr. 152; W II Sp. 1312 Nr. 907; Grundmann/Strich/

Richey S. 84; Foth S. 190–191 → Erbe. S. a. Wenn das → Kind geboren ist, so ist das Gut schon vererbt.

teuer

Teuer geschätzt ist nicht verkauft. Heute: Was man selber als wertvoll erachtet, erscheint anderen nicht immer ebenso wertvoll. Braun S. 171 Nr. 4483; GD S. 252 Nr. 159; Beyer S. 581.

Teuer verkaufen ist keine Sünde, aber falsch messen. Braun S. 171 Nr. 4482; GD S. 253 Nr. 174 → Kaufmann.

Tier

Allen Tieren ist Frieden gesetzt außer Wölfen und Bären. Bären und Wölfe galten als friedlos; sie durften von jedem überall und jederzeit gejagt werden (Friedebann, Wildbann). Ssp. Ldr. II 61 § 2: dar den wilden diren vrede gewarcht is bi koninges banne, sunder beren unde wolven unde vossen. Schwsp. 236; Dsp. 177 § 2; Pistorius I S. 12 Nr. 7; Conradi S. 14 Nr. 5; Eisenhart S. 194; Simrock S. 58 Nr. 721; Hillebrand S. 63 Nr. 90; GD S. 131 Nr. 389; W IV Sp. 1150 Nr. 4; Janz, Rechtssprichwörter S. 481–486. Vgl. Wildschwein und Eichhorn sind Gäste → Gast.

Ist das Tier tot, so ist die Sache auch tot. Für einen → Schaden, der von einem Tier angerichtet worden war, war der Eigentümer nur verantwortlich, wenn das Tier noch lebte. GD S. 292 Nr. 54; W IV Sp. 1152 Nr. 62; HRG V, Sp. 231–237.

Tod

Böse Zungen soll man mit dem Tode stillen. Gemeint ist die Verleumdung. Auf Verleumdung stand im alten Strafrecht das Abschneiden der → Zunge. Kleines Kaiserrecht II cap. 79: die bosen zungen sal man stillen mit dem tode. GD S. 351 Nr. 405; W V Sp. 631 Nr. 17.

Der Tod hebt alles auf. Das Rspw. kann sich sowohl auf die Nichthaftbarkeit der Erben für Schulden des Erblassers beziehen als auch auf die Haftbarkeit des Delinquenten für seine Straftaten, die mit seinem Tod verfielen. Conradi S. 22 Nr. 35; Sailer S. 252; Eisenhart S. 508; Eiselein S. 598; Simrock S. 525 Nr. 10352; Hillebrand S. 197 Nr. 282; GD S. 222 Nr. 287, S. 322 Nr. 264; W IV Sp. 1228 Nr. 81; Grundmann/Strich/Richey S. 85. Vgl. Wer das → Erbe nicht annimmt, braucht die Schuld nicht zu entgelten.

V.: Der Tod scheidet alles. Brant, Richterlicher Klagespiegel S. 36; GD S. 322 Nr. 265. Der Tod zahlt alle Schulden. Körte S. 448 Nr. 7524; Hillebrand S. 197 Nr. 281; GD S. 341 Nr. 341; Beyer S. 587, 689.

Mit dem Tod wettet man dem Richter und büßt dem Kläger. Gemeint ist der Tod als Strafe. Hillebrand S. 195 Nr. 279; GD S. 323 Nr. 284; W IV Sp. 1239 Nr. 298 → Gewette.

Wer zum Tod verurteilt wird, der ist in allen Stücken tot. Kleines Kaiserrecht II cap. 16: wer zu dem tode wirt geurteilt, der sal an allen dingen wesen tot. GD S. 340 Nr. 339.

Tor

Man darf niemand vor die Tore rufen. Der Angeklagte hat nur der → Ladung seines Heimatgerichts Folge zu leisten. GD S. 437 Nr. 298; W IV Sp. 1159 Nr. 7 → Gericht. Vgl. Wo ein Mann Wohnung hat, da muß er → antworten.

Toter

Der Tote erbt den Lebendigen. Ssp. Lnr. 6 § 1; Dsp. 16 § 1; Hertius S. 349 Nr. 79; Conradi S. 17 Nr. 2; Eisenhart S. 328; Runde S. 698 § 687; Körte S. 449 Nr. 7535; Eiselein S. 147; Simrock S. 527 Nr. 10395; Hillebrand S. 134 Nr. 196; Chaisemartin S. 382 Nr. 5; GD S. 205 Nr. 161; W IV Sp. 1253 Nr. 16; Grundmann/Strich/Richey S. 128; Janz, Rechtssprichwörter S. 329–336 → erben.

Die Nächsten gelten den Toten. Zu mhd. *gelten* st. V. ‹zurückzahlen, erstatten, entschädigen›. GD S. 221 Nr. 266; W III Sp. 842 Nr. 13. S. a. Wer das → Erbe nimmt, der soll die Schuld gelten.

Totschlag

Ein Notschlag, kein Totschlag. Hillebrand S. 193 Nr. 276; GD S. 390 Nr. 574; W III Sp. 1064; Beyer S. 590 → Notschlag.

Ein Steinwurf wiegt für einen Totschlag. Ein mit böser Absicht getaner Steinwurf wurde im mittelalterlichen Strafrecht wie Totschlag behandelt. Grimm, Weisth. II S. 193: Ein steinwurff wicht man vor ein todtschlag. GD S. 350 Nr. 383; W IV Sp. 825 Nr. 3.

V.: Einen Steinwurf weist der Schöffe für einen Totschlag. Grimm, Weisth. II S. 132; GD S. 350 Nr. 384; W IV Sp. 825 Nr. 2.

Wo man den Totschlag tut, muß man ihn bezahlen. An dem Ort, an dem man jemand getötet hatte, mußte die Tat auch gebüßt werden. GD S. 437 Nr. 310; W IV Sp. 1261 Nr. 3. S. o. Der → Täter reinigt die Stätte.

Traufe

Es erbt keine Traufe, wie alt sie sei. Nach dem Bamberger Recht gehört das Regenwasser dem, auf dessen Boden es durch die Dachtraufe rinnt. Bamberger Recht S. 94 § 332: Ez erbt chein trawff wi alt di ist. GD S. 85 Nr. 134; W IV Sp. 1293 Nr. 2. S. dag. Wem die Traufe gehört, dem gehört auch das Regenwasser. W IV Sp. 1293 Nr. 2 → Tropfenfall verjährt.

Treue

Jedermann mag auf seine Treue gehen. Bezogen auf die Vertragspflicht. GD S. 227 Nr. 4; W IV Sp. 1310 Nr. 25.

Nimm die Treue, wo du sie gelassen hast. Wem man eine Sache leiht, von dem kann man sie auch zurückverlangen. Hillebrand S. 75 Nr. 102; GD S. 111 Nr. 275; W IV Sp. 1310 Nr. 31; Grundmann/Strich/Richey S. 68. S. Wo einer seinen Glauben gelassen hat, muß er ihn wieder suchen → Glaube. Die → Hand muß gelöst werden, wo sie gebunden ist.

Wenn der Herr selbst flieht, bricht niemand seine Treue. Der Lehnsmann verpflichtete sich, seinen Lehnsherrn vor Angriffen zu schützen und ihm die Treue zu halten. Das Treuegebot bestand jedoch nicht mehr, wenn der Herr die Flucht ergriff. Ruprecht von Freising I cap. 38: so aber der herr selbs fleucht so prichtt nyemand sein trew. Ficker S. 59 Art. 47; GD S. 557 Nr. 15; W II Sp. 569 Nr. 772 → Herr.

Treuschaft

Alte Treuschaft verstirbt nicht. Vererbt werden kann nur, was man besitzt (Eigentum), und nicht, was einem auf Treue und Glaube übergeben worden war. GD S. 183 Nr. 7; W IV Sp. 1314.

Tropfen

Wer den bösen Tropfen hat, genießt auch den guten. ‹Was in den Nachbars → Garten fällt, ist sein›. Grimm, Weisth. III S. 106, 35: Der den bösen tropfen genießet, genießet auch den guten. Hillebrand S. 50 Nr. 71; Osenbrüggen S. 19; GD S. 85 Nr. 122; W IV Sp. 1336 Nr. 23; Grundmann/Strich/Richey S. 61; Foth S. 155–161; Janz «Dan nach Sprichwortten pflegen die Bauren gerne zu sprechen.» S. 96–97.

Tropfenfall

Tropfenfall verjährt. GD S. 85 Nr. 135; W IV Sp. 1337. S. dag. Es erbt keine → Traufe, wie alt sie sei.

trunken

Trunken gestohlen, nüchtern gehängt. Henisch Sp. 671; Eisenhart S. 455; Körte S. 454 Nr. 7630; Braun S. 176 Nr. 4608; Simrock S. 533 Nr. 10512; Hillebrand S. 188 Nr. 267; GD S. 391 Nr. 585; W IV Sp. 1346 Nr. 5; Beyer S. 558, 598.

V.: Trunken gesündigt, nüchtern gebüßt. Henisch Sp. 671; Körte S. 454 Nr. 7629; Braun S. 176 Nr. 4607; Simrock S. 533 Nr. 10511; Hillebrand S. 187 Nr. 266; GD S. 391 Nr. 582; W IV Sp. 1346 Nr. 6; Grundmann/Strich/Richey S. 89. Was einer trunken sündigt, muß er nüchtern büßen. Conradi S. 21 Nr. 3; Hillebrand S. 187 Nr. 266; GD S. 391 Nr. 583; Grundmann/Strich/Richey S. 89. Wer besoffen stiehlt, muß nüchtern hängen. Beyer S. 559. Wer in der Trunkenheit stiehlt, wird nüchtern gehängt. GD S. 391 Nr. 586; W IV Sp. 1350 Nr. 53. Wer in Trunkenheit sündigt, der sündigt doppelt. W IV Sp. 1351 Nr. 54. Wer stiehlt, wenn er trunken ist, wird gehängt, wenn er nüchtern ist. Pistorius I S. 120 Nr. 89; Eisenhart S. 455; GD S. 391 Nr. 587; W IV Sp. 802 Nr. 108; Grundmann/Strich/Richey S. 89. Wer trunken mordet, muß nüchtern hängen. GD S. 391 Nr. 584; W IV Sp. 1346 Nr. 13; Liebs S. 176 Nr. 70: Qui peccat ebrius, luat sobrius. Wer trunken sündigt, muß nüchtern büßen. Beyer S. 598.

Trunkenheit

Trunkenheit macht viel Bosheit. GD S. 390 Nr. 579; W IV Sp. 1350 Nr. 41.

V.: Trunkenheit macht tolle Leute. Beyer S. 598.

Türstoßen

→ Heimsuchen, Heimsuchung.

Türstoßen und Heimsuchen ist eins wie das andere. Zu mhd. *heimsuochen* sw. V. ‹in feindlicher Absicht in ein Haus/Heim eindringen› ist ebenso Hausfriedensbruch wie gewaltsam an die Tür stoßen. Grimm, Weisth. II S. 217: dornstoszen und heimsuchen daz were glich einz als daz ander. GD S. 497 Nr. 79; W IV Sp. 1203.

U

umsonst

Was ein Mann umsonst hat, soll er umsonst geben. Um keine Formfehler im Prozeß zu begehen, ließen sich die Gerichtsparteien oft von Vorsprechern unterstützen. Das Spw. besagt, daß die wortgewandten Vorsprecher (Fürsprecher) den Unkundigen ihre Dienste vor Gericht unentgeltlich anbieten sollten. Sächsisches Weichbildrecht Sp. 237 Art. 11: waz eyn man ummesust hat, daz sal er ouch ummesust geben. GD S. 419 Nr. 158; W III Sp. 428 Nr. 1495.

Unerbe

Unerben sind Erben, die mit dem Erblasser nicht blutsverwandt sind und damit im Gegensatz stehen zu den natürlichen, d. h. durch Geburt bestimmten Erben.

Man soll den Unerben erben mit Halm und Mund. Grimm, Weisth. I S. 561: da sal man den vnerben erben mit halme vnd mit münde. GD S. 205 Nr. 169; W IV Sp. 1426 Nr. 1 → Halm und Mund.

Wie man den Unerben erbt, so soll man den Erben enterben. Unerben konnten nur vor Gericht beerbt werden, ebenso wie natürliche Erben (Blutsverwandte) nur vor Gericht enterbt werden konnten. Grimm, Weisth. I S. 561: wie man den vnerben erbet, so sal man den erben enterben. GD S. 205 Nr. 170; W IV Sp. 1426 Nr. 2 → erben.

Ungenosse

Hund und Katze, Huhn und Hahn ist des Ungenossen Vieh. Nur die, die mit vollem Gemeinderecht zur Gemeinschaft gehörten, durften ihr Vieh auf der → Allmende weiden lassen. Wer kein vollberechtigtes Gemeindemitglied war, z. B. jemand, der nicht → Haus und Hof besaß, durfte sein Vieh nicht auf die Allmende schicken. Grimm, Weisth. II S. 308, 508: hont vnd katz, ein lon vnd ein hain, das soll sin vihe sein. GD S. 69 Nr. 49; W II Sp. 847 Nr. 701.

ungleich

Ungleiche Zeit macht ungleiche Leut. ‹Andere Zeiten, andere Sitten›. Braun S. 207 Nr. 5416; Eiselein S. 656; GD S. 13 Nr. 171; W V Sp. 546 Nr. 530.

Unleute

Unleute kann niemand rechtfertigen. Grimm, Weisth. I S. 274: unlüth mag niemandt gerichtvertigen. GD S. 418 Nr. 149; W IV Sp. 1465.

Unrecht

→ Recht.

Barmherzigkeit gegen die Wölfe ist Unrecht gegen die Schafe. Beyer S. 62, 614, 681.

Besser ist's, klein Unrecht leiden als leben in langen Streiten. GD S. 423 Nr. 164; W IV Sp. 1467 Nr. 6.

V.: Besser klein Unrecht gelitten, als vor Gericht gestritten. Simrock S. 544 Nr. 10732; GD S. 423 Nr. 165; W IV Sp. 1467 Nr. 7; Fehr, Dichtung S. 177. Besser Unrecht leiden als unrecht tun. Braun S. 179 Nr. 4690; Grundmann/Strich/Richey S. 88.

Es ist bald zerronnen, was mit Unrecht begonnen. Beyer S. 614.

Gar zu streng ist Unrecht. Beyer S. 614 → Recht, strenges.

Hundert Jahre Unrecht ist keine Stunde Recht. Agricola I S. 51; Hertius S. 259 Nr. 3; Conradi S. 7 Nr. 8; Estor I S. 20; Eisenhart S. 8; Kirchhofer S. 171; Eiselein S. 612; Hillebrand S. 9 Nr. 10; Faselius S. 231; Osenbrüggen S. 11; GD S. 95 Nr. 192; W IV Sp. 1468 Nr. 29; Grundmann/Strich/Richey S. 27; Beyer S. 614 → Gewohnheit.

V.: Hundert Jahre Unrecht getan, wird nimmer Recht getan. Hillebrand S. 9 Nr. 10; GD S. 14 Nr. 187; W IV Sp. 1468 Nr. 26. Hunderttausend Jahre Unrecht ist noch keine Stunde Recht. Braun S. 179 Nr. 4688; Kirchhofer S. 175; Hillebrand S. 9 Nr. 11; GD S. 95 Nr. 194. Tausend Jahr Unrecht ward nicht eine Stunde Recht. Franck I Bl. 72r. Unrecht wird meiner Tage nicht Recht. GD S. 3 Nr. 39. Was einmal Unrecht gewesen ist, bleibt Unrecht zu aller Frist. Braun S. 179 Nr. 4687; Simrock S. 544 Nr. 10731; Hillebrand S. 10 Nr. 12; GD S. 3 Nr. 38; W IV Sp. 1470 Nr. 81; Foth S. 172. Was heute Unrecht ist, ist morgen nicht Recht. Harrebomée II S. 138; GD S. 95 Nr. 195; W IV Sp. 1471 Nr. 82. Was Unrecht 1000 Jahre war, war nie eine Stunde Recht. Simrock S. 544 Nr. 10730; GD S. 95 Nr. 193; W IV Sp. 1471 Nr. 83.

In das Unrecht folgt der Erbe nicht. Stirbt der Rechtsbrecher, so erlischt damit auch seine Schuld. D.h. die Schuld wird nicht auf den Erben übertragen. GD S. 184 Nr. 9; W IV Sp. 1469 Nr. 30.

Ist es nicht verboten, so ist es auch nicht Unrecht. Sächsisches Weichbildrecht Sp. 334 Art. 35: Ist is denne nicht vorboten, so ist is ouch nicht unrecht. GD S. 286 Nr. 10; W IV Sp. 1530 Nr. 2.

Lieber Unrecht leiden als Unrecht tun. Beyer S. 614.

Unrecht ist auch Recht. Pistorius I S. 96 Nr. 73: Injustum etiam jus est. Conradi S. 24 Nr. 31; Eisenhart S. 4; Eiselein S. 612; Simrock S. 544 Nr. 10736; Hillebrand S. 5 Nr. 6; GD S. 477 Nr. 631; W IV Sp. 1469 Nr. 51; Grundmann/Strich/Richey S. 19; Beyer S. 614.

Unrecht ist unerträglich, darum zerstöret es sich selbst. Herforder Rechtsbuch, Prolog; GD S. 287 Nr. 31; W IV Sp. 1470 Nr. 52.

Unrecht ist zu keiner Zeit erlaubt. GD S. 5 Nr. 102; W IV Sp. 1470 Nr. 54.

Unrecht läßt sich nicht verbergen. Beyer S. 614.

Unrecht muß umkehren. GD S. 14 Nr. 189; W IV Sp. 1470 Nr. 60. Schott, Unrecht.

Unrecht schlägt seinen eigenen Herrn. Es fällt auf den Urheber zurück. Eisenhart S. 574; Eiselein S. 612; GD S. 286 Nr. 29; W IV Sp. 1470 Nr. 62; Beyer S. 614 → Untreue.

Von Recht zu Unrecht ist oft nur ein kleiner Schritt. Beyer S. 614.

Was heute Unrecht ist, kann morgen Recht sein. Beyer S. 614.

Was man mit Unrecht gibt, fordert man mit Recht zurück. Ssp. Ldr. I 52 § 4: Gift men iemande icht mit unrechte, dat vordere men mit rechte weder oppe den, deme it gegeven is. GD S. 252 Nr. 146; W IV Sp. 1471 Nr. 84.

Wen man Unrechts zeiht, der soll sich mit Recht wehren. Zeihen zu mhd. *zîhen* ‹bezichtigen, beschuldigen›. Kleines Kaiserrecht II cap. 80: wen man vnrechtes zihet, der sal sich ez mit recht wern. GD S. 443 Nr. 376; W IV Sp. 1471 Nr. 88.

Wer Unrecht verteidigt, verliert allermeist. Richtsteig Ldr. 4: we unrecht vordegedingt de verliset allerdickst. GD S. 418 Nr. 150; W IV Sp. 1472 Nr. 117.

Wo einer mit Unrecht verfestet wird, das ist kein Urteil. Zu mhd. *verfesten* sw. V. ‹verhaften, festsetzen›. Sächsisches Weichbildrecht Sp. 418 Art. 110: wo eyner zu unrechte vorvest wirt, das ist kein orteil. GD S. 443 Nr. 372.

Zuviel Recht ist Unrecht. Franck I Bl. 23r, II Bl. 187v; Foth S. 173–174.

V.: Allzu gerecht, tut unrecht. Sailer S. 114; Simrock S. 32 Nr. 161; GD S. 4 Nr. 72; W I Sp. 1563 Nr. 1; Grundmann/Strich/Richey S. 71; Beyer S. 32, 613.

unrecht

Unrecht Urteil trifft den Richter. Simrock S. 544 Nr. 10729; GD S. 409 Nr. 60; Beyer S. 472, 617 → Richter.

Wer einem unrecht tut, der droht vielen. Beyer S. 613.

Wer unrecht hat, klagt zuerst. Beyer S. 614.

Wer unrecht vorgeht, ist ärger, als wer ihm folgt. Simrock S. 560 Nr. 11048; GD S. 305 Nr. 139; W IV Sp. 1691 Nr. 6.

unrein

Was unrein ist, können die Ämter nicht leiden. GD S. 504 Nr. 143; W IV Sp. 1473 Nr. 2.

Unschuld

Wer Unschuld zur Schuld machen will, den soll man richten nach der Schuld. Kleines Kaiserrecht II cap. 21: wer vnschulde zu schulden wil machen, den sal man richten nach der schulde. GD S. 375 Nr. 499; W IV Sp. 1475 Nr. 20 → Schuld, Unrecht.

Untat

Zu doppelter Untat gehört nicht einfache Buße und Wette. Lappenberg S. 204; GD S. 320 Nr. 229; W IV Sp. 1484 Nr. 3 → Buße, Gewette.

Unterschied

Jeder Unterschied bricht Recht und macht Recht. Jeder Rechtsfall muß für sich behandelt werden, denn in jedem einzelnen Fall müssen die jeweiligen Umstände berücksichtigt werden. GD S. 5 Nr. 82; W IV Sp. 1481 Nr. 15 → Recht.

Jeder Unterschied macht eine andere Vernehmung. GD S. 442 Nr. 337; W IV Sp. 1481 Nr. 16 → gerecht, Gerechtigkeit, Vernehmung.

Untreue

Untreue ist auch Dieberei. Wer etwas «zu treuer Hand» erhalten hat, ist verpflichtet, es zurückzuerstatten. Tut er dies nicht, so gleicht seine Handlung dem Diebstahl. Henisch Sp. 690; GD S. 373 Nr. 471. Vgl. Nimm die → Treue, wo du sie gelassen hast.

Untreue schadet auch dem eigenen Herrn. GD S. 373 Nr. 474; W IV Sp. 1485 Nr. 21.

V.: Untreue schlägt ihren eigenen Herrn. Heute: Wer das Vertrauen verliert, hat alles verloren. Beyer S. 615. S. o. → Unrecht schlägt seinen eigenen Herrn. Untreue schlägt ihren eigenen Mann/Herrn. Agricola I S. 24; Egenolff S. 27a; Henisch Sp. 571; Körte S. 463 Nr. 7794; Braun S. 179 Nr. 4699; Eiselein S. 613; Simrock S. 546 Nr. 10766; Harrebomée II S. 139; Lohrengel S. 26 Nr. 661; Latendorf II S. 27; W IV Sp. 1485 Nr. 22. Untreue schlägt ihren Meister. Harrebomée II S. 132; W IV Sp. 1486 Nr. 23. Untreue trifft zuletzt ihren eigenen Herrn. Franck I Bl. 53r, II Bl. 14v; Sailer S. 218; W IV Sp. 1485 Nr. 12.

Wer andere betrügt, muß nicht über Untreue klagen. Beyer S. 615.

Wer der Untreue dient, wird mit Untreue bezahlt. Beyer S. 615.

Unwillen

Niemand sündigt mit Unwillen. Beyer S. 616.

unwissend

Unwissend entschuldigt nicht. Nicht immer gilt das Rechtsprinzip: Unwissend sündigt man nicht. Harrebomée II S. 138; W IV Sp. 1490 Nr. 5; Beyer S. 616.

Unwissend sündigt nicht. Kinder, Geistesgestörte etc., die kein Verständnis für Recht oder Unrecht haben und damit nicht zurechnungsfähig sind, können bei Gesetzesverstößen nicht belangt werden. Pistorius I S. 125 Nr. 92; Conradi S. 21 Nr. 2; Eisenhart S. 499; Körte S. 463 Nr. 7806; Braun S. 179 Nr. 4707; Eiselein S. 613; Simrock S. 507 Nr. 10015a; Harrebomée II S. 346; Hillebrand S. 186 Nr. 265; GD S. 291 Nr. 39; W IV Sp. 1490 Nr. 3; Beyer S. 616; Liebs S. 79 Nr. 63, S. 95 Nr. 95. S. §§ 19 StGB u. 828 BGB; s. dag.: Unwissend entschuldigt nicht.

V.: Unwissenheit entschuldigt. Kamptz 3 S. 32; Harrebomée II S. 140; GD S. 22 Nr. 251; W IV Sp. 1491 Nr. 2. Unwissenheit ist keine Sünde. Harrebomée II S. 140; W IV Sp. 1491 Nr. 8; Beyer S. 616.

Wer unwissend verbricht, büßt wissentlich. GD S. 291 Nr. 43; W IV Sp. 1490 Nr. 6.

Unwissenheit

Unwissenheit hilft nicht, denn jeder muß sein Recht wissen. S. o. Kamptz 3 S. 32; GD S. 22 Nr. 250; W IV Sp. 1491 Nr. 3.

V.: Unwissenheit schützt vor Strafe nicht. Grundmann/Strich/Richey S. 93 → Strafe.

Urbar

Mhd. *urbar* st. F. bezeichnet das ertragbringende Grundstück beziehungsweise die Urkunde darüber.

Wer freies Urbar erbt, der diene mit den Freien. Wer freies Gut besaß, war auch ein freier Mann. D. h. er konnte kein Leibeigener sein. Grimm, Weisth. III S. 739: Wer freyes urbar erbet, der diene auch mit den freyen. GD S. 41 Nr. 120; W IV Sp. 1495.

Urhab

Mhd. *urhap* st. M. ‹Anfang, Ursache›, persönlich ‹Anstifter›.

Wes der Urhab ist, der soll bessern. Wer den Streit begonnen hat, der soll den Schaden wiedergutmachen. Schreiber I S. 77; GD S. 305 Nr. 149; W IV Sp. 1495 → bessern.

Urkunde

Urkunde hatte ursprünglich die Bedeutung ‹Beweis, Beweismittel›. Erst im 15. Jh. erhält sie die noch heute übliche Bedeutung ‹Dokument›. HRG V, Sp. 576–577 → Brief → Handfeste.

Nach Zeugen und Urkunden wird jeder Streit gerichtet. GD S. 452 Nr. 425; W V Sp. 569 Nr. 22 → Zeuge.

Treue Urkunde hält der Brief von Geschlecht zu Geschlecht. Schriftliche Zeugnisse (Urkunden) sind, langfristig gesehen, zuverlässiger als

Zeugen. Denn Zeugen können sich irren, schriftliche Dokumente sind beständig. GD S. 458 Nr. 540; W IV Sp. 1496 → Brief.

Ursache

Kein Streit ohne Ursache. Beyer S. 566, 616 → Streit.

Urteil

→ verurteilen.

Alle, die falsch Urteil finden, soll der Teufel ewig binden. Bezogen auf korrupte Richter. GD S. 409 Nr. 61; W IV Sp. 1498 Nr. 1. S. a. Kein → Richter darf Recht verkaufen. → Mann.

Alle Urteile kommen von Klage und Antwort. Das Urteil darf erst gefällt werden, wenn beide Parteien, Kläger und Angeklagter, erhört worden sind. GD S. 433 Nr. 271; W IV Sp. 1498 Nr. 2. S. a. Eines Mannes Red ist eine halbe Red, man verhör sie alle bed. → Mann, urteilen.

Binnen geschlossenen Wänden und unter Dach soll niemand Urteil finden. Die gesamte Rechtspflege (Verfolgung, Gerichtsversammlung, Strafvollzug etc.) war im MA öffentlich. Sie wurde deshalb im Freien oder bei geöffneten Fenstern gehalten. Ficker S. 186: In beslozzen wenden vnd vnder dach endarf nieman vrteil vinden. GD S. 404 Nr. 20; W IV Sp. 1776 Nr. 8; Schild, Gerichtsbarkeit S. 41–44.

Das Urteil bindet nicht, gibt es der rechte Richter nicht. Das Urteil ist nur rechtskräftig, wenn es vom zuständigen Richter ausgesprochen wird. GD S. 478 Nr. 652; W IV Sp. 1498 Nr. 5 → Richter.

Das Urteil darf nicht zurückgehen. Ist das Urteil rechtskräftig, so darf es nicht mehr zurückgenommen werden. GD S. 479 Nr. 660; W IV Sp. 1498 Nr. 6.

Das Urteil hat keinen Zaum. Nach altdeutschem Recht wurde das Urteil direkt, nachdem es ausgesprochen wurde, vollzogen. GD S. 479 Nr. 674; W IV Sp. 1498 Nr. 7.

Ein Urteil wider geschriebenes Recht taugt nicht. GD S. 478 Nr. 653; W IV Sp. 1498 Nr. 10.

V.: Ein verkehrt Urteil gilt nicht für Recht. Harrebomée II S. 150; GD S. 478 Nr. 654; W IV Sp. 1498 Nr. 11.

Es können nicht zwei Brüder an einem Urteil sitzen. Kein Richter darf über einen Verwandten Urteil sprechen. Lappenberg S. 94; GD S. 504 Nr. 154. S. a. Der → Richter darf niemand kennen.

Jedermann ist ein Urteil wert. Das Rspw. bezieht sich auf die Gleichheit (→ gleich) aller vor Recht und Gericht. GD S. 426 Nr. 221; W IV Sp. 1498 Nr. 12.

Kein Urteil bindet den Ungegenwärtigen. Urteile, die über Abwesende verhängt wurden, hatten keine Rechtskraft, es sei denn der Verurteilte war auch nach der dritten Ladung vor Gericht nicht erschienen. Vgl. Aller guten Dinge sind drei → Ding, drei. GD S. 478 Nr. 651; W IV Sp. 1498 Nr. 16.

V.: Kein Urteil schadet jemand, das man über einen Ungeladenen findet. GD S. 478 Nr. 650; W IV Sp. 1498 Nr. 15.

Kein Urteil leidet Widertritt. Sächsisches Weichbildrecht Sp. 418 Art. 110; GD S. 479 Nr. 661; W IV Sp. 1498 Nr. 14.

Sitzend muß man Urteil finden. Ssp. Ldr. II 12 § 13: sittene scal men ordel vinden. Schwsp. 117b; Dsp. 109 § 2; Chaisemartin S. 476 Nr. 20; GD S. 410 Nr. 72; Grundmann/Strich/Richey S. 135; Janz, Rechtssprichwörter S. 202–211. S. a. Der → Richter muß sitzen.

Solang die gefristeten Urteile nicht kommen, hat weder Gast noch Bürger sein Recht versäumt. Zu mhd. *vristen* sw. V. ‹etwas (z. B. einen Urteilsspruch) aufschieben›, ‹eine Frist setzen›, DRWB III Sp. 956. Kulmisches Recht V,12: Wenne dy wile dy gevrysteten orteyl nicht yn kommen. so hot gast noch burgir syn recht nicht vorsumet. GD S. 478 Nr. 642; W IV Sp. 1499 Nr. 19.

Stehend soll man Urteil schelten. Die Gerichtsverhandlung war an bestimmte Formalismen gebunden. Nach dem Sachsenspiegel hatte ein Urteil nur Gültigkeit, wenn es vom Richter sitzend verkündet wurde (s. o.), die Urteilschelte (Appellation → appellieren) war nur rechtsgültig, wenn sie stehenden Fußes *(stante pede)* erklärt wurde. Ssp. Ldr. II 12 § 13: Stande scal men ordel scelden, sittene scal men ordel vinden. S. o. Schwsp. 117b; Dsp. 109 § 2; Chaisemartin S. 476 Nr. 20; GD S. 477 Nr. 637; Grundmann/Strich/Richey S. 135; Janz, Rechtssprichwörter S. 202–211.

Unerfolgtes Urteil ist kein Urteil. Ein Urteil gilt dann als «unerfolgt», wenn nicht alle → Schöffen zugestimmt haben. GD S. 478

Nr. 648; W IV Sp. 1499 Nr. 22. Vgl. Was → drei Schöffen erkennen, ist volle Hilfe.

Urteil bindet und löst. Durch das Urteil wird der Angeklagte freigesprochen oder verurteilt. GD S. 476 Nr. 617; W IV Sp. 1499 Nr. 24.

Urteil wird ohne Folge nimmer fromm. Ein Urteil ist erst dann rechtskräftig (fromm), wenn alle Schöffen sich dafür aussprechen. Denn – so heißt es – ein Richter kann nur mit «voller Bank» (gemeint ist die → Schöffenbank) richten. GD S. 478 Nr. 647; W IV Sp. 1499 Nr. 27 → Folge.

Vollbringung des Rechts macht ein Urteil. Das Urteil wird hier als Verbindung von → Tat und Konsequenz (Strafe) gesehen. GD S. 477 Nr. 620; W IV Sp. 1684.

Welches Urteil man zuerst erfragt hat, das soll man als erstes finden. Ssp. Ldr.I 62 § 8: Swelkes ordeles men erst bedet, dat scal men erst vinden. Dsp. 86 § 4; Schwsp. 97b; Kulmisches Recht II,12; Fehr, Dichtung S. 84; Janz, Rechtssprichwörter S. 122–129; Schmidt-Wiegand, Sprichwörter S. 285–286. Zum Prioritätsprinzip s. z. B. Wer zuerst kommt, mahlt zuerst → erst.

Wer das Urteil findet, ist des Richters Ratgeber. GD S. 414 Nr. 107; W IV Sp. 1499 Nr. 34 → Ratgeber.

Wer das Urteil fragt, ist Richter. Der Richter erfragte das Urteil von den → Schöffen und verkündete es dann. GD S. 414 Nr. 106; W IV Sp. 1499 Nr. 35 → Richter.

Wer Urteil strafen will, der strafe es vor der Folge. Wer ein Urteil anfechten wollte, hatte dieses vor der gesamten → Folge zu tun, d. h. vor allen Schöffen, die das Urteil in Abstimmung gefällt hatten. GD S. 478 Nr. 649; W IV Sp. 1500 Nr. 37; HRG V, Sp. 609–611.

urteilen

Man muß erst hören, ehe man urteilt. Und zwar beide Parteien (Eines Mannes Red ist eine halbe Red, man verhör sie alle bed → Mann). Beyer S. 275, 617. S. o. Alle Urteile kommen von Klage und Antwort → Urteil.

Wer ungerecht urteilt, richtet sich selbst. Beyer S. 617.

V

Vater

→ Kind, Sohn, Tochter, Mutter. HRG V, Sp. 648–655.

Der Vater erbt das Kind. Zu *erben* sw. V. ‹beerben›. Dreyer III S. 1377; GD S. 194 Nr. 74; W IV Sp. 1505 Nr. 27 → Kind, Erbe.

Der Vater ist der nächste Vorständer. Vorständer bedeutet ‹vorstehende Person›, hier ‹Vormund›. GD S. 172 Nr. 164; W IV Sp. 1505 Nr. 31 → Vormund, Vormundschaft.

Der Vater muß die Kinder ziehen, bis sie sich selbst erkennen. Ziehen im Sinne von ‹erziehen›, *erkennen* in der Bedeutung ‹Bescheid wissen, sich zurechtfinden›. Kleines Kaiserrecht II cap. 4: der vater sal die kint ziehen, biz sie sich selber irkennen. GD S. 165 Nr. 151; W IV Sp. 1505 Nr. 38.

Die Tochter geht vor der Mutter, aber der Sohn folgt hinter dem Vater. Die Tochter verläßt in der Regel die Familie vor der Mutter, der Vater jedoch vor dem Sohn. Grimm, RA I S. 565; Eiselein S. 597; Simrock S. 525 Nr. 10343; GD S. 165 Nr. 156; W IV Sp. 1220 Nr. 18.

Kein Vater kann seinen Sohn schelten. Zu *schelten* ‹tadeln, schmähen›. Das Rspw. richtet sich gegen die Injurienklage gegen Vater oder Mutter. Conradi S. 12 Nr. 5; Eisenhart S. 159; Eiselein S. 615; Simrock S. 548 Nr. 10804; Hillebrand S. 132 Nr. 192; Osenbrüggen S. 26; GD S. 164 Nr. 129; W IV Sp. 1508 Nr. 99.

Stiehlt mein Vater, so hängt ein Dieb. Die Schuld des Vaters darf nach seinem Tod nicht auf die Kinder übertragen werden. Diese Regel galt schon im römischen Recht. Ssp. Ldr.II 17 § 1: De sone ne antwardet vor den vader nicht. Schwsp. 178a; Dsp. 118 § 1; Pistorius I S. 25 Nr. 17; Conradi S. 10 Nr. 5; Eiselein S. 118; GD S. 300 Nr. 124; Grundmann/Strich/Richey S. 88; vgl. Foth S. 124–127; Beyer S. 618. Vgl. Stiehlt mein → Bruder, so hängt ein → Dieb.

Vater und Mutter erben vor Schwester und Bruder. Rb. nach Distinctionen Buch I, cap. VI, II: Vater unde muter nemen erbe vor swester unde bruder. GD S. 194 Nr. 73; W IV Sp. 1510 Nr. 139; Grundmann/Strich/Richey S. 84 → Erbe, Mutter.

Vater und Mutter ist alles ein Recht. GD S. 163 Nr. 121; W IV Sp. 1510 Nr. 140.

Wo kein Vater lebt, da ist der Bruder Vater gleich. Bezogen auf die Vormundschaft. GD S. 172 Nr. 168; W IV Sp. 1514 Nr. 226 → Vormund, Vormundschaft.

verfesten

Mhd. *verfesten* sw. V. ‹verhaften, ächten› → Acht.

Wer antworten will, den darf man nicht verfesten. GD S. 444 Nr. 394; W V Sp. 781 Nr. 16 → antworten.

Vergleich

Der Vergleich ist ein gegenseitiger Vertrag zwischen zwei Parteien, durch den der Streit in beiderseitigem Entgegenkommen beseitigt wird. Köbler, Juristisches Wb. S. 390.

Besser ein magerer Vergleich als ein fetter Prozeß. Bücking S. 225; Sailer S. 253; Eisenhart S. 9; Körte S. 465 Nr. 7835; Braun S. 180 Nr. 4733; Eiselein S. 617; Simrock S. 550 Nr. 10854; Harrebomée I S. 13; Lohrengel S. 10 Nr. 234; GD S. 424 Nr. 179; W IV Sp. 1548 Nr. 5; Beyer S. 624; Wacke, Besser ein magerer Vergleich als ein fetter Prozeß S. 601–606.

V.: Ein magerer Vergleich mit Freunden ist besser als ein fetter Prozeß mit Feinden. W IV Sp. 1548 Nr. 6. Es ist besser ein magerer Vergleich als ein feistes Urteil. Hasslocher S. 93; Conradi S. 23 Nr. 8; Osenbrüggen S. 11; W IV Sp. 1548 Nr. 9.

Ein Vergleich ist kein Beweis. W IV Sp. 1548 Nr. 7.

Wer zum Vergleich trachtet, der stellt nach Frieden. W IV Sp. 1548 Nr. 11.

V.: Wer sich will vergleichen, der muß nachgeben und weichen. W IV Sp. 1549 Nr. 5. Wer sich will vergleichen, muß die Hand zum Frieden reichen. W IV Sp. 1549 Nr. 6.

vergleichen

Vergleichen und Vertragen ist besser als Zanken und Klagen. Körte S. 465 Nr. 7834; GD S. 424 Nr. 178; W IV Sp. 1548 Nr. 2; Beyer S. 690.

V.: Vergleichen und Vertragen frommt mehr als Zank und Klagen. Simrock S. 550 Nr. 10855. Verglichen und Vertragen ist besser als Streiten und Klagen. W IV Sp. 1549 Nr. 3.

Verglichen ist verglichen, vereinigt ist vereinigt. Estor II S. 315; GD S. 424 Nr. 185.

Was verglichen und verebnet ist, soll verglichen bleiben. Michelsen, Lübeck S. 190 Nr. 104: wat vorliket unde voreffnet is, schal vorliket unde voreffnet bliuen. GD S. 424 Nr. 183; W IV Sp. 1549 Nr. 4.

Wer zumeist vergleicht, gewinnt den Streit. Harrebomée II S. 313; GD S. 423 Nr. 167; W IV Sp. 1549 Nr. 7.

Wollen sich vergleichen zwei Mann, was geht das den dritten an. W IV Sp. 1549 Nr. 9.

verheißen

Mhd. *verheizen* st. V. ‹versprechen, geloben›.

Verheißen macht Schuld. Simrock S. 550 Nr. 10858; GD S. 227 Nr. 2; W IV Sp. 1552 Nr. 10; Fehr, Dichtung S. 166 → Schuld.

V.: Zusagen macht Schuld. Pistorius IV S. 208 Nr. 35; Conradi S. 18 Nr. 6; Eisenhart S. 344; Braun S. 211 Nr. 5517; Simrock S. 619 Nr. 12198; Hillebrand S. 98 Nr. 133; GD S. 227 Nr. 1; W V Sp. 650 Nr. 16.

verlegen

Mhd. *verlegen* sw. V. ‹ein Zeugnis hindern, beseitigen›.

Wider sich kann man niemand verlegen. GD S. 456 Nr. 499; W IV Sp. 1560.

verleitkaufen

Was verleitkauft wird, hat Kraft. Zu *verleitkaufen* ‹den Leitkauf (Trunk zur Besiegelung eines Geschäftes) tun›, DRWB VIII Sp. 1216; Stadtrecht von München S. 152 Art. 60; GD S. 243 Nr. 122; W IV Sp. 1561; HRG II Sp. 1842–1843.

Verlust

Verlust, der nicht zu finden ist, den soll man auch nicht suchen. Kleines Kaiserrecht II cap. 54: virlust die nit zu finden ist, die sal man nit suchen. GD S. 277 Nr. 309; W IV Sp. 1569 Nr. 9.

vernageln

Der Schmied steht für das Vernageln. D. h. er muß für einen durch seine Arbeit verursachten Schaden haften. GD S. 516 Nr. 215; W IV Sp. 271 Nr. 27.

Vernehmung

Jeder Unterschied macht eine andere Vernehmung. GD S. 442 Nr. 337; W IV Sp. 1481 Nr. 16 → gerecht, Gerechtigkeit, Unterschied.

Verpfändung

Wer die erste Verpfändung hat, ist der erste zur Zahlung. Wer die erste Hypothek besitzt, hat als erster Anspruch auf Zahlung. Ofner Stadtrecht S. 197 Art. 383; GD S. 281 Nr. 344; W IV Sp. 1575.

verschweigen

Jeder Mann mag wohl seinen Schaden verschweigen so lang er will. Niemand ist zur Anklage gezwungen. Ssp. Ldr. I 62 § 1: Manlich mut sines scaden wol swigen, de wile he wil. Schwsp. 97a; Rb. nach Distinctionen Buch IV, cap. XXXI, I: eyn iczlich man mag wol sinen schaden vorswigen, dywile he wel. Eisenhart S. 580; W IV Sp. 45 Nr. 82; Fehr, Dichtung S. 84; Janz, Rechtssprichwörter S. 380–382; vgl. Liebs S. 100 Nr. 135: Invitus agere nemo cogitur. → Schaden.

V.: Es mag einer seine Sache wohl verschweigen, wenn er will. Conradi S. 24 Nr. 1; Simrock S. 476 Nr. 9385; GD S. 105 Nr. 242; W III Sp. 1791 Nr. 83 → Sache.

versehen

Versehen ist auch verspielt. Pistorius IV S. 174 Nr. 6; Conradi S. 20 Nr. 48; Eisenhart S. 422; Braun S. 181 Nr. 4752; Lohrengel S. 27 Nr. 671; GD S. 276 Nr. 296; W IV Sp. 1586 Nr. 7.

Versprechen

Niemand kann sich von seinem Versprechen lossagen. Verbindlichkeiten, die man eingegangen ist, muß man halten. GD S. 229 Nr. 51; W IV Sp. 1589 Nr. 5.

V.: Versprechen macht halten. Henisch Sp. 1466; GD S. 230 Nr. 68; W IV Sp. 1592 Nr. 45. Versprechen macht Schuld(en). Braun S. 181 Nr. 4761; Simrock S. 553 Nr. 10914; GD S. 227

Nr. 3; W IV Sp. 1592 Nr. 46. Versprechen will ein Halten haben. Körte S. 467 Nr. 7872; Simrock S. 553 Nr. 10911; GD S. 230 Nr. 67; W IV Sp. 1593 Nr. 60.

versprechen

Was du nicht halten willst, sollst du nicht versprechen. Henisch Sp. 1462; GD S. 230 Nr. 69.

Wer nichts verspricht, braucht nichts zu halten. Braun S. 181 Nr. 4757; Simrock S. 553 Nr. 10912; GD S. 227 Nr. 5; Beyer S. 632.

verstehen

Jeder mag wissen und verstehen, was das Recht sagt. GD S. 22 Nr. 248; W V Sp. 292 Nr. 92. S. a. Jeder muß sein → Recht wissen.

V.: Jeder weiß, wo er kehren und wenden soll. GD S. 22 Nr. 249.

Vertrag

Ein Vertrag ist ein Rechtsgeschäft zwischen mindestens zwei Personen, das durch gegenseitige Willenserklärung zustandekommt.

Ein schlimmer Vertrag kann nicht bestehen. Harrebomée I S. 370; GD S. 228 Nr. 35; W IV Sp. 1613 Nr. 4.

Vertrag bricht allen Streit. Braun S. 181 Nr. 4771; Simrock S. 554 Nr. 10933; Harrebomée II S. 313; GD S. 423 Nr. 159; W IV Sp. 1614 Nr. 10.

Vertrag ist frei zu machen. GD S. 228 Nr. 28; W IV Sp. 1614 Nr. 12.

verurteilen

→ Urteil, urteilen.

Wen man töten soll, den soll niemand verurteilen. Kleines Kaiserrecht I cap. 10: wen man todin sal, den en darf man nit urteiln. GD S. 314 Nr. 214; W IV Sp. 1258 Nr. 4.

Wer mit Recht verurteilt ist, bleibt verurteilt. GD S. 479 Nr. 663; W III Sp. 1534 Nr. 311.

Verwahrlosung

Verwahrlosung ist die Mutter aller Brüche. GD S. 322 Nr. 275; W IV Sp. 1618 → Bruch, Brüche.

verzehnten

→ zehnten.

Vieh

Eisern Vieh stirbt nie. Eisern Vieh meint ‹beständiges Vieh›, ‹dauernde Verpflichtung zum Halten bestimmter Tiere und zur Leistung von Abgaben›, DRWB II Sp. 1508–1509. Bei der Verpachtung von Ländereien wurde das dazugehörige Vieh dem Pächter mitüberlassen. In der Regel war daran die Bedingung gebunden, nach Ablauf der Pacht das Gut mit der gleichen Stückzahl an Vieh zu hinterlassen. Grimm, RA II S. 131; Pistorius III S. 341 Nr. 78; Körte Nr. 6302; Simrock S. 555 Nr. 10956; Hillebrand S. 106 Nr. 140; GD S. 269 Nr. 281; W IV Sp. 1629 Nr. 8; Grundmann/Strich/Richey S. 60; Fehr, Dichtung S. 167.

Kein Vieh verbüßt Gewette. Für einen Schaden, den ein Tier angerichtet hat, haftet der Besitzer. Ssp. Ldr.II 40 § 3: Nen ve verbort wedde deme richtere an siner dat. Dsp. 151 § 3; Estor I S. 488; Simrock S. 555 Nr. 10957; Hillebrand S. 200 Nr. 287; Chaisemartin S. 503 Nr. 21; W IV Sp. 1630 Nr. 23; Janz, Rechtssprichwörter S. 230–231 → Gewette. Vgl. Den Schaden büßt der Reiter und nicht das Pferd → Buße, büßen. Dazu auch: Ist das → Tier tot, so ist die Sache auch tot. S. BGB § 833 → Gewette.

Was aus meinem Vieh erzogen wird, das ist mein. GD S. 110 Nr. 252; W IV Sp. 1631 Nr. 37; Foth S. 12, 33. S. Ist die → Henne mein, so gehören mir auch die Eier.

Wes das Vieh Schaden tut, da urteilt man keinen Frevel. Bamberger Recht S. 37 § 127: Vnd waz daz viehe schaden tut da teylt man dem vihe keinen freuel umb. GD S. 291 Nr. 50; W IV Sp. 1631 Nr. 52 → Frevel, Schaden.

Wo ein Vieh hingeht, da geht auch das andere hin. Das Rspw. bezieht sich auf die kollektive Nutzung der Allmende. GD S. 68 Nr. 44; W IV Sp. 1632 Nr. 56 → Allmende.

Vogel

Wer die Vögel fängt, deß sind sie. Das Rspw. bezieht sich auf das Aneignungsrecht gegenüber Vögeln, und zwar insbesondere Raubvögeln, die sich in der → Acht befinden. In diesem Zusammenhang steht auch die sprichwörtliche Redensart *jemanden für vogelfrei* (schutzlos) *erklären* sowie der Ausruf *Und wie frei, vogelfrei!* Ruprecht von Freising I cap. 155: wer sy vächt des sind sy. Grimm, Grammatik II S. 548: frei wie ein vogel in der luft, den jeder schießen darf. Günther S. 52; GD S. 130 Nr. 381; W I Sp. 1147 Nr. 23, IV Sp. 1665 Nr. 469; Röhrich 2 S. 1682; Schmidt-Wiegand, Frei wie ein Vogel in der Luft S. 191.

Vogt

Mhd. *voget, vogt,* st. M. ‹Rechtsbeistand, Fürsprecher, Vormund, Verteidiger, Schirmherr, Beschützer, Landesherr, König, Fürst›. HRG V, Sp. 932–946.

Was der Schultheiß richten kann, dazu bedarf man des Vogts nicht. Grimm, Weisth. II S. 223: waz der schultheis gerichten kan, da bedarff er nit faits zu. GD S. 436 Nr. 296; W IV Sp. 387 Nr. 9 → Schultheiß.

Wo dem Vogt keine Klage geschieht, da wird ihm keine Buße. GD S. 322 Nr. 272; W IV Sp. 1676 Nr. 9 → Klage.

Vollbruder

Der eine Vollbruder erbt und läßt auf den andern. ‹Das Erbgut wird von einem Vollbruder auf den nächsten Vollbruder vererbt›. GD S. 189 Nr. 27; W IV Sp. 1684.

vollführen

Was man nicht vollführt, ist ewig verloren. Blieb der Kläger auch bei der dritten Ladung aus, so wurde die Klage abgewiesen. Kleines Kaiserrecht I cap. 3: daz man sie nit volfurt, die ist eweclich verlorn. GD S. 443 Nr. 360; W IV Sp. 1685 → Ladung, drei.

vorbelehnt

Der Vorbelehnte hat die Vorlachter auf den Nachbelehnten. Die Bergarbeiter müssen dem Bergrecht zufolge eine Belehung, d. h. einen Erlaubnisschein erwerben, bevor sie → schürfen dürfen. Das Spw. besagt, daß der Vorbelehnte, derjenige, der die Belehnung als erster erhalten hat, das Prioritätsrecht gegenüber allen anderen genießt. Grimm, Weisth. II S. 797: der vurbelehente haidt die vorlachter vff den nachbelehenten. GD S. 129 Nr. 365; W IV Sp. 1689.

Vorlader

Der Besetzer lohnt den Vorlader. Der Kläger übernimmt die aus der → Ladung entstandenen Gerichtskosten. GD S. 426 Nr. 235; W V Sp. 966. Vgl. Wer an der Sache fällt, zahlt die → Kosten. Wer der Zeugen bedarf, muß ihnen die Kost bezahlen → Zeuge.

Vormund

Die Vormundschaft, eine Schutz- und Herrschaftsgewalt des Vaters (→ Vater), erstreckte sich über Person und Vermögen der Kinder. Bestandteil der Vatermunt war die Vertretung des Kindes vor Gericht, die Haftung für Schäden, die von den Kindern angerichtet worden waren, die Verwaltung und Nutzung des Kindesvermögens. Zur Vormundschaft s. heute §§ 1773–1908 BGB. HRG V, Sp. 1049–1050, ebd. Sp. 1050–1055.

Der gemachte Vormund geht vor der geborenen Mundschaft. Nach dem Tod des Vaters ging die geborene Vormundschaft an den nächsten männlichen Verwandten (Der → älteste Bruder ist des jüngsten Richter). Hatte der Vater jedoch vor seinem Tod jemanden zum Vormund «berufen», so fiel das Amt der Vormundschaft an den vom Vater Gewählten. Nach heutigem Recht obliegt die Berufung eines Vormundes nicht mehr dem Vater, sondern den Eltern (§ 1776 BGB). GD S. 172 Nr. 175; W IV Sp. 1694 Nr. 4. Vgl. Der Kinder nächster Vatermag ist ihr Vogt → Kind. Der → Vater ist der nächste Vorständer.

Der Mann ist des Weibes Vormund zu Hand, da sie ihm angetrauet wird. Ssp. Ldr. III 45 § 3: De man is ok vormunde sines wives, to hant alse se eme getruwet is. Dsp. 283 § 3; GD S. 171 Nr. 162; W III Sp. 376 Nr. 342; Janz, Rechtssprichwörter S. 75–83 → Mann.

Es ist oft einer der Kinder Vormund, ein anderer ihr Erbe. Ssp. Ldr. I 23 § 2: Wende it is dicke en der kindere vormunde, unde en ander er erve. GD S. 172 Nr. 174; W II Sp. 1284 Nr. 311; Janz, Rechtssprichwörter S. 298–307.

Von Weibes wegen mag niemand Vormund sein. Eisenacher Rb. II 30: Von wibeshalbin mag nymant formunde gesin. GD S. 172 Nr. 173; W V Sp. 42 Nr. 927.

Vormundschaft

Vormundschaft erbt kein Mann auf seinen Erben. Vormundschaft wird nicht vererbt. Goslarische Statuten I S. 20: de vormunscap ne erft he nicht uppe sinen erven. GD S. 172 Nr. 179; W IV Sp. 1694 → nächst, Vater, Vorständer. HRG V, Sp. 1050–1055.

W

Wachtgeld

Das Wachtgeld ist eine Abgabe, die die Bürger entrichteten, um die Wächter zu entlohnen. Ursprünglich wurde diese Abgabe als Ersatz für den zu leistenden Wachtdienst entrichtet. DWB XIII Sp. 194.

So mancher Einwohner, so manches Wachtgeld. GD S. 511 Nr. 197; W I Sp. 799 Nr. 3. S. dazu Was → wüst ist, braucht keine Wacht zu geben.

Waffe

Gewaffnete Not muß man mit Waffen vertreiben. Zu *wapenen, wâfenen* sw. V. ‹waffnen, wappnen, rüsten›, dazu *gewâfe nôt, gewâfnote hant* ‹bewaffnete Hand›, DWB XIII Sp. 325–331, insb. 325; DRWB IV Sp. 633–634. GD S. 390 Nr. 562; W III Sp. 1047 Nr. 67. Vgl. Liebs S. 31 Nr. 103: Arma in armatos sumere jura sinunt. Heute §§ 227 Abs. 1 BGB u. 32 Abs. 1 StGB. S. a. → Gewalt mag man wohl mit Gewalt, Macht mit Macht wenden.

Wahl

Jedes weltliche Gericht beginnt von Wahl. Ssp. Ldr. I 55 § 1: Al werltlik gerichte hevet begin van kore. Schwsp. 86a; Dsp. 77 § 1; GD S. 403 Nr. 11; W I Sp. 1569 Nr. 20; Janz, Rechtssprichwörter S. 311–314 → Gericht.

Wahl hat Qual. Körte Nr. 6403; Eiselein S. 625; Hertius S. 350 Nr. 80; GD S. 215 Nr. 205; W IV Sp. 1740 Nr. 10.

V.: Wahl macht Qual. Simrock S. 563 Nr. 11118. Wer die Wahl hat, hat die Qual. Körte Nr. 6404; Braun S. 185 Nr. 4873; Eiselein S. 625; Simrock S. 563 Nr. 11119; Harrebomée I S. 398; W IV Sp. 1740 Nr. 13; Beyer S. 650. Wer die Wahl hat, muß sich nicht das Schlechteste nehmen. W IV Sp. 1740 Nr. 14; Beyer S. 650. Wo keine Wahl, da ist auch keine Qual. W IV Sp. 1740 Nr. 16.

Wahrheit

Die Wahrheit bleibt oben. Das, was der → Richter als wahr befunden hat, bleibt bestehen. D. h. das Urteil des Richters ist unumstößlich. GD S. 477 Nr. 629; W IV Sp. 1748 Nr. 32; Beyer S. 651.

V.: Die Wahrheit muß bestehen. GD S. 2 Nr. 27; W IV Sp. 1750 Nr. 91. Wahrheit bleibt sich immer gleich. Beyer S. 651. Was wahr ist, muß bleiben. Beyer S. 650.

In der Wahrheit liegt das Recht. Beyer S. 651.

Keinem Recht ist so gut zu folgen als der Wahrheit. GD S. 2 Nr. 24; W III Sp. 1526 Nr. 162.

Wahrheit geht über alles Recht. W IV Sp. 1755 Nr. 217 → Recht.

V.: Wahrheit geht vor allem Recht. GD S. 2 Nr. 29; W IV Sp. 1755 Nr. 218. Wahrheit geht vor Gewohnheit. Henisch Sp. 1608; GD S. 14 Nr. 190.

Wahrheit ist Wahrheit. W IV Sp. 1756 Nr. 242; Beyer S. 651.

Wahrheit sucht nicht Winkel. Altprager Stadtrecht S. 86 Art. 129: die worheit sucht nicht winkel. GD S. 404 Nr. 19; W IV Sp. 1757 Nr. 274.

Wahrheit und Recht hebt Sitte und Brauch auf. GD S. 14 Nr. 193; W IV Sp. 1757 Nr. 279. Vgl. Sitte und Brauch hebt gemeines Recht auf → Recht, gemeines.

Zweien oder Dreien steht die Wahrheit zu glauben. GD S. 456 Nr. 493; W V Sp. 668 Nr. 81. S. a. Durch zweier Zeugen Mund wird allerwärts die Wahrheit kund → Zeuge.

Währmann

Zu mhd. *wer, were* sw. st. M. ‹Gewährleister, Bürge, Vertreter von Ansprüchen› → Gewähre.

Währmann haben hilft nicht. Bezogen auf die Injurienklage besagt das Spw., daß die Berufung auf einen Währmann bei Verleumdung o.ä. nicht gilt. Denn jeder muß für das, was er gesagt hat, geradestehen. Conradi S. 22 Nr. 26; Eisenhart S. 483; Eiselein S. 626; GD S. 352 Nr. 412; W IV Sp. 1765.

Wahrzeichen

Wahrzeichen muß man nehmen, wie man sie hat. Wahrzeichen meint hier ‹Grenz- und Markstein›. GD S. 84 Nr. 103; W IV Sp. 1766 Nr. 1 → Markstein.

Wappenbrief

Wappenbrief bezeichnet ‹eine Urkunde, in welcher ein Wappen verliehen wird›, *Wappenadel* ist der durch Wappenbriefe neugeschaffene Adel, sog. Briefadel, im Gegensatz zum Geburtsadel → Adel.

Wappenbriefe adeln nicht. Estor I S. 79; GD S. 34 Nr. 92; W IV Sp. 1783 → Adel.

Ware

Mit schönen Worten verkauft man eine schlechte Ware. Franck I Bl. 161r; Braun S. 202 Nr. 5285; GD S. 260 Nr. 216; W V Sp. 417 Nr. 446; Grundmann/Strich/Richey S. 51, 124; Beyer S. 653; Köbler, Rechtsgeschichte S. 212.

V.: Schlechte Ware braucht viel Worte. Beyer S. 653, 685.

Ware gegen Geld. Der → Kauf als Bargeschäft entwickelte sich infolge der Geldwirtschaft, und löste den → Tausch (→ Ware gegen Ware) allmählich ab. Planitz/Eckhardt, Rechtsgeschichte S. 221. S. a. Wer nicht gibt, der nimmt nicht → geben.

Ware gegen Ware. Bezogen auf den → Tausch. Planitz/Eckhardt, Rechtsgeschichte S. 221.

Wer unrechte Ware kauft, mag unrechte Ware behalten. Nach einigen Rechten mußte der Käufer Ware, die sich im nachhinein als fehlerhaft erwies, behalten, wenn er sie beim Kauf geprüft und für qualitativ gut befunden hatte (Augen auf, → Kauf ist Kauf.). GD S. 260 Nr. 210; W IV Sp. 1715 Nr. 113.

Wie die Ware, so das Geld (der Preis). Beyer S. 653.

Wechsel

‹Schuldversprechen›.

Der Wechsel muß zu mir kommen, ich brauche ihm nicht nachzugehen. Der Schuldner ist auch ohne Aufforderung zur Zahlung verpflichtet. Hillebrand S. 173 Nr. 245; GD S. 236 Nr. 92; W IV Sp. 1840 Nr. 2; Grundmann/Strich/Richey S. 65.

wechseln

So gut gewechselt wurde, so gut muß bezahlt werden. GD S. 269 Nr. 275; W IV Sp. 1840 Nr. 4.

Wer die Schmiede wechselt, muß die alten Eisen bezahlen. Beyer S. 511, 657.

wegfertig

‹Auf der Reise oder im Aufbruch befindlich›.

Einem wegfertigen Mann oder Gast kann man kein Gras verweigern. Ein Reisender durfte auch ohne Erlaubnis auf fremdem Eigentum sein Nachtlager aufschlagen, Holz für ein Feuer hacken und sein Pferd grasen lassen. GD S. 389 Nr. 554; W III Sp. 403 Nr. 949 → Gast, Fremder.

Niemand kann einen wegfertigen Mann bekümmern. Zu *bekümmern* ‹etwas belasten, mit Beschlag belegen›, DRWB I Sp. 1508–1509. Das Gut eines flüchtigen Verbrechers durfte nicht belastet oder beschlagnahmt werden. Kulmisches Recht III,97: Nymant mag bekumeren eynen wegevertigen man. GD S. 445 Nr. 401; W III Sp. 423 Nr. 1377.

Wehre

Wehre und Beschirmung ist natürlich. GD S. 442 Nr. 339; W IV Sp. 1864 Nr. 7.

Weib

→ Ehefrau, Frau.

Der Mann geht zum Erbe, das Weib davon. Das Erbe wurde zunächst an die männlichen Verwandten weitervererbt. Frauen waren erst dann erbberechtigt, wenn keine männlichen Verwandten in der Erbfolge waren. Grimm, RA I S. 651; Hillebrand S. 155 Nr. 216; GD S. 189 Nr. 28; W III Sp. 375 Nr. 321 → Erbe, Mann.

Der Weiber Schande ist auch der Männer Schande. Pistorius V S. 400 Nr. 91; Eisenhart S. 125; GD S. 140 Nr. 19; W V Sp. 9 Nr. 213.

Ein freies Weib kann kein eigenes Kind haben. In einigen Rechten richtete sich der Geburtsstand des Kindes nach dem des freien

Elternteils. S. dag. Das Kind folgt der ärgern → Hand. Das Kind folgt dem → Busen. Kamptz 3 S. 38: Eyn vry wyff en mach geye eygen kint heben. GD S. 58 Nr. 211; W V Sp. 17 Nr. 394 → Kebskind, Kind.

Ein jedes Weib hat ihres Mannes halb Buß- und Wergeld. Das bei Totschlag einer Frau zu zahlende Bußgeld entsprach nur der Hälfte der Summe, die für die Tötung eines Mannes festgesetzt war. Ssp. Ldr.III 45 § 2: Iewelk wif hevet eres mannes halve bute unde wergelt. Schwsp. 310; Dsp. 283 § 2; GD S. 323 Nr. 288; W V Sp. 20 Nr. 453; Janz, Rechtssprichwörter S. 388–390 → Wergeld.

Ein Mann – ein Weib, zwei Seelen und ein Leib. GD S. 139 Nr. 2 → Gut, Leib.

V.: Mann und Weib haben kein gezweites Gut zu ihrem Leib. Ssp. Ldr.I 31 § 1: Man unde wif ne hebben nen tweit gut to erme live. Schwsp. 34; Dsp. 34; Conradi S. 11 Nr. 13; Eisenhart S. 120; Eiselein S. 446; Simrock S. 347 Nr. 6781; Hillebrand S. 121 Nr. 168; Chaisemartin S. 311 Nr. 22; GD S. 153 Nr. 64; W III Sp. 419 Nr. 1300; Grundmann/Strich/Richey S. 73; Janz, Rechtssprichwörter S. 370–374. Mann und Weib haben kein verschieden Gut. Hillebrand S. 121 Nr. 168; GD S. 153 Nr. 65 → Gut. Mann und Weib sind ein Leib. Stadtrecht von Brünn S. 401 Art. 226; Estor I S. 346; Sailer S. 141; Eisenhart S. 113; Körte S. 306 Nr. 5117; Braun S. 96 Nr. 2522; Eiselein S. 447; Simrock S. 347 Nr. 6778; GD S. 139 Nr. 1; W III Sp. 420 Nr. 1307; Beyer S. 662 → Leib. Mann und Weib kommen auf halb und halb zusammen. GD S. 153 Nr. 68; W III Sp. 420 Nr. 1304.

Ein Weib fällt nicht vom Eide. Von etwas fallen bedeutet hier ‹verlustig gehen (z. B. an einem Recht)›, DRWB III Sp. 399–402, insb. 401. Stadtrecht von Brünn S. 390 Art. 186: ein weip nicht velt an dem aide. GD S. 469 Nr. 604; W V Sp. 27 Nr. 583.

Ritters Weib hat Ritters Recht. Für die Ehefrau eines Ritters galt das Ritterrecht. Pistorius I S. 100 Nr. 76; Hertius S. 398 Nr. 7; Estor I S. 297; Sailer S. 254; Eisenhart S. 122; Eiselein S. 530; Simrock S. 433 Nr. 8479; Hillebrand S. 31 Nr. 40; GD S. 140 Nr. 14; W III Sp. 1699 → Ritterrecht.

Kommt das Weib an des Mannes Bett, so hat es die Hälfte ohne alle Aufgabe. Ssp. Ldr.I 45 § 1: si [...] trit in sin recht, swen se in sin bedde geit. GD S. 153 Nr. 84; W V Sp. 35 Nr. 781; s. dazu Janz, Rechtssprichwörter S. 176–182. S. a. Die Frau tritt in des Mannes Recht, wenn sie in sein → Bett geht. Wenn die → Decke über dem Kopf ist, sind die Eheleute gleich reich. → Bett.

Mann und Weib soll Kindsteil nehmen. Zu *Kindsteil* ‹Erbanteil eines Kindes›, DRWB VII Sp. 826–827; GD S. 217 Nr. 250; W III Sp. 420 Nr. 1311. S. a. Wenn eine → Frau zum Kindsteil kommt, so hilft sie ihre ehelichen Kinder erben. → Erbe.

Weibergut

Weibergut kann weder wachsen noch schwinden. Hillebrand S. 127 Nr. 179; Osenbrüggen S. 27; GD S. 154 Nr. 89; W V Sp. 70 Nr. 1. S. a. Einer Ehefrau Gut soll hinter ihrem Mann weder wachsen noch schwinden → Frau. Vgl. → Kindergut.

Weichbild

Aus dem um 1170 im Westfälischen belegten Rechtswort *bilde* zu *billich* ‹passend, angemessen, gerecht› (→ recht und billig, Billigkeit) entwickelte sich Wik-Recht, indem *binnen wikbilede* ‹innerhalb der Grenzpfähle des Wik› umgedeutet wurde zu ‹unter dem Wik-Recht›. Schmidt-Wiegand, Wik und Weichbild, S. 121–157; Kluge/Seebold S. 782; HRG V, Sp. 1209–1212.

Dörfer haben auch Weichbildrecht. Conradi S. 7 Nr. 2; Eisenhart S. 6; Eiselein S. 123; Simrock S. 102 Nr. 1664; Hillebrand S. 37 Nr. 47; GD S. 21 Nr. 239; W I Sp. 675 Nr. 3 → Dorf.

Jedes Weichbild hat sein sonderlich Gesetz. GD S. 21 Nr. 237; W V Sp. 77.

Weide

Busch und Berg soll sein eine gemeine Weide. Grimm, Weisth. I S. 419: bosch u. berg, dz sol sin ein gemeine weid. GD S. 68 Nr. 40; W V Sp. 1088 Nr. 55 → Allmende, gemein.

Der Stadt Gericht wendet soweit als ihre Weide wendet. Die Grenze der Ortsgerichte stimmte mit der Gemarkung überein. GD S. 436 Nr. 285; W IV Sp. 760 Nr. 6 → Mark.

Weiden geben allweg den Äckern Schirm. Blumer III S. 72; GD S. 85 Nr. 118; W V Sp. 79 Nr. 10 → Schutz und Schirm.

weihen

Wer geweiht ist, gehört vor seinen Obersten. Die Geistlichen unterstanden nicht dem weltlichen Gericht, sondern hatten ihren besonderen Gerichtsstand. GD S. 436 Nr. 290; W V Sp. 82 Nr. 2 → Pfaffe.

Wein

Was hinterm Wein geredet wird, gilt nicht. Versprechen, die in betrunkenem Zustand gegeben wurden, sind nicht verbindlich. Henisch Sp. 1510; Körte S. 495 Nr. 8342; Braun S. 192 Nr. 5039; Simrock S. 580 Nr. 11447; GD S. 228 Nr. 31; W V Sp. 104 Nr. 453; Grundmann/Strich/Richey S. 38; Beyer S. 664; Fehr, Dichtung S. 167. S. a. Alle Eide kann man nicht halten → Eid.

Weinkauf

Im späten MA wurde der Kaufvertrag erst durch den Gottespfennig oder den Weinkauf rechtskräftig. HRG V, Sp. 1234–1235.

Wenn der Weinkauf nicht getrunken ist, können die Kinder nicht erben. Einen *Weinkauf trinken* heißt hier ‹einen Kaufvertrag abschließen›. Das Spw. besagt, erst wenn das Geschäft durch einen Umtrunk besiegelt wird, gilt es als abgeschlossen. Grimm, Weisth. III S. 105: So der weinkauf nicht gedungen, können die kinder nicht erben. Grimm, RA I S. 264; GD S. 243 Nr. 123; W V Sp. 123 Nr. 1 → verleitkaufen.

weisen

Wie man die erste weist, weist man die andern nach. Bezogen auf die Gleichbehandlung aller im Recht. Grimm, Weisth. II S. 385; GD S. 477 Nr. 626. S. a. In gleichen Sachen ist allemal ein Recht → Sache.

Were

→ Gewere.

In wes Were die Traufe fällt, des ist die Mauer. Das Nutzungsrecht an der Traufe hatte der, auf dessen Eigentum die Traufe fiel. Goslarische Statuten S. 30: inwes weren de ovese valt, des is de mure. GD S. 85 Nr. 136; W V Sp. 193 Nr. 1 → Traufe.

Man fordert auf die Were. GD S. 511 Nr. 190; W I Sp. 1088 Nr. 4 → Pflicht.

Was in der Were verstirbt, erbt wieder an die Were. Kinder, die bereits eine Abschichtung, d. h. Abfindung bekommen hatten, waren verpflichtet, beim Tod der Eltern das bereits erhaltene Vermögen in das Gesamterbe einfließen zu lassen und mit den Geschwistern gleichberechtigt zu teilen. Hillebrand S. 152 Nr. 213; GD S. 195 Nr. 86; W V Sp. 193 Nr. 2.

Wergeld

Mhd. *wergelt* st. M. zu *wer* ‹Mann› bezeichnet ‹die Geldbuße für einen Totschlag› → Manngeld.

Die Zunge abgeschnitten ist ein halbes Wergeld. Leibesstrafen wurden häufig als «spiegelnde Strafen» nach dem Grad der Körperverletzung bemessen. GD S. 323 Nr. 290; W V Sp. 632 Nr. 31. S. a. Die → Hand ist ein halbes Leben. → Zunge.

Wette

Zu mhd. *wette* st. N. ‹Verpfändung, Geldbuße, die man dem Richter zahlen muß›, mlat. *vadium* ‹Verpfändung beweglicher Habe› → Gewette. HRG V, Sp. 1329–1333.

Niemand soll eine Wette werden, denn dem auch gewettet ist. Die Geldbuße durfte nur vom zuständigen → Richter eingefordert werden. Gaupp I, XXXII: Nieman sol dekeine wette werdem, wan dem ouch gewettet ist. GD S. 322 Nr. 278; W V Sp. 208 Nr. 1.

wetten

Mhd. *wetten* sw. V. ‹verpfänden›, ‹Gewette geben, zahlen› → Gewette.

Niemand wettet um eine Sache zweimal. Ssp. Ldr. I 53 § 4: Neman ne weddet um ene sake twies. GD S. 322 Nr. 280; W V Sp. 209 Nr. 2; Janz, Rechtssprichwörter S. 461–464 → Strafe.

Widerlage

Zu mhd. *widerlâge* st. F. ‹Widerlegung›. HRG V, Sp. 1346–1349.

Widerlage falle nieder. Das → Leibgedinge der Frau, auch → Leibzucht, fiel erst nach dem Tod der Witwe an die Erben des Mannes zurück. GD S. 154 Nr. 104; W V Sp. 222. S. a. → Leibgedinge geht wieder an des Mannes Erben.

widerrufen

Was einer einmal genehmigt, das kann er nicht widerrufen. GD S. 477 Nr. 638; W I Sp. 1549; Grundmann/Strich/Richey S. 70.

V.: Was man einmal genehmigt, kann man nicht widerrufen. W I Sp. 1549.

Widerspruch

Es ist kein Recht so klar, daß man keinen Widerspruch erheben könnte. GD S. 446 Nr. 420; W III Sp. 1524 Nr. 125.

wie

Wie du mir, so ich dir. Das Spw. bezieht sich ebenso wie → 'Auge um Auge, Zahn um Zahn' auf das *ius talionis*. Spr. 24, 29; Körte S. 505 Nr. 8530; Braun S. 104 Nr. 2719; Simrock S. 588 Nr. 11590; Lohrengel S. 35 Nr. 877; GD S. 530 Nr. 356; W V Sp. 223 Nr. 4; Beyer S. 672; Krauss S. 228; HRG V, Sp. 114–118 → Auge, lähmen.

Wiederkauf

Wiederkauf, mhd. *widerkouf* st. M. ‹Wieder(rück)kauf› bzw. ‹Rückkaufsrecht›, auch ‹Näherrecht›. HRG V, Sp. 1368–1370.

Wiederkauf steht Jahr und Tag. Machte niemand vom Rückkaufsrecht Gebrauch, so konnte nach Ablauf von → Jahr und Tag der Besitz von einem fremden Käufer erworben werden. Ansprüche von Näherberechtigten konnten dann nicht mehr geltend gemacht werden. GD S. 105 Nr. 246; W V Sp. 225.

Wildbann

Aus dem Allmendregal (→ Allmende), der kollektiven Nutzung am Gemeingut (→ gemein), entwickelte sich das den Landesherrn vorbehaltene Jagdregal, der sog. Wildbann. D. h. die am gemeinen Land nutzungsberechtigten Bauern waren von der «hohen Jagd» ausgeschlossen. Raubtiere z. B. Füchse, Wölfe, Bären, Wildschweine etc. gehörten nicht zum Wildbann → Bann, Tier. Vgl. Wildschwein und Eichhorn sind Gäste → Gast. HRG V, Sp. 1418.

An einem Fuchs bricht man keinen Wildbann. ‹Einem bösen Menschen mag man wohl zusetzen› (Luther). Eiselein S. 194; Simrock S. 160 Nr. 2891; GD S. 131 Nr. 391; W I Sp. 1240 Nr. 14.

Ein Marder gehört in den rechten Wildbann. Grimm, Weisth. III S. 661: ain mader gehortt in den rechttn wyldpan. GD S. 131 Nr. 392; W III Sp. 456 Nr. 7.

Vogelfang gehört zum Wildbann. Conradi S. 14 Nr. 11; Eisenhart S. 204; Eiselein S. 622; Simrock S. 558 Nr. 11018; Hillebrand S. 65 Nr. 94; GD S. 130 Nr. 386; W IV Sp. 1672 Nr. 2; Grundmann/Strich/Richey S. 40 → Bann, Vogel.

Wille

An Willen und Worten ist kein Zwang. Weder für den Gedanken noch für die Äußerung des Gedankens kann man strafrechtlich verfolgt werden. Anders, wenn es sich um Ehrverletzungen (Beleidigungen, Verleumdungen) handelt. Heute: ‹Die Gedanken sind frei›. Beyer S. 194; GD S. 292 Nr. 74; W V Sp. 236 Nr. 5. S. a. Gedanken sind zollfrei → Gedanke, zollfrei. Zur Strafe bei Verleumdung s. das Spw. Böse Zungen soll man mit dem Tode stillen → Tod. HRG V, Sp. 1424–1427.

Der Wille gibt dem Werk den Namen. Schottelius S. 1122; Hertius S. 410 Nr. 1; Conradi S. 18 Nr. 1; Eisenhart S. 333; Körte S. 506 Nr. 8556; Eiselein S. 643; Simrock S. 589 Nr. 11620; GD S. 291 Nr. 35; W V Sp. 237 Nr. 27.

V.: Der Wille gilt oft für die Tat. Eiselein S. 643; Simrock S. 589 Nr. 11615; GD S. 291 Nr. 36; W V Sp. 238 Nr. 38. Der Wille ist des Werkes Seele. Schottelius S. 1142; Conradi S. 18 Nr. 1; Eiselein S. 330; Simrock S. 590 Nr. 11621; GD S. 291 Nr. 33; W V Sp. 237 Nr. 28. Der Wille ist die Seele der Tat. Eiselein S. 643; W V Sp. 238 Nr. 40. Der Wille ist und tut alles. Körte S. 506 Nr. 8557; Simrock S. 590 Nr. 11622; GD S. 291 Nr. 34; W V Sp. 237 Nr. 32, Sp. 238 Nr. 42. Der Wille sündigt, nicht die Hand. Beyer S. 674. Der Wille sündigt, nicht die Tat. Beyer S. 674. Der Wille tut's. Simrock S. 590 Nr. 11623.

Guter Wille ist kein Erbe. Hatte der Verstorbene zu Lebzeiten etwas nur aus gutem Willen und Großzügigkeit heraus getan, so entstand für die Erben daraus nicht die Verpflichtung, dieses fortzusetzen. Henisch Sp. 908; Pistorius I S. 49 Nr. 37; Eisenhart S. 20; Körte S. 507 Nr. 8566; Simrock S. 589 Nr. 11611; GD S. 221 Nr. 268; W V Sp. 240 Nr. 89.

V.: Guter Wille ist kein Recht. Simrock S. 589 Nr. 11612; W V Sp. 240 Nr. 90; Beyer S. 674.

Wille ist nicht Landrecht. Beyer S. 674. S. a. Ein Eigenwille ist kein → Landrecht.

Schweigst du still, so ist's dein Will. Pistorius II S. 170 Nr. 30; Conradi S. 18 Nr. 7; Eisenhart S. 344; Körte S. 408 Nr. 6855; Eiselein S. 563; Simrock S. 475 Nr. 9358; Hillebrand S. 96 Nr. 128; GD S. 105 Nr. 239; W IV Sp. 442 Nr. 156; Beyer S. 562, 674 → Antwort, antworten, schweigen.

Willkür

Mhd. *wilkür* st. F. ‹freiwillige Übereinstimmung›, ‹freie Zustimmung› bezeichnet diejenigen Verordnungen, welche die Städte sich selbst gegeben hatten. Lag keine feste Bestimmung (→ Vertrag) vor, so sollte der → Richter nach dem Prinzip der Willkür, d. h. nach dem → Stadtrecht urteilen. HRG V, Sp. 1438–1440.

Willkür bricht Landrecht. Conradi S. 7 Nr. 1; Estor I S. 21; Eisenhart S. 1; Körte S. 507 Nr. 8577; GD S. 24 Nr. 257; W V Sp. 246 Nr. 3; Grundmann/Strich/Richey S. 27; Foth S. 69–70 → Landrecht.

V.: Willkür bricht alle Rechte. Sächsisches Weichbildrecht Sp. 371 Art. 52; Goslarische Statuten S. 94: Wilköre brict recht. Rb. nach Distinctionen Buch IV, cap. XLVI, XIV; GD S. 24 Nr. 262; W V Sp. 246 Nr. 2. Willkür bricht Recht. Haltaus Sp. 2117; GD S. 24 Nr. 255; W V Sp. 246 Nr. 4; Beyer S. 675 → Recht. Willkür bricht Stadtrecht. Hertius S. 270 Nr. 9; Hillebrand S. 11 Nr. 15; GD S. 24 Nr. 256; W V Sp. 247 Nr. 5 → Stadtrecht. Willkür bricht Stadtrecht, Stadtrecht bricht Landrecht, Landrecht bricht Gemeinrecht. Sailer S. 251; Eisenhart S. 3; Simrock S. 591 Nr. 11641; Hillebrand S. 10 Nr. 14; Osenbrüggen S. 7; GD S. 25 Nr. 271; W V Sp. 247 Nr. 6: Willkür bringt Stadtrecht, Stadtrecht bringt Landrecht, Landrecht bringt Gemeinrecht. Willkür geht über alle Landrechte. Dittmer S. 91; GD S. 24 Nr. 259; W V Sp. 247 Nr. 7. Willkür wird ein Recht. Sächsisches Weichbildrecht Sp. 356 Art. 51; GD S. 21 Nr. 236; W V Sp. 247 Nr. 8.

Wirt

Der Wirt muß von einem Zapfen schenken. Um den Geschmack eines Getränkes nicht zu verfälschen, sollte der Wirt nur aus einem Faß zapfen. Stadtrecht von München S. 134 Nr. 336; GD S. 253 Nr. 180; W V Sp. 279 Nr. 34.

wissentlich

Mhd. *wissenlîche* Adv. ‹bekannt, bewußt, wissentlich›.

Wer wissentlich eines andern Land errt, verliert seine Arbeit. Zu mhd. *erren* sw. V. ‹ackern, pflügen›. Wer fremden Acker bebaut, hat keinen Anspruch auf die Ernte. GD S. 75 Nr. 68; W II Sp. 1773 Nr. 222 → Land.

Wittum

Wideme, widem sw. st. M. F. ‹Brautgabe›, ‹die Gabe, die der Bräutigam bei der Hochzeit der Braut, urspr. dem Brautvater, überreichte› → Leibgedinge, Leibgut.

Kein Wittum mag sein, es sei denn stäte. Das Wittum mußte richterlich eingetragen werden. Erst dann hatte die Witwe rechtlichen Anspruch darauf. Kleines Kaiserrecht II cap. 51; GD S. 154 Nr. 107; W V Sp. 319.

Wie man den Weibern das Wittum macht, so sollen sie es behalten. Kleines Kaiserrecht II S. 51; GD S. 155 Nr. 108; W V Sp. 64 Nr. 1384.

Witwe

Die Rechtsstellung der Witwe ist zeitlich und landschaftlich unterschiedlich geregelt. Nach dem Sachsenspiegel erbt sie die → Morgengabe und → Gerade, sie behält Nießbrauch am Eigen des Mannes und ist bedingt lehnsfähig. Wb. der Mediävistik S. 909–910; Janz, Frauen und Recht S. 121–131. HRG V, Sp. 1472–1479.

Eine Witwe bleibt in empfänglicher Hand sitzen. Grimm, Weisth. II S. 478: Ein wittib pleibt in entphenclicher handt sitzen. GD S. 153 Nr. 85; W V Sp. 320 Nr. 16.

Wer die Witwe freit, freit auch die Schulden. W V Sp. 321 Nr. 38; Beyer S. 520.

Wort

Mhd. *wort* st. N. ‹Wort, Rede›.

Das Wort muß stehen. Worte sind verbindlich. GD S. 227 Nr. 16; W V Sp. 400 Nr. 56 → Versprechen.

Dem Beklagten gebührt allzeit das letzte Wort. GD S. 445 Nr. 404; Simrock S. 66 Nr. 906.

Dem Wort folgt die Tat. Beyer S. 684.

Ein Wort dringt so tief wie sieben Briefe. Körte S. 519 Nr. 8766; Braun S. 203 Nr. 5306; Simrock S. 602 Nr. 11869; GD S. 228 Nr. 21; W V Sp. 405 Nr. 165; Fehr, Dichtung S. 176.

V.: Ein Wort muß so gut sein wie Brief und Siegel. Grundmann/Strich/Richey S. 44 → Brief und Siegel.

Ein Wort ist kein Pfeil. Egenolff S. 183b; Schottelius S. 1134; Simrock S. 601 Nr. 11840; GD S. 293 Nr. 76; W V Sp. 406 Nr. 184.

V.: Ein Wort ist kein Pfeil, Muskete oder Hellebarde. W V Sp. 406 Nr. 185.

Eines Mannes Rede hab' ich nun gehört, hören wir auch des andern Wort. GD S. 433 Nr. 268; W III Sp. 406 Nr. 996 → Mann.

Es sind nicht viel Worte, die einen schuldig machen. Sächsisches Weichbildrecht Sp. 276 Art. 22: is sint nicht vil wort die eynen man schuldig machen. GD S. 227 Nr. 7; W V Sp. 409 Nr. 246.

Das Pferd beim Zaume, den Mann beim Wort. Körte S. 356 Nr. 5967; Braun S. 125 Nr. 3270; Simrock S. 403 Nr. 7853; W III Sp. 1281 Nr. 58.

V.: Man faßt das Pferd beim Zaum, den Mann beim Wort. Simrock S. 603 Nr. 11890a; GD S. 228 Nr. 24; W III Sp. 1300 Nr. 482. Man nimmt den Mann beim Wort und den Hund beim Schwanz. Simrock S. 603 Nr. 11890 → Mann.

Mit Worten geht es einem an die Pfennige, mit Werken an die Hand. Altprager Stadtrecht S. 139 Art. 130: mit den worten, get is ym an dy pfennig, mit den werken an den hals. GD S. 293 Nr. 84; W V Sp. 417 Nr. 461.

Mit Worten und Werken beweist man den Willen. Hamburgisches Stadtrecht S. 280 Art. 2: vth den worten, wercken effte scryfften bewyszetme den willen. GD S. 292 Nr. 72; W V Sp. 418 Nr. 478 → Tat, Wille.

Niemand kann mit Worten Gewalt tun. Bremer Statuten S. 98, LIV: Dhar ne mach neman mit worthen welde don. GD S. 292 Nr. 75; W V Sp. 418 Nr. 488.

Wenn das Wort von der Zunge ist, ist der Mann gebunden. Harrebomée II S. 52; GD S. 228 Nr. 23; W V Sp. 424 Nr. 628 → gebunden.

Worte haben Macht. Nehring S. 16; GD S. 228 Nr. 17; Fehr, Dichtung S. 167.

Wucher

Als Wucher gilt heute die wirtschaftliche Übervorteilung eines anderen durch Ausnutzen seiner Zwangslage. Stereotype Vorwürfe des Wuchers richteten sich früher insbesondere gegen → Juden, Händler und Wechsler. Köbler, Juristisches Wb. S. 432; Wb. der Mediävistik S. 910–911. HRG V, Sp. 1538–1539.

Wucher hat schnelle Füße: Er läuft auf, ehe man sich umsieht. Braun S. 203 Nr. 5325; GD S. 269 Nr. 268; Grundmann/Strich/Richey S. 52.

Wucher steht einen Monat frei. Verzugszinsen wurden nicht direkt nach Ablauf der Zahlungsfrist fällig. Denn dem Schuldner stand noch eine Nachzahlungsfrist von zwei bis vier Wochen zu. Rb. nach Distinctionen Buch III, cap. XVII, XXVI: wucher sted einen manden fry. GD S. 269 Nr. 270; W V Sp. 441 Nr. 21 → Geld.

Wunde

Kampfbare Wunde ist nagelstief und gliedeslang. Als *kampfbare Wunde* galt ‹die Wunde, die aufgrund ihres Verletzungsgrades ein Verfahren mit gerichtlichem Zweikampf zuließ›, DRWB VI Sp. 1033. Rb. nach Distinctionen Buch IV, cap. V, I: Eyn kamphbar wunde ist unde heyset nagels tif unde geledes lang. GD S. 320 Nr. 243; W V Sp. 446 Nr. 68.

Um eine Wunde mag man nicht mehr denn einen Mann beklagen. Das Rspw. bezieht sich auf die Frage nach der Mittäterschaft bei Körperverletzung. Während sich grundsätzlich der Mittäter ebenso strafbar macht wie der eigentliche Täter (Wer mit eingestiegen ist, muß mit → ausladen), zieht der Sachsenspiegel für e i n e Wunde auch nur e i n e n Täter zur Verantwortung. D. h. der Mittäter wurde hier nicht bestraft. Hatte der Mann hingegen mehrere Wunden, so konnten auch mehrere Täter belangt werden. Ssp. Ldr. III 46 § 2: Um ene wunden ne mach men nicht wan enen man beklagen. Dsp. 284 § 2; Rb. nach Dinstinctionen Buch V, cap. V, IX; Zwickauer Rb. III 7, I; GD S. 305 Nr. 154; W V Sp. 447 Nr. 94; Janz, Rechtssprichwörter S. 382–385.

V.: So manche Wunde der Mann hat, also manchen Mann mag er damit besprechen. GD S. 306 Nr. 157; W V Sp. 446 Nr. 89.

Wunden und Schläge bedecken die Worte. Kommt es bei einem Streit nicht nur zu verbalen Attacken (Beleidigungen, Beschimpfungen etc.), sondern auch zu körperlichen Angriffen, so ist das schwerere Delikt, in diesem Fall die Körperverletzung, Gegenstand des Verfahrens. Das geringere Delikt kommt nicht zum Tragen. GD S. 351 Nr. 394; W V Sp. 448 Nr. 125.

Würde

Auf die Würde kommt die Bürde. Beyer S. 687.

Würden sind Bürden. Braun S. 204 Nr. 5337; GD S. 515 Nr. 205.
V.: Würden, Bürden. Franck I Bl. 59v; Simrock S. 605 Nr. 11924; W V Sp. 458 Nr. 12. Würde bringt Bürde. Beyer S. 687 → Ämter. HRG V, Sp. 1539–1545.

Wurzel

Was an der Wurzel steht, bleibt bei dem Grunde. GD S. 85 Nr. 132; W V Sp. 474 Nr. 11. Dazu s. Die → Zweige gehören nach der Wurzel.

Wer die Wurzeln im Hofe hat, greift zum Zaun. Der Eigentümer darf die auf das Nachbargrundstück überragenden Zweige vom → Zaun aus zu sich rüberziehen, um die Früchte zu ernten (sog. Zaungriff.). Ssp. Ldr.II 52 § 1: Swe de wortelen in deme hove hevet, de gripe deme tune so he naest moge. Dsp. 162 § 7; Altprager Stadtrecht S. 151 Art. 169; Eisenacher Rb. III 23; GD S. 85 Nr. 128; W V Sp. 474 Nr. 19; Janz, Rechtssprichwörter S. 437–442. S. a. Der → Baum folgt den Enden. Die Zweige gehören nach der Wurzel → Zweig. S. dag. Was in des Nachbars → Garten fällt, ist sein.
V.: Wer die Wurzel im Hof hat, dem folgt der Stamm.

wüst

Was wüst ist, braucht keine Wacht zu geben. Von unbewohntem Gut kann man kein → Wachtgeld einfordern. GD S. 511 Nr. 198; W V Sp. 475 Nr. 2.

Z

zahlen

→ bezahlen.

Wem man viel schuldet, dem muß man viel zahlen. Beyer S. 689.

Wer nicht zahlen kann, muß laufen. Beyer S. 689.

Zahlen macht Friede. GD S. 236 Nr. 82; W V Sp. 482 Nr. 25; Fehr, Dichtung S. 167.

Zahler

Gute Zahler brauchen keine Bürgen. Beyer S. 689.

Zahlung

Mißrechnen ist keine Zahlung. Conradi S. 20 Nr. 56; Simrock S. 361 Nr. 7031; Harrebomée I S. 51; GD S. 237 Nr. 101.

Zaun

Ursprünglich diente der Zaun zur Abgrenzung des Allods (Besitz zu vollem Eigen) von der → Allmende (→ Allmendgut). Die Zaunpflicht bestand grundsätzlich für jeden Besitzer eines eigenen Hofes. Aneinandergrenzendes Sondereigentum mußte von beiden → Nachbarn einheitlich umzäunt werden, wobei die Kosten hierfür geteilt wurden (Gleiche Güter sollen gleich hegen → gleich). Anders, wenn die Hofstätten auf unterschiedlichen Höhen lagen. In diesem Fall hatte die nieder gelegene → Hofstatt sich von der höher gelegenen durch einen Zaun abzugrenzen → frieden. HRG V, Sp. 1623–1626.

Einer muß dem andern halben Zaun geben. GD S. 84 Nr. 105; W V Sp. 507 Nr. 22.

V.: Man soll keinem seinen Zaun hintragen. GD S. 84 Nr. 112; W V Sp. 509 Nr. 48.

Ungeteiltes Eigen leidet keinen Zaun. Grimm, RA II S. 49; GD S. 85 Nr. 121; W I Sp. 771 Nr. 11. S. dazu: An Gesamtgut da graben, die da → frieden.

Zaun ist Friedensstifter unter den Nachbarn. GD S. 85 Nr. 114; W V Sp. 510 Nr. 82; Grundmann/Strich/Richey S. 45; Beyer S. 410 → Nachbar.

zäunen

Wer allein zäunt, soll auch allein lesen. Bezogen auf das Nutzungsrecht von Bäumen, die auf oder nahe der Grenze stehen. GD S. 85 Nr. 126; W V Sp. 512 Nr. 2. Eine andere Rechtsregel zum Fruchterwerb von auf der Grenze stehenden Bäumen lautet: Wo zwei zu Hofe zäunen, sollen sie auch zu Hofe lesen. GD S. 85 Nr. 127 → Zaun.

Wer zäunet, kehret die Äste in seinen Hof. Ssp. Ldr.II 50: Swe tunet, de scal de este keren in sinen hof. Dsp. 162 § 3; Altprager Stadtrecht S. 150 Art. 167; GD S. 84 Nr. 106; W V Sp. 512 Nr. 3; Janz, Rechtssprichwörter S. 93–97 → Wurzel, Zweig.

Zeche

Wer zuletzt an der Zeche sitzt, muß dem Wirt die Zeche gar richten. Bamberger Recht S. 105 § 378: welche denne zue dem letzsten an der zeche besitzen, die schülen dem wirte di zeche gar rihten. GD S. 253 Nr. 183; W V Sp. 514 Nr. 10. HRG V, Sp. 1627–1629.

Zehnt

Zehnt, mhd. *zehent* st. M. bezeichnet die regelmäßige Abgabe, die in der Regel aus einem Zehntel des wirtschaftlichen Gesamtertrages bestand. Zehntpflichtig waren grundsätzlich alle geistlichen und weltlichen Gutsbesitzer, doch waren die Klöster häufig hiervon befreit (Vgl. Pfaffen geben einander keinen Zehnt → Pfaffe). Der Zehnt (Viehzehnt, Kornzehnt, Obstzehnt etc.) gehört zu den Reallasten. Volkert S. 266–267 → Egge, Haus, Henne.

Alle Acker geben Zehnt. GD S. 122 Nr. 315; W V Sp. 707 Nr. 69 → Acker, Morgen.

V.: Vom Acker geht der Zehnt. GD S. 122 Nr. 317. Von allem Korne, das man zur Erde säet, geht der Zehnt ab. GD S. 122 Nr. 322; W II Sp. 1544 Nr. 82.

Ein jeglicher Zehnt seinem Gut. Jedes Gut ist zehntpflichtig. GD S. 122 Nr. 319; W V Sp. 517 Nr. 2.

Von jedem Vieh gibt man Zehnt außer von Hühnern. Nach dem Sachsenspiegel sind Hühner vom Viehzehnt ausgenommen. Ssp.

Ldr.II 48 § 5: Iewelkes ves gift men den tegeden sunder hunre. GD S. 123 Nr. 335; W IV Sp. 1631 Nr. 35; Janz, Rechtssprichwörter S. 269–272.

Was geschocket ist, daran ist der Zehnt verdient. Zu *schocken* sw. V. ‹Korn in Haufen setzen›. Der Kornzehnt mußte dann entrichtet werden, wenn das Korn in Garben gebündelt war. Ssp. Ldr.II 58 § 2: Swat aver er gescocket is, dar an is de tegede verdenet. GD S. 123 Nr. 334; W IV Sp. 312; Janz, Rechtssprichwörter S. 476–481.

Wenn das Feld zum Baue kommt, gibt es Zehnt. Vom angebauten Feld wurde der Zehnt eingefordert. Grimm, Weisth. I S. 732; GD S. 123 Nr. 326; W I Sp. 976 Nr. 26.

Wer den Zehnten gibt nach rechter Gewohnheit, der hat ihn recht gegeben. Ssp. Ldr.II 48 § 10: Swe den tegeden na rechter gewonheit gift, de hevet ene wol gegeven. GD S. 123 Nr. 341; W V Sp. 517 Nr. 4; Janz, Rechtssprichwörter S. 103–107.

Wer den Zehnten nicht bezahlt, dem werden auch die neun Teile genommen. GD S. 123 Nr. 339; W V Sp. 518 Nr. 6.

Wo der Pflug hingeht, da geht auch der Zehnt hin. Conradi S. 26 Nr. 6; Simrock S. 406 Nr. 7909; Hillebrand S. 179 Nr. 252; W III Sp. 1333 Nr. 53; Grundmann/Strich/Richey S. 67 → Egge. HRG V, Sp. 1629–1631.

zehnt

Das elfte Seil ist das zehnte. Grundsätzlich war kein Mann verpflichtet, seinen → Zehnt außerhalb des Hauses abzugeben. Brachte er dennoch seine Abgaben zu dem Herrn (→ Herr), so erhielt er für seine Mühe einen Abzug. Grimm, Weisth. III S. 397: daz eilfte seil ist daz zehende. GD S. 123 Nr. 331.

V.: Das elfte Seil ist das zehnte Gebot. W IV Sp. 517 Nr. 2.

zehnten

Die Saat verzehntet man auf dem Felde, das Vieh im Dorf. Ssp. Ldr.II 48 § 4: De sat vertegedet men oppe'n velde, dat ve in'me dorpe in iewelkes mannes huse, dar dat ve geworpen wert. GD S. 123 Nr. 332; W III Sp. 1786 Nr. 7; Janz, Rechtssprichwörter S. 194–197 → Saat.

Was man abfüttert, das zehntet man nicht. Was man an das eigene Vieh verfütterte, brauchte man nicht zu verzehnten. Grimm,

Weisth. III S. 582: Was man abfüttert an gras, das zehent man nicht. GD S. 123 Nr. 337.

Was Obst der Mann hat, das soll er verzehnten. Bezogen auf den Obstzehnt. Grimm, Weisth. I S. 313: Waz obs ein man het [...] dz sol er als vercehendon. GD S. 123 Nr. 333; W III Sp. 1092 Nr. 12.

Wo die Gans kreucht, da muß man sie verzehnten. Grimm, Weisth. III S. 584: wo die gans kreucht, da soll man sie zehenten. GD S. 123 Nr. 336; W I Sp. 1333 Nr. 155.

zehnthaft

Was der Wind beweht, und der Regen besprengt, das teilen wir zehnthaft. Grimm, Weisth. III S. 582: Alles, was der wind bewehet, und der regen besprebet, das theilen wir zehendhaftig. GD S. 122 Nr. 320; W V Sp. 253 Nr. 162.

Zeuge

Des Klägers Zeugen gehen vor. Bremer Statuten S. 206, 102: Des clegers tugen gaan vor. GD S. 453 Nr. 439; W II Sp. 1363 Nr. 12.

Durch zweier Zeugen Mund wird allerwärts die Wahrheit kund. Simrock S. 614 Nr. 12095; Günther S. 103; GD S. 455 Nr. 489; W V Sp. 568 Nr. 5. S. a. Zweien oder Dreien steht die → Wahrheit zu glauben.

V.: In zweier oder dreier wissenden Mund steht alle wahre Wissenschaft. GD S. 456 Nr. 492. In zweier oder dreier → Zeugnis liegt alle Wahrheit. GD S. 456 Nr. 491.

Ein toter Zeuge hilft so viel wie ein lebendiger. Ruprecht von Freising I cap. 30: ein toder zeug [hilfft] als wol als ein lebenntiger. GD S. 458 Nr. 544; W V Sp. 569 Nr. 9. S. a. Briefe sind besser als Zeugen → Brief.

Ein Zeuge ist einäuge. S. o. Eine Aussage, die nur von einer Person gemacht wird, ist einseitig und damit ungenügend. Unus testis nullus testis. Simrock S. 614 Nr. 12093; GD S. 455 Nr. 480; W V Sp. 569 Nr. 11; Beyer S. 695. Vgl. Eines Mannes → Zeugnis taugt nicht.

V.: Ein Zeuge, kein Zeuge. Conradi S. 23 Nr. 15; Simrock S. 614 Nr. 12094; Faselius S. 264; Harrebomée I S. 233; GD S. 455

Nr. 481; W V Sp. 569 Nr. 16; Foth S. 147–155; Schott, Ein Zeuge, kein Zeuge S. 222–232. Ein Zeuge wie keiner, zwei wie zehn. GD S. 455 Nr. 483; W V Sp. 569 Nr. 15. Wenn einer Zeugnis gibt, das ist wie keiner, zwei wie zehn. GD S. 455 Nr. 482; W V Sp. 570 Nr. 6.

Ein Zeuge ist genug mit einem bösen Gerücht. GD S. 454 Nr. 453; W V Sp. 569 Nr. 12. Dag. Ein → Zeuge, kein Zeuge.

V.: Ein Zeuge macht einigen Beweis. GD S. 455 Nr. 488; W V Sp. 569 Nr. 14.

Falsche Zeugen gelten nicht. GD S. 456 Nr. 500; W V Sp. 569 Nr. 20; Beyer S. 695.

Kein Landmann kann Zeuge sein wider einen Bürger. Gaupp I, V: Dekein lantman mac gezüg sin wider einen burger. GD S. 457 Nr. 515; W II Sp. 1778 Nr. 8.

V.: Kumpane können nicht zeugen. Hamburgisches Stadtrecht S. 174 Art. 21: Kumpane moghen nicht tughen. GD S. 456 Nr. 496; W II Sp. 1707 Nr. 2.

Wenn die Zeugen sterben, sind Briefe immer stät. Ficker S. 55 Art. 36: Wan die gezeug sterbent so beleibent die prief lange staete. GD S. 458 Nr. 536; W V Sp. 570 Nr. 26 → Brief, Urkunde.

Wer der Zeugen bedarf, muß ihnen die Kost bezahlen. GD S. 426 Nr. 236; W V Sp. 570 Nr. 27. Vgl. Wer an der Sache fällt, zahlt die Kosten → Kost.

Wer mehr Zeugen hat, behält. Behalten bedeutet hier ‹Recht bekommen›. Ssp. Lnr. 70: Swelk er den merren tuch hevet, de behalt. Schwsp. 282; Dsp. 232 § 1; GD S. 453 Nr. 431; W V Sp. 570 Nr. 28; Janz, Rechtssprichwörter S. 214–221.

Zeugen sind verschieden. GD S. 457 Nr. 519; W V Sp. 570 Nr. 35. HRG V, Sp. 1684–1693.

zeugen

Niemand kann von sich selbst zeugen. GD S. 456 Nr. 495; W V Sp. 570 Nr. 3.

Zeugnis

→ Gerichtszeugnis.

Besser ist das Zeugnis dreier Braver als das hundert Böser. GD S. 457 Nr. 518.

V.: Das Zeugnis dreier Braver ist besser als das hundert Böser. W V Sp. 570 Nr. 1.

Des Richters Zeugnis geht über alles andere. Hamburgisches Stadtrecht S. 188 Art. 16: des richters tuchnisse [gheydt] vor alle ander tuchnisse. GD S. 454 Nr. 465; W III Sp. 1672 Nr. 31 → Richter.

Eines Mannes Zeugnis taugt nicht. GD S. 455 Nr. 484; W III Sp. 406 Nr. 1004. S. o. Ein → Zeuge ist einäuge.

V.: Eines Mannes Zeugnis taugt nicht und wäre es ein Bischof. GD S. 455 Nr. 486; W III Sp. 406 Nr. 1005. S. a. Eine → Stimme ist soviel wie keine, und wäre es ein geschworener Richter.

Gutes Zeugnis vertreibt alles Böse. GD S. 453 Nr. 427; W V Sp. 570 Nr. 2.

Über Feld kann man kein Zeugnis führen. GD S. 454 Nr. 466; W I Sp. 976 Nr. 23.

V.: Übers Stadtbuch geht kein Zeugnis. GD S. 459 Nr. 552; W IV Sp. 764 Nr. 2.

Wem es an Zeugnis gebricht, der ist in der Sache gefallen. Zu *gebrechen* st. V. ‹mangeln, fehlen›, *sache* st. F. ‹Streit, Prozeß›. Goslarische Statuten S. 95: Weme tüghes borst wert, de is in der sake ghevallen. GD S. 453 Nr. 432; W V Sp. 570 Nr. 5 → Sache.

Zins

→ Hauszins. HRG V, Sp. 1707–1713.

Zins kann nicht Zins tragen. Von fälligen, aber nicht bezahlten Zinsen können nicht wieder Zinsen eingefordert werden. GD S. 269 Nr. 271; W V Sp. 591 Nr. 13.

Wann der Zins versessen ist, wächst er alle Tage auf. Zu *versitzen* st. V. ‹versäumen, nicht leisten›. Wer keinen Zins zahlt, kann verpfändet werden. Er kann sogar sein Gut verlieren. W V Sp. 590 Nr. 7.

V.: Wer den Zins versitzt, verliert den Acker. GD S. 77 Nr. 91. Wer den Zins versitzt, verliert den Acker wie gestohlen Gut. W V Sp. 590 Nr. 10. Wenn man dem Herrn den Zins versitzt, so fällt das Gut an den Herrn zurück. Grimm, Weisth. I S. 339; GD S. 77 Nr. 92; W II Sp. 571 Nr. 824.

Wer in vier Jahren keinen Zins erhaust, an dem ist ein längeres Warten verloren. GD S. 480 Nr. 679; W II Sp. 994 Nr. 188. Vgl. Quinquenellen kommen aus der Höllen → Quinquenell.

zinsen

Wer einmal erblich zinset, muß allweg erblich zinsen. Ein freies Gut konnte in ein Zinsgut umgewandelt werden, vorausgesetzt, der Besitzer erbrachte den Nachweis, daß es früher schon einmal zinspflichtig war. Kleines Kaiserrecht II cap. 114: wer eins erblich zinset, der sal alleweg zinsen. GD S. 76 Nr. 75; W V Sp. 591 → Erbe.

Zinsgeld

Zinsgeld geht vor anderen Schulden. D. h. gegenüber anderen Schulden müssen zunächst die Zinsen beglichen werden. Vgl. Spw. wie → Kostgeld geht vor allen Schulden. → Lidlohn soll man vor allen Schulden bezahlen. → Miete geht vor allen Schulden. → Brautschatz geht vor anderen Schulden. Stadtrecht von Brünn S. 404 Art. 236: Czins gelt, daz geit auch vuer andren schulde. GD S. 116 Nr. 289; W V Sp. 591 → Schulden.

Zoll

Zoll bezeichnet eine Abgabe für den König, die Fürsten oder Territorialherren, die an Brücken, Straßen, Grenzen, Schleusen etc. (Brücken-, Straßen-, Grenz-, Schleusenzoll) eingezogen wurde. Als Gegenleistung erhielten die Händler oder Reisenden freies → Geleit. → Brückengeld, Maut, Schleusenzoll, Reichsstraße.

Halber Wagen gibt halben Zoll. Halber Wagen bedeutet hier ‹unbeladener Wagen›. Damit besagt das Spw., daß ein unbeladener Wagen nur die Hälfte des Zollsatzes, der für einen beladenen Wagen festgesetzt ist, zu zahlen hat. Ssp. Ldr.II 27 § 3: En idel wagen gift halven toln. Dsp. 134 § 2; Bamberger Recht S. 112 § 403; Ficker S. 110; GD S. 510 Nr. 185; W IV Sp. 1729 Nr. 62; Janz, Rechtssprichwörter S. 240–242.

V.: Leerer Wagen gibt halben Zoll. GD S. 510 Nr. 184; W IV Sp. 1729 Nr. 75; Janz, Rechtssprichwörter S. 240–242.

Man nimmt mancher Orts Zoll, wo keine Leute gesessen sind. Eisenacher Rb. III 107: Man nemmit an manchir stad zcol, do nicht luthe gesessin sint. Kulmisches Recht V,20; GD S. 510 Nr. 177; W V Sp. 597 Nr. 7.

Vier Füße mit weißem Zeichen brauchen keinen Zoll zu reichen. Pferde, deren Hufe auf der Unterseite weiß gekennzeichnet waren, galten als zollfrei. Pistorius IV S. 233 Nr. 53; Simrock S. 610 Nr. 12007; GD S. 510 Nr. 188. S. a. → Federspiel gibt keinen Zoll. HRG V, 1753–1757.

zollfrei

Gedanken sind zollfrei. Franck I Bl. 90r; Agricola I S. 109; Conradi S. 21 Nr. 1; Eiselein S. 447; Simrock S. 171 Nr. 3128; Hillebrand S. 185 Nr. 261; Faselius S. 47; Wiegand S. 45 Nr. 655; GD S. 292 Nr. 65; W I Sp. 1395 Nr. 44; Grundmann/Strich/Richey S. 41; Singer II S. 169, III S. 82; Liebs S. 40 Nr. 38: Cogitationis poenam nemo patitur; Beyer S. 697; Mieder, Sprichwort – Wahrwort S. 211–229; Foth S. 52–56 → Gedanke.

Jeder Mann ist zollfrei, wo man weder Schiff noch Brücke braucht. Kulmisches Recht V,20: Eyn iclich man sal tzolles wesen vry wo man nicht bedarf brucke noch schyfes. Ficker S. 110, 134; GD S. 510 Nr. 171; W V Sp. 598 Nr. 1 → Brückengeld, Schleusenzoll.

Niemand ist allenthalben zollfrei. Henisch Sp. 1201; GD S. 510 Nr. 176; W V Sp. 598 Nr. 2. Ausnahmen zeigen die Spw.: Ein → Edelmann gibt keinen Zoll. Pfaffen und Pilgrimme geben keinen Zoll → Pfaffe.

Wer Leib und Leben wagen will, ist zollfrei. Ssp. Ldr.II 27 § 2: mit rechte si he geleides vri, swar he sines gudes oder ‹sines› lives genenden wel. Schwsp. 194; Dsp. 134 § 1; Pistorius I S. 136 Nr. 99; Eisenhart S. 648; Körte S. 283 Nr. 4711; Braun S. 85 Nr. 2211; Simrock S. 323 Nr. 6303; GD S. 510 Nr. 172; W III Sp. 8 Nr. 112; Grundmann/Strich/Richey S. 41; Janz, Rechtssprichwörter S. 135–137 → Leib und Leben.

zuerst

→ erst.

Zug

Wer den ersten Zug hat, dem können die Nachgehenden nicht abziehen. Bezogen auf das Näherrecht. GD S. 104 Nr. 236; W V Sp. 620 Nr. 8 → nächst. HRG V, Sp. 1791–1792.

zuletzt

Wer zuletzt eingewann, soll zuerst ausschiffen. Mußte von einem in Seenot geratenen Schiff ein Teil der Ladung zur Rettung von

Schiff, Besatzung und Ladung über Bord geworfen werden, so wurde zunächst der Teil über Bord geworfen, der als letztes an Bord gebracht worden war. GD S. 281 Nr. 341.

V.: Wer zuletzt einschifft, muß zuerst ausschiffen. Hamburgisches Stadtrecht S. 83 Art. 22: de dar lest inschepede scal erst uthschepen. Bremer Statuten S. 299: de dar lest inschepede schal erst uthschepen. GD S. 281 Nr. 340; W I Sp. 796 Nr. 2.

Zunft

‹Gilde›, ‹Handwerksgenossenschaft, Berufsvereinigung›, → Gilde.

Nichts Unehrliches leiden die Zünfte. Estor I S. 121; GD S. 504 Nr. 144; W V Sp. 630 Nr. 3.

V.: Die Ämter können nicht leiden, was unehrlich ist. W I Sp. 70 Nr. 32 → Ämter. HRG V, Sp. 1792–1803.

Zunge

Die Zunge abgeschnitten ist ein halbes Wergeld. GD S. 323 Nr. 290; W V Sp. 632 Nr. 31. S. a. Die → Hand ist ein halbes Leben. → Wergeld.

zusagen

Zusagen macht Schuld. Grundmann/Strich/Richey S. 64; Beyer S. 702 → versprechen.

Zwang

Zwang währt nicht lang. Franck II Bl. 6r; Körte S. 534 Nr. 9002; Eiselein S. 661; Simrock S. 621 Nr. 12221; Harrebomée I S. 169; Lohrengel S. 37 Nr. 923; GD S. 524 Nr. 303; W V Sp. 664 Nr. 20.

zwei

Wo zwei Teile hin wollen, da soll auch der dritte hinfolgen. Bezogen auf den Beschluß durch Stimmenmehrheit. GD S. 75 Nr. 57; W IV Sp. 1146 Nr. 23. S. a. Wer die meiste → Folge hat, behält.

Zweifler

Dem Zweifler gebührt nichts. Gemeint ist hier die Ersitzung. Pistorius I S. 137 Nr. 100; Conradi S. 15 Nr. 25; Eiselein S. 662; Simrock S. 622 Nr. 12244; Hillebrand S. 49 Nr. 67; GD S. 95 Nr. 201; W V Sp. 669 Nr. 1; Grundmann/Strich/Richey S. 38; Foth

S. 112–116. S. a. Zu einer rechten → Gewere gehört guter Glaube.

Zweig

Die Zweige gehören nach der Wurzel. Ernteberechtigt ist diesem Rechtssatz zufolge der, auf dessen Grund und Boden sich der Baumstamm befindet. GD S. 85 Nr. 131; W V Sp. 670 Nr. 5. S. a. Der → Baum folgt den Enden. Wer die → Wurzel im Hof hat, dem folgt der Stamm. S. dag. Was in des Nachbars → Garten fällt, ist sein. HRG V, Sp. 1829–1831.

Zweikampf

→ Kampf, recht.

zweimal

Zweimal darf man ausbleiben. Das Rspw. bezieht sich auf die Ladung vor Gericht. Conradi S. 23 Nr. 13; Eisenhart S. 531; Eiselein S. 662; Simrock S. 621 Nr. 12241; Hillebrand S. 222 Nr. 321; GD S. 442 Nr. 352; W V Sp. 671 Nr. 1 → Ladung. Vgl. Aller guten → Dinge sind → drei.

Zweiung

‹Zweitgeburt›, → Erbe.

Wo Zweiung ist, da ist das Erbe ferner. Goslarische Statuten S. 3: Dar aver tweyunghe an is, da is deme erve vernere. Rb. nach Distinctionen Buch I, cap. VI, IV; GD S. 201 Nr. 136; W V Sp. 671 Nr. 1 → Erbe.

Zweiung schreitet an ein ander Glied. Vgl. Ssp. Ldr. I 3 § 3; Conradi S. 17 Nr. 7; Hillebrand S. 153 Nr. 215; Chaisemartin S. 402 Nr. 17; GD S. 201 Nr. 134; W V Sp. 671 Nr. 2; Grundmann/Strich/Richey S. 84.

Zwerg

Auf Allzuviel und Zwerge folgt weder Lehn noch Erbe → Allzuviel, Mann.

Zwitter

→ Allzuviel. HRG V, Sp. 1867–1869.

ANHANG

Abkürzungen

Abh.	Abhandlung
Abs.	Absatz
Abt.	Abteilung
ahd.	althochdeutsch
Adj.	Adjektiv
Anm.	Anmerkung
AnwBl	Anwaltsblatt
ArchStuSpr.	Archiv für das Studium der neueren Sprachen und-Literaturen
AuslG	Ausländergesetz
Art.	Artikel
AT	Altes Testament
Aufl.	Auflage
as.	altsächsisch
Bd. /Bde.	Band/Bände
bearb.	bearbeitet
begr.	begründet
BGB	Bürgerliches Gesetzbuch
BRRG	Beamtenrechtsrahmengesetz
cap.	capitel
Cent.	Centurio
dän.	dänisch
dag.	dagegen
dems.	demselben
ders.	derselbe
dies.	dieselbe
Dsp.	Deutschenspiegel
DRG	Deutsche Rechtsgeschichte
DRWB	Deutsches Rechtswörterbuch
ebd.	ebenda
DWB	Deutsches Wörterbuch
EGBGB	Einführungsgesetz zum Bürgerlichen Gesetzbuch
engl.	englisch
Eph.	Brief an die Epheser NT
erkl.	erklärt
erl.	erläutert
F.	Femininum
Fg.	Festgabe

FGB	Familiengesetzbuch
FMSt	Frühmittelalterliche Studien, Jahrbuch des Instituts für Frühmittelalterforschung der Universität Münster
Fs.	Festschrift
fol.	folio
GA G	Göppinger Arbeiten zur Germanistik, Göppingen 1968 ff.
GASK	Germanistische Arbeiten zu Sprache und Kulturgeschichte
GD	Graf/Dietherr
GG	Grundgesetz für die Bundesrepublik Deutschland
Geb.	Geburtstag
germ.	germanisch
ges.	gesammelt
got.	gotisch
Hbd.	Halbband
Hft.	Heft
hg.	herausgegeben
Hjbd.	Halbjahresband
HRG	Handwörterbuch zur deutschen Rechtsgeschichte
insb.	insbesondere
JA	Juristische Arbeitsblätter
Jb.	Jahrbuch
Jg.	Jahrgang
Jh.	Jahrhundert
Joh.	Johannes-Evangelium NT
JuS	Juristische Studien
Kan. Abt.	Kanonistische Abteilung
kelt.	keltisch
Kor.	Brief an die Korinther NT
lat.	lateinisch
Ldr.	Landrecht
Lfg.	Lieferung
Lnr.	Lehnrecht
Luk.	Lukas-Evangelium NT
M.	Maskulinum
MA	Mittelalter
Matt.	Matthäus-Evangelium NT
mhd.	mittelhochdeutsch
mlat.	mittellateinisch
mnd.	mittelniederdeutsch
Mos.	Mose
MGH Font. iur. Germ. ant.	Monumenta Germaniae Historica Fontes iuris Germanici antiqui

MTM	Motive – Texte – Materialien
N.	Neutrum
Nachdr.	Nachdruck
Neudr.	Neudruck
N. F.	Neue Folge
nhd.	neuhochdeutsch
nl.	niederländisch
N. S.	Nova Series
Nr.	Nummer
NT	Neues Testament
OWiG	Gesetz über Ordnungswidrigkeiten
o. S.	ohne Seite
Part.	Partizip
PBB	Beiträge zur Geschichte der deutschen Sprache und Literatur, begr. von Wilhelm Braune, Hermann Paul und Eduard Sievers, hg. von Hans Fromm, Peter Ganz und Marga Reis, 1874 ff.
Phil.-Hist. Kl.	Philologisch-Historische Klasse
Rb.	Rechtsbuch
Rspw.	Rechtssprichwort/-wörter
S.	Seite
s.	sieh
s. a.	sieh auch
Sbb.	Sitzungsberichte
Schwsp.	Schwabenspiegel
s. o.	sieh oben
sog.	sogenannte, -er
Sp.	Spalte
Spr.	Buch der Sprichwörter AT
Spw.	Sprichwort/-wörter
Ssp.	Sachsenspiegel
st.	stark
StGB	Strafgesetzbuch
StPO	Strafprozeßordnung
s. u.	sieh unten
sw.	schwach
Tit.	Titel
u.	und
u. a. m.	und andere mehr
u. a.	und andere
urspr.	ursprünglich
V.	Variante(n)/Verb
vgl.	vergleiche
VL	Verfasserlexikon

VuF	Vorträge und Forschungen
W	Wander
Wb.	Wörterbuch
WStG	Wehrstrafgesetz
Ziff.	Ziffer
ZPO	Zivilprozeßordnung
ZRG GA	Zeitschrift der Savignystiftung für Rechtsgeschichte, Germanistische Abteilung
ZRR	Zeitschrift für deutsches Recht und deutsche Rechtswissenschaft

Verzeichnis aller im Text aufgeführten Artikel des ‹Handwörterbuchs zur deutschen Rechtsgeschichte›

HRG I Sp. 156–157	Kaufmann, Amtsrecht
HRG I Sp. 181–182	Bungenstock, Anwachsung
HRG I Sp. 196–200	Buchda, Appellation
HRG I Sp. 218–220	Ogris, Ärgere Hand
HRG I Sp. 393–394	Ogris, Besitzeinweisung
HRG I Sp. 397–398	Erler, Besthaupt
HRG I Sp. 418–420	Kroeschell, Bifang
HRG I Sp. 668–672	Knauer, Deichrecht
HRG I Sp. 775–778	Ogris, Dos
HRG I Sp. 809–833	Mikat, Ehe
HRG I Sp. 833–836	Merzbacher, Ehe, kirchenrechtlich
HRG I Sp. 846–849	Scheyhing, Ehre
HRG I Sp. 861–863	Erler, Eid
HRG I Sp. 863–866	Kornblum, Eid
HRG I Sp. 881–882	Kroeschell, Eigenleute
HRG I Sp. 959–962	Kaufmann, Erbfolgeordnung (privatrechtlich)
HRG I Sp. 1266–1270	Koehler, Fremde
HRG I Sp. 1337–1351	Theuerkauf, Fürst
HRG I Sp. 1424–1426	Buchda, Gebundene Tage
HRG I Sp. 1506–1510	Thieme, Gemeines Recht
HRG I Sp. 1674–1675	Hagemann, Gewette
HRG I Sp. 1769–1773	Erler, Gottesurteil
HRG I Sp. 1909–1911	Schmising, Hagestolz
HRG I Sp. 1915	Lieberwirth, Halslösung
HRG I Sp. 1965–1973	Werkmüller, Handhafte Tat
HRG I Sp. 2022–2024	Kroeschell, Hausfrieden
HRG II Sp. 213–215	Werkmüller, Hofrecht
HRG II Sp. 225–228	Diestelkamp, Homagium
HRG II Sp. 248–251	Kellenbenz/Philipp, Hufe
HRG II Sp. 254–256	Schmidt-Wiegand, Hühnerrecht
HRG II Sp. 281–288	Hafke, Jagd- und Fischereirecht
HRG II Sp. 481–484	Herberger, Juristen, böse Christen
HRG II Sp. 518–530	Erler, Kaiser, Kaisertum
HRG II Sp. 563–565	Munzel, Kaiserrecht
HRG II Sp. 675–686	Scherner, Kauf
HRG II Sp. 695–696	Strätz, Kebsehe, -kind

HRG II Sp. 750–752	Merzbacher, Kirchenbuße
HRG II Sp. 837–845	Buchda, Klage
HRG II Sp. 853–855	Sellert, Wo kein Kläger ...
HRG II Sp. 1237–1242	Fink, Krummstab (Bischofsstab)
HRG II Sp. 1336–1350	Sellert, Ladung
HRG II Sp. 1361–1363	Schmidt-Wiegand, Land und Leute
HRG II Sp. 1527–1535	Laufs/Schroeder, Landrecht
HRG II Sp. 1627	Erler, Lassbauern, Lassiten
HRG II Sp. 1722–1725	Spieß, Lehnspflichen
HRG II Sp. 1725–1741	Spieß, Lehn(s)recht, Lehnswesen
HRG II Sp. 1750–1752	Rödel, Lehnsvormundschaft
HRG II Sp. 1805–1810	Brauneder, Leibzucht
HRG II Sp. 1842–1843	Schmidt-Wiegand, Leitkauf
HRG II Sp. 2005	Sellert/Schmidt-Wiegand, Li(e)dlohn
HRG III Sp. 92–98	Werkmüller, Luft macht eigen
HRG III Sp. 399–400	Erler/Schmidt-Wiegand, Maut
HRG III Sp. 447–458	Holzhauer, Meineid
HRG III Sp. 536–542	Trenk-Hinterberger, Miete
HRG III Sp. 582–588	Krause, Minne und Recht
HRG III Sp. 673–675	Schmidt-Wiegand, Mord
HRG III Sp. 716–722	Werkmüller, Mühle, Mühlenrecht
HRG III Sp. 678–683	Mayer-Maly, Morgengabe
HRG III Sp. 798–799	Erler, Musteil
HRG III Sp. 804–806	Schmidt-Wiegand, Mutschierung
HRG III Sp. 808–810	Schmidt-Wiegand, Mutung
HRG III Sp. 827–831	Carlen, Näherrecht
HRG III Sp. 933–940	Zippelius, Naturrecht
HRG III Sp. 1040–1042	Sellert, Not, echte
HRG III Sp. 1531–1532	Erler, Patenschaft, Pate
HRG IV Sp. 126–127	Kaufmann, Rache
HRG IV Sp. 193–194	Erler, Rauch, Rauchhuhn
HRG IV Sp. 224–232	Krause, Recht
HRG IV Sp. 364–367	Kaufmann, Rechtssprichwort
HRG IV Sp. 778–781	Erler, Reichsstraße
HRG IV Sp. 1033–1040	Kocher, Richter
HRG IV Sp. 1216–1218	Schmidt-Wiegand, Sache
HRG IV Sp. 1305–1310	Schulze, Satzung
HRG IV Sp. 1409–1410	Schmidt-Wiegand, Schinder
HRG IV Sp. 1463–1469	Battenberg, Schöffen, Schöffengericht
HRG IV Sp. 1485–1486	Ogris, Schoßfall, -setzung, -wurf
HRG IV Sp. 1519–1521	Erler/Neidert, Schultheiß, Schulze
HRG IV Sp. 1570–1574	Hüpper, Schwert

HRG IV Sp. 1577–1579	Hüpper, Schwertmage
HRG IV Sp. 1761–1763	Kaufmann, Spiegelnde Strafen
HRG IV Sp. 1838–1844	Carlen, Stab
HRG IV Sp. 1844–1846	Kaufmann, Stabbrechen
HRG IV Sp. 2011–2029	Kaufmann, Strafe, Strafrecht
HRG V Sp. 10–17	Müller, Strafvollzug
HRG V Sp. 35–37	Erler, Straßenzwang
HRG V Sp. 63–65	Schmidt-Wiegand, Stuhl, Stuhlsetzung
HRG V Sp. 114–118	Kaufmann, Talion
HRG V Sp. 127–129	Erler, Taubenhaltung, Taubenrecht
HRG V Sp. 131–133	Ogris, Tausch
HRG V Sp. 152–165	Ogris, Testament
HRG V Sp. 231–237	Werkmüller, Tierhalterhaftung
HRG V Sp. 576–577	Schmidt-Wiegand, Urkunde
HRG V Sp. 609–611	Schmidt-Wiegand, Urteil
HRG V Sp. 648–655	Ogris, Vater
HRG V Sp. 932–946	Willoweit, Vogt, Vogtei
HRG V Sp. 1049–1050	Schmidt-Wiegand, Vormund
HRG V Sp. 1050–1055	Erler, Vormundschaft
HRG V Sp. 1209–1212	Schmidt-Wiegand, Weichbild
HRG V Sp. 1234–1235	Fischer, Weinkauf
HRG V Sp. 1329–1333	Hagemann, Wette
HRG V Sp. 1346–1349	Brauneder, Widerlegung
HRG V Sp. 1368–1370	Ogris, Wiederkauf
HRG V Sp. 1418	Laubenberger, Wildbann
HRG V Sp. 1424–1427	Ogris, Wille
HRG V Sp. 1438–1440	Schmidt-Wiegand, Willkür
HRG V Sp. 1472–1479	Saar, Witwe
HRG V Sp. 1538–1539	Strätz, Wucher
HRG V Sp. 1539–1545	W. Schild, Würde
HRG V Sp. 1623–1626	Schmidt-Wiegand, Zaun, Zaunsprung
HRG V Sp. 1627–1629	Schmidt-Wiegand, Zeche
HRG V Sp. 1629–1631	Becker, Zehnt
HRG V Sp. 1684–1693	Fischer, Zeugen
HRG V Sp. 1707–1713	Landau, Zins
HRG V Sp. 1753–1757	Eichstaedt, Zoll
HRG V Sp. 1791–1792	Ogris, Zugrecht
HRG V Sp. 1792–1803	Brand, Zunft
HRG V Sp. 1829–1831	Schmidt-Wiegand, Zweig
HRG V Sp. 1867–1869	Wacke, Zwitter

Quellen

Agricola – Johannes Agricola. Die Sprichwörtersammlung, hg. von SANDER L. GILMANN, 2 Bde., Nachdr. der Ausgabe Eyßleben 1548, Berlin-New York 1971.

Altprager Stadtrecht – Das altprager Stadtrecht aus dem XIV. Jahrhunderte, nach den vorhandenen Handschriften zum ersten Mal hg. und erl. von EMIL FRANZ RÖSSLER, mit einer Vorrede von JACOB GRIMM (= Ders., Deutsche Rechtsdenkmäler aus Böhmen und Mähren 1) Prag 1845 (Aalen 1963).

Augsburger Stadtrecht – C. MEYER, Das Stadtbuch von Augsburg, Augsburg 1872.

Bamberger Recht – Das alte Bamberger Recht als Quelle der Carolina. Nach bisher ungedruckten Urkunden und Handschriften zuerst hg. und commentiert von HEINRICH ZOEPFL, Heidelberg 1839.

Beyer – HORST und ANNELIES BEYER, Sprichwörterlexikon. Sprichwörter und sprichwörtliche Ausdrücke aus deutschen Sammlungen vom 16. Jahrhundert bis zur Gegenwart, München 1985.

Blumer – J. J. BLUMER, Staats- und Rechtsgeschichte der schweizerischen Democratien, 2 Bde., St. Gallen 1850–1859.

Brant, Richterlicher Klagspiegel – Sebastian Brant, Der richterlich Clagspiegel, Straßburg 1526..

Braun – Sechs Tausend deutsche Sprüchwörter und Redensarten (Bibliothek des Frohsinns, oder 10,000 Anekdoten, Witz- und Wortspiele, Travestieen und Parodieen, Epigramme, Räthsel, humoristische Aufsätze und Curiosa aller Art, in Prosa und Versen, redigiert von J. M. BRAUN, V. Sektion, viertes und fünftes Bändchen) Stuttgart 1840.

Bremer Stadtrecht – Bremer Stadtrecht von 1303/08 (KARL AUGUST ECKHARDT, Die mittelalterlichen Rechtsquellen der Stadt Bremen [Veröffentlichungen aus dem Staatsarchiv der freien Hansestadt Bremen, Heft 5] Bremen 1931, S. 29–120).

Bremer Statuten – Volstaendige Sammlung alter und neuer Gesez-Bücher der Stadt Bremen. Aus Original-Handschriften hg. von G. OELRICHS, Theil I–II, Bremen 1771.

Bremisches Güterrecht – Ueber das Bremische Güterrecht der Ehegatten mit besonderer Rücksicht auf die Schuldenzahlung und das sogenannte beneficium abdicationis der Witwe, zunächst nach den reinen Grundsätzen der Statuten in Zusammenhange mit dem älteren Germanischen Recht von T. BERCK, Bremen 1832.

Bücking – J. J. H. Bücking, Versuch einer medicinischen und physikalischen

Erklärung deutscher Sprichwörter und sprichwörtlicher Redensarten, Stendal 1797.

Carolina – Die peinliche Gerichtsordnung Kaiser Karls V. Constitutio Criminalis Carolina. Kritisch hg. von J. KOHLER und WILLY SCHEEL (Die Carolina und ihre Vorgängerinnen. Text, Erläuterung, Geschichte. In Verbindung mit anderen Gelehrten hg. und bearb. von J. KOHLER) Halle a. S. 1900.

Chaisemartin – Proverbes et Maximes du droit germanique. Étudiés en eux-mêmes et dans leurs rapports avec le droit français par A. CHAISEMARTIN, Paris 1891.

Conradi – FRANZ KARL CONRADI, Grund-Sätze der Teutschen Rechte in Sprich-Wörtern, Helmstädt 1745.

Deutschenspiegel – Deutschenspiegel und Augsburger Sachsenspiegel, hg. von KARL AUGUST ECKHARDT und ALFRED HÜBNER (MGH Font. iur. Germ. ant. N. S., Tomi tres) 2. neubearb. Aufl., Hannover 1933.

Dreyer – J. M. DREYER, Abhandlungen zur Erläuterung der alten deutschen Rechte, 3 Bde., Wismar 1763.

Düringsfeld – Sprichwörter der germanischen und romanischen Sprachen, vergleichend zusammengestellt von IDA VON DÜRINGSFELD und OTTO FRHR. VON REINSBERG-DÜRINGSFELD, 2 Bde., Leipzig 1872 (Wiederabgedruckt in: Volkskundliche Quellen. Neudrucke europäischer Texte und Untersuchungen, hg. von HERMANN BAUSINGER u. a., Hildesheim-New York 1973).

Egenolff – CHR. EGENOLFF, Sprichwörter/Schöne/Weise Klügredenn. Darinnen Teutscher vnd anderer Spraachen Höfflichkeit/Zier/etc. begriffen. (In etliche Tausent zusamen bracht. Frankfurt a. M., bey Chr. Egenolffs Erben 1560.)

Eichwald – Niederdeutsche Sprichwörter und Redensarten, ges. und mit einem Glossar versehen von KARL EICHWALD (Karl Tannen), 3. Ausgabe, Bremen 1868.

Eiselein – Die Sprichwörter und Sinnreden des deutschen Volkes in alter und neuer Zeit. Zum erstenmal aus den Quellen geschöpft, erl. und mit Einleitung versehen von Josef Eiselein, Neudr. der Originalausgabe Freiburg 1840, Leipzig 1980.

Eisenacher Rb. – Eisenacher Rechtsbuch, bearbeitet von PETER RONDI (Germanenrechte, N. F., Abt. Stadtrechtsbücher 3) Neudr. Weimar 1950.

Eisenhart, Sprüchwörter – JOHANN FRIEDRICH EISENHART, Von dem Beweise durch Sprüchwörter (Ders., Kleine deutsche Schriften, hg. von RUDOLF WEDEKIND, Erfurt 1751–1753, S. 18–38).

Eisenhart – JOHANN FRIEDRICH EISENHART's Grundsätze der deutschen Rechte in Sprüchwörtern durch Anmerkungen erl. (1759), 3. vermehrte Ausgabe besorgt durch CARL EDUARD OTTO, Leipzig 1823.

Estor – Johann Georgen Estors bürgerliche rechtsgelehrsamkeit der Teutschen nach maasgebung der Reichsabschiede und bewährter nachrichten auch der regirungs- sodann rechts- und policei anbenebst der kammer imgleichen der stadt- und landwirtschaftskunden, ausgefertigt von Johann Andreen Hofmanne, III Theile, Marburg 1757–1767.

Faselius – Latium oder das alte Rom in seinen Sprichwörtern. Eine Sammlung der beliebtesten lateinischen Sprichwörter in alphabetischer Folge, mit Angaben der Quellen, wo sie zu finden sind, so wie mit Anführung der gleichlautenden oder ähnlichen deutschen Sprüchwörtern, hg. von AUGUST FASELIUS, Weimar 1859.

Ficker – Der Spiegel deutscher Leute. Textabdruck der Innsbrucker Handschrift. Mit Unterstützung der Kaiserlichen Akademie der Wissenschaften, hg. von JULIUS FICKER, Innsbruck 1859.

Flechsig – Ostfälische Sprichwörter. Volksweisheit und Volkshumor aus fünf Jahrhunderten zusammengestellt aus gedruckten und ungedruckten Quellen, erl. u. eingeleitet von WERNER FLECHSIG unter Mitarbeit von FRITZ HABEKOST und OTTO ROHKAMM, Braunschweig 1974.

Flensburger Stadtrecht – De med Jydske Lov beslægtede Stadsretter for Slesvig, Flensborg, Aabenraa og Haderslev, [...] ved P. G. THORSEN, Kjbenhavn 1855.

Franck – SEBASTIAN FRANCK, Sprichwörter/Schöne/Weise/Herrliche Clgreden/vnnd Hoff sprüch/Darinnen der alten vnd nachkommenen/aller Nationen vnnd Sprachen groeste vernunfft vnnd klgheyt. Was auch zu ewiger vnnd zeitlicher Weißheyt/Tugent/Zucht/Kunst/Haußhaltung vnnd wesen dienet/gespürt vnnd begriffen würt (1541). Hildesheim/Zürich/ New York 1987. Kritische Ausgabe mit Kommentar, Bd. 11: Sprichwörter, Text-Redaktion von PETER KLAUS KNAUER, Bern/Berlin/Frankfurt a. M./New York/Paris/Wien 1993.

Freidank – H. E. BEZZENBERGER, Fridankes Bescheidenheit, Halle 1872, Neudr. Aalen 1962.

Freisinger Rb. – Freisinger Rechtsbuch, bearb. von HANS-KURT CLAUSSEN (Germanenrechte, N. F., Abt. Stadtrechtsbücher) Weimar 1941.

Gaupp – ERNST THEODOR GAUPP (Hg.), Deutsche Stadtrechte des Mittelalters. Mit rechtsgeschichtlichen Erläuterungen herausgegeben, 2 Bde., Breslau 1851/52, Neudr. Aalen 1966.

Gengler – HEINRICH GOTTFRIED GENGLER, Deutsche Stadtrechte des Mittelalters, theils verzeichnet, theils vollständig oder in Probeauszügen mitgeteilt, Nürnberg 1866, Neudr. Aalen 1964.

Görlitzer Rb. – Auctor vetus de benficiis, hg. von KARL AUGUST ECKHARDT, II: Archetypus und Görlitzer Rechtsbuch (MGH Font. iur. Germ. ant. N. S. II, 2) Hannover 1966, Neudr. Aalen 1972.

Goslarische Statuten – Die Goslarischen Statuten mit einer systematischen Zusammenstellung der darin enthaltenen Rechtssätze und Vergleichung des Sachsenspiegels und vermehrten Sachsenspiegels, hg. von OTTO GÖSCHEN, Berlin 1840.

Graf/Dietherr (zitiert GD) – Deutsche Rechtssprichwörter, unter Mitwirkung von Johann Kaspar Bluntschli und Konrad von Maurer ges. und erkl. von EDUARD GRAF und MATHIAS DIETHERR (1864), Neudr. der 2. Ausgabe Nördlingen 1869, Aalen 1975.

Grimm, Grammatik – JACOB GRIMM, Deutsche Grammatik, hg. von WILHELM SCHERER (1879), Bd. 2, Nachdr. Hildesheim-Zürich-New York 1989.

Ders., Rechtsaltertümer (zitiert RA) – JACOB GRIMM, Deutsche Rechtsaltertümer. Nach der Ausgabe von ANDREAS HEUSLER und RUDOLF HÜBNER, besorgt von RUTH SCHMIDT-WIEGAND, 2 Bde., (Jacob Grimm und Wilhelm Grimm Werke, Abteilung I Bd. 17/18) Leipzig 1899, Nachdr. Hildesheim-Zürich-New York 1992.

Ders., Weisth. – Weisthümer, gesammelt von JACOB GRIMM, fortgesetzt von RICHARD SCHRÖDER, VI Bde. und Registerband, Göttingen 1840–78, Nachdr. Hildesheim, Zürich, New York 2000.

Grundmann/Strich/Richey – Rechtssprichwörter, hg. von GÜNTER GRUNDMANN, MICHAEL STRICH und WERNER RICHEY, Leipzig 1980.

Gruter – Florilegium ethico-politici nunquam ante hac editi pars tertia: procurante JANO GRUTERO, Francofurti 1612.

Günther – L. GÜNTHER, Deutsche Rechtsalterthümer in unsrer heutigen deutschen Sprache, Straßburg 1903.

Haltaus – Glossarium Germanicum medii aevi, Leipzig 1758, Nachdr. Hildesheim-New York 1973.

Hamburgisches Stadtrecht – JOHANN MARTIN LAPPENBERG, Die ältesten Stadt-, Schiff- und Landrechte Hamburgs. Hamburg 1845, Neudr. Aalen 1966.

Hamburgisches Privatrecht – CHRISTIAN DANIEL ANDERSON, Hamburgisches Privatrecht von 1605, Hamburg 1784.

Hammerbröker Recht – Das Hammerbröker Recht, aus den Findungen des Landgerichts von 1486 bis 1645, zusammengestellt und erläutert von WILHELM HÜBBE, Hamburg 1843.

Harrebomée – Spreekwoordenboek der Nederlandsche taal etc. door P. HARREBOMÉE, III Theile, Utrecht 1856–1870.

Hartknoch – Altes und neues Preußen oder Preussische Historien zwey Theile, zusammen getragen durch M. CHRISTOPHORUM HARTKNOCH, Franckfurt-Leipzig 1684.

Hasslocher – G. A. HASSLOCHER, Satura Paroemiarum iuris Germanicorum noua, Gissae 1698.

Haubold, Chursächsische Gesetze – Handbuch einiger der wichtigsten Chursächsischen Gesetze von allgemeinerem Inhalte, hg. und mit einem Vortrag begleitet von CHRISTIAN GOTTLIEB HAUBOLD, Leipzig 1800.

Henisch – GEORG HENISCH, Teütsche Sprach und Weißheit. Thesaurus linguae et sapientiae Germanicae, Augsburg 1616 (Documenta Linguistica. Quellen zur Geschichte der deutschen Sprache des 15. bis 20. Jahrhunderts, hg. von LUDWIG ERICH SCHMITT) Nachdr. Hildesheim-New York 1973.

Herforder Rechtsbuch – Rechtsbuch der Stadt Herford. Vollständige Faksimile-Ausgabe im Original-Format der illuminierten Handschrift aus dem 14. Jahrhundert, Kommentarband, hg. von THEODOR HELMERT-CORVEY, Edition und Übersetzung von WOLFGANG FEDDERS und ULRICH WEBER. Mit Beiträgen von WOLFGANG FEDDERS, ECKHARD FREISE, DAGMAR HÜPPER u. a., Bielefeld 1989.

Hertius – JOHANNIS NICOLAI HERTII, De paroemiis ivris germanicis, libri tres (Commentationvm atqve opvscvlorum de selectis et rarioribvs ex ivrisprvdentia, [...], Tomi tres, Francofvrti ad moenvm 1737).

Hertius/Hasslocher – Satura Paroemiarum juris germanicarum nova. Quam, praeside D. JOANNE NICOLAO HERTIO. Eruditorum examini subjicit ad diem Juli II Georgius Henricus Hasslocher, Gissae 1698.

Hillebrand – Deutsche Rechtssprichwörter, ges. und erl. von JULIUS H. HILLEBRAND, Zürich 1858.

Holländischer Ssp. – J. J. SMITS, De Spiegel van Sassen of zoogenaamde Hollandsche Sachsenspiegel (Nieuwe Bijdragen voor Regtgeleerdheit en Wetgeving. T. XXII [1870].

Kamptz – Die Provinzial- und statutarischen Rechte in der Preußischen Monarchie. Dargestellt von KAMPTZ, Theil 1–3, Berlin 1826–28.

Kindlinger – NIKLAS KINDLINGER, Geschichte der deutschen Hörigkeit, insbesondere der sogenannten Leibeigenschaft, Berlin 1819.

Kirchhofer – M. KIRCHHOFER, Wahrheit und Dichtung. Sammlung schweizerischer Sprichwörter, Zürich 1824.

Kleines Kaiserrecht – HERMANN ERNST ENDEMANN (Hg.), Das Keyserrecht nach der Handschrift von 1372 in Vergleichung mit andern Handschriften und mit erl. Anm. , Cassel 1846.

Körte – Die Sprichwörter und sprichwörtlichen Redensarten der Deutschen, nebst den Redensarten der deutschen Zechbrüder und aller Praktik Großmutter, d. i. der Sprichwörter ewigem Wetterkalender, ges. und mit vielen schönen Versen, Sprüchen und Historien in ein Buch verfasst von WILHELM KÖRTE, Leipzig [1837], 2., verbesserte und vermehrte Auflage 1861.

Krauss – HEINRICH KRAUSS, Geflügelte Bibelworte. Das Lexikon biblischer Redensarten, München 1993.

Kulmisches Recht – Das Alte Kulmische Recht mit einem Wörterbuche, hg. von C. K. LEMAN, Berlin 1838, Neudr. Aalen 1969.

Liebs – Lateinische Rechtsregeln und Rechtssprichwörter, zusammengestellt, übersetzt und erl. von DETLEF LIEBS, unter Mitarbeit von HANNES LEHMANN, PRAXEDIS MÖHRING und GALLUS STROBEL, 5., verbesserte Aufl., München 1991.

Lobe – ADOLF LOBE, Neue deutsche Rechtssprichwörter für jedermann aus dem Volke, Leipzig 1902.

Lohrengel – Altes Gold. Deutsche Sprichwörter und Redensarten nebst einem Anhange, ges. und hg. von W. LOHRENGEL, Clausthal 1860.

Lübisches Recht – Das alte Lübische Recht, hg. von JOHANN FRIEDRICH HACH, Lübeck 1839.

Lüning – Corpus Juris Feudalis Germanici, Das ist: Sammlung derer Deutschen Lebens- Rechte und Gewohnheiten, [...] Nebst einer vollständigen Bibliotheca Juris Feudalis [...] von JOHANN CHRISTIAN LÜNING. Tom. I–III, Franckfurth a. M. 1727.

Luthers Sprichwörtersammlung – Luthers Sprichwörtersammlung, bearbeitet und hg. von E. THIELE und D. BRENNER (Martin Luthers Werke, kritische Gesamtausgabe, Bd. 51, Breslau 1914, S. 634–726).

Magdeburger Recht – Magdeburger Recht, hg. von FRIEDRICH EBEL, Bd. II: Die Rechtsmitteilungen und Rechtssprüche für Breslau, 1. Teil: Die Quellen von 1261–1452 (Mitteldeutsche Forschungen 89, II,1) Köln-Wien 1989.

Magdeburger Rechtsquellen – Magdeburger Rechtsquellen. Zum akademischen Gebrauch, hg. von PAUL LABAND, Königsberg 1869, Neudr. Aalen 1967.

Matthaeus – Anthonii Matthaei Paroemiae Belgarum, Jurisconsultis usitatissimae: Cui accesserunt Additiones post quamlibet Paroemiam, [...], Editio altera, Bruxellis 1694.

Michelsen, Lübeck – Der ehemalige Oberhof zu Lübeck und seine Rechtssprüche von A. L. MICHELSEN, Altona 1839.

Michelsen, Altdithmarsche Rechtsquellen – A. L. MICHELSEN, Sammlung altdithmarscher Rechtsquellen, Altona 1842.

Mühlhäuser Reichsrechtsbuch – Das Mühlhäuser Reichsrechtsbuch aus dem Anfang des 13. Jahrhunderts. Deutschlands ältestes Rechtsbuch nach den altmitteldeutschen Handschriften, hg., eingeleitet und übersetzt von HERBERT MEYER, 3. Auflage, Weimar 1936.

Ofner Stadtrecht – A. MICHNAY/P. LICHNER, Ofner Stadtrecht von MCCXLIV- MCCCCXXI, Preßburg 1845.

Osenbrüggen, Rechtssprichwörter – EDUARD OSENBRÜGGEN, Die deutschen Rechtssprichwörter, Basel 1876.

Pistorius – Thesavrvs paroemiarvm germanico – ivridicarvm, Teutsch – juristischer Sprichwörter-Schatz, [...], Cent. I–X, opera studio GEORG. TOB. PISTORII, Editio altera, Lipsiae 1716 ff.

Prozeß- und Gerichtsordnung Nürnberg – Eyn kurtzer Proceß und Gerichts-Ordnung, Nürnberg 1520.

Rb. der Stadt Mühlhausen – Das alte Rechtsbuch der Stadt Mühlhausen aus dem 13. Jahrhundert. Nach der nordhäusischen Originalhandschrift und dem mühlhäusischen Abdrucke von Grasshof III, hg. von ERNST GÜNTER FÖRSTEMANN (= Ders., Die alten Gesetze der Stadt Nordhausen) Halle 1836.

Rb. nach Distinctionen – Das Rechtsbuch nach Distinctionen nebst einem

Eisenachischen Rechtsbuch, hg. von FRIEDRICH ORTLOFF (Sammlung deutscher Rechtsquellen, hg. von Dems., Bd. 1) Jena 1836, Nachdr. Aalen 1967.

Rechtsquellen von Basel – JOH. SCHNELL, Rechtsquellen von Basel. Stadt und Land, Theil 1–2, Basel 1856–65.

Richtsteig Ldr. – Der Richtsteig Landrechts nebst Cautela und Premis, hg. von CARL GUSTAV HOMEYER, Berlin 1857.

Richtsteig Lnr. – Des Sachsenspiegels zweiter Theil, nebst den verwandten Rechtsbüchern. Erster Band: Das Sächsische Lehnrecht und der Richtsteig Lehnrechts, hg. von CARL GUSTAV HOMEYER, Berlin 1842, S. 409–540.

Rigisches Recht – Dat Rigische Recht und de gemenen stichtischen Rechte ym Sticht van Ryga, geheten dat Ridder-Recht nebst Dionysii Fabri Formvlare Procvratorvm mit einem vollstaendigen Glossario, hg. von GERHARD OELRICHS, Bremen 1773.

Röhrich – LUTZ RÖHRICH, Das große Lexikon der sprichwörtlichen Redensarten, 3 Bde., Freiburg-Basel-Wien 1991–1992.

Rössler, Stadtrechte – Die Stadtrechte aus Brünn aus dem XIII. und XIV. JahrhundertPrag 1852, Nachdr. Aalen 1963.

Runde – JUSTUS FRIEDRICH RUNDE, Grundsätze des gemeinen deutschen Rechts. 8. rechtmäßige Auflage, hg. von CHRISTIAN LUDWIG RUNDE, Göttingen 1829.

Ruprecht von Freising – Das Stadt- und das Landrechtsbuch Ruprechts von Freising. Ein Beitrag zur Geschichte des Schwabenspiegels, hg. von G. LUDWIG VON MAURER, Stuttgart-Tübingen 1839.

Sachsenspiegel, ECKHARDT – Sachsenspiegel, Land- und Lehnrecht, hg. von KARL AUGUST ECKHARDT (MGH Font. iur. Germ. ant. N. S. I,1 u. I,2) 3. durchgesehene Aufl., Göttingen-Frankfurt 1973.

Sächsische Weltchronik – Sächsische Weltchronik, hg. von LUDWIG WEILAND (Deutsche Chroniken und andere Geschichtsbücher des Mittelalters 2 [MGH], Hannover 1877, Nachdr. 1980.

Sächsisches Ldr. – Land- und Lehnrechtsbuch. Saechsisches Land- und Lehnrecht. Schwabenspiegel und Sachsenspiegel, hg. von A. VON DANIELS (Rechtsdenkmäler des deutschen Mittelalters, Bd. 1) Berlin 1858.

Sächsisches Weichbildrecht – Das Sächsische Weichbildrecht. Jus municipale saxonicum, hg. von A. VON DANIELS und FR. VON GRUBEN (Rechtsdenkmäler des deutschen Mittelalters, Bd. 1) Berlin 1857/1858.

Sachße – CARL ROBERT SACHSSE, Beitrag zu den deutschen Rechtssprichwörtern (ZRR 16, 1856, S. 87–132).

Sailer – Die Weisheit auf der Gasse, oder Sinn und Geist deutscher Sprichwörter. Ein Lehrbuch für uns Deutsche, mit unter auch eine Ruhebank für Gelehrte, die von ihren Forschungen ausruhen möchten, von JOHANN MICHAEL SAILER, (1810) 2. Ausgabe Augsburg 1833.

Schambach – Die plattdeutschen Sprichwörter der Fürstenthümer Göttingen und Grubenhagen, ges. und erkl. durch GEORG SCHAMBACH, Göttingen 1851, Nachdr. Hannover-Döhren 1978.

Schauberg – Zeitschrift für noch ungedruckte Schweizer Rechtsquellen, hg. von JOSEPH SCHAUBERG, I–II, Zürich 1844–1847.

Schonheim – Proverbia illustrata et applicata in usum juventutis illustris: Das ist: Erläuterte Sprüchwörter mit Moralischen Anmerkungen vor Jugend, von Hohen und Adelichen Stande, wie auch überhaupt vor alle diejenigen, welche die nützlichsten und besten Proverbia der Lateinischen Sprache, mit Verstand und Nutzen erlernen wollen, ans Licht gegeben, von OTTO WILLHELM SCHONHEIM, Leipzig 1728.

Schottelius – De singularibus quibusdam & antiquis in Germania Juribus & Observatis. Kurzer Tractat von unterschiedlichen Rechten in Teutschland/[...] Ausgefertigt von JUSTO GEORGIO SCHOTTELIO, Franckfurth/Leipzig 1671.

Schreiber – Urkundenbuch der Stadt Freiburg im Breisgau, hg. von HEINRICH SCHREIBER, I–II, N. F., Freiburg i. Br. 1828–1829.

Schulze – Die biblischen Sprichwörter der deutschen Sprache von K. SCHULZE, Göttingen 1860.

Schwabenspiegel – Studia iuris suevici II, Schwabenspiegel, Langform M, tractavit KARL AUGUST ECKHARDT (Bibliotheca rerum historicarum 5) Aalen 1971.

Simrock – Die deutschen Sprichwörter, ges. von KARL SIMROCK, Frankfurt a. M. 1846, Neuausgabe des Erstdrucks mit einer Einleitung von WOLFGANG MIEDER, Stuttgart 1988.

Singer – SAMUEL SINGER, Sprichwörter des Mittelalters, I–III, Bern 1944–1947.

Spangenberg – ERNST PETER JOHANN SPANGENBERG, Beyträge zu den Teutschen Rechten des Mittelalters, vorzüglich zur Kunde und Kritik der altgermanischen Rechtsbücher, und des Sachsen- und Schwaben-Spiegels. Größtentheils aus unbenutzten handschriftlichen Quellen geschöpft. Mit Kupfern und Steindrücken, Halle 1822, Nachdr. Amsterdam 1970.

Stadtrecht von Brünn – Die Stadtrechte von Brünn aus dem XIII. und XIV. Jahrhunderte, nach bisher ungedruckten Handschriften hg. und erl. von EMIL FRANZ RÖSSLER (= Ders., Deutsche Rechtsdenkmäler aus Böhmen und Mähren 1) Prag 1845, Neudr. Aalen 1963.

Stadtrecht von Goslar – WILHELM EBEL, Das Stadtrecht von Goslar, Göttingen 1968.

Stadtrecht von Lüneburg – Das alte Stadtrecht von Lüneburg, hg. von WILHELM THEODOR KRAUT, Nachdr. Göttingen 1846.

Stadtrecht von München – Denkmäler des Münchner Stadtrechts, Bd. 1: 1158–1403, bearb. und eingeleitet von PIUS DIRR (Bayerische Rechtsquellen 1) München 1934.

Tengler, Laienspiegel – ULRICH TENGLER, Laienspiegel von rechtmäßigen Ordnungen in bürgerlichen und peinlichen Regimenten. Augsburg 1509.

Thesaurus proverbiorum – Thesaurus proverbiorum medii aevi. Lexikon der Sprichwörter des romanisch-germanischen Mittelalters, begr. von SAMUEL SINGER, hg. vom Kuratorium Singer der Schweizerischen Akademie der Geistes- und Sozialwissenschaften, Bd. 1, Berlin-New York 1995.

Tristan und Isolde – Gottfried von Straßburg, Tristan und Isolde, hg. von FRIEDRICH RANKE, Text, 15. Auflage, Dublin-Zürich 1978.

Tunnicius – Tunnicius. Die älteste niederdeutsche Sprichwörtersammlung von Antonius Tunnicius [von 1514]. Ges. und in lateinische Verse übersetzt, hg. mit hochdeutscher Übersetzung, Anmerkungen und Wörterbuch von HOFFMANN VON FALLERSLEBEN, Berlin 1870.

Ulenspiegel – Ein kurtzweilig Lesen von Dil Ulenspiegel, nach dem Druck von 1515, hg. von WOLFGANG LINDOW, Stuttgart 1966.

Volkmar – Paroemia et regulae juris Romanorum, Germanorum etc. Edidit LEOPOLDUS VOLKMAR, Berlin 1854.

Wagener – Sprichwörter-Lexikon, hg. von S. C. WAGENER, Quedlinburg 1813.

Wander (zitiert W) – Deutsches Sprichwörter-Lexikon. Ein Hausschatz für das deutsche Volk, hg. von KARL FRIEDRICH WILHELM WANDER, V Bde., Leipzig 1867–1880, Nachdr. Augsburg 1987.

Weingarten – Weingarten, Fasciculi diversorum jurium, 3 Theile, Nürnberg 1690.

Wiegand – Das Proverbium in grammatischer Verwendung bei dem Elementarunterricht in der lateinischen Sprache. Sammlung von fast 1200 lateinischen Sprüchwörtern und sprüchwörtlichen Redensarten, mit Quellenbezeichnungen, Übersetzungen, kurzen Erläuterungen und einem alphabetischen Verzeichnis. Zum Gebrauche für Schule und Haus, hg. von CARL WIEGAND, Leipzig 1861.

Wiener Stadtrecht – Das Wiener Stadtrechts- oder Weichbildbuch, hg. von HEINRICH MARIA SCHUSTER, Wien 1873.

Zingerle – IGNAZ VON ZINGERLE, Die deutschen Sprichwörter im Mittelalter, Wien 1864, Neudr. Walluf 1972.

Zwickauer Rb. – Zwickauer Rechtsbuch, unter Mitarbeit von HANS PLANITZ bearbeitet von GÜNTHER ULLRICH (Germanenrechte, N. F., Abt. Stadtrechtsbücher) Weimar 1941.

Wörterbücher und Nachschlagewerke

Creifelds – Rechtswörterbuch. Begr. von CARL CREIFELDS, hg. von HANS KAUFFMANN, 12., neubearb. Aufl., München 1994.

DRWB – Deutsches Rechtswörterbuch. Wörterbuch der älteren deutschen Rechtssprache, hg. von der Preußischen Akademie der Wissenschaften, bearb. von RICHARD SCHRÖDER und EBERHARD FRHR. VON KÜNSSBERG (ab Bd. IV hg. von der Deutschen Akademie der Wissenschaften zu Berlin, ab Bd. V in Verbindung mit der Deutschen Akademie der Wissenschaften der DDR, hg. von der Heidelberger Akademie der Wissenschaften) Bd. Iff., Weimar 1914ff.

Duden – Duden, Deutsches Universalwörterbuch, 2., völlig neu bearb. und stark erw. Aufl., hg. und bearb. vom Wissenschaftlichen Rat und den Mitarbeitern der Dudenredaktion unter der Leitung von GÜNTHER DROSDOWSKI, Mannheim-Wien- Zürich 1989.

DWB – Deutsches Wörterbuch, hg. von JACOB und WILHELM GRIMM, Bd. I–XVI, Quellenverzeichnis, Leipzig 1854–1971; Neubearbeitung hg. von der Deutschen Akademie der Wissenschaften zu Berlin in Zusammenarbeit mit der Akademie der Wissenschaften zu Göttingen, Bd. I, Bd. VI, Leipzig 1983, Bd. II, Lfg. 1–3, Leipzig 1986–1990, Bd. VII, Leipzig 1984–1990, Nachdr. der Erstausgabe in 33 Bden., München 1984.

HRG – Handwörterbuch zur deutschen Rechtsgeschichte, hg. von ADALBERT ERLER, EKKEHARD KAUFMANN und DIETER WERKMÜLLER unter philologischer Mitarbeit von RUTH SCHMIDT-WIEGAND, mitbegründet von WOLFGANG STAMMLER, Bd. I Berlin 1971, Bd. II, ebd. 1978, Bd. III ebd. 1984, Bd. IV ebd. 1990, Bd. V ebd. 1998.

Klappenbach/Steinitz – Wörterbuch der deutschen Gegenwartssprache, hg. von RUTH KLAPPENBACH und WOLFGANG STEINITZ, 10. Aufl., Berlin 1980, Bd. 2, Berlin 1977.

Kluge/Seebold, Etymologisches Wb. – FRIEDRICH KLUGE, Etymologisches Wörterbuch der deutschen Sprache, 22. Aufl. unter Mithilfe von MAX BURGISSER und BERND GREGOR völlig neu bearb. von ELMAR SEEBOLD, Berlin-New York 1989.

Köbler, Juristisches Wörterbuch – GERHARD KÖBLER, Juristisches Wörterbuch. Für Studium und Ausbildung, 6. Aufl., München 1994.

Köbler, Lexikon – GERHARD KÖBLER, Lexikon der europäischen Rechtsgeschichte, München 1997.

Lexer – MATTHIAS LEXER, Mittelhochdeutsches Handwörterbuch, 3 Bde., Leipzig 1872–1878, Nachdr. Stuttgart 1992.

Röhrich, Das große Lexikon – LUTZ RÖHRICH, Das große Lexikon der sprichwörtlichen Redensarten, Bd. 1–3, Freiburg, Basel, Wien, 1991/1992.

Schmeller – JOHANN ANDREAS SCHMELLER, Bayerisches Wörterbuch, 2 Bde. in 4 Teilen, Sonderausgabe, Nachdr. der von KARL FROMMANN bearb. 2. Ausgabe München 1872–1877, München 1985.

Veith – HEINRICH VEITH, Deutsches Bergwörterbuch. Mit Belegen. Wiesbaden 1968.

VL – Die deutsche Literatur des Mittelalters. Verfasserlexikon, begründet von WOLFGANG STAMMLER, fortgeführt von KARL LANGOSCH, zweite völlig neubearbeitete Auflage, hg. von KURT RUH und GUNDOLF KEIL, WERNER SCHRÖDER, BURGHART WACHINGER, FRANZ JOSEF WORSTBROCK, Bd. 1 Berlin, New York 1978, Bd. 2 ebd. 1980, Bd. 3 ebd. 1981, Bd. 4 ebd. 1983, Bd. 5 ebd. 1985, Bd. 6 ebd. 1987, Bd. 7 ebd. 1989, Bd. 8 ebd. 1992, Bd. 9, ebd. 1995, Bd. 10 ebd. 1999.

Wahrig – GERHARD WAHRIG, Deutsches Wörterbuch. Mit einem «Lexikon der deutschen Sprachlehre», hg. in Zusammenarbeit mit zahlreichen Wissenschaftlern und anderen Fachleuten, völlig überarb. Neuaufl., München 1988.

Wb. der deutschen Gegenwartssprache – Wörterbuch der deutschen Gegenwartssprache, hg. von RUTH KLAPPENBACH und WOLFGANG STEINITZ, 6 Bde., Berlin 1973–1980.

Wb. der Mediävistik – Sachwörterbuch der Mediävistik, unter Mitarbeit zahlreicher Fachgelehrter und unter Verwendung der Vorarbeiten von HANS-DIETER MÜCK u. a., hg. von PETER DINZELBACHER (Kröners Taschenausgabe, Bd. 477) Stuttgart 1992.

Wb. der Volkskunde – Wörterbuch der deutschen Volkskunde, begr. von OSWALD A. ERICH und RICHARD BEITL, 3. Aufl. neu bearb. von RICHARD BEITL unter Mitarbeit von KLAUS BEITL (Kröners Taschenausgabe 127) Stuttgart 1974.

Literatur

Altensleben, Rathausinschrift – STEPHAN ALTENSLEBEN, Eine unbekannte Rathausinschrift in Marienberg/Erzg. (Sächsische Heimatblätter Heft 2, 2001, S. 114–120).

Assmann, Kulturelles Gedächtnis – JAN ASSMANN, Das kulturelle Gedächtnis. Schrift, Erinnerung und politische Identität in frühen Hochkulturen, München ²1997. S. 147f.

Bader, Beharrungsvermögen – KARL SIEGFRIED BADER, bistus iement unverraiter amman? Beharrungsvermögen und Sinnwandel einer Rechtsformel (Alemannica. Landeskundliche Beiträge, Fs. für Bruno Boesch, zugleich Alemannisches Jahrbuch 1973/75, S. 231–243).

Ders., Gartenrecht – KARL SIEGFRIED BADER, Gartenrecht (ZRG GA 75, 1958, S. 252–273).

Ders., Recht – Geschichte – Sprache – KARL SIEGFRIED BADER, Recht – Geschichte – Sprache. Rechtshistorische Betrachtungen über Zusammenhänge zwischen drei Lebens- und Wissensgebieten (Historisches Jahrbuch 93, 1973, S. 1–20).

Bader/Dilcher, DRG – KARL S. BADER, GERHARD DILCHER, Deutsche Rechtsgeschichte. Land und Stadt-Bürger und Bauer im Alten Europa, Berlin, Heidelberg, New York 1999.

Battenberg, Schöffen, Schöffengericht – FRIEDRICH BATTENBERG, Artikel ‹Schöffen, Schöffengericht› (HRG IV, 1990, Sp. 1463–1469).

Bausinger, Volkspoesie – HERMANN BAUSINGER, «Formen der Volkspoesie» (Grundlagen der Germanistik, Bd. 6) 2. Aufl., Berlin 1980.

Becker, Gerichtliche Beredsamkeit – HANS-JÜRGEN BECKER, Die gerichtliche Beredsamkeit. Ein Beitrag zum Verhältnis von Recht und Sprache (Staat, Kirche, Wissenschaft in einer pluralistischen Gesellschaft. Fs. zum 65. Geb. von Paul Mikat, hg. von DIETER SCHWAB, DIETER GIESEN, JOSEPH LISTL und HANS-WOLFGANG STRÄTZ, Berlin 1989, S. 45–54).

Brauneder, Leibzucht – WILHELM BRAUNEDER, Artikel ‹Leibzucht› (HRG II, 1978, Sp. 1805–1810).

Brunner, Luft macht frei – HEINRICH BRUNNER, Luft macht frei (Fg. der Berliner juristischen Fakultät für Otto Gierke zum Doktor-Jubiläum, 21. August 1910, Bd. 1: Staatsrecht, Verwaltungsrecht, Kirchenrecht, Lehenrecht, Frankfurt a. M. 1969, S. 1–46).

Buchda, Appellation – GERHARD BUCHDA, Artikel ‹Appellation› (HRG I, 1971, Sp. 196–200).

Ders., Gebundene Tage – GERHARD BUCHDA, Artikel ‹Gebundene Tage› (HRG I, 1971, Sp. 1424–1426).

Ders., Klage – GERHARD BUCHDA, Artikel ‹Klage› (HRG II, 1978, Sp. 837–845).

Bühler, Rechtsquellenlehre – THEODOR BÜHLER, Rechtsquellenlehre, Bd. 1: Gewohnheitsrecht, Enquête, Kodifikation, Zürich 1971; Bd. 2: Rechtsquellentypen, ebd. 1979, S. 106, 119f.; Bd. 3: Rechtserzeugung, Legitimität der Rechtsquellen, ebd. 1985.

Ders., Recht ohne Schrift – THEODOR BÜHLER, Wenn das Recht ohne Schrift auskommen muß (Forschungen zur Rechtsarchäologie und Rechtlichen Volkskunde Bd. 4, 1982, S. 79–91).

Bungenstock, Anwachsung – WILFRIED BUNGENSTOCK, Artikel ‹Anwachsung› (HRG I, 1971, Sp. 181–182).

Burger, Idiomatik – HARALD BURGER, Idiomatik des Deutschen. Unter Mitarbeit von HARALD JASCHKE, Tübingen 1973.

Ders., Phraseologie – HARALD BURGER, Probleme einer historischen Phraseologie (PBB 99, 1977, S. 1–24).

BURGER/LINKE, Historische Phraseologie – HARALD BURGER/ANGELIKA LINKE, Historische Phraseologie (Sprachgeschichte. Ein Handbuch zur Geschichte der deutschen Sprache und ihrer Erforschung, hg. von WERNER BESCH/OSKAR REICHMANN und STEFAN SONDEREGGER, 2. Hbd. [Handbücher zur Sprach- und Kommunikationswissenschaft 2.2] Berlin-New York 1985).

Carlen, Näherrecht – LOUIS CARLEN, Artikel ‹Näherrecht› (HRG III, 1984, Sp. 827–831).

Ders., Stab – LOUIS CARLEN, Artikel ‹Stab› (HRG IV, 1990, Sp. 1838–1844).

Colberg, «Kauf bricht Miete» – C. COLBERG, Paroemia «Kauf bricht Miethe», phil. Diss., Halle 1858.

Conrad, Rechtsgeschichte – HERMANN CONRAD, Deutsche Rechtsgeschichte, Bd. 1: Frühzeit und Mittelalter, 2., neu bearb. Aufl., Karlsruhe 1962, Nachdr. 1982.

Dette, Venire contra factum – HANS WALTER DETTE, Venire contra factum proprium nulli conceditur. Zur Konkretisierung eines Rechtssprichworts (Schriften zur Rechtstheorie 115) Berlin 1985.

Diestelkamp, Homagium – BERNHARD DIESTELKAMP, Artikel ‹Homagium› (HRG II, 1978, Sp. 225–228).

Dilcher, Paarformeln – GERHARD DILCHER, Paarformeln in der Rechtssprache des frühen Mittelalters, Darmstadt 1961. S. a. Bader/Dilcher.

Ebel, «Tausch ist edler als Kauf» – WILHELM EBEL, «Tausch ist edler als Kauf». Jacob Grimms Vorlesung über Deutsche Rechtsaltertümer (Fs. für Hermann Krause, hg. von STEN GAGNÉR, HANS SCHLOSSER und WOLFGANG WIEGAND, Köln-Wien 1975, S. 210–224).

Ders., Forschungen – WILHELM EBEL, Forschungen zur Geschichte des lübischen Rechts, 1. Teil: Dreizehn Stücke zum Prozeß- und Privatrecht (Veröffentlichungen zur Geschichte der Hansestadt Lübeck, Bd. 14) Lübeck 1950.

Ders., Willkür – WILHELM EBEL, Die Willkür. Eine Studie zu den Denkformen des älteren Deutschen Rechts (Göttinger Wissenschaftliche Studien, Heft 6) Göttingen 1953.

Ders., Kaufmannsrecht – WILHELM EBEL, Lübisches Kaufmannsrecht, o.J., S. 9–32.

Ebel, Fijal, Kocher, Römisches Rechtsleben – FRIEDRICH EBEL, ANDREAS FIJAL, GERNOT KOCHER, Römisches Rechtsleben im Mittelalter, Miniaturen aus den Handschriften des Corpus iuris civilis, Heidelberg 1988.

Eikelmann, Sprichwörtersammlungen – MANFRED EIKELMANN, Sprichwörtersammlungen (deutsche) (VL Bd. 9, Sp. 162–179).

Ders., Sammelkontext – MANFRED EIKELMANN, Das Sprichwort im Sammelkontext. Beobachtungen zur Überlieferungsweise und kontextuellen Einbindung des deutschen Sprichworts im Mittelalter (Kleinstformen der Literatur, hg. von Walter Haug und Burghart Wachinger, Tübingen 1994, S. 91–116).

Eismann/Grzybek, Sprichwort, Sprichwörtliche Redensart und Phraseologismus – WOLFGANG EISMANN/PETER GRZYBEK, Sprichwort, Sprichwörtliche Redensart und Phraseologismus: Vom Mythos der Untrennbarkeit (Sprachbilder zwischen Theorie und Praxis. Akten des Westfälischen Arbeitskreises «Phraseologie/Parömiologie» (1991/1992), hg. von CHRISTOPH CHLOSTA, PETER GRZYBEK und ELISABETH PIIRAINEN [Studien zur Phraseologie und Parömiologie 2] Bochum 1994, S. 89–132).

Ek, Den som kommer till kvarns – SVEN B. EK, Den som kommer först till kvarns – ett ordsprak och dess bakgrund (Scripta Minora 1, 1963–1964) Lund 1964, S. 1–60.

Elsener, Majoritätsprinzip – FERDINAND ELSENER, Zur Geschichte des Majoritätsprinzips (ZRG GA Kan. Abt. 42, 1956, S. 108–110).

Ders., Keine Regel ohne Ausnahme – FERDINAND ELSENER, Keine Regel ohne Ausnahme. Gedanken zur Geschichte der deutschen Rechtssprichwörter (Fs. für den 45. deutschen Juristentag, Karlsruhe 1964, S. 23–40).

Ders., Regula iuris – FERDINAND ELSENER, Regula iuris, Brocardum, Rechtssprichwort nach der Lehre von P. FRANZ SCHMIER OSB und im Blick auf die heutige Forschung (Ottobeuren 764–1964. Beiträge zur Geschichte der Abtei [Sonderband der Studien und Mitteilungen zur Geschichte des Benediktinerordens und seiner Zweige, Bd. 73] Augsburg 1964, S. 177–218).

Ders., Rechtssprichwörter – FERDINAND ELSENER, Deutsche Rechtssprichwörter und Rezeption. Nebenpfade der Rezeption des gelehrten römisch-kanonischen Rechts im Spätmittelalter (Tradition und Fortschritt im Recht. Fs. gewidmet der Tübinger Juristenfakultät zu ihrem 500-jährigen Bestehen 1977, Tübingen 1977, S. 47–72).

Erler, Besthaupt – ADALBERT ERLER, Artikel ‹Besthaupt› (HRG I, 1971, Sp. 397–398).

Ders., Eid – ADALBERT ERLER, Artikel ‹Eid› (HRG I, 1971, Sp. 861–863).

Ders., Gottesurteil – ADALBERT ERLER, Artikel ‹Gottesurteil› (HRG I, 1971, Sp. 1769–1773).

Ders., Kaiser, Kaisertum – ADALBERT ERLER, Artikel ‹Kaiser, Kaisertum› (HRG II, 1978, Sp. 518–530).

Ders., Lassbauern, Lassiten – ADALBERT ERLER, Artikel ‹Lassbauern, Lassiten› (HRG II, 1978, Sp. 1627).

Ders., Musteil – ADALBERT ERLER, Artikel ‹Musteil› (HRG III, 1984, Sp. 798–799).

Ders., Patenschaft, Pate – ADALBERT ERLER, Artikel ‹Patenschaft, Pate› (HRG III, 1984, Sp. 1531–1532).

Ders., Populäre Rechtsliteratur – ADALBERT ERLER, Artikel ‹Populäre Rechtsliteratur› (HRG III, 1984, Sp. 1825–1828).

Ders., Rauch, Rauchhuhn – ADALBERT ERLER, Artikel ‹Rauch, Rauchhuhn› (HRG IV, 1990, Sp. 193–194).

Ders., Reichsstraße – ADALBERT ERLER, Artikel ‹Reichsstraße› (HRG IV, 1990, Sp. 778–781).

Ders., Sich selbst das Urteil sprechen – ADALBERT ERLER, Sich selbst das Urteil sprechen (Oberdeutsche Zeitschrift für Volkskunde 17, 1943, Heft 1/3, S. 143–155).

Ders., Straßenzwang – ADALBERT ERLER, Artikel ‹Straßenzwang› (HRG V, 33. Lfg., 1996, Sp. 35–37).

Ders., Taubenhaltung, Taubenrecht – ADALBERT ERLER, Artikel ‹Taubenhaltung, Taubenrecht› (HRG V, 33. Lfg., 1996, Sp. 127–129).

Ders., Vormundschaft – ADALBERT ERLER, Artikel ‹Vormundschaft› (HRG V, 37. Lfg., 1996, Sp. 1050–1055).

Ders./Neidert, Schultheiß, Schulze – ADALBERT ERLER/MANFRED NEIDERT, Artikel ‹Schultheiß, Schulze› (HRG IV, 1990, Sp. 1519–1521).

Ders./Schmidt-Wiegand, Maut – ADALBERT ERLER/RUTH SCHMIDT-WIEGAND, Artikel ‹Maut› (HRG III, 1984, Sp. 399–400).

Fehr, Sprichwörter – HANS FEHR, Sprichwörter, Denksprüche und Redensarten im Spiegel des Rechts (Schweizerische Beiträge zum 4. Internationalen Kongress für Rechtsvergleichung, Genf 1954, S. 49–71).

Fehr, Dichtung – HANS FEHR, Die Dichtung im Recht (Ders., Kunst und Recht 3) Bern o.J. [1936].

Fink, Krummstab (Bischofsstab) – A. FINK, Artikel ‹Krummstab (Bischofsstab)› (HRG II, 1978, Sp. 1237–1242).

Foth – ALBRECHT FOTH, Gelehrtes römisch-kanonisches Recht in deutschen Rechtssprichwörtern (Juristische Studien, Bd. 24) Tübingen 1971.

Gellinek, Stadtluft macht frei – CHRISTIAN HANS GEORG GELLINEK, Stadtluft macht frei? (ZRG GA 106, 1989, S. 306–310).

Gott ist selber Recht – Gott ist selber Recht. Die vier Bilderhandschriften des ‹Sachsenspiegels›. Oldenburg, Heidelberg, Wolfenbüttel, Dresden (Ausstellungskatalog der Herzog August Bibliothek Nr. 67), hg. von RUTH SCHMIDT-WIEGAND und WOLFGANG MILDE, 2. Aufl., Wolfenbüttel 1993, S. 9–30.

Gudian, Appellation – GUNTER GUDIAN, Appellation – ein neues Rechtsinstitut bringt neue Probleme (Rechtsbehelfe, Beweis und Stellung des Richters im Spätmittelalter, hg. von WOLFGANG SELLERT [Quellen und Forschungen zur höchsten Gerichtsbarkeit im alten Reich, Bd. 16] Köln-Wien 1985, S. 1–8).

Hafke, Jagd- und Fischereirecht – CHR. HAFKE, Artikel ‹Jagd- und Fischereirecht› (HRG II, 1978, Sp. 281–288).

Hagemann, Gewette – HANS-RUDOLF HAGEMANN, Artikel ‹Gewette› (HRG I, 1971, Sp. 1674–1675).

Hain, Sprichwort – MATHILDE HAIN, Das Sprichwort (Ergebnisse der Sprichwörterforschung, hg. von WOLFGANG MIEDER [Europäische Hochschulschriften, Reihe I, Bd. 192] Bern 1978, S. 13–25).

Dies., Sprichwort und Rätsel – MATHILDE HAIN, Sprichwort und Rätsel (Deutsche Philologie im Aufriß, 2. überarb. Aufl., unter Mitarbeit zahlreicher Fachgelehrter, hg. von WOLFGANG STAMMLER, Bd. 3, Berlin 1962, Sp. 2727–2754).

Hardenberg, Jahr und Tag – LAMBERTUS HARDENBERG, Zur Frist von Jahr und Tag (ZRG GA 87, 1970, S. 287–290).

Hattenhauer, Lingua vernacula – HANS HATTENHAUER, Lingua vernacula – Rechtssprache zwischen Volkssprache und Gelehrtensprache (Sprache – Recht – Geschichte, Rechtshistorisches Kolloquium 5.–9. Juni 1990, Christian-Albrechts-Universität zu Kiel, hg. von JÖRN ECKERT und HANS HATTENHAUER [MTM 58], Heidelberg 1991, S. 49–68).

Hedemann, Rechtssprichwörter – JUSTUS WILHELM HEDEMANN, Aus der Welt der Rechtssprichwörter (Das deutsche Privatrecht in der Mitte des 20. Jahrhunderts. Fs. für Heinrich Lehmann zum 80. Geb., hg. von H. C. NIPPERDEY, Bd. I, Berlin 1956, S. 131–142).

Herberger, Juristen, böse Christen – M. HERBERGER, Artikel ‹Juristen, böse Christen› (HRG II, 1978, Sp. 481–484).

Herzenstiel, Sprichwort – WERNER HERZENSTIEL, Erziehungserfahrung im deutschen Sprichwort, Saarbrücken 1973.

Hesse, Rechtsverhältnisse – CHR. HESSE, Die Rechtsverhältnisse zwischen Grundstücksnachbarn (Nachbarrecht). 2., zum größten Theile umgearbeitete Aufl., Jena 1880.

His, Strafrecht – RUDOLF HIS, Das Strafrecht des deutschen Mittelalters, 2 Bde., Weimar 1935, Neudr. Aalen 1964.

Hofmeister, Mikrotexte – WERNER HOFMEISTER, Sprichwortartige Mikrotexte. Analysen am Beispiel Oswald von Wolkenstein (GAG 537) Göppingen 1990.

Ders., Mikrotexte als literarische Medien – WERNER HOFMEISTER,

Sprichwortartige Mikrotexte als literarische Medien, dargestellt an der hochdeutschen politischen Lyrik des Mittelalters (Studien zur Phraseologie und Parömiologie 5) Bochum 1995.

Holzhauer, Meineid – HEINZ HOLZHAUER, Artikel ‹Meineid› (HRG III, 1984, Sp. 447–458).

Ders., Zweikampf – HEINZ HOLZHAUER, Der gerichtliche Zweikampf (Sprache und Recht. Beiträge zur Kulturgeschichte des Mittelalters, hg. von KARL HAUCK u. a., Berlin – New York 1986, S. 263–283).

Ders., Strafgedanke – HEINZ HOLZHAUER, Zum Strafgedanken im frühen Mittelalter (Überlieferung, Bewahrung und Gestaltung in der rechtsgeschichtlichen Forschung, hg. von STEPHAN BUCHHOLZ, PAUL MIKAT und DIETER WERKMÜLLER [Rechts- und Staatswissenschaftliche Veröffentlichungen der Görres-Gesellschaft, N. F., Bd. 69] Paderborn-München-Wien-Zürich 1993, S. 179–192).

Hüpper, Ehe, Familie, Verwandtschaft – DAGMAR HÜPPER, Ehe, Familie, Verwandtschaft. – Zur Widerspiegelung von Begrifflichkeit in der Bildtradition des Sachsenspiegels (Text-Bild-Interpretation. Untersuchungen zu den Bilderhandschriften des Sachsenspiegels, hg. von RUTH SCHMIDT-WIEGAND, Bd. 1: Textband [Münstersche Mittelalter-Schriften 55/I] München 1986, S. 129–153).

Dies., Verwandte – DAGMAR HÜPPER, Verwandte als Erben und Eideshelfer – Zum praktizierten Familienrecht des Herforder Rechtsbuches (Rechtsbuch der Stadt Herford. Vollständige Faksimile-Ausgabe im Original-Format der illuminierten Handschrift aus dem 14. Jahrhundert, Bd. 2: Kommentarband, Bielefeld 1989, S. 182–197).

Dies., Schwert – DAGMAR HÜPPER, Artikel ‹Schwert› (HRG IV, 1990, Sp. 1570–1574).

Dies., Schwertmage – DAGMAR HÜPPER, Artikel ‹Schwertmage› (HRG IV, 1990, Sp. 1577–1579).

Dies., Bildersprache – DAGMAR HÜPPER, Die Bildersprache. Zur Funktion der Illustration (Die Wolfenbütteler Bilderhandschrift des Sachsenspiegels. Aufsätze und Untersuchungen. Kommentarband zur Faksimile-Ausgabe, hg. von RUTH SCHMIDT-WIEGAND, Berlin 1993, S. 143–162).

Dies., Poesie – DAGMAR HÜPPER, Poesie und Recht aus einem Bette. Zu Verhaltensnormen und Umgangsformen in der mittelalterlichen Familie und Verwandtschaft (FMSt 27, 1993, S. 87–123).

Hüpper-Dröge, Schild und Speer – DAGMAR HÜPPER-DRÖGE, Schild und Speer. Waffen und ihre Bezeichnungen im frühen Mittelalter (GASK 3) Frankfurt a. M.- Berlin-Bern-New York-Wien 1983.

Dies., Zweikampf – DAGMAR HÜPPER-DRÖGE, Der gerichtliche Zweikampf im Spiegel der Bezeichnungen für ‹Kampf›, ‹Kämpfer›, ‹Waffen› (FMSt 18, 1984, S. 607–661).

Janz, Rechtssprichwörter – BRIGITTE JANZ, Rechtssprichwörter im

Sachsenspiegel. Eine Untersuchung zur Text-Bild-Relation in den Codices picturati (GASK 13) Frankfurt a. M.-Bern-New York-Paris 1989.

Dies., «Dan nach Sprichwortten pflegen die Bauren gerne zu sprechen.» – BRIGITTE JANZ, «Dan nach Sprichwortten pflegen die Bauren gerne zu sprechen.» Überlegungen zur Rolle von Rechtssprichwörtern im spätmittelalterlichen Gerichtsverfahren (Proverbium 9, 1992, S. 81–106).

Dies., Frauen und Recht – BRIGITTE JANZ, Frauen und Recht im Sachsenspiegel *(der sassen speyghel:* Sachsenspiegel – Recht – Alltag. Beiträge und Katalog zur Ausstellung, Bd. 2: Aus dem Leben gegriffen – Ein Rechtsbuch spiegelt seine Zeit, hg. von MAMOUN FANSA [Archäologische Mitteilungen aus Nordwestdeutschland, Beiheft 10] Oldenburg 1995, S. 121–131).

Jeep, Alliterating Word-Pairs – JOHN M. JEEP, Alliterating Word-Pairs and Early Middle High German (Liglisa 4,2, Fall 1999, S. 285–305).

Jolles, Einfache Formen – ANDRÉ JOLLES, Einfache Formen. Legende, Sage, Mythe, Rätsel, Spruch, Kasus, Memorabile, Märchen, Witz, 5. Aufl., Tübingen 1974.

Justiz in alter Zeit – Justiz in alter Zeit, hg. von CHR. HINCKELDEY (Bd. VIc der Schriftenreihe des Mittelalterlichen Kriminalmuseums Rothenburg o.d.T.) Rothenburg 1989.

Kaufmann, Wo kein Kläger, ist kein Richter – EKKEHARD KAUFMANN, Wo kein Kläger, ist kein Richter (JuS 1961, Heft 6, S. 182–184).

Ders., Amtsrecht – EKKEHARD KAUFMANN, Artikel ‹Amtsrecht› (HRG I, 1971, Sp. 156–157).

Ders., Erbfolgeordnung (privatrechtlich) – EKKEHARD KAUFMANN, Artikel ‹Erbfolgeordnung (privatrechtlich)› (HRG I, 1971, Sp. 959–962).

Ders., Deutsches Recht – EKKEHARD KAUFMANN, Deutsches Recht (Grundlagen der Germanistik, Bd. 27) Berlin 1984, insb. S. 137–183.

Ders., Rache – EKKEHARD KAUFMANN, Artikel ‹Rache› (HRG IV, 1990, Sp. 126–127).

Ders., Rechtssprichwort – EKKEHARD KAUFMANN, Artikel ‹Rechtssprichwort› (HRG IV, 1990, Sp. 364–367).

Ders., Spiegelnde Strafen – EKKEHARD KAUFMANN, Artikel ‹Spiegelnde Strafen› (HRG IV, 1990, Sp. 1761–1763).

Ders., Stabbrechen – EKKEHARD KAUFMANN, Artikel ‹Stabbrechen› (HRG IV, 1990, Sp. 1844–1846).

Ders., Strafe, Strafrecht – EKKEHARD KAUFMANN, Artikel ‹Strafe, Strafrecht› (HRG IV, 1990, Sp. 2011–2029).

Ders., Talion – EKKEHARD KAUFMANN, Artikel ‹Talion› (HRG V, 33. Lfg., 1996, Sp. 114–118).

Kaufmann, Dieb – EKKEHARD KAUFMANN, Soll man den Dieb hängen? Urteile der Göttinger Juristenfakultät am Ende des Zeitalters der

Aufklärung («Zur Erhaltung guter Ordnung», Beiträge zur Geschichte von Recht und Justiz. Fs. für Wolfgang Sellert, hg. von Jost Hausmann und Thomas Krause, Weimar, Wien 2000, S. 401–426.

Kellenbenz/Philipp, Hufe – H. KELLENBENZ/G. PHILIPP, Artikel ‹Hufe› (HRG II, 1978, Sp. 248–251).

Knauer, Deichrecht – P. KNAUER, Artikel ‹Deichrecht› (HRG I, 1990, Sp. 668–672).

Knef, Der geschenkte Gaul – HILDEGARD KNEF, Der geschenkte Gaul. Bericht aus einem Leben, Wien-München-Zürich 1970.

Kocher, Richter – GERNOT KOCHER, Artikel ‹Richter› (HRG IV, 1990, Sp. 1033–1040).

Ders., Zeichen und Symbole – GERNOT KOCHER, Zeichen und Symbole des Rechts. Eine historische Ikonographie, München 1992.

Köbler, Land- und Lehnrecht – GERHARD KÖBLER, Land- und Lehnrecht im Frühmittelalter (ZRG GA 86, 1969, S. 1–40).

Ders., Klage – GERHARD KÖBLER, Klage, klagen, Kläger (ZRG GA 92, 1975, S. 1–20).

Ders., Rechtsgeschichte – GERHARD KÖBLER, Bilder aus der deutschen Rechtsgeschichte. Von den Anfängen bis zur Gegenwart, München 1988.

Koehler, Fremde – B. KOEHLER, Artikel ‹Fremde› (HRG I, 1971, Sp. 1266–1270).

Korhonen, Zur historischen Entwicklung von Verbidiomen – JARMO KORHONEN, Zur historischen Entwicklung von Verbidiomen im 19. und 20. Jahrhundert (Europhras 92. Tendenzen der Phraseologieforschung, hg. von BARBARA SANDIG [Studien zur Phraseologie und Parömiologie 1] Bochum 1994, S. 375–409).

Kornblum, Eid – UDO KORNBLUM, Artikel ‹Eid› (HRG I, 1971, Sp. 863–866).

Krampe, Qui tacet, consentire videtur – CHRISTOPH KRAMPE, Qui tacet, consentire videtur. Über die Herkunft einer Rechtsregel (Staat, Kirche, Wissenschaft in einer pluralistischen Gesellschaft. Fs. zum 65. Geb. von Paul Mikat, hg. von DIETER SCHWAB, DIETER GIESEN, JOSEPH LISTL und HANS-WOLFGANG STRÄTZ, Berlin 1989, S. 367–380).

Krause, Kaiserrecht und Rezeption – HERMANN KRAUSE, Kaiserrecht und Rezeption. Vorgelegt im Jahre 1950, Heidelberg 1952.

Ders., Mittelalterliche Anschauungen vom Gericht – HERMANN KRAUSE, Mittelalterliche Anschauungen vom Gericht im Licht der Formel *iustitiam facere et recipere, Recht geben und Recht nehmen* (Sbb. der Bayerischen Akademie der Wissenschaften, Phil.- Hist. Kl., Heft 11, München 1974, S. 5 ff.).

Ders., Minne und Recht – HERMANN KRAUSE, Artikel ‹Minne und Recht› (HRG III, 1984, Sp. 582–588).

Ders., Recht – HERMANN KRAUSE, Artikel ‹Recht› (HRG IV, 1990, Sp. 224–232).

Kroeschell, Bifang – KARL KROESCHELL, Artikel ‹Bifang› (HRG I, 1971, Sp. 418–420).

Ders., Eigenleute – KARL KROESCHELL, Artikel ‹Eigenleute› (HRG I, 1971, Sp. 881–882).

Ders., Hausfrieden – KARL KROESCHELL, Artikel ‹Hausfrieden› (HRG I, 1971, Sp. 2022–2024).

Ders., Die Sippe im germanischen Recht – KARL KROESCHELL, Die Sippe im germanischen Recht (ZRG GA 77, 1960, S. 1–25).

Kühlmann, Sebastian Franck – WILHELM KÜHLMANN, Auslegungsinteresse und Auslegungsverfahren in der Sprichwortsammlung Sebastian Francks (1541), (Kleinstformen der Literatur, hg. von Walter Haug und Burghart Wachinger, Tübingen 1994, S. 117–131).

von Künßberg, Hühnerrecht und Hühnerzauber – EBERHARD FRHR. VON KÜNSSBERG, Hühnerrecht und Hühnerzauber (Jb. für Historische Volkskunde 1, 1925, S. 126–135).

Laufs/Schroeder, Landrecht – ADOLF LAUFS/K. D. SCHROEDER, Artikel ‹Landrecht› (HRG II, 1978, Sp. 1527–1535).

Lenz, Sprichwörter – BARBARA LENZ, *Hundert Sprichwörter, hundert Wahrheiten*. Linguistische Analyse eines Sprichwort-Typs (Sprachwissenschaft 18, Heft 2/3, 1993, S. 316–358).

Liebermann, Stabbrechen – FELIX LIEBERMANN, Zum Stabbrechen der Richter (ZRG GA 41, 1920, S. 382).

Lieberwirth, Halslösung – ROLF LIEBERWIRTH, Artikel ‹Halslösung› (HRG I, 1971, Sp. 1915).

Mayer-Maly, Morgengabe – THEO MAYER-MALY, Artikel ‹Morgengabe› (HRG III, 1984, Sp. 678–683).

Meisser, Sebastian Franck – ULRICH MEISSER, Die Sprichwörtersammlung Sebastian Francks von 1541 (Amsterdamer Publikationen zur Sprache und Literatur Bd. 14), Amsterdam 1974.

Merzbacher, Ehe, kirchenrechtlich – FRIEDRICH MERZBACHER, Artikel ‹Ehe, kirchenrechtlich (matrimonium, coniugium)› (HRG I, 1971, Sp. 833–836).

Ders., Kirchenbuße – FRIEDRICH MERZBACHER, Artikel ‹Kirchenbuße› (HRG II, 1978, Sp. 750–752).

Mieder, Sprichwort, Redensart, Zitat – WOLFGANG MIEDER, Sprichwort, Redensart, Zitat. Tradierte Formelsprache in der Moderne (Sprichwörterforschung, Bd. 5) Bern-Frankfurt a. M.-New York 1985.

Ders., Sprichwort – Wahrwort – WOLFGANG MIEDER, Sprichwort – Wahrwort!? Studien zur Geschichte, Bedeutung und Funktion deutscher Sprichwörter (Artes populares, Bd. 23) Frankfurt a. M.-Berlin-Bern-New York-Paris-Wien 1992.

Ders., ... als ob ich Herr der Lage würde – WOLFGANG MIEDER, « ...

als ob ich Herr der Lage würde.» Zur Sprichwortmanipulation in Adolf Hitlers «Mein Kampf» (Muttersprache 3, Bd. 104, 1994, S. 193–218).

Ders., Proverbs – WOLFGANG MIEDER, Proverbs (Encyclopedia of Climate and Weathers, New York: Oxford University Press 1996, Vol. 2, pp. 617–621).

Mikat, Ehe – PAUL MIKAT, Artikel ‹Ehe› (HRG I, 1971, Sp. 809–833).

Mitteis, Der Staat – HEINRICH MITTEIS, Der Staat des hohen Mittelalters, 7., unveränd. Auflage, Weimar 1962.

Müller, Strafvollzug – H. Müller, Artikel ‹Strafvollzug› (HRG V, 33. Lfg., 1996, Sp. 10–17).

Munzel, Kleines Kaiserrecht – DIETLINDE MUNZEL, Die Innsbrucker Handschrift des Kleinen Kaiserrechts. Eine Untersuchung ihrer Verwandtschaft mit der Eschweger und der Kreuznacher Handschrift sowie die Auswertung der in ihr verzeichneten Notizen über Rechtsgewohnheiten zu Mainz, Frankfurt und Ingelheim (Rechtsbücherstudien, Bd. 1) Aalen 1974.

Munzel, Kaiserrecht – DIETLINDE MUNZEL, Artikel ‹Kaiserrecht› (HRG II, 1978, Sp. 563–565).

Ogris, Ärgere Hand – WERNER OGRIS, Artikel ‹Ärgere Hand› (HRG I, 1971, Sp. 218–220).

Ders., Besitzeinweisung – WERNER OGRIS, Artikel ‹Besitzeinweisung› (HRG I, 1971, Sp. 393–394).

Ders., Dos – WERNER OGRIS, Artikel ‹Dos› (HRG I, 1971, Sp. 775–778).

Ders., Schoßfall, -setzung, -wurf – WERNER OGRIS, Artikel ‹Schoßfall, -setzung, -wurf› (HRG IV, 1990, Sp. 1485–1486).

Ders., Schwert- und Spindelteil – WERNER OGRIS, Artikel ‹Schwert- und Spindelteil› (HRG IV, 1990, Sp. 1574).

Ders., Tausch – WERNER OGRIS, Artikel ‹Tausch› (HRG V, 33. Lfg., 1996, Sp. 131–133).

Ders., Testament – WERNER OGRIS, Artikel ‹Testament› (HRG V, 33. Lfg., 1996, Sp. 152–165).

Ders., Vater – WERNER OGRIS, Artikel ‹Vater› (HRG V, 35. Lfg., 1996, Sp. 648–655).

Ohly, Dorf – FRIEDRICH OHLY, Vom Sprichwort im Leben eines Dorfes (Ergebnisse der Sprichwörterforschung, hg. von Wolfgang Mieder, Bern, Frankfurt a. M., Las Vegas 1978, S. 109–120).

v. Olberg, Gebe, gift, gabe – GABRIELE von OLBERG, Gebe, gift, gabe. Überlegungen zum Bezeichnungs- und Bedeutungswandel mittelalterlicher Rechtswörter im Sinnbereich des ‹Gebens, Schenkens, Tauschens› etc. (Sprache und Recht, Beiträge zur Kulturgeschichte des Mittelalters, Fs. für Ruth Schmidt-Wiegand, hg. von Karl Hauck u. a., Berlin, New York 1986, S. 625–646).

Dies., Übersetzungsproblem – GABRIELE von OLBERG, Der Umgang mit Wissen. Ausgewählte Beispiele zum Übersetzungsproblem lateinischer und deutscher Sprichwörter (Das Mittelalter 2, 1997, 2, S. 69–80).

Peters, Fronbote – WERNER PETERS, Bezeichnungen und Funktionen des Fronboten in den mittelniederdeutschen Rechtsquellen (GASK 20) Frankfurt a. M.-Bern-New York-Paris 1991.

Ders., Der Fronbote als Nachrichter – WERNER PETERS, Der Fronbote als Nachrichter. Überlegungen zu seiner Darstellung in den Codices picturati des Sachsenspiegels (Der Sachsenspiegel als Buch. Vorträge und Aufsätze aus dem Sonderforschungsbereich 231 der Westfälischen Wilhelms-Universität, hg. von RUTH SCHMIDT- WIEGAND und DAGMAR HÜPPER [GASK 1] Frankfurt a. M.-Bern-New York- Paris 1991, S. 295–314).

Peukes, Untersuchungen – GERHARD PEUKES, Untersuchungen zum Sprichwort im Deutschen, Semantik, Syntax, Typen (Philologische Studien und Quellen 86) Bonn-Berlin 1977.

Pilz, Phraseologie – KLAUS-DIETER PILZ, Phraseologie. Redensartenforschung (Sammlung Metzler, Bd. 198) Stuttgart 1981.

Phillips, «der Todte erbt den Lebendigen» – Ueber das Rechtssprüchwort: «der Todte erbt den Lebendigen» (Zeitschrift für geschichtliche Rechtswissenschaft 7, Heft 1, 1830, S. 1–20).

Planitz/Eckhardt, Rechtsgeschichte – HANS PLANITZ, Deutsche Rechtsgeschichte, 4. Aufl. bearb. von KARL AUGUST ECKHARDT, Köln 1981.

Rödel, Lehnsvormundschaft – VOLKER RÖDEL, Artikel ‹Lehnsvormundschaft› (HRG II, 1978, Sp. 1750–1752).

Röhrich, Gebärde – LUTZ RÖHRICH, Gebärde – Metapher – Parodie. Studien zur Sprache und Volksdichtung, Düsseldorf 1967.

Röhrich/Mieder, Sprichwort – LUTZ RÖHRICH/WOLFGANG MIEDER, Sprichwort (Sammlung Metzler, Bd. 154) Stuttgart 1977.

Rörig, Luft macht eigen – FRITZ RÖRIG, Luft macht eigen. (Fg. für Gerhard Seeliger zum 60. Geb., dargebracht von RUDOLF BEMMANN, WALTER GERLACH u. a., Leipzig 1920, S. 51–78).

Rummel, Die rechtliche Stellung der Frau – MARIELLA RUMMEL, Die rechtliche Stellung der Frau im Sachsenspiegel-Landrecht (GASK 10) Frankfurt a. M.-Bern-New York-Paris 1987.

Sachße, Beitrag zu den deutschen Rechtssprichwörtern – CARL ROBERT SACHSSE, Beitrag zu den deutschen Rechtssprichwörtern (ZRR 16, 1856, S. 87–132).

Scheele, *Spillute ... di sint alle rechtelos* – FRIEDRICH SCHEELE, *Spillute ... di sint alle rechtelos*. Zur rechtlichen und sozialen Stellung des Spielmanns in Text und Bild des Sachsenspiegels (Der Sachsenspiegel als Buch. Vorträge und Aufsätze aus dem Sonderforschungsbereich 231 der Westfälischen Wilhelms-Universität, hg. von RUTH SCHMIDT-WIEGAND und DAGMAR HÜPPER [GASK 1] Frankfurt a. M.-Bern-New York-Paris 1991, S. 316–357, Tafeln S. 522–527).

Ders., di sal man alle radebrechen – FRIEDRICH SCHEELE, *di sal man alle radebrechen*. Todeswürdige Delikte und ihre Bestrafung in Text und Bild der Codices picturati des Sachsenspiegels, hg. von der Niedersächsischen Sparkassenstiftung, Bd. 1: Textband, Bd. 2: Tafelband, Oldenburg 1992.

Scheele, Strafvollzug – FRIEDRICH SCHEELE, Strafvollzug und Illustration. Das Beispiel der Strafe zu Haut und Haar in den illuminierten Rechtsbücherhandschriften des Sachsenspiegels (Hildesheimer Jb. für Stadt und Stift Hildesheim 69, 1997, S. 89–115).

Schempf, Rechtliche Volkskunde – HERBERT SCHEMPF, Rechtliche Volkskunde (Grundriß der Volkskunde, Einführung in die Forschungsfelder der Europäischen Ethnologie, Berlin [3]2001, S. 423–443).

Ders., Rechtliche Volkskunde in Europa – HERBERT SCHEMPF, Zum Stand der rechtlichen Volkskunde in Europa (Forschungen zur Rechtsarchäologie und Rechtlichen Volkskunde, Bd. 18, 2000, S. 27–83).

Scherner, Kauf – K. O. SCHERNER, Artikel ‹Kauf› (HRG II, 1978, Sp. 675–686).

Scheyhing, Ehre – ROBERT SCHEYHING, Artikel ‹Ehre› (HRG I, 1971, Sp. 846–849).

Schild, Gerichtsbarkeit – WOLFGANG SCHILD, Alte Gerichtsbarkeit. Vom Gottesurteil bis zur modernen Rechtssprechung, 2. Aufl., München 1985.

Ders., Rechtsarchäologie – WOLFGANG SCHILD, Nutzen und Wert von Rechtsarchäologie und Rechtsikonographie für die mittelalterliche Rechtsgeschichte (Iuris Scripta Historica, Akten des Brüsseler Kolloquiums, 27. April 1990, S. 61–74).

Ders., Der griesgrämige Löwe – WOLFGANG SCHILD, Der griesgrämige Löwe als Vor-Bild des Richters (Medium Aevum Quotidianum 27, Krems 1992, S. 11–32).

Ders., Mittelalter – WOLFGANG SCHILD, Mittelalter (Europäische Mentalitätsgeschichte. Hauptthemen in Einzeldarstellungen, hg. von PETER DINZELBACHER, Stuttgart 1993, S. 513–534).

Ders., Verwissenschaftlichung – WOLFGANG SCHILD, Verwissenschaftlichung als Entleibung des Rechtsverständnisses (Vom mittelalterlichen Recht zur neuzeitlichen Rechtswissenschaft. Bedingungen, Wege und Probleme der europäischen Rechtsgeschichte, hg. von NORBERT BRIESKORN u. a., Paderborn-München-Wien- Zürich 1994, S. 247–260).

Schmidt-Wiegand, Mittelalterliches Recht – RUTH SCHMIDT-WIEGAND, Mittelalterliches Recht in der deutschen Sprache der Gegenwart (ArchStuSpr., Bd. 209, 1. Hjbd., 124. Jg., 1972, S. 9–25).

Dies., Eid und Gelöbnis – RUTH SCHMIDT-WIEGAND, Eid und Gelöbnis, Formel und Formular im mittelalterlichen Recht (Recht und Schrift im Mittelalter, hg. von PETER CLASSEN [VuF XXIII] Sigmaringen 1977, S. 55–90).

Dies., Fremdeinflüsse – RUTH SCHMIDT-WIEGAND, Fremdeinflüsse auf die deutsche Rechtssprache (Sprachliche Interferenz. Fs. für Werner Betz, hg. von HERBERT KOLB u. a., Tübingen 1977, S. 226–245).

Dies., Leitkauf – RUTH SCHMIDT-WIEGAND, Artikel ‹Leitkauf› (HRG II, 1978, Sp. 1842–1843).

Dies., Studien zur Historischen Rechtswortgeographie – RUTH SCHMIDT-WIEGAND, Studien zur Historischen Rechtswortgeographie. Der Strohwisch als Bann- und Verbotszeichen. Bezeichnungen und Funktionen (Münstersche Mittelalter-Schriften, Bd. 18) München 1978.

Dies., Lidlohn – RUTH SCHMIDT-WIEGAND, Lidlohn als Teil des Gesinderechts nach den Weistümern Jacob Grimms (Rheinisch-Westfälische Zeitschrift für Volkskunde 24, 1978, S. 171–203).

Dies., Hühnerrecht – RUTH SCHMIDT-WIEGAND, Artikel ‹Hühnerrecht› (HRG II, 1978, Sp. 254–256).

Dies., Land und Leute – RUTH SCHMIDT-WIEGAND, Artikel ‹Land und Leute› (HRG II, 1978, Sp. 1361–1363).

Dies., Wik und Weichbild – RUTH SCHMIDT-WIEGAND, Wik und Weichbild. Möglichkeiten und Grenzen der Rechtssprachgeographie (ZRG GA 95, 1978, S. 121–157).

Dies., Rechtssprichwörter – RUTH SCHMIDT-WIEGAND, Rechtssprichwörter und ihre Wiedergabe in den Bilderhandschriften des ‹Sachsenspiegels› (Text und Bild. Aspekte des Zusammenwirkens zweier Künste in Mittelalter und früher Neuzeit, hg. von CHRISTEL MEIER und UWE RUBERG, Wiesbaden 1980, S. 593–629).

Dies., Gebärdensprache – RUTH SCHMIDT-WIEGAND, Gebärdensprache im mittelalterlichen Recht (FMSt 16, 1982, S. 363–379).

Dies., Mord – RUTH SCHMIDT-WIEGAND, Artikel ‹Mord (sprachlich)› (HRG III, 1984, Sp. 673–675).

Dies., Mutschierung – RUTH SCHMIDT-WIEGAND, Artikel ‹Mutschierung› (HRG III, 1984, Sp. 804–806).

Dies., Mutung – RUTH SCHMIDT-WIEGAND, Artikel ‹Mutung› (HRG III, 1984, Sp. 808–810).

Dies., Paarformeln – RUTH SCHMIDT-WIEGAND, Artikel ‹Paarformeln› (HRG III, 1984, Sp. 1387–1393).

Dies., Anwende – RUTH SCHMIDT-WIEGAND, Anwende im Licht von Dialektologie und Rechtssprachgeographie (Text- und Sachbezug in der Rechtssprachgeographie, hg. von RUTH SCHMIDT-WIEGAND, Redaktion GABRIELE VON OLBERG [Münstersche Mittelalter-Schriften, Bd. 52] München 1985, S. 146–178).

Dies., Mord und Totschlag – RUTH SCHMIDT-WIEGAND, Mord und Totschlag in der älteren deutschen Rechtssprache (Forschungen zur Rechtsarchäologie und Rechtlichen Volkskunde 10, Zürich 1988, S. 47–84).

Dies., Spießrutenlaufen – RUTH SCHMIDT-WIEGAND, Artikel ‹Spießrutenlaufen› (HRG IV, 1990, Sp. 1770–1771).

Dies., Sache – RUTH SCHMIDT-WIEGAND, Artikel ‹Sache› (HRG IV, 1990, Sp. 1216–1218).

Dies., Schinder – RUTH SCHMIDT-WIEGAND, Artikel ‹Schinder› (HRG IV, 1990, Sp. 1409–1410).

Dies., Mit Hand und Mund – RUTH SCHMIDT-WIEGAND, Mit Hand und Mund. Sprachgebärden aus dem mittelalterlichen Rechtsleben (FMSt 25, 1991, S. 283–299).

Dies., Haus und Hof sind gefreit – RUTH SCHMIDT-WIEGAND, *Haus und Hof sind gefreit* oder *Was sind Rechtssprichwörter?* («Waltende Spur». Fs. für Ludwig Denecke zum 85. Geb., im Auftrag des Vorstands der Brüder Grimm-Gesellschaft Kassel e.V., hg. von HEINZ RÖLLEKE, Kassel 1991, S. 3–11).

Dies., Sprachgebärden – RUTH SCHMIDT-WIEGAND, Sprachgebärden aus dem mittelalterlichen Rechtsleben. Versuch einer Begriffsbestimmung (Das andere Wahrnehmen, Beiträge zur europäischen Geschichte. Fs. August Nitzsche, Köln-Weimar- Wien 1991, S. 233–249).

Dies., Frei wie ein Vogel in der Luft – RUTH SCHMIDT-WIEGAND, Frei wie ein Vogel in der Luft. Jacob Grimm als Etymologe (Jb. der Brüder Grimm-Gesellschaft, hg. von HARTMUT KUGLER u. a., Bd. 2, Kassel 1992, S. 189–195).

Dies., Sprichwörter – RUTH SCHMIDT-WIEGAND, Sprichwörter und Redensarten aus dem Bereich des Rechts (Überlieferung, Bewahrung und Gestaltung in der rechtsgeschichtlichen Forschung, hg. von STEPHAN BUCHHOLZ, PAUL MIKAT und DIETER WERKMÜLLER, Paderborn-München-Wien-Zürich 1993, S. 277–296).

Dies., Wissensvermittlung – RUTH SCHMIDT-WIEGAND, *Wissensvermittlung durch Rechtssprichwörter.* Das Beispiel des ‹Sachsenspiegels › (Wissensliteratur im Mittelalter und in der Frühen Neuzeit. Bedingungen, Typen, Publikum, Sprache, hg. von HORST BRUNNER und NORBERT RICHARD WOLF, Wiesbaden 1993, S. 258–272).

Dies., Stuhl, Stuhlsetzung – RUTH SCHMIDT-WIEGAND, Artikel ‹Stuhl, Stuhlsetzung› (HRG V, 33. Lfg., 1996, Sp. 63–65).

Dies., Urkunde – RUTH SCHMIDT-WIEGAND, Artikel ‹Urkunde (sprachlich)› (HRG V, 35. Lfg., 1996, Sp. 576–577).

Dies., Urteil – RUTH SCHMIDT-WIEGAND, Artikel ‹Urteil (sprachlich)› (HRG V, 35. Lfg., 1996, Sp. 609–611).

Dies., Vormund – RUTH SCHMIDT-WIEGAND, Artikel ‹Vormund (sprachlich) (HRG V, 37. Lfg., 1996, Sp. 1049–1050).

Dies., Weichbild – RUTH SCHMIDT-WIEGAND, Artikel ›Weichbild' (HRG V, 37. Lfg., 1996 Sp. 1209–1212).

Schmising, Hagestolz – M. GRAF KORFF SCHMISING, Artikel ‹Hagestolz› (HRG I, 1971, Sp. 1909–1911).

Schott, «Wer da kauft, der lůg, wie es lauft» – CLAUS DIETER SCHOTT, «Wer da kauft, der lůg, wie es lauft.» Kaufrecht und Kaufmoral in Johannes Paulis «Schimpf und Ernst» (Fs. für Bruno Boesch zum 63. Geb., Alemannisches Jahrbuch 1973/1975. Bühl-Baden 1976, S. 244–269).

Ders., Ein Zeuge, kein Zeuge – CLAUS DIETER SCHOTT, Ein Zeuge, kein Zeuge. Zu Entstehung und Inhalt eines Rechtssprichworts (Fs. für Ferdinand Elsener, hg. von LOUIS CARLEN und FRIEDRICH EBEL, Sigmaringen 1977, S. 222–232).

Ders., Unrecht – CLAUS DIETER SCHOTT, «Unrecht soll umkehren» – Gedanken zu einem Rechtssprichwort (Wirtschaft und Strafrecht, Fs. für Niklaus Schmid, hg. von Jürg-Beat Ackermann u. a., Zürich 2001, S. 15–25).

Schowe, «Jemandem aufs Dach steigen» – ULRIKE SCHOWE, «Jemandem aufs Dach steigen» – Von der losen Wortverbindung zum Phraseologismus (Sprachbilder zwischen Theorie und Praxis. Akten des Westfälischen Arbeitskreises «Phraseologie/Parömiologie» (1991/1992), hg. von CHRISTOPH CHLOSTA, PETER GRZYBEK und ELISABETH PIIRAINEN [Studien zur Phraseologie und Parömiologie 2] Bochum 1994, S. 235–247).

Dies., Mit Haut und Haar – ULRIKE SCHOWE, Mit Haut und Haar. Idiomatisierungsprozesse bei sprichwörtlichen Redensarten aus dem mittelalterlichen Strafrecht (GASK 27) Frankfurt a. M.-Berlin-Bern-New York-Paris-Wien 1994.

Dies., Rechtssprichwörter – Das Lexikon der Rechtssprichwörter und Rechtssätze. Probleme, Schwerpunkte, methodische Überlegungen (Von der Einwortmetapher zur Satzmetapher, hg. von RUPPRECHT S. BAUR und CHRISTOPH CHLOSTA [Studien zur Phraseologie und Parömiologie 6] Bochum 1995, S. 321–334).

Dies., Francks Sprichwortsammlung – ULRIKE SCHOWE, Sebastian Francks Sprichwortsammlung aus dem Jahr 1541 (Alles was Recht war, Rechtsliteratur und literarisches Recht, Fs. f. Ruth Schmidt-Wiegand, Essen 1996, S. 227–234).

Schröder, Geschichte des Güterrechts – RICHARD SCHRÖDER, Geschichte des ehelichen Güterrechts in Deutschland, 1863 ff.

Schröder/Künßberg, Rechtsgeschichte – RICHARD SCHRÖDER und EBERHARD FRHR. VON KÜNSSBERG, Lehrbuch der deutschen Rechtsgeschichte, 7. Aufl., Berlin-Leipzig 1932.

Schulze, Satzung – REINER SCHULZE, Artikel ‹Satzung (gesetzgebungsgeschichtlich)› (HRG IV, 1990, Sp. 1305–1310).

Sellert/Schmidt-Wiegand, Li(e)dlohn – WOLFGANG SELLERT/RUTH SCHMIDT- WIEGAND, Artikel ‹Li(e)dlohn› (HRG II, 1978, Sp. 2005).

Sellert, Ladung – WOLFGANG SELLERT, Artikel ‹Ladung› (HRG II, 1978, Sp. 1336–1350).

Ders., Wo kein Kläger, da ist kein Richter – WOLFGANG SELLERT, Artikel ‹Wo kein Kläger, da ist kein Richter› (HRG II, 1978, Sp. 853–855).

Ders., Not, echte – WOLFGANG SELLERT, Artikel ‹Not, echte› (HRG III, 1984, Sp. 1040–1042).

Ders., Recht und Gerechtigkeit – WOLFGANG SELLERT, Recht und Gerechtigkeit in der Kunst, Göttingen 1993.

Siegel, Erbrecht – HEINRICH SIEGEL, Das deutsche Erbrecht nach den Rechtsquellen des Mittelalters, in seinem innern Zusammenhange dargestellt, Heidelberg 1853.

Simon, Land und Leute – IRMGARD SIMON, Westfalen – Land und Leute im Sprichwort (Lingua Theodisca. Beiträge zur Sprach- und Literaturwissenschaft. Jan Goossens zum 65. Geb., hg. von JOSE CAJOT, LUDGER KREMER und HERMANN NIEBAUM, Münster-Hamburg 1995, S. 1205–1213).

Sellert, Wo kein Kläger, da ist kein Richter – WOLFGANG SELLERT, Artikel ‹Wo kein Kläger, da ist kein Richter› (HRG II, 1978, Sp. 853–855).

Spieß, Lehnspflichen – KARL-HEINZ SPIESS, Artikel ‹Lehnspflichten› (HRG II, 1978, Sp. 1722–1725).

Ders., Lehn(s)recht, Lehnswesen – KARL-HEINZ SPIESS, Artikel ‹Lehn(s)recht, Lehnswesen› (HRG II, 1978, Sp. 1725–1741).

Spiro, Rechtssprichwörter – KARL SPIRO, Alte Rechtssprichwörter und modernes Privatrecht (Zeitschrift für schweizerisches Recht, N. F., 69, 1950, S. 121–147).

Stammler, Popularjurisprudenz – WOLFGANG STAMMLER, Popularjurisprudenz und Sprachgeschichte im 15. Jahrhundert (1926), Wiederabdruck in: Ders., Kleine Schriften zur Sprachgeschichte, Berlin 1954, S. 13–18.

Stengel, Den Kaiser macht das Heer – E. E. STENGEL, Den Kaiser macht das Heer (Ders., Zum Kaisergedanken im Mittelalter, Köln-Graz 1965, S. 1–110).

Strätz, Kebsehe, -kind – HANS-WOLFGANG STRÄTZ, Artikel ‹Kebsehe, -kind› (HRG II, 1978, Sp. 695–696).

Taylor, Proverb – ARCHER TAYLOR, The Proverb and An Index to «The Proverb» with an Introduction and Bibliography by WOLFGANG MIEDER (Sprichwörterforschung, Bd. 6) Bern-Frankfurt a. M.-New York 1985.

Theuerkauf, Lex – GERHARD THEUERKAUF, Lex, Speculum, Compendium iuris. Rechtsaufzeichnungen und Rechtsbewußtsein in Norddeutschland vom 8. bis zum 16. Jahrhundert (Forschungen zur deutschen Rechtsgeschichte 6) Köln-Graz 1968.

Ders., Fürst – GERHARD THEUERKAUF, Artikel ‹Fürst› (HRG I, 1971, Sp. 1337–1351).

Thieme, Regalien – HANS THIEME, Die Funktion der Regalien im Mittelalter (ZRG GA 62, 1942, S. 57–88).

Ders., Gemeines Recht – HANS THIEME, Artikel ‹Gemeines Recht› (HRG I, 1971, Sp. 1506–1510).

Thomas, Formlose Ehen – HANS-FRIEDRICH C. THOMAS, Formlose Ehen. Eine rechtsgeschichtliche und rechtsvergleichende Untersuchung (Schriften zum deutschen und europäischen Zivil-, Handels- und Prozessrecht 77) Bielefeld 1973.

Thurneysen, Aus dem irischen Recht – RUDOLF THURNEYSEN, Aus dem irischen Recht (Zeitschrift für Celtische Philologie 15, 1925, S. 302–376).

Trenk-Hinterberger, Miete – P. TRENK-HINTERBERGER, Artikel ‹Miete› (HRG III, 1984, Sp. 536–542).

Trusen, Anfänge – WINFRIED TRUSEN, Anfänge des gelehrten Rechts in Deutschland. Ein Beitrag zur Geschichte der Frührezeption (Recht und Geschichte 1) Wiesbaden 1962.

Ders., Rechtsspiegel – WINFRIED TRUSEN, Die Rechtsspiegel und das Kaiserrecht (ZRG GA 102, 1985, S. 12–59).

Ullmann, Königsgewalt – WALTER ULLMANN, Schranken der Königsgewalt im Mittelalter (Historisches Jahrbuch, 91. Jg., 1971, S. 1–21).

Velidedeoglu, Das Problem der Rezeption – HIFZI V. VELIDEDEOGLU, Das Problem der Rezeption in der Türkei im Vergleich mit Rezeptionen in Europa (ZRG GA 75, 1958, S. 382–388).

Voigt, Rechtssprichwörter – ALFRED VOIGT, Alte Rechtssprichwörter in unserer Umgangssprache (Die Erlanger Universität, 8. Jg., 1. Beilage 1955, o. S.).

Volkert – WILHELM VOLKERT, Adel bis Zunft. Ein Lexikon des Mittelalters, München 1991.

Voltelini, Der Ältere teilt, der Jüngere wählt – HANS VON VOLTELINI, [Der Ältere teilt, der Jüngere wählt.] Miszelle (ZRG GA 36, 1915, S. 478).

Voltelini, Forschungen III – HANS VON VOLTELINI, Forschungen zu den deutschen Rechtsbüchern III. Der Sachsenspiegel und die Zeitgeschichte (Sbb. der Akademie der Wissenschaften in Wien, phil.-hist. Kl., Bd. 201, 5. Abhandlung, Wien-Leipzig 1924, S. 61–136).

Voss; ärgere Hand – WULF ECKART VOSS, Der Grundsatz der ärgeren Hand bei Sklaven, Kolonen und Hörigen (Römisches Recht in europäischen Dimensionen, hg. DKKO Behrends u. a., Ebelsbach 1985, S. 117–184).

Wacke, Der Jüngste stimmt zuerst – ANDREAS WACKE, Der Jüngste stimmt zuerst – Der Ältere teilt, der Jüngere wählt (JA 1981, S. 176).

Ders., Wer sät, der mäht – ANDREAS WACKE, Wer sät, der mäht (JA 1981, S. 286–288).

Ders., Wer zuerst kommt, mahlt zuerst – ANDREAS WACKE, Wer zuerst kommt, mahlt zuerst – Prior tempore potior iure (JA 1981, S. 94–98).

Ders., Keine Antwort ist auch eine Antwort – ANDREAS WACKE, Keine Antwort ist auch eine Antwort. Qui tacet consentire videtur, ubi loqui potuit ac debuit (JA 1982, S. 184–185.)

Ders., Besser ein magerer Vergleich als ein fetter Prozeß – ANDREAS WAKKE, Besser ein magerer Vergleich als ein fetter Prozeß (AnwBl 1991, Jg. 41, S. 601–606).

Ders., Kuckuckskleber – ANDREAS WACKE, Zwischen Kuckuckskleber und Pleitegeier: Gerichtsvollzieher in Malerei und Dichtung sowie im Volksmund (Forschungen zur Rechtsarchäologie und Rechtlichen Volkskunde Bd. 17, 1997, S. 27–83).

Ders., Schenken – ANDREAS WACKE, Europäische Spruchweisheiten über das Schenken und ihr Wert als rechtshistorisches Argument (Rechtsgeschichte und Privatrechtsdogmatik, hg. von Reinhard Zimmermann u. a., Heidelberg 1999, S. 325–369).

Ders., Rechtsvergleichung – ANDREAS WACKE, Sprichwörtliche Rechtsprinzipien und europäische Rechtsvergleichung (Orbis Iuris Romani 1999, S. 174–213).

Wadle, Rechtsaufzeichnungen – ELMAR WADLE, Über Entstehung, Funktion und Geltungsgrund normativer Rechtsaufzeichnungen. Notizen zu einem Durchblick (Recht und Schrift im Mittelalter, hg. von PETER CLASSEN [VuF 23] Sigmaringen 1977, S. 503–518).

Weitzel, Gewohnheitsrecht – JÜRGEN WEITZEL, Gewohnheitsrecht und fränkisch-deutsches Gerichtsverfahren (Gewohnheitsrecht und Rechtsgewohnheiten im Mittelalter, hg. von G. Dilcher u. a. [Schriften zur europäischen Rechts- und Verfassungsgeschichte, Bd. 6] Berlin 1992, S. 67–86).

Weizsäcker, Rechtssprichwörter – WILHELM WEIZSÄCKER, II. Rechtssprichwörter als Ausdruckformen des Rechts (Zeitschrift für vergleichende Rechtswissenschaft 58, 1956, S. 9–39).

Ders., Volk und Staat – WILHELM WEIZSÄCKER, Volk und Staat im deutschen Rechtssprichwort (Fs. für Herbert Mayer, 1954, S. 305–329).

Werkmüller, Handhafte Tat – DIETER WERKMÜLLER, Artikel ‹Handhafte Tat› (HRG I, 1971, Sp. 1965–1973).

Ders., Hofrecht – DIETER WERKMÜLLER, Artikel ‹Hofrecht› (HRG II, 1978, Sp. 213–215).

Ders., Luft macht eigen – DIETER WERKMÜLLER, Artikel ‹Luft macht eigen› (HRG III, 1984, Sp. 92–98).

Ders., Mühle, Mühlenrecht – DIETER WERKMÜLLER, Artikel ‹Mühle, Mühlenrecht› (HRG III, 1984, Sp. 716–722).

Ders., Tierhalterhaftung – DIETER WERKMÜLLER, Artikel ‹Tierhalterhaftung› (HRG V, 33. Lfg., 1996, Sp. 231–237).

Ders., Einleitung – DIETER WERKMÜLLER, Einleitung zu Jacob Grimm, Weisthümer (Jacob und Wilhelm Grimm, Werke, Forschungsausgabe hg. von Ludwig Erich Schmitt †, Bd. 19–25, Hildesheim, Zürich, New York 2000, S. 1–34.

Willoweit, Vogt, Vogtei – DIETMAR WILLOWEIT, Artikel ‹Vogt, Vogtei› (HRG V, 36. Lfg., 1996, Sp. 932–946).

Zippelius, Naturrecht – R. ZIPPELIUS, Artikel ‹Naturrecht› (HRG III, 1984, Sp. 933–940).

Aus dem Verlagsprogramm